交通技工院校汽车运输类专业新课改教材

汽车电器与空调系统检修
（第2版）

（汽车维修专业用）

潘承炜　主　编
裘玉平　主　审

人民交通出版社股份有限公司
北　京

内 容 提 要

本书是交通技工院校汽车运输类专业新课改教材之一,以丰田卡罗拉汽车车型为主线,以上汽通用威朗等车型为知识拓展,介绍了汽车电器常见作业项目共计 18 个,包括汽车维修电工岗位常识,蓄电池的检修,全车无电、起动机不转、充电指示灯常亮、前照灯不亮、转向信号灯不亮、冷却液温度表显示不良、刮水器与洗涤器不工作、电动车窗不能升降、电动门锁不工作、空调鼓风机不转、空调不制冷等故障的检修,灯控组合开关、中央控制盒及部件、全车线束的更换,空调制冷剂的加注与检查等内容。

本书是交通技工院校、中等职业学校的汽车维修、汽车电器维修专业的核心课程教材,也可作为汽车维修专业技术等级考核及培训用书和相关技术人员的参考用书。

图书在版编目(CIP)数据

汽车电器与空调系统检修/潘承炜主编. —2 版
. —北京:人民交通出版社股份有限公司,2023.8
ISBN 978-7-114-18815-2

Ⅰ.①汽… Ⅱ.①潘… Ⅲ.①汽车—电气设备—车辆修理—中等专业学校—教材②汽车—空气调节设备—车辆修理—中等专业学校—教材 Ⅳ.①U472.41

中国国家版本馆 CIP 数据核字(2023)第 092739 号

Qiche Dianqi yu Kongtiao Xitong Jianxiu
书　　名:**汽车电器与空调系统检修(第 2 版)**
著　作　者:潘承炜
责任编辑:郭　跃
责任校对:孙国靖　宋佳时
责任印制:张　凯
出版发行:人民交通出版社股份有限公司
地　　址:(100011)北京市朝阳区安定门外外馆斜街 3 号
网　　址:http://www.ccpcl.com.cn
销售电话:(010)59757973
总 经 销:人民交通出版社股份有限公司发行部
经　　销:各地新华书店
印　　刷:北京市密东印刷有限公司
开　　本:787×1092　1/16
印　　张:21.25
字　　数:365 千
版　　次:2014 年 1 月　第 1 版
　　　　　2023 年 8 月　第 2 版
印　　次:2023 年 8 月　第 2 版　第 1 次印刷　总第 4 次印刷
书　　号:ISBN 978-7-114-18815-2
定　　价:59.00 元

第2版前言

为适应社会经济发展和汽车运用与维修专业技能型人才培养的需求，交通职业教育教学指导委员会汽车（技工）专业指导委员会陆续组织编写了汽车维修、汽车营销、汽车检测等专业技工、高级技工及技师教材，受到广大职业院校师生的欢迎。随着职业教育教学改革的不断深入，职业学校对课程结构、课程内容及教学模式提出了更高、更新的要求。《国家职业教育改革实施方案》提出"引导行业企业深度参与技术技能人才培养培训，促进职业院校加强专业建设、深化课程改革、增强实训内容、提高师资水平，全面提升教育教学质量"。为此，人民交通出版社股份有限公司根据职业教育改革相关文件精神，组织全国交通类技工、高级技工及技师类院校再版修订了本套教材。

此次再版修订的教材总结了交通技工类院校多年来的汽车专业教学经验，将职业岗位所需要的知识、技能和职业素养融入汽车专业教学中，体现了职业教育的特色。本版教材改进如下：

1. 教材编入了汽车行业的最新知识、新技术、新工艺，更新现有标准规范，同时注意新设备、新材料和新方法的介绍，删除上一版中陈旧内容，替换老旧车型。

2. 对上一版中错漏之处进行了修订。

3. 教材中印有二维码，手机扫码可查看"学习拓展"相关内容。

本书由杭州技师学院潘承炜担任主编。参与本书编写的还有杭州技师学院教师孟辉、杨广、潘彩凤、郭锐、马良永、唐新胜。具体编写分工为：孟辉（项目一、二），杨广（项目三、十三、十四），潘彩凤（项目四、五）、潘承炜（项目六、十、十一），郭锐（项目七、八、九）、马良永（项目十二、十五），唐新胜（项目十六、十七、十八）。

限于编者经历和水平，教材内容难以覆盖全国各地交通技工院校的实际情况，希望各学校在选用和推广本系列教材的同时，注重总结教学经验，及时提出修改意见和建议，以便再版修订时改正。

编　者
2023 年 3 月

目　录

项目一　汽车维修电工岗位常识

汽车维修电工是一个比较复杂的工作岗位,该岗位的工作要求是会识读汽车电路图,熟悉汽车电路各系统的结构和原理、故障诊断与排除方法,会查阅相关的汽车维修资料,并能熟练使用汽车电路检测仪器,准确、快速找到故障所在,按规定的维修工艺完成工作任务。同时,还应注意安全生产和节能环保,维持好工作场所的清洁卫生。

学习目标

完成本项目学习后,你应当能:

1. 根据汽车电路图叙述其图形符号含义、电路的结构及控制原理,并绘制指定的系统电路原理图;

2. 叙述汽车维修电工常用电路检测仪器设备的类型和用途及注意事项,并进行规范操作;

3. 快速分析周围工作环境,并做出用电安全的正确应对措施。

建议学时

6 学时。

课题一　汽车电路图的识读

汽车电路图通常由汽车电器电路符号及标识构成。

由于汽车电路图具有通用性,构成电路图的图形符号和文字符号,都有相对统一的国家标准和行业标准。要看懂电路图,必须了解图形符号和文字符号的含义,掌握电路图识读的基本知识。

一、图形符号

图形符号是用于电气图或其他文件中表示项目或概念的一种图形、标记或字符,是电气技术领域中最基本的工程语言。图形符号分为基本符号、一般符号和明细符号三种。

1. 基本符号

基本符号不能单独使用,不表示独立的电器元件,只说明电路的某些特征。例如:"—"表示直流,"~"表示交流,"+"表示电源的正极,"–"表示电源的负极,"N"表示中性线。

2. 一般符号

一般符号用以表示一类产品和此类产品特征的一种简单符号。例如:⊛表示指示仪表的一般符号,⊠表示传感器的一般符号。一般符号广义上代表各类元器件,另外,也可以表示没有附加信息或功能的具体元件。例如:一般电阻、电容等。

3. 明细符号

明细符号表示某一种具体的电器元件。它是由基本符号、一般符号、物理量符号、文字符号等组合派生出来的。例如:⊛是指示仪表的一般符号,当要表示电流、电压的种类和特点时,将"＊"处换成"A""V",就成为明细符号。Ⓐ表示电流表,Ⓥ表示电压表。

另外,对标准中没有规定的符号,可以选取标准中给定的基本符号、一般符号和明细符号,按规定的组合原则进行派生,以构成完整的元件或设备的图形符号,但在图样的空白处必须加以说明,见表1-1。将天线的一般符号和直流电动机的一般符号进行组合,就构成了电动天线的图形符号。

电动天线的组合示例 表1-1

图形符号	说明	图形符号	说明	图形符号	说明
Ⴤ	天线的一般符号	Ⓜ	直流电动机的一般符号	Ⓜ̬	电动机天线的派生符号

4. 图形符号的使用原则

(1)首先选用优选图形。

(2)在满足条件的情况下,首先采用最简单的形式,但图形符号必须完整。

（3）在同一份电路图中同一图形符号采用同一种形式。

（4）符号方位不是固定的,在不改变符号意义的前提下,符号可根据图面布置的需要旋转或成镜像放置,但文字和指示方向不得倒置。

（5）图形符号中一般没有端子代号,如果端子代号是符号的一部分,则端子代号必须画出。

（6）导线符号可以用不同宽度的线条表示,如电源线路(主电路)可用粗实线表示,控制、保护线路(辅助电路)则可用细实线表示。

（7）一般连接线不是图形符号的组成部分,方位可根据实际需要布置。

（8）符号的意义由其形式决定,可根据需要进行缩小或放大。

（9）图形符号表示的是在无电压、无外力的常规状态。

（10）图形符号中的文字符号、物理量符号,应视为图形符号的组成部分。当用这些符号不能满足标注时,可按有关标准加以补充。

（11）电路图中若采用未规定的图形符号,必须加以说明。

5. 特殊图形

由于目前国际上还没有汽车电气设备图形符号、文字符号的统一标准,各个汽车生产厂家对某些汽车电器所采用的图形符号、文字符号有所不同,但应符合行业标准规定,如要表示导线连接应采用如图 1-1 所示形式,交点为实心。

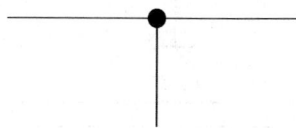

图 1-1　导线连接表示形式

又如汽车上安装的硅整流发电机和电压调节器,有的调节器是采用内装式,有的采用外装式;即使同一结构形式,不同的车型所采用的电路图形符号可以有所不同,如图 1-2、图 1-3 所示。

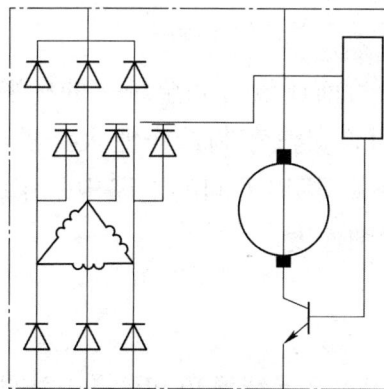

图 1-2　国产某型号轿车硅整流发电机图形符号(1)

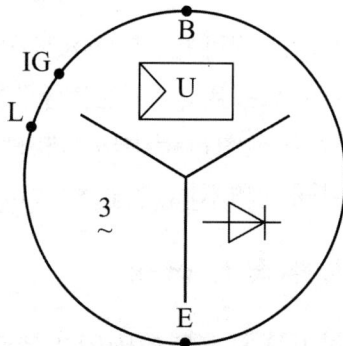

图 1-3　国产某型号轿车硅整流发电机图形符号(2)

点火开关的表示方法有两种,一种是挡位连通表,另一种是挡位连画图。挡位连通表用表格表示接线柱和挡位之间的连接关系,如图1-4所示;上汽桑塔纳则采用挡位连画图表示,如图1-5所示。

	1	2	3	4
Ⅲ	○―――――――○	
0				
Ⅰ	○――○――○	
Ⅱ	○――○――――○

	AM	ACC	IC	ST
LOCK	○―――――○	
ACC				
ON	○――○――○	
START	○――○――――○

图1-4　点火开关挡位连通表

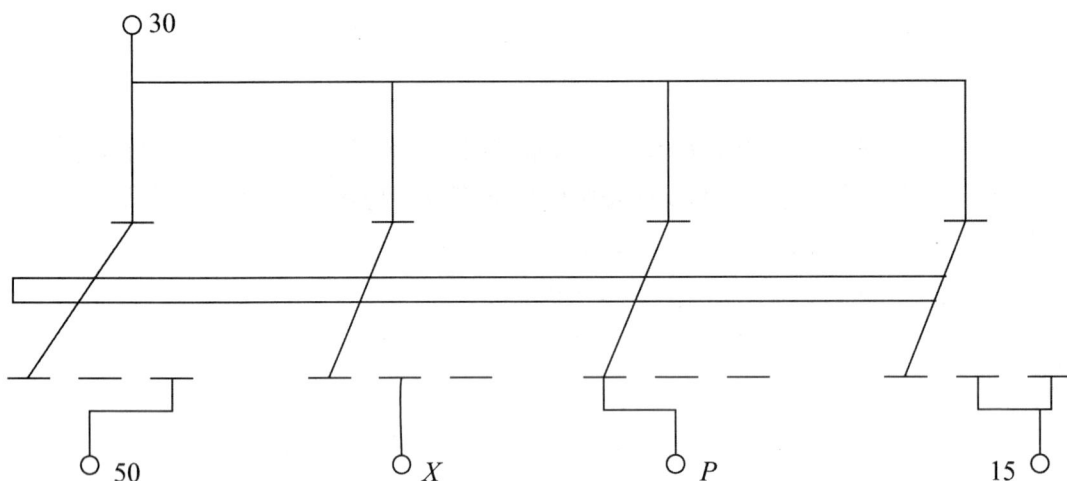

图1-5　上汽桑塔纳轿车点火开关挡位连画图

通过上述示例可知,汽车电路图形符号目前还没有完全统一的标准,国产汽车制造企业大都采用电气技术行业标准,而合资汽车制造企业大都沿用国外的原标准,所以在识图过程中应不断地总结经验,找出不同的电路中采用的图形符号有哪些相同点和不同点,这样可以提高读图速度。

二、电路图的识读

电路图识读要掌握的内容主要包括认识汽车导线颜色和读图方法两方面。

1.汽车导线颜色

在汽车电路图上,通常依据导线外表的颜色,标记相对应颜色的字母缩写,来对不同导线进行区别。不同的国家、不同的汽车生产厂商所采用的颜色文字、字母标记是不相同的,见表1-2。

不同汽车生产厂商所采用的导线颜色文字、字母标记表　　　表1-2

颜色	英文	汽车生产厂商					
		中国	日本（丰田汽车）	美国	本田、现代汽车	奥迪、大众汽车	雪铁龙汽车
黑	Black	B	B	BLK	BLK	sw	MR
白	White	W	W	WHT	WHT	ws	BA
红	Red	R	R	RED	RED	ro	RG
绿	Green	G	G	GRN	GRN	gn	VE
深绿	Dark Green			DK GRN			
浅绿	Light Green		Lg	LT GRN	LT GRN		
黄	Yellow	Y	Y	YEL	YEL	ge	JN
蓝	Blue	BL	B	BLU	BLU	bl	BE
浅蓝	Light Blue		Sb	LT BLU	LT BLU		
深蓝	Dark Blue			DK BLU			
粉红	Pink	P	P	PNK	PNK		
紫	Violet	V	PU	PPL	PUR	li	VI
橙	Orange	O	Or	ORN	ORN		
灰	Grey	Gr	Gr	GRY	GRY	gr	GR
棕	Brown	Br	Br	BRN	BRN	br	
棕褐	Tan			TAN	TAN		
无色	Clear			CLR			
褐							RS

续上表

颜色	英文	汽车生产厂商					
		中国	日本 (丰田汽车)	美国	本田、现代 汽车	奥迪、大众 汽车	雪铁龙 汽车
橘黄							OR
栗							MR

2.读图方法

汽车电路的特点是低压、直流、单线制。电源(发电机、蓄电池)并联,用电器之间多并联,多数受两级开关的控制。

1)上汽大众轿车线路图的识读

图1-6所示为上汽大众轿车电路图示例。

(1)全车电气系统正极电源分三路,标号"30"的称为常电源线,直接与蓄电池正极侧相连接,不论汽车处于停车或发动机处于熄火状态时均有电,电压均为电源电压12V。"30"常电源线主要是在发动机熄火时向需要用电的电气设备供电,如停车灯、制动灯、报警灯、顶灯、冷却风扇电动机等。标号"15"的为小容量电器电源线,它要在点火开关接通以后才能通电。标号"X"的是在汽车起步时方能接通的大容量电器的电源线,如供起动机使用。

(2)搭铁线,标号"31"的为中央线路板内搭铁线。

(3)从图1-6上可知,J17为继电器(电子控制)。

(4)S代表熔断丝,下脚标号代表该熔断丝在中央线路板上的位置。如S5表示该熔断丝处于中央线路板第5号位,额定电流为10A。熔断丝的容量可从它的颜色来判断:红色为10A,蓝色为15A,黄色为20A,绿色为30A。

(5)D13为中央线路板接头,说明该蓝/黑色导线连接于中央线路板D线束第13位插头上。以此类推,P3即在P线束第3位插头上。导线上标有的数字表示线的截面积,如0.5、1.0、1.5分别表示该线截面积为0.5mm²、1.0mm²、1.5mm²。

(6)T80/4表示插接器端子,T80,发动机线束、发动机右线束与发动机控制单元插头连接(80针,在发动机控制单元上),即插接器80个接线端子的第四个端子位置。以此类推,T80/6表示插接器80个端子的第6个端子位置。

(7)J220,电器元件符号,发动机控制单元。

(8)N31、N32、N33,电器元件符号,发动机第2缸、3缸、4缸喷油器。

(9)Ⓐ2,发动机线束内的正极连接线;Ⓒ2,发动机右线束内的正极连接线。

（10）$\boxed{61}$ $\boxed{194}$ $\boxed{315}$ 表示此导线与线路图下端第 61、194、315 编号上方的导线连接。

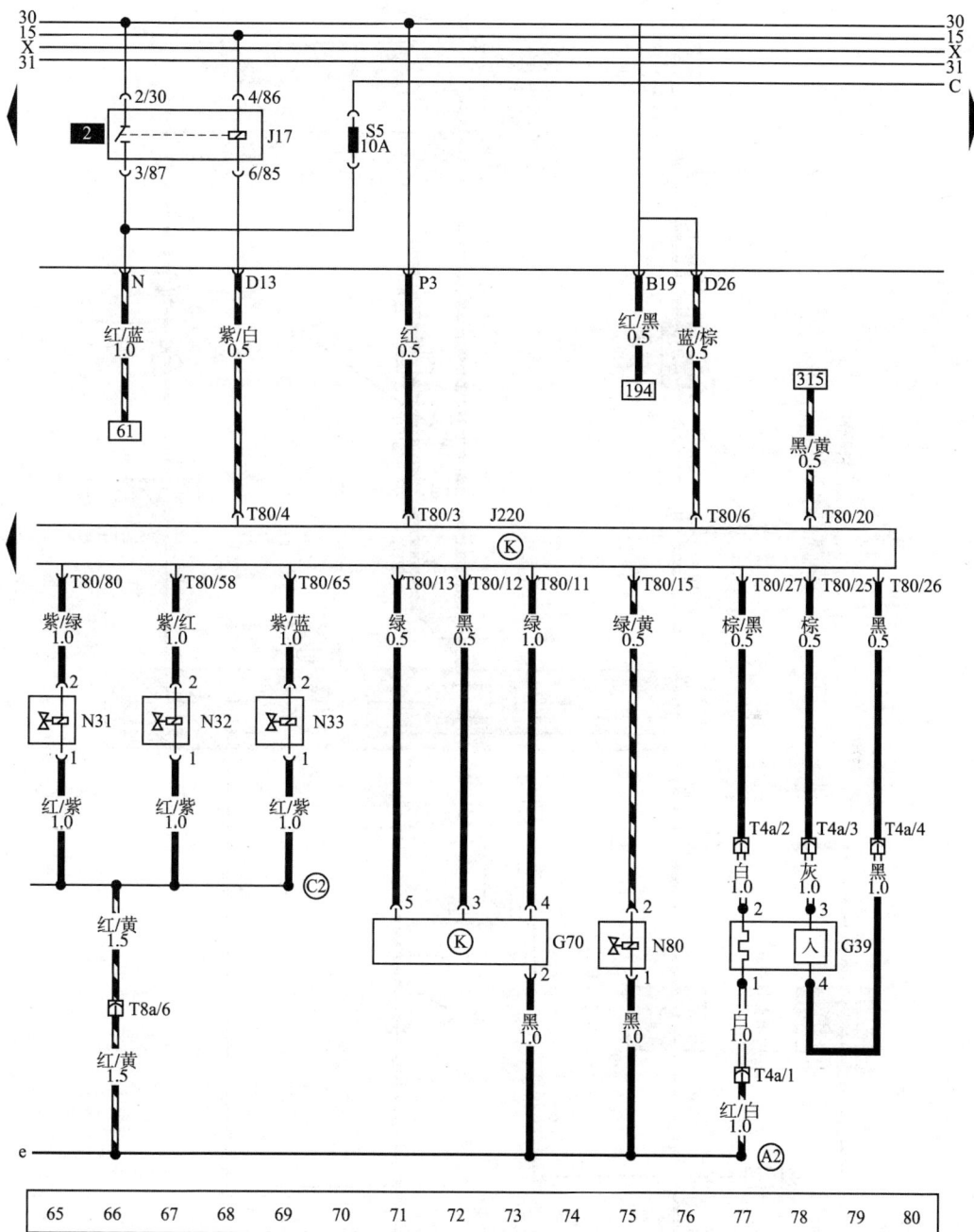

图 1-6　上汽大众轿车电路图示例

2）日本车系电路图识读

图 1-7 所示为日本车系电路图示例。

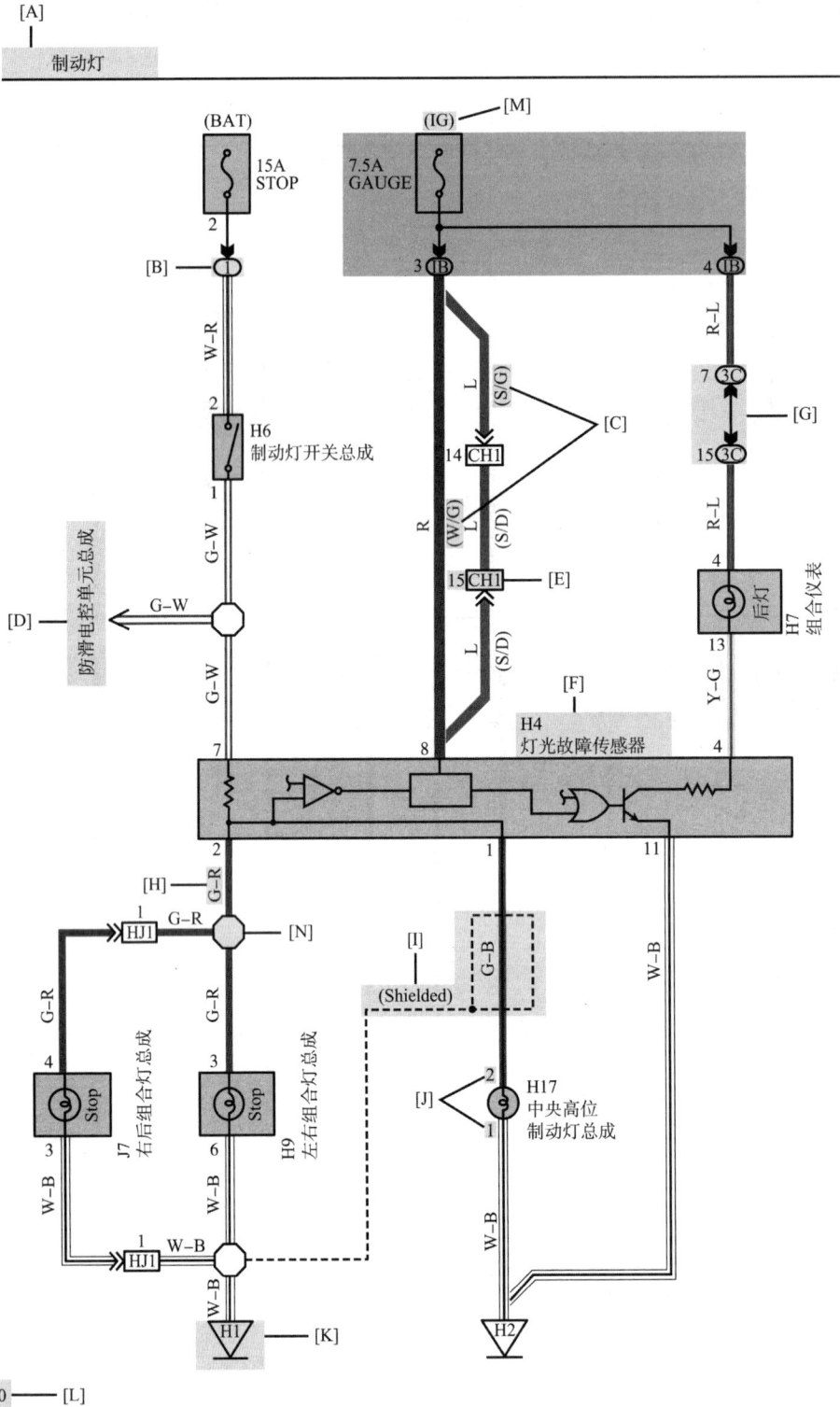

图 1-7　日本车系电路图示例

[A]:系统名称。

[B]:表示继电器盒,无阴影表示且仅显示继电器盒号以区别接线盒。例如:①表示1号继电器盒。

[C]:当车辆型号、发动机类型或规格不同时,用（　）来表示不同的配线和插接器。

[D]:表示相关系统。

[E]:表示用以插接两根线束的(阳或阴)插接器的代码。该插接器代码由两个字母和一个数字组成,插接器代码的第一个字符表示指示带阴插接器的线束的字母代码,第二个字符表示带阳插接器的线束的字母代码,第三个字母表示在出现多种相同的线束组合时,用于区分线束组合的系列号(如 CH1 和 CH2)。符号(ˇ)表示阳端子插接器,插接器代码外侧的数字表示阳插接器或阴插接器的引脚编号。

[F]:表示零件(所有零件用天蓝色表示)。此代码与零件位置图中所用的代码相同。

[G]:接线盒,圈内的数字是接线盒号,旁边为插接器代码。例如:3C 表示它在 3 号接线盒内部。接线盒用阴影标出,以便将它与其他零件清楚地区别开来。

[H]:表示配线颜色。配线颜色用字母表示:B 表示黑色,W 表示白色,BR 表示褐色,L 表示蓝色,V 表示紫色,SB 表示天蓝色,R 表示红色,G 表示绿色,LG 表示浅绿色,P 表示粉色,Y 表示黄色,GR 表示灰色,O 表示橙色。第一个字母表示基本配线颜色,第二个字母表示条纹的颜色。

[I]:表示屏蔽电缆。

[J]:表示插接器引脚的编号。阳插接器(从右上到左下依次标出编号)和阴插接器(从左上到右下依次标出编号)的编号系统各异。

[K]:表示搭铁点。该代码由两个字符组成:一个字母和一个数字。该代码的第一个字符表示指示线束的字母代码,第二个字符表示在同一线束有多个搭铁点时作区别用的系列号。

[L]:页码。

[M]:表示熔断丝通电时的点火开关位置。

[N]:表示配线接点。

3)美国车系电路图的识读

美国车系电路图示例如图 1-8 所示。

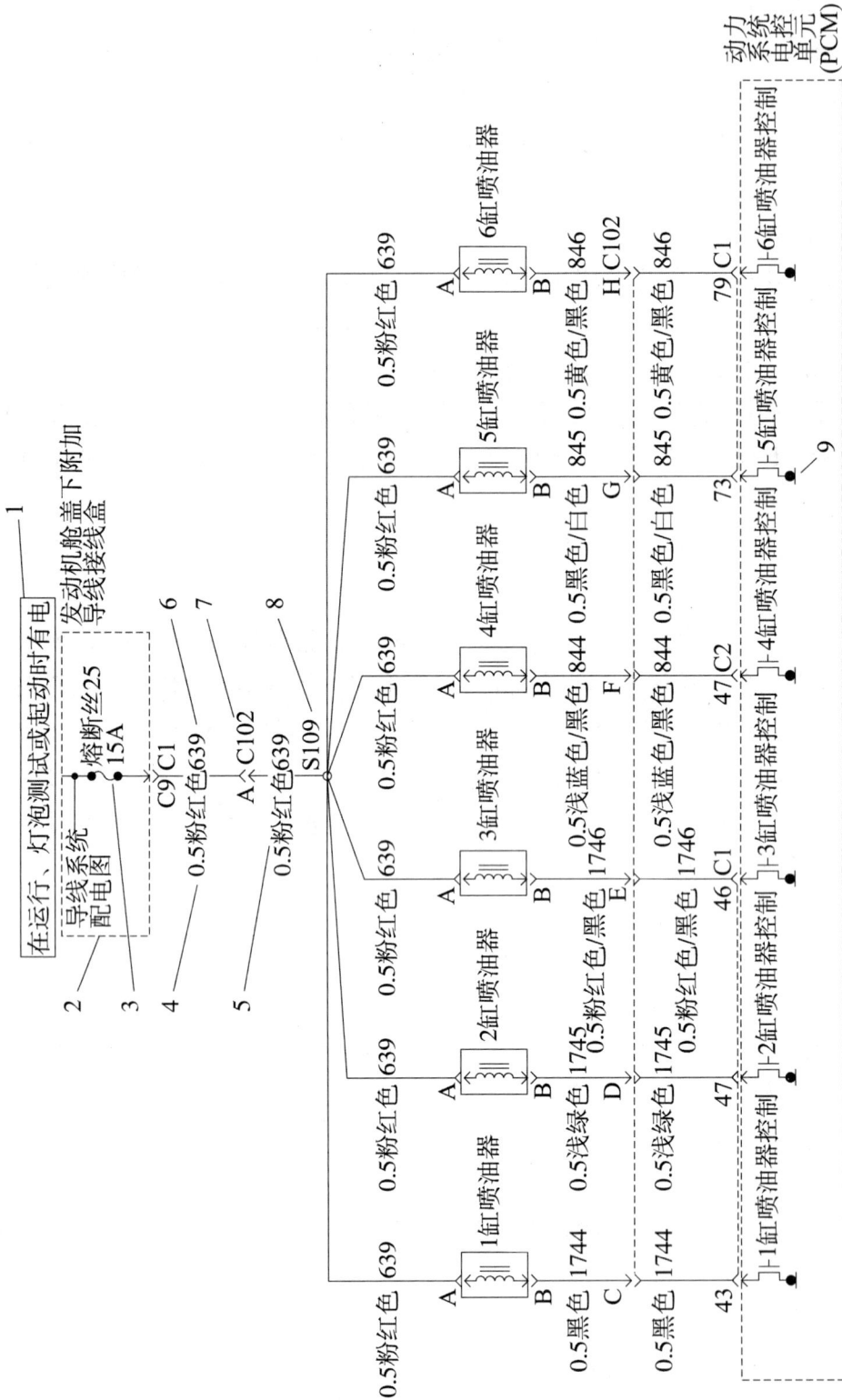

图1-8 美国车系电路图识读

1-电源类型:电源分为常有电,在运行时有电,在运行、灯泡测试或起动时有电;2-导线接线盒;3-熔断器符号;4-导线面积(单位为mm²);
5-导线颜色;6-导线编号;7-插接器编号;8-连接点编号;9-搭铁符号

课题二　汽车维修电工常用的检测仪器设备

汽车维修电工在检查汽车电路及对车辆电控系统进行故障诊断时,为了能快速、准确地判断电气系统故障点,除了运用专业技术知识和工作经验进行分析判断外,还会借助检测仪器设备。常用的检测设备主要有汽车专用万用表、诊断仪等。

一、汽车专用万用表

汽车专用万用表是在普通数字万用表的基础上,增加一些符合汽车某些特性参数测试功能,使之更加适合汽车检测与故障诊断的检测仪器。

下面以汽车检测专用的 FLUKE 15B 数字万用表使用为例(图 1-9)进行说明。

1. 面板按钮(开关)

面板按钮主要由 Power(电源开关)按钮、交直流切换(面板中黄色圆钮)按钮、Hold(数据保持选择)按钮和功能选择旋转开关等组成。

提示:将旋转开关旋至 OFF 位置即关机,若处于非活动状态 20min 后将自动关机。若要重新启动万用表,首先将旋钮调回 OFF 位置,然后调到所需位置。

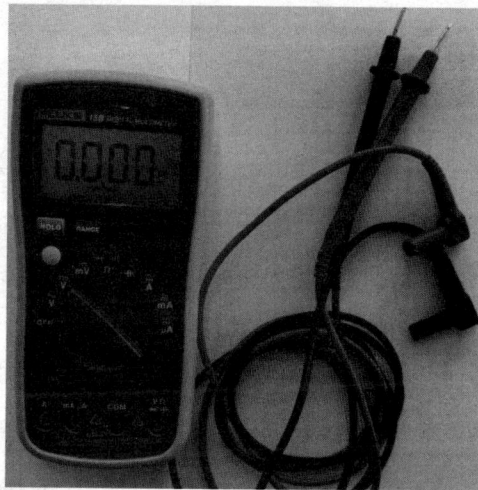

图 1-9　FLUKE 15B 数字万用表

2. 测试表笔连接插孔及屏幕显示

1)测试插孔

使用黑色表笔插入 COM 插孔,进行所有的测试,红色表笔插入不同测试孔用来测试电流、电压、温度、电阻等,如图 1-10 所示。

其中:

(1)A、mA:电流测试插孔。

(2)COM:公用测试孔。

(3) $\underset{\text{\tiny +}}{\overset{\text{V}\Omega}{\longrightarrow}}$:电压、电阻、二极管和导通性测试孔。

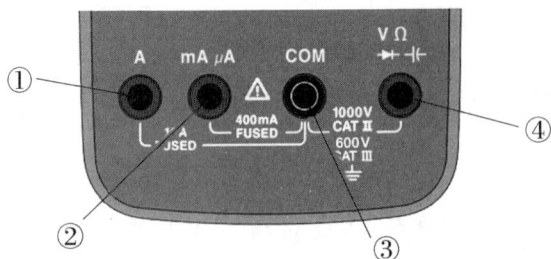

编号	说明
①	直流电流（最大 10A 测量)测量输入端口
②	直流微安和毫安(最大 400mA 测量)测量输入端口
③	适用于所有测量的公共（返回)端子
④	电压、电容、通断性、二极管和电容的输入端口

图 1-10　FLUKE 15B 数字万用表连接插孔

◇**注意：**

（1）10A FUSED：最大保护电流为 10A。

（2）400mA FUSED：最大保护电流为 400mA。

（3）1000V CAT Ⅱ：Ⅱ类测量适用于测试和测量与低电压电源装置的用电点(插座和相似点)直接连接的电路最大允许电压值 1000V。

（4）600V CAT Ⅲ：Ⅲ类测量适用于测试和测量与建筑物低电压电源装置配电部分连接的电路最大允许电压值 600V。

2)屏幕显示

FLUKE 15B 数字万用表屏幕显示如图 1-11 所示。

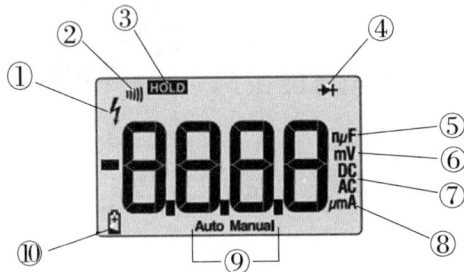

编号	说明	编号	说明
①	高压	⑥	毫伏或伏特
②	已选中通断性	⑦	直流或交流电压或电流
③	已启用"显示保持"	⑧	微安、毫安或安培
④	已选中二极管测试	⑨	已启用自动量程或手动量程
⑤	电容单位法拉	⑩	电池电量不足,应立即更换

图 1-11　FLUKE 15B 数字万用表屏幕显示含义

3.万用表的常用操作

1）电压的测试（图1-12）

功能选择旋转开关可以选择 $\tilde{V}$（交流电压）或 $\overline{\overline{V}}$（直流电压）测试模式。

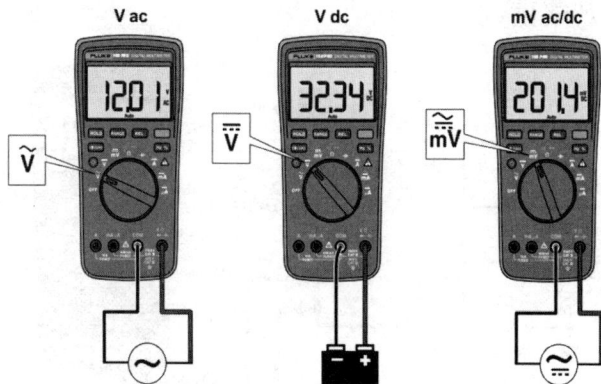

图1-12　交流电压和直流电压的测试图示

（1）将黑色表笔插入 COM 插孔。

（2）将红色表笔插入 插孔。

（3）连接红色表笔到被测元件电压的正极。

（4）连接黑色表笔到被测元件电压的负极。

（5）将功能选择旋转开关转动至 $\tilde{V}$（交流电压）或 $\overline{\overline{V}}$（直流电压）测试模式。

（6）选择测试电压量程位置。通常要先估算被测量对象的电压,然后选择与之相近的量程,但所选的量程必须大于被测电路预估电压。

（7）在屏幕上观察读数。

2）电流的测试

如图1-13所示,旋转功能选择开关至电流测试 A 或者 mA、μA 位置,可通过交直流转换按钮选择 AC 或 DC 电流测量。电流测试前,必须要先断开测试电路的电源开关。

（1）将黑色表笔插入 COM 测试插孔。

（2）将红色表笔插入 A 或 mA、μA 测试插孔。注意:电流检测时要根据待测电流预估值进行选择量程测试插孔,切不可盲目选择,以防电流过大而损坏万用表。

（3）将旋转开关转至交直流测量挡位（通过黄色按钮可以进行交直流测量的切换；

(4)断开待测电路路径,连接红色表笔至被测量电气装置的负极接线端。

(5)连接黑色表笔至电路的负极或搭铁。

(6)量程选择(与电压测量时的量程选择方法相似)。

(7)接通电路电源开关。

(8)在屏幕上观察读数。

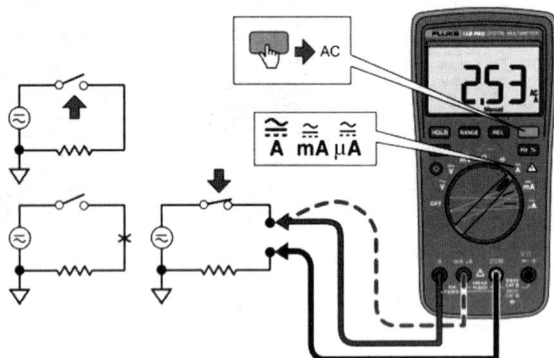

图 1-13 交直流电流测试示意图

3)测量电阻/通断性

测量电阻时,关闭测试电路的电源,将被测量电阻从电路中独立出来。将旋转开关转至 💡,如图 1-14 所示。

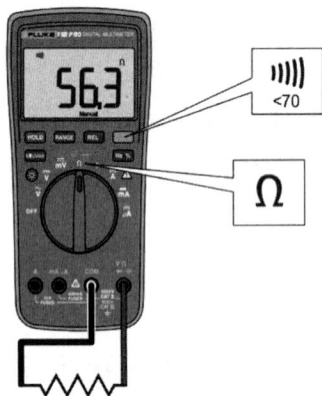

图 1-14 测量电阻/通断性
测试示意图

(1)将黑色表笔插入 COM 插孔。

(2)将红色表笔插入 ⊣⊢ 插孔。

(3)旋转功能选择开关至测试位置(Ω)。

(4)选择与被测量电阻相近的量程。

(5)分别连接红色和黑色表笔至需要测试元件的两端。

(6)在屏幕上观察读数。

通断性的测试方法为:通断性测试即连续性测试一种通过测试电阻快速判断电路是否导通的重要方法,选择电阻模式后,按一次黄色切换按钮以激活通断性蜂鸣器。如果电阻低于 70Ω ,蜂鸣器将持续响起,表明出现短路。

◇**特别提示**:测试电阻时应切断测试电路的电源。

4)测试二极管及电容

在进行二极管测试时,为避免对数字式万用表或被测试设备造成可能的损坏,在测试二极管之前断开电路的电源并将所有的高压电容器放电。其检测步骤如下。

（1）将旋转开关转至 📟。

（2）按两次 ▭ 激活二极管测试。

（3）将红色测试导线连接至 📟 端子，黑色测试导线连接至 COM 端子。

（4）将红色探针接到待测的二极管的阳极，黑色探针接到阴极。

（5）读取显示屏上的正向偏压。

（6）如果连接红色表笔和黑色表笔至需要测试电路的两端，被测电路电阻小于 50Ω（不同的万用表，导通的电阻各有差异）时，将有声响。如果电路完好导通，电阻值很小时，显示屏上显示的数值接近 0；如果电路开路，将没有任何声响，屏幕显示"1."。

（7）如果连接红色表笔到二极管（＋）正极，黑色表笔到二极管（－）负极，然后调换红色表笔和黑色表笔再次测量。当第一次测量读到低的数值，更换表笔后将读到高的数值，说明二极管完好。反之，在两个方向测试时，将会读到同样的数值或者读到"1."，说明二极管坏。

在测量电容之前断开电路的电源并将所有的高压电容器放电。其检测步骤如下：

（1）将黑色表笔插入 COM 测试插孔。

（2）将红色表笔插入 📟 测试插孔。

（3）旋转功能选择开关至 ╋ 位置。

（4）将探针接触电容器引脚。

（5）读数稳定后（约 18s），读取显示屏所显示的电容值。

5）数字式万用表表内熔断丝检查

在进行测试前，为避免对数字式万用表或被测试设备造成可能的损坏，请在更换熔断丝之前先断开测试导线以及清除所有输入信号。

将旋转开关转至 📟，测试导线插入 📟 端子，然后用探头接触 A 或 mA、μA 端子。

状态良好的 A 端子，熔断丝读数大约为 0.1Ω；状态良好的 mA/μA 端子熔断丝读数应小于 $10k\Omega$。如果显示读数为 0L，更换熔断丝并重新测试。

二、汽车诊断仪

汽车诊断仪（俗称解码器）是专用于汽车电控系统故障检测的仪器，它通过与汽车电控系统的控制模块进行数据交流,以读取汽车故障码和数据流等。

汽车诊断仪的种类很多,有各种车型专用诊断仪,如大众/奥迪汽车 VAS6150X 专用诊断仪、IT2 丰田汽车专用智能诊断仪等;也有通用车型诊断仪,如元征 X431 诊断仪、博世 KT600 综合智能诊断仪等。

下面以 X-431 PAD V 综合智能诊断仪的使用方法为例进行说明。

X-431 PAD V 是元征科技开发的一款基于最新互联网诊断技术、同时兼容乘用车和商用车(视产品配置而定)的新型高端汽车智能终端设备,支持 5G 和 Wi-Fi 通信、ECU 刷写、支持 J2534、DoIP 和 CAN FD 协议,具有车型覆盖广、功能强大、特殊功能多及测试数据准确等诸多优点。通过 VCI(车辆通信)设备与 X-431 PAD V 主机的 WiFi 通信或 USB 通信,实现产品全车型、全系统的汽车故障诊断。X-431 PAD V 集成全新的汽车智能维修小生态服务系统,提供接车、工单管理、配件查询、门店管理等功能,帮助维修门店提高工作效率,提升用户体验,为准确判断汽车故障提供有力支持。

除支持以往的传统诊断和 VIN 识别诊断(VIN 识别诊断仅适用于乘用车车辆),还支持智能诊断,使诊断更方便、高效。此外,X-431 PAD V 还支持远程诊断、在线编程、归零维护、诊断反馈、维修资料查阅和一键升级等功能。

X-431 PAD V 采用更高配置的平板电脑主机,使用 Android 定制操作系统,2.0GHz 八核处理器,配备 10.1 英寸阳光可读屏。

1. 功能简介

1)汽车故障诊断

(1)主机与 VCI 设备支持 5G 和 Wi-Fi 通信,在传输速率、诊断距离、抗干扰等方面优于传统蓝牙连接。

(2)除支持传统诊断外,还支持功能强大的智能诊断(智能 VIN 码车辆信息识别及基于云平台的诊断记录查询)技术,方便、快捷、高效。

(3)可检测亚、欧、美及国产大部分高、中、低档车型电控系统故障,诊断功能包括读故障码、清故障码、读数据流、动作测试等。

(4)特殊功能:支持大部分车型可编程模块的匹配、设码及常用特殊功能,如:维护灯归零、节气门匹配、防盗匹配、转向角复位、制动片复位、胎压复位、防盗匹配、ABS 排气、电池匹配、齿讯学习、喷油嘴编码、DPF 再生、天窗初始化、前照灯匹配、悬架匹配和波箱匹配等(对于不同的产品配置,其配备的归零功能也会有差异,具体以产品为准)。

（5）远程诊断功能：支持带有联网功能的诊断设备与诊断设备之间，诊断设备与车主使用的车联网盒子之间以及诊断设备与 PC 端之间进行远程诊断服务。

（6）在线编程：无需连接 RJ-45 网线和其他线束，支持无线 DoIP 编程，操作方便快捷。支持奔驰、宝马、通用、福特、大众、奥迪等车型的在线编程功能及大众、奥迪车系的引导功能。

（7）可在线查询海量原厂维修资料，含电路图、元件位置图、故障码帮助等。

（8）车型诊断软件、客户端及固件可在线一键升级。

2）智能维修生态

基于维修企业实际的工作及业务流程最新推出的一套创新性解决方案，实现了客户管理、维修管理、配件管理和仓储物流管理的无缝衔接，帮助企业完善车辆维修服务统一标准，提升服务质量和工作效率，同时大幅降低成本及增加营收。

（1）客户管理：通过拍车牌及行驶证扫描等方式，快速建立和查询维护车辆档案，提升服务效率和服务质量。

（2）工单管理：通过工单系统，维修企业可进行工单查找、工单派发、工单执行及工单数据统计等操作，同时工单系统与产品诊断功能、配件查询等功能完美融合，在方便工单施工管理的同时，保证施工记录的可追溯性。

（3）零配件查询：通过车型、VIN 码、OE 号和智能查找等方式快搜索配件号，罗列可通用的车型配件、可替换的配件品牌，自动比较配件价格，帮助企业选择更适合、性价比更高的配件。

（4）门店管理：统一门店编码设计，可以对连锁门店/加盟门店进行统一管理，降低运营成本。同一编码门店实现客户信息、车辆信息、维修历史记录等数据的共享。

3）USB 扩展接口

用于 U 盘或扩展模块（内窥镜、示波模块、传感模块和电瓶模块）等的连接。

2. 整机组成

X-431 PAD V 系统主要由 X-431 PAD V 主机（诊断系统的中央处理器及显示屏）和 VCI 诊断设备（采集汽车数据的设备）组成，如图 1-15、图 1-16 所示。另外还配置有 OBD Ⅱ 延长线、USB 数据线、充电器、蓄电池双钳线、OBD-Ⅰ 转接线及非 OBD-Ⅱ 诊断接头包（选配）等。主机用于解析 VCI 设备发送给其车辆数据并输出诊断结果，VCI 设备用于连接汽车诊断槽采集汽车数据。

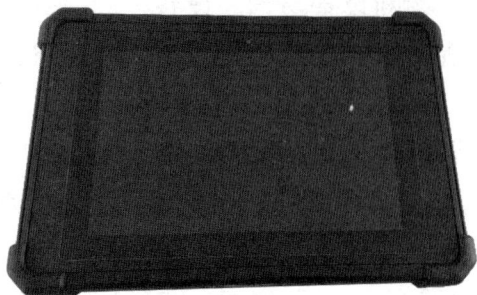

图 1-15　X-431 PAD V 主机　　　　图 1-16　VCI 设备

1）X-431 PAD V 主机

主机主要由 10.1 英寸阳光下可读触摸屏、内存卡插槽、Type C 充电插孔、电源/锁屏按键、音量按键、USB 端口、SIM 卡插槽、充电指示灯、麦克风及前后置摄像头等组成，详见图 1-17 所示 X-431 PAD V 主机各接口和指示灯说明。

2）VCI 设备

该设备为车辆通信（Vehicle Communication Interface，VCI）设备，用于连接车辆（兼容乘用车和商用车）诊断座采集车辆数据，然后通过 Wi-Fi 通信或 USB 通信方式发送给主机进行解析。

3. X-431 PAD V 使用前准备及连接

1）使用 X-431 PAD V 前的准备

在使用该诊断设备对车辆进行测试前一般要求车辆必须满足以下条件：

(1)打开汽车电源开关。

(2)汽车蓄电池电压应为 9～14V 或 18～30V。

(3)节气门应处于关闭状态，即怠速接合点关闭。

2）与车辆进行连接

使用 X-431 PAD V 测试装备标准 OBD-Ⅱ诊断座的车型时，使用自带的 VCI 设备即可（对于非 OBD-Ⅱ 16 针诊断座的车型，则需选择相应的转接头）。

连接步骤如下：

(1)找到车辆上的诊断座：其诊断座大部分为标准 OBD Ⅱ诊断座（非 OBD Ⅱ的诊断座，需要使用转接头），一般安装在驾驶人侧，离仪表板中央 12 英寸的地方。

(2)对于标准 OBD Ⅱ的诊断座，将 VCI 设备直接插入到车辆诊断座中（或使用 OBD Ⅱ延长线将 VCI 设备连接至车辆诊断座），对于非标准 OBD Ⅱ的诊断座，建议根据诊断座来选择相应的转接头。

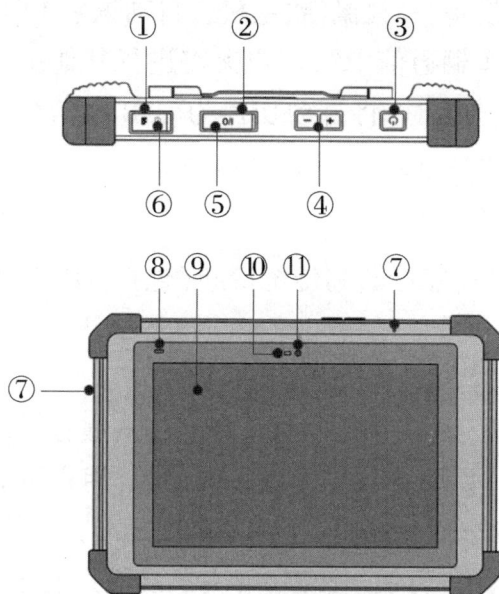

编号	名称及说明
①	内存卡插槽:用于插入内存卡扩展设备的存储容量
②	Type C 充电插孔:用于连接随机附带的充电器进行充电
③	电源/锁屏按键:长按此按键可开启/关闭平板电脑;或短按此按键锁定屏幕
④	音量按键
⑤	USB 端口:该端口用于连接 USB 设备或扩展功能(选配)模块
⑥	SIM 卡插槽
⑦	麦克风
⑧	充电指示灯:充电时显示为红色,充满后显示为绿色
⑨	10.1in❶阳光下可读触摸屏
⑩	环境光感应器
⑪	前置摄像头

图 1-17　X-431 PAD V 主机各接口和指示灯说明

(3)与车辆连接好之后,打开主机电源开机。

提示:X-431 PAD V 主机和 VCI 设备的通信方式有两种:WiFi 通信和 USB 有线通信,用户可以采用任何一种通信方式。WiFi 通信模式是在设备注册过

---

❶　1in＝0.0254m。

程中会提示激活 VCI 设备,一旦激活,主机会自动识别 VCI 设备 ID 并自动进行匹配和连接,并显示"车辆通信中",用户无需进行其他手动设置。当诊断设备和接头用 USB 诊断线连接时,将自动切换为 USB 通信模式,WIFI 通信模式将失效。

4.汽车诊断

X-431 PAD V 支持智能诊断和传统诊断(包括 VIN 码快速诊断和手动选择诊断)两种诊断方式。

1)智能诊断

使用此种诊断方法,用户可通过拍车牌直接从服务器端获取该车牌的车辆信息及历史维修记录。如服务器端无该车牌信息,用户可通过主机与 VCI 设备的 Wi-Fi 通信直接读取车辆 VIN 码,然后将读取到的 VIN 码与服务器端数据进行比对,从而获取车辆信息进行快速诊断,解决了以往只能通过逐级选择菜单才能测车,速度慢且容易选错等弊端。

◎注意:在进行智能诊断前,请先将 VCI 设备连接至车辆诊断座;实现智能诊断时需要设备联网。

(1)在主界面(图 1-18)上点击"智能诊断",系统进入"车牌扫描"界面。

X-431 PAD V V7.03.024				* * * *
发动机健康检测	智能诊断	传统诊断	特殊功能	远程诊断
* * * *	* * * *	* * * *	* * * *	* * * * *
* *	* * * *	* * * * *	* * * *	其他
* * * * * *			* * * * * *	

图 1-18　X-431 PAD V 功能菜单

(2)通过拍摄车牌号可以匹配服务器端储存的信息,查询车辆基本信息,通过 VCI 设备直接和车辆建立连接,读取车辆 VIN 码,开始进入车辆信息识别如图 1-19、图 1-20 所示。

车辆智能识别
1.连接设备(成功)→2.读取 VIN 码(成功)→3.解析 VIN(读取中……)
处理中,请等待……

图 1-19　智能诊断扫描读取车辆 VIN 码信息

车辆信息	车系:大众 车型:途昂 年款:2019		
VIN 码:LSV2ABCA6KJ＊＊＊＊＊＊		车牌:浙 A. HW＊＊＊	
诊断		维修记录	快速进入
＊＊ ＊＊ ＊＊		＊＊ ＊＊ ＊＊	

图 1-20 车辆信息识别

(3)点击"诊断"按钮开始诊断该车辆。具体诊断步骤同"传统诊断"步骤一样,后续将详细介绍。

(4)点击"维修记录"按钮查看之前该车辆的维修记录。通过查看该车辆以往的维修记录,维修技师可了解该车辆的常见故障情况,为此次维护提供参考。

(5)点击"快速进入"直接进入功能选择页面。

2)传统诊断

用户在"功能菜单"(图 1-18)中选择"传统诊断",然后采用 VIN 码识别快速进入系统进行诊断,也可以手动选择品牌车型和系统进行诊断。

下面将以"传统诊断"为例,介绍如何进行车辆识别、整车系统故障检测、控制单元版本读取、读取故障和故障码清除及读取数据值和作动器诊断等功能。

(1)选择车型:直接点击"传统诊断"主界面上的"全部",选择"上汽大众"图标进入"车型版本信息"页面,如图 1-21、图 1-22 所示。

传统诊断				
VIN 识别	全部	常用	＊＊＊＊	＊＊＊＊
演示程序	OBD 标准	上汽大众	北京汽车	比亚迪

图 1-21 选择品牌车型

◎**注意**:不同车型的诊断软件其诊断菜单可能会有所差异。

(2)选择诊断软件版本:如果本地有多个软件版本,则会显示成列表形式。选择最新的软件版本进入,然后点击"确定"进入"系统和功能"界面如图 1-22、图 1-23 所示。

(3)扫描车辆系统:选择"系统和功能"中的"系统列表",然后点击"系统扫描"开始扫描各个系统是否存在故障码,并显示具体的扫描结果。如需暂停扫描,点击"暂停",如图 1-23、图 1-24 所示。

车型版本信息	＊　＊　＊　＊　＊　＊
车型	版本
上汽大众	V28.85
上汽大众诊断软件　V28.85	
软件介绍：＊＊＊＊＊＊	
可测车型	确定
＊　＊　＊　＊	＊　＊　＊　＊

图 1-22　车型诊断软件版本信息

系统和功能		＊　＊　＊　＊　＊　＊
上汽大众 V28.85 >		
＊＊＊ 系统列表 ＊＊＊	＊＊＊ 引导型功能 ＊＊＊	
01. 发动机电控系统	未扫描	进入系统
02. 变速器电子装置	未扫描	进入系统
03. 制动电子装置	未扫描	进入系统
04. ＊＊＊＊＊＊＊＊＊	＊＊＊	＊＊＊＊＊
＊＊＊＊＊系统扫描　网关扫描　＊＊＊＊＊		
上汽大众　VIN 码　LSV2ABCA6KJ＊＊＊＊＊＊		
＊　＊　＊　＊		＊　＊　＊　＊

图 1-23　快速检测车辆系统故障(1)

系统和功能		＊　＊　＊　＊　＊　＊
上汽大众 V28.85 >		
＊＊＊ 系统列表 ＊＊＊	＊＊＊ 引导型功能 ＊＊＊	
正在系统扫描中……		
01. 发动机电控系统	已扫描	进入系统
02. 变速器电子装置	正在扫描	进入系统
03. 制动电子装置	未扫描	进入系统
04. ＊＊＊＊＊＊＊＊＊	＊＊＊	＊＊＊＊
上汽大众 VIN 码　LSV2ABCA6KJ＊＊＊＊＊＊		暂停
＊　＊　＊　＊		＊　＊　＊　＊

图 1-24　快速检测车辆系统故障(2)

系统扫描结束后,对存在故障码的系统会以红色字体显示在屏幕上,并显示具体的故障码数量,点击系统名称可查看故障码具体释义,如图 1-25 所示。无故障的系统(黑色)则显示为"正常"。

系统和功能	＊　＊　＊　＊　＊　＊　＊	
上汽大众 V28.85 >		
＊＊＊系统列表　＊＊＊　　＊＊＊引导型功能　＊＊＊		
01. 发动机电控系统		5^进入系统
U0155 仪表板控制单元:无通信		
P0122 节气门电位计:信号太小		
＊＊＊＊＊＊＊＊＊＊＊＊＊＊＊＊＊＊＊＊＊＊		
02. 变速器电子装置	正常	进入系统
03. 制动电子装置	正常	进入系统
04. ＊＊＊＊＊＊＊＊＊＊	＊＊＊	＊＊＊＊＊
上汽大众　　　　　报告　比较结果　＊＊　清码		
VIN 码　LSV2ABCA6KJ ＊＊＊＊＊		
＊　＊　＊＊　　＊＊		＊＊　＊　＊　＊＊

图 1-25　车辆系统扫描结果

屏幕按钮说明如下:

①报告:点击"报告"将当前故障报告保存为诊断报告。诊断报告分为维修前报告和维修后报告,X-431 PAD V 具有报告对比功能,因此在保存报告时需要选择正确的报告类型。通过对比,可清楚了解诊断前发现的故障码通过维修后是否已彻底清除。

②比较结果:点击选择维修前报告,通过比对维修前和维修后的诊断报告,可清楚了解维修前发现的故障码通过维修后是否已彻底清除。

③清码:点击清除所有故障码。

④进入系统:点击"进入系统"选择执行其他功能。

(4)系统功能测试:在"系统和功能"界面,选"01 发动机控制模块",点击"进入系统"(以其为例),屏幕将进入功能选择界面,如图 1-26 所示。

菜单显示	* * * * * * * *
上汽大众 V28.8 >01 发动机电控系统	
(1)版本信息	(2)读故障码
(3)清除故障记忆	(4)读取数据流
(5)动作测试	(6)特殊功能
(7)编程	
上汽大众　　VIN码　LSV2ABCA6KJ* * * * * *　* * * *	

图1-26　系统功能选择界面

(5)选择测试功能:点击执行要测试的功能。

①版本信息。在图1-26所示中点击"版本信息"读取当前汽车发动机控制模块ECU的版本信息。

②读取故障码。该功能用于读取当前汽车发动机ECU中存在的故障码。

在图1-26所示的功能选择页面点击"读取故障码",屏幕将显示诊断结果。

◇注意:在检修车辆故障时读故障码只是整个诊断过程中的一小步。车辆故障码只是作为参考,不能在给出的故障码定义的基础上直接更换零部件。每个故障码都有一套测试程序,维修技师必须严格按照汽车维修手册中所述的操作指示和流程来确认故障的根结所在。

③清除故障码。在图1-26所示的功能选择页面点击"清除故障记忆",系统将自动删除当前存在故障码并弹出"清除故障码成功"对话框。

◇注意:一般车型请严格按照常规顺序操作:先读故障码,然后在清除故障码、试车、再次读取故障码进行验证,维修车辆,清除故障码,再次试车确认故障码不再出现。

④读取数据流。此项功能主要用于读取并显示汽车发动机ECU的实时运行数据和参数。通过观察这些实时的数据流,维修技师可以洞察车辆发动机的整体性能,并为车辆维修提供指导。

◇注意:为执行车辆故障排查您必须驾驶车辆,请找其他人帮您。同时开车和操作诊断设备比较危险,会造成严重的交通事故。

在图1-26所示的功能选择页面中,点击"读取数据流",进入数据流选项选择界面。

⑤动作测试

此功能主要用于测试发动机电控系统中的执行元部件能否正常工作。

三、汽车维修电工安全操作基本注意事项

（1）工作前,应备齐工具并检查是否完整无损,技术状态是否完好。

（2）就车进行电路、电器维修作业时,应注意保持车辆漆面光泽无伤痕,装饰地毯及座位要使用保护垫布和座位套,确保清洁。

（3）在装有微机控制系统的汽车上进行工作时,除有必要,否则不要触动电子控制部分和各个接头,以免发生意外,损坏其内部装置的电子元件。当确需连接或断开电子系统与任何一个单元之间电气配线进行作业时,务必关闭点火开关,并拆下蓄电池负极接线夹,以免造成控制器元件损坏。

（4）装卸汽车发电机和起动机时,应将汽车电源总开关断开、切断电源后进行,未装电源总开关的,卸下的导线接头应包扎好。

（5）需要起动发动机检查电路时,应注意车底有无他人在工作,预先打招呼、拉紧驻车制动器、挂空挡,然后起动发动机。不熟练人员及学员不得随便起动发动机。

（6）汽车内线路接头必须接牢并用胶布包扎好。穿孔而过的线路要加橡胶护套。

（7）装蓄电池时,应在底部垫以橡皮胶料,并在确保蓄电池在架上固定牢靠。

（8）蓄电池电缆线应安装可靠。

（9）配制电解液时,应将硫酸轻轻加入蒸馏水内,同时用玻璃棒不断搅拌,以达到迅速散热的目的。

（10）蓄电池维修时,装配间应有良好的通风设备和防火设备,防止铅中毒及火警发生。蓄电池充电工作间空气要流通,室内及存放蓄电池的地方在 4m 内严禁烟火。

（11）蓄电池充电时,应将蓄电池盖打开;电解液的温度不能超过 45℃,检查时应佩戴防护眼镜。

（12）应在通风良好处进行空调的维修作业。拆卸空调时,应先回收制冷剂和油,避免制冷剂与明火及灼热金属接触;否则,制冷剂会分解为有毒气体。

（13）添加或回收制冷剂操作时,应戴上防护眼镜,谨防制冷剂溅入眼内或溅伤皮肤。

（14）搬运制冷剂钢瓶时,应严防振动、撞击、避免曝晒,同时应储放在安全通风、干燥的库房内。

（15）应在电源断开规定时间后才可进行拆卸安全气囊线路。检测时,必须

按照安全气囊系统诊断要求进行,切不可随意用万用表测量气囊点火器的电阻,以免误爆。

(16)如果要将汽车暴露在温度超过93℃(200℉)的环境中(如在进行烤漆作业时),必须事先把安全气囊系统部件(气囊(充气装置)模块、感传诊断模块)拆下来,以避免部件被损坏或使安全气囊意外爆开。

(17)不要使用从其他汽车上拆下来的安全气囊系统。

(18)当使用电焊时,应按规定程序断开蓄电池负极电缆,并拆开安全气囊插接器。

(19)安全气囊拆下放置时,应将缓冲垫(软面)朝上,且要远离水、机油、油脂、清洁剂等。

项目二　蓄电池的检修

蓄电池必须能满足起动发动机的需要,即短时间(5~10s)内可供给起动机强大的电流(一般为200~600A,有的柴油机达1000A);同时在发电机不发电或电压较低的情况下能向发电机磁场绕组、点火系统以及其他用电设备供电。由此可见蓄电池性能的好坏直接影响发动机能否正常起动、正常运转,因此,应对蓄电池进行定期检修,保障发动机正常起动和运转。

学习目标

完成本项目学习后,你应当能:

1. 根据蓄电池外观特征及名牌标识,叙述其所属类型、作用和结构特点及该蓄电池适合适配的车型;

2. 规范检测蓄电池液面高度与添加蒸馏水;

3. 规范进行蓄电池存电量的检测;

4. 利用蓄电池充电机对蓄电池进行补充充电。

建议学时

10 学时。

一、信息收集

1. 蓄电池的作用

蓄电池的作用:起动发动机时,向起动系统和点火系统供电;在发动机低速运转、发电机不发电或电压较低的情况下向发电机磁场绕组、点火系统以及其他用电设备供电;当发动机中高速运转、发电机正常供电时,将发电机多余电能转化为化学能储存起来;当发电机过载时,协助发电机向用电设备供电;稳定电源电压,保护电子设备。

2.蓄电池的结构

1)普通铅蓄电池的构造

如图 2-1 所示,普通铅蓄电池主要由极板、隔板、壳体、电解液、联条、极桩等组成。壳体一般分隔为 3 个或 6 个单格,每个单格均盛装有电解液,插入正、负极板组便成为单体电池。每个单体电池的标称电压为 2V,将 3 个或 6 个单体电池串联后便成为 1 只 6V 或 12V 蓄电池总成。

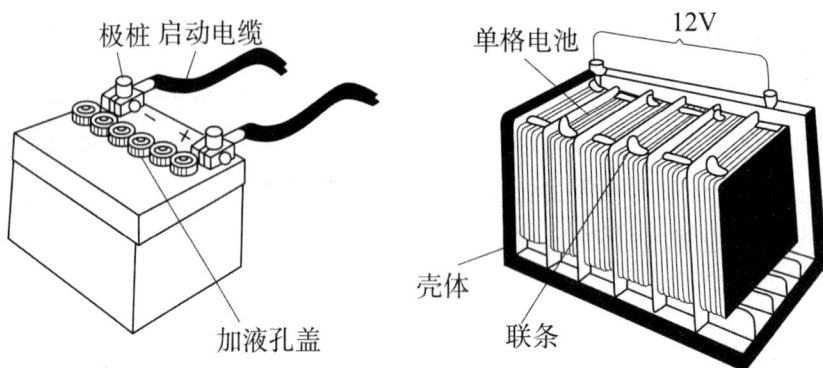

图 2-1 铅蓄电池的构造

图 2-2 所示为单格蓄电池内部结构。

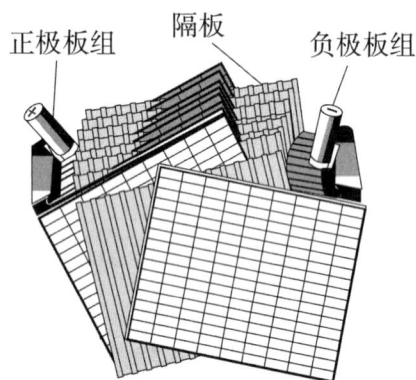

图 2-2 单格蓄电池内部结构图

2)免维护蓄电池的结构

(1)免维护蓄电池的组成。

免维护蓄电池主要由极板、隔板、壳体、极桩、荷电状态指示器(内置式密度计)、电池盖、防酸隔爆片、联条及对焊件等组成。

极板:采用放射型、中极耳铅钙合金板栅,上面附着铅膏,电池失水极少,大电流放电及充电接受能力好。

隔板:采用进口 PE 袋式隔板,孔率高,孔径小,电阻低,有利于电池大电流放电。

电池槽:聚丙烯注塑成型,强度好,表面光洁美观,耐冲击及抗振动结构设计。

端子:高强度铝合金加工,抗机械损伤,导电性好,适合于大电流放电。

荷电状态指示器:显示蓄电池存电状态。

电池盖:具有酸液回流及排气功能,最大限度减少失水,延长电池的使用寿命。

防酸隔爆片:过滤酸雾,防止溢酸,保护环境,阻止明火进入电池内,安全可靠。

联条及对焊件:采用高导电铝合金铸造及焊接,穿壁焊技术,大电流起动性能好。

(2)蓄电池荷电状态指示器。

免维护蓄电池采用的是无加液孔封闭型外壳,无法用吸管式密度计测量电解液密度。特在其内部装一支如图2-3所示的蓄电池荷电状态指示器,又称内置式密度计,来指示蓄电池的技术状况。

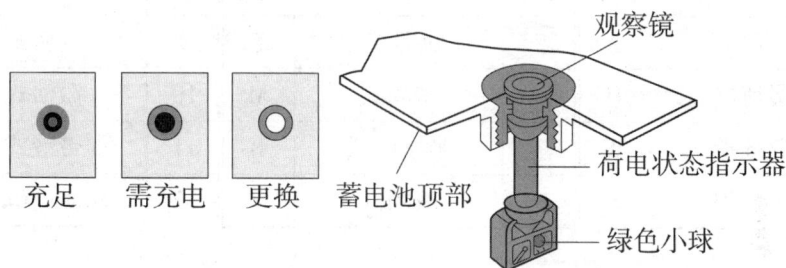

图2-3 蓄电池荷电状态指示器(内置式密度计)示意图

内置式密度计可分为三部分。上部是螺塞,用于固定。中部是透明塑料管,连接上下部,测量液面高度。下部是球笼,内装有带颜色的测量电解液密度的小球,小球可上下浮动。当蓄电池存电充足,电解液密度大于 $1.22g/cm^3$ 时,小球向上浮动到极限位置,经过光线折射,从顶部观察镜就会看到小球是绿色,表示蓄电池的技术状况良好;如果看到的是黑色,表示小球已下降,电解液密度低,蓄电池存电不足,应及时充电;当测量电解液密度的小球下降到球笼底部,则看到的是浅黄色或无色,说明蓄电池电压很低,已无法正常工作,应予以更换,如图2-3所示。

◇**特别提示**:不同类型的免维护蓄电池其内装密度计在不同状态下所显示颜色有所不同。

3.蓄电池的规格型号

蓄电池的型号由三部分组成,各部分用短横线连接,其内容及排列如下。

(1)	(2)	(3)	(4)	(5)
串联单体电池数	蓄电池类型	蓄电池特征	额定容量	特殊性能

（1）串联单体电池数。用阿拉伯数字表示。

（2）蓄电池类型。根据其主要用途划分,如起动用蓄电池代号为"Q",摩托车用蓄电池代号为"M"。

（3）蓄电池特征。如干荷电蓄电池,用"A"表示;免维护蓄电池,用"W"表示。产品特征代号见表2-1。

蓄电池的产品特征代号 表2-1

序号	产品特征	代号	序号	产品特征	代号	序号	产品特征	代号
1	干荷电	A	5	防酸式	F	9	气密式	Q
2	湿荷电	H	6	密闭式	M	10	激活式	I
3	免维护	W	7	半密闭式	B	11	带液式	D
4	少维护	S	8	液闭式	Y	12	胶质电解液	J

（4）额定容量。指20h放电率(简称20h率)额定容量,单位为A·h(安·时),用阿拉伯数字表示,在型号中可省略不写。

（5）特殊性能。在产品具有某些特殊性能时,可用相应的代号加在末尾表示。如"G"表示薄型极板的高起动率电池,"S"表示采用工程塑料外壳与热封合工艺的蓄电池。

例如:6-QAW-100S蓄电池,是由6个单体电池串联而成,额定电压为12V,额定容量为100A·h的起动用塑料外壳干荷电免维护蓄电池。

4. 蓄电池的充电方法

1）蓄电池常规充电法

（1）恒定电流充电法。在充电过程中充电电流始终保持不变,称为恒定电流充电法,简称恒流充电法或等流充电法。在充电过程中由于蓄电池电压逐渐升高,充电电流逐渐下降,为保持充电电流不致因蓄电池端电压升高而减小,充电过程必须逐渐升高电源电压,以维持充电电流始终不变,图2-4所示为恒流充电特性曲线。

恒流充电的优点:充电电流可任意选择,有益于延长蓄电池寿命,可用于初充电和去硫化充电。恒流充电的缺点:充电时间长,且需要经常调整充电电流。

（2）恒定电压充电法。在充电过程中充电电压始终保持不变,称为恒定电压充电法,简称恒压充电法或等压充电法。由于恒压充电从开始至后期,电源电压始终保持一定,所以在充电开始时充电电流相当大,大大超过正常充电电流值。但随着充电的进行,蓄电池端电压逐渐升高,充电电流逐渐减小。当蓄电池端电压和充电电压相等时,充电电流减至最小甚至为零。图2-5所示为恒压充电特性曲线,与恒流充电法相比,其充电过程更接近于最佳充电曲线。

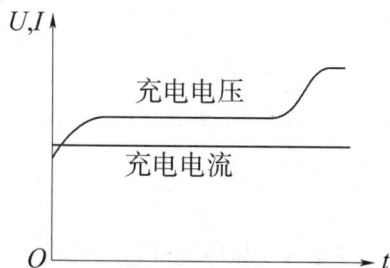

图2-4　恒流充电特性曲线　　　图2-5　恒压充电特性曲线

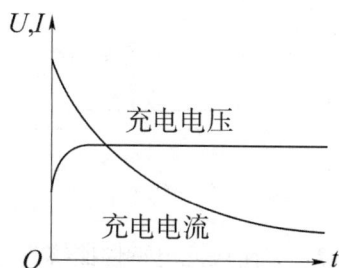

采用恒压充电法的优点:充电速度快,充电时间短,充电电流会随着蓄电池电动势的上升,而逐渐减小到零,使充电自动停止,不必人工调整和照管。

恒压充电的缺点:充电电流大小不能调整,所以不能保证蓄电池彻底充足电,不能用于初充电和去硫化充电。这种充电方法一般只适用于无配电设备或充电设备较简陋的特殊场合,例如,汽车运行过程中,蓄电池就是以恒压充电法充电的。

(3)阶段充电法。阶段充电法包括二阶段充电法和三阶段充电法。

①二阶段充电法。二阶段充电法采用恒电流和恒电压相结合的快速充电方法,图2-6所示为二阶段充电特性曲线。

首先,以恒电流充电至预定的电压值,然后,改为恒电压完成剩余的充电。一般两阶段之间的转换电压就是第二阶段的恒电压。

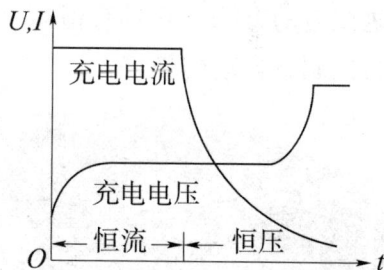

②三阶段充电法。三阶段充电法在充电开始

图2-6　二阶段充电特性曲线

和结束时采用恒电流充电,中间用恒电压充电。当电流衰减到预定值时,由第二阶段转换到第三阶段。图2-7所示为三阶段充电特性曲线。这种方法操作简单,基本能满足电池充电的要求。缺点在于不能区别电池的放电深度而恰如其分地充电,对充电的控制较弱,对电池电解液的保持能力欠佳,易造成失水,从而影响电池寿命。

2)快速充电的基本方法——脉冲快速充电

脉冲快速充电是以脉冲大电流充电来实现快速充电的方法。图2-8所示为脉冲充电电流波形。

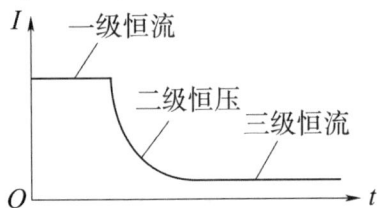

图 2-7　三阶段充电特性曲线

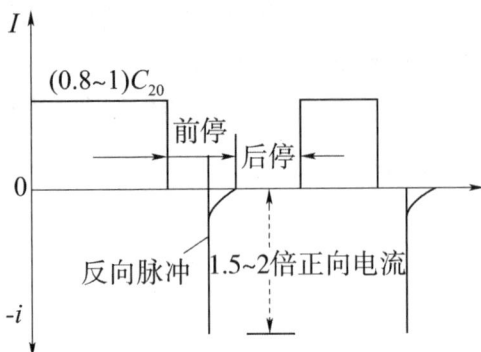

图 2-8　脉冲充电电流波形

（1）大电流恒流充电，充电电流为（0.8～1）C_{20}，单格电池电压升至 2.4V（注：C_{20} 为 20h 放电率额定容量）。

（2）停充 15～25ms。

（3）反向脉冲充电，充电电流为（1.5～2.0）C_{20}，时间为 150～1000ms。

（4）停充 25～40ms，如此循环，直至充足电。

3）智能快速充电

智能充电机是采用先进的微机技术结合高频开关电源组成的新一代充电器产品。利用计算机的智能功能，控制充电电流按照最佳充电电流变化而实现快速充电的方法。它具有恒压、恒流、均充、浮充以及完善的保护功能，并能在微机的控制下自动转换。

图 2-9　ZCD220-50 型智能充电机

图 2-9 所示为 ZCD220-50 型智能充电机，具有对蓄电池进行充电和容量检测、深度放电后对电池补充充电及对电池组日常维护、新电池组工程验收等功能。可以实现均充/浮充、恒流/恒压自动转换功能。可设定并显示电压、电流、时间、容量等参数，自动完成蓄电池组各种参数的测试、监控、显示、记录。充电完毕，检测的数据可现场转存至 U 盘或通过 RS232 接口直接上传至 PC，与之配套的数据处理软件对充电数据信息进行处理，并生成各种图表，为分析电池性能提供科学的依据。

充电特性：采用智能充电技术，充电过程无须人工干预。严格按照蓄电池充电特性曲线进行充电，采用"恒流→恒压限流→涓流浮充"智能三阶段充电模式，使每节电池都能够较快地充分地充满电,避免过充电,完全做到全自动工作状态,无需人工值守。

适用电池范围广,充电电流可在 10% 额定值内任意设定,且不受输入交流电压变化的影响,在恒流充电期间电流维持不变,无须人为再调整。

5. 检修蓄电池的必要性

蓄电池常见的故障有外部故障和内部故障,外部故障有壳体或盖子破损、封口胶干裂、极板松动或极桩腐蚀等;内部故障有极板硫化、自放电、极板短路、极板活性物质大量脱落等,而这些故障往往是由于使用不当和维护不及时而造成的。例如:蓄电池盖上积存有电解液、油污等会引起蓄电池自放电;蓄电池长期充电不足或放电后未及时充电、电解液液面过低等会造成极板硫化;充电电流过大、电解液温度过高、经常过充电、放电电流过大,接入起动机时间过长等都会造成蓄电池极板活性物质的脱落。因此,汽车在使用中应经常对蓄电池的性能进行检测,发现问题及时处理,保持蓄电池良好的技术状态,从而延长蓄电池使用寿命。

二、实训操作

1. 技术标准与要求

(1)蓄电池外壳无裂纹、无泄漏、无变形,极桩无破损、无氧化物等。

(2)蓄电池电解液液面高度应高出极板 10 ~ 15mm。

(3)蓄电池电解液密度标准值:20℃时电解液的密度为 1.25 ~ 1.29g/cm³。

(4)蓄电池的空载电压不应低于 9.6V;对蓄电池进行负荷试验检测时,要求蓄电池的电压不应低于 12.4V。

(5)蓄电池电解液密度与放电程度的关系见表 2-2。

蓄电池电解液密度与放电程度及气温的关系(单位:g/cm³)　　表 2-2

气温	充足电时电解液密度	放电时电解液的密度			
		放电 25%	放电 50%	放电 75%	全放电
冬季气温低于 -40℃ 地区	1.31	1.27	1.23	1.19	1.15
冬季气温高于 -40℃ 地区	1.29	1.25	1.21	1.17	1.13
冬季气温高于 -20℃ 地区	1.27	1.23	1.19	1.15	1.11
冬季气温高于 0℃ 地区	1.24	1.20	1.16	1.12	1.09

注:表中的密度值是指温度为 25℃ 时的值,当环境温度每升高 1℃,应在测得的密度计上加 0.0007,每降低 1℃,则应减 0.0007。

(6)蓄电池开路电压与放电程度的关系见表2-3。

蓄电池开路电压与放电程度对照表 表2-3

蓄电池开路端电压(V)	≥12.6	12.4	12.2	12.0	≤11.7
高率放电计检测蓄电池电压(V)	11.6 ~ 10.6	9.6 ~10.6		≤9.6	
高率放电计(100A)检测单格电压(V)	1.7 ~1.8	1.6 ~1.7	1.5 ~1.6	1.4 ~1.5	1.3 ~1.4
放电程度(%)	0	25	50	75	100

2. 工具、设备和材料的准备

(1)蓄电池。

(2)带刻度的玻璃管、电解液密度计、整体式高率放电计、蓄电池检测仪、充电机。

(3)蒸馏水、电解液、盛水容器、干净的抹布、钢丝刷、刮刀、砂布、润滑油脂或凡士林。

(4)汽车用万用表、汽车维修手册等。

3. 查询并填写信息

观察你所检查的蓄电池,并填写相关的信息:

该蓄电池属于_____(普通/干荷电/免维护)型蓄电池,其型号是_____,其额定容量为_____,其额定输出电压为_____。

4. 作业前的准备

(1)小组共同清洁工位、清点工量具,保持场地、设备、工量具干净整齐及性能良好。

(2)检查蓄电池封胶有无开裂和损坏,极桩有无破损,壳体有无泄漏。

(3)用清水冲洗蓄电池外部的灰尘和污垢,再用苏打水清洗,如图2-10所示。

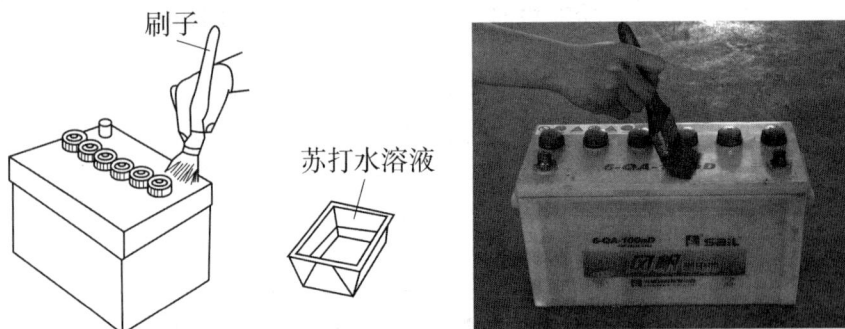

刷子

苏打水溶液

图2-10 清洗蓄电池

（4）如图 2-11 所示，疏通加液孔盖通气孔。

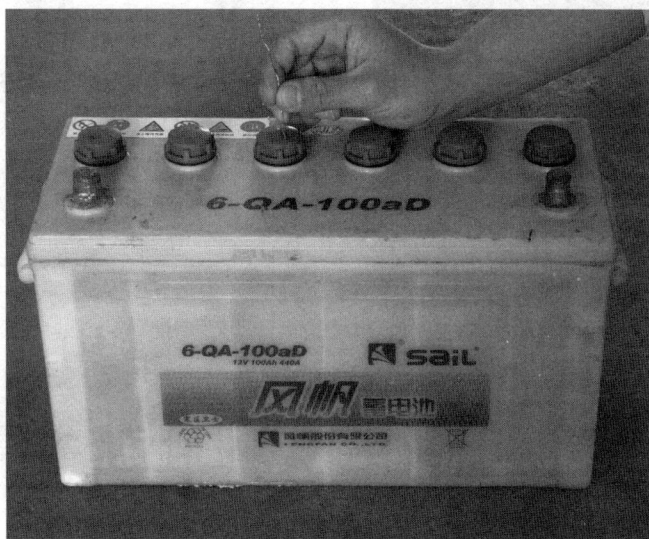

图 2-11 疏通加液孔盖通气孔

（5）如图 2-12 所示，用钢丝刷、砂布或刮刀清洁极桩和接线卡头的氧化物并涂抹一层薄凡士林或润滑脂。

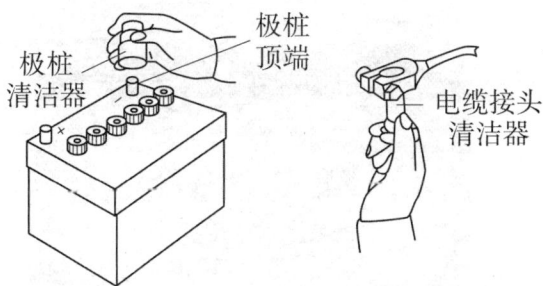

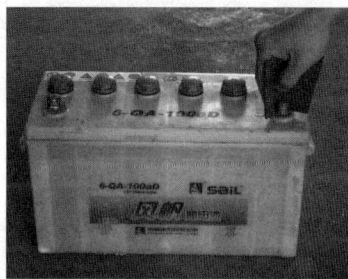

图 2-12 清洁蓄电池极桩

5. 蓄电池技术状况的检查

1）蓄电池电解液液面高度的检测

（1）玻璃管测量法。

①如图 2-13 所示，打开蓄电池的加液孔盖。

②如图 2-14 所示，用一空心玻璃管从蓄电池加液孔处插入蓄电池电解液内极片的上平面处，使玻璃管内的电解液与蓄电池液面同高。

③如图 2-15 所示，用手指按紧玻璃管上端，使管口密封，垂直提起玻璃管，迅速测量玻璃管内液面的高度，即为蓄电池电解液液面高出极板的高度。

图2-13 打开蓄电池加液孔盖

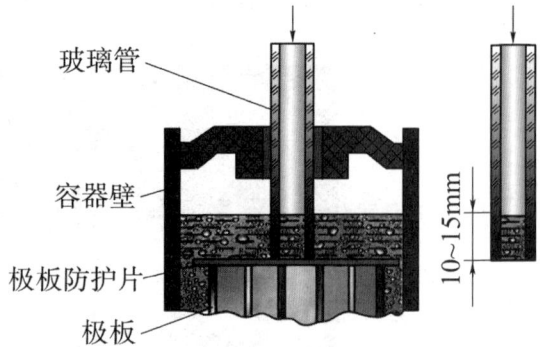

图2-14 用玻璃管检查电解液液面高度

◇**特别提示:**蓄电池电解液液面高度高出极板高度的标准值为10～15mm。高于标准值,用吸管吸至标准液面高度;低于标准值,一般补充蒸馏水至标准液面高度。

(2)液面高度指示线法。透明塑料容器的蓄电池,在容器壁上刻有两条高度指示线(图2-16)。检查液面高度时,正常液面高度应介于两条高度指示线之间,两条高度指示线中间为标准位置。低于下线为液面过低,应加蒸馏水,高于上线为液面过高应排出电解液使其至上下线之间位置。

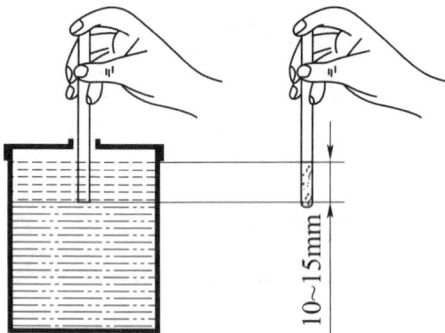

图2-15 测量蓄电池电解液液面高度

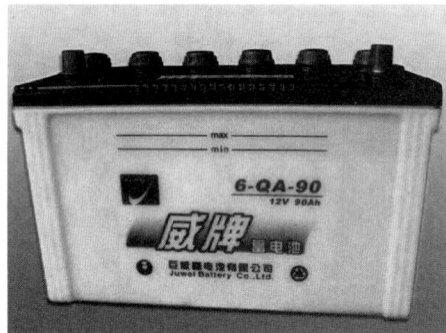

图2-16 蓄电池电解液液面高度指示线

(3)从加液孔观察判断。部分轿车蓄电池在电解液加液孔内侧的标准面位置处开有方视孔(图2-17),用来检视电解液液面高度。液面在方孔下面为过低;正好与方孔齐平时为标准;液面漫过方孔而充满加液口底部以上为过多。过多、过少均应对液面高度进行调整。

2)蓄电池存电量(放电程度)的检查

通过检测蓄电池的电解液密度、端电压大小或者用高率放电计测量蓄电池均可判断蓄电池的放电程度,即蓄电池的存电量。

(1)电解液密度的检测。对于非密封式蓄电池,电解液的密度可用专用的吸式电解液密度计测量,如图 2-18 所示。

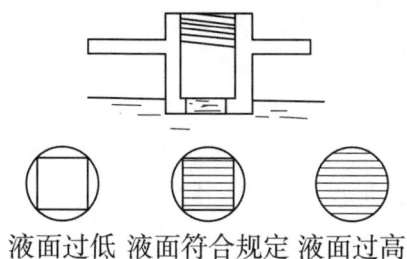

液面过低 液面符合规定 液面过高

图 2-17 从加液孔观察液面
高度的方法

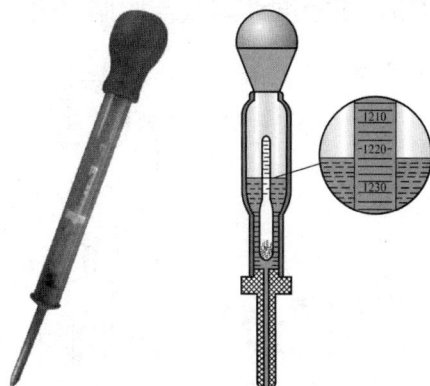

图 2-18 电解液密度计

检测方法如下:

①打开蓄电池的加液孔盖。

②把密度计下端的橡皮管插入单格电池的加液孔内,测量蓄电池的密度,如图 2-19 所示。

③如图 2-20 所示,用手将橡皮球捏瘪,再慢慢放开,电解液就会被吸到玻璃管中。注意控制吸入时电解液不要过多或过少,以能将密度计浮子浮起而不会顶住为宜,使管内的浮子浮在玻璃管中央(不要相互接触),再慢慢地将密度计提出液面。

图 2-19 测量蓄电池密度

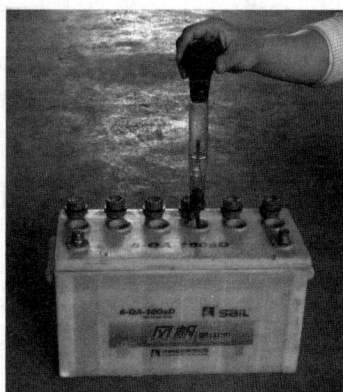

图 2-20 密度计测量电解液
密度的方法

◇**特别提示:**橡皮管不得离开蓄电池加液孔上方。

④读密度计的读数并记录下来。

读密度计数值的方法:浮子与液面凹边缘水平线相平的读数就是该电解液的密度值,使密度计刻线与眼睛平齐(图2-21所示为密度计读数的方法)。

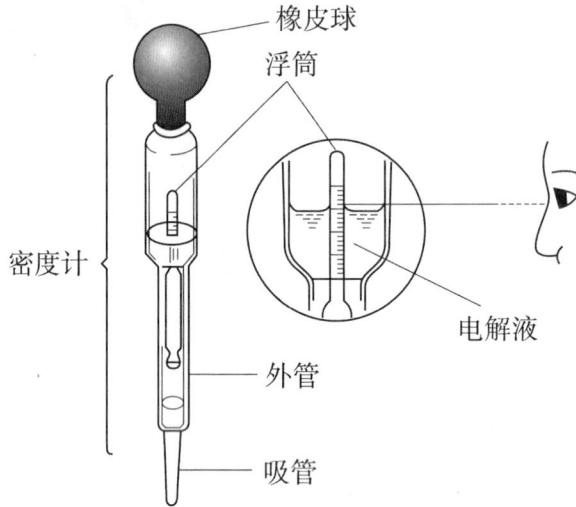

图2-21　密度计的读数方法

⑤将测得电解液密度值与表2-1进行对比,就可判断该蓄电池的存电量,即蓄电池的放电程度。

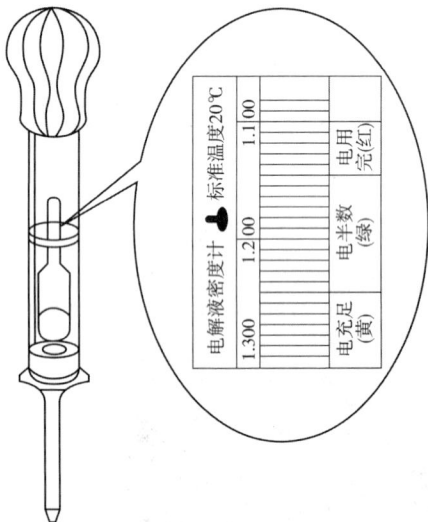

图2-22　电解液密度计的读数

◇**特别提示**:也可根据密度计芯的红、绿、黄颜色区域(图2-22)初步判断蓄电池的放电程度,1.10~1.15为红色区,1.15~1.25为绿色区,1.25~1.30为黄色区。

如果观察液面在绿色区域,即读数在1.15~1.25,说明该蓄电池存电半数。

如果观察液面在黄色区域,即读数在1.25~1.30,说明该蓄电池电量充足。

如果观察液面在红色区域,即读数在1.10~1.15,说明该蓄电池电解液密度过低,蓄电池电量已用完。

◇**特别提示**:对于密封式的免维护蓄电池装有内置式密度计,可根据指示器的颜色来判断蓄电池的状态。

(2)蓄电池开路电压的测量。对于没有内置式密度计的免维护蓄电池,可以用万用表或电压表,测量它的开路电压来判断蓄电池的状态。用万用表检测法如下:

①使用万用表的电压挡。

②万用表的红表笔接蓄电池的正极,黑表笔接蓄电池的负极,如图2-23所示。

◎**特别提示**:认准蓄电池正负极性柱,不要接反。

③从显示器上读取测量结果,精确到0.1V。

④根据表2-2判断蓄电池的放电程度。对额 图2-23　蓄电池端电压的测量定电压为12V的蓄电池,如果测得的电压小于12V,说明蓄电池过量放电;如果测得的电压在12.2~12.5V,说明部分放电;如果测得的电压高于12.5V,说明蓄电池存电充足。

◎**特别提示**:此项检测,蓄电池必须是稳定的,若蓄电池刚充完电至少应等待10min,让蓄电池电压稳定后再进行测量;车辆刚行驶过,应接通前照灯30s,清除"表面充电"现象,然后熄灭前照灯,切断所有负载。

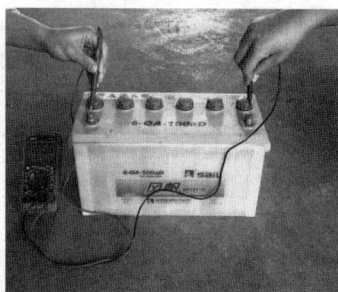

6.蓄电池的补充充电

蓄电池的补充充电是指蓄电池使用后的充电。

1)下列情况需要对蓄电池补充充电

(1)发动机起动无力时(非机械故障)。

(2)前照灯灯光暗淡,表示电力不足时。

(3)电解液密度下降到$1.20g/cm^3$以下时。

(4)冬季放电超过25%,夏季放电超过50%时。

2)补充充电的具体步骤

(1)从汽车上拆下蓄电池(先拆蓄电池的负极接线,后拆正极接线)。

(2)清除蓄电池盖上的脏污,清除极桩和导线接头上的氧化物。

(3)检查蓄电池电解液的液面高度和电解液的密度,确认达到标准值。

(4)非密封式蓄电池拆下所有的通气孔塞,如图2-24所示。

(5)选择检查充电设备(图2-25所示为晶闸管整流充电机、图2-26所示为晶闸管充电机控制面板)。仪表板组成:充电指示灯、电源开关(两个挡位12V、24V)、电压表、电流表、电流调节按钮、启动按钮、充电按钮、12V接线柱、24V接线柱。

(6)红色接线钳连接充电机的12V接线柱(充电蓄电池电压为12V时,接12V接线柱,充电蓄电池电压若是24V,则接24V接线柱);黑色接线钳连接充电机的充电按钮。

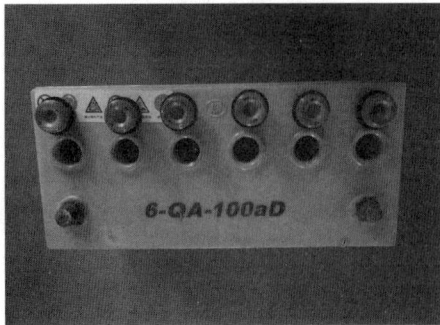

图 2-24　打开通气孔塞的蓄电池　　图 2-25　晶闸管充电机

红色接线钳连接蓄电池的正极,黑色接线钳连接蓄电池的负极,同时将充电机上的电流调节旋钮调至最小位置(开关位于"0"挡),图 2-27 所示为充电机与蓄电池连接,准备充电。

图 2-26　晶闸管充电机控制面板　　图 2-27　充电机与蓄电池
连接

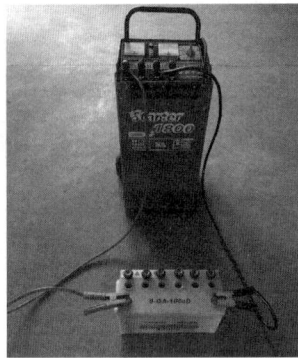

图 2-28　蓄电池充电

(7)把充电机电源接到 220V 电源上,充电机上的电源开关拨到 12V 挡,沿顺时针方向缓慢旋转电流调节按钮,使电流达到选定的充电电流值,同时充电指示灯亮,如图 2-28 所示。

◇**特别提示**:如果调整电流调节按钮时,没有电流通过,应及时沿逆时针方向转回旋钮,查明原因后再开机充电。

充电电流为蓄电池额定容量的 10%。如 6-QW-100Ah 蓄电池的充电电流为10A(电流表的读数为 10)。

在充电过程中应随时测量电解液温度。若温度超过 40℃，应停止充电或者减小充电电流，直到温度降低到 40℃以下。每小时测量 3 次电解液密度和电压，直至不再上升，且所有的电解槽都开始沸腾时，停止充电。充足电的电解液密度应为 $1.28g/cm^3$，热带地区为 $1.23g/cm^3$，蓄电池总电压为 15.6～16.2V。

（8）停止充电，先将电流调节旋钮逆时针退回原处（0 挡），然后切断充电机电源开关，使充电机停止工作，再拆除蓄电池与充电机连接线。

（9）当蓄电池充足电之后，检查电解液液面高度，如需要就增添蒸馏水。

（10）蓄电池充足电后仍继续排气 20min 后，方可旋紧加液孔盖。最后用热水冲刷蓄电池，使其清洁。

◇**特别提示：**在充电过程中，应经常观察蓄电池内部情况。充电时，电解液温度超过 40℃，应停止充电；保证良好通风，不许有明火和易燃物。对于全封闭型的免维护蓄电池，注意观察蓄电池荷电状态指示器的颜色。

3）充电注意事项

（1）必须在宽敞、通风好的地点进行充电，不要在车库或封闭的室内充电。

（2）再次充电时，蓄电池将会放出氢气，因此，再次充电之前，一定要取下孔口塞。

（3）如果利用安装在车辆上的蓄电池进行再充电时，须确认解开搭铁电缆。

（4）连接和解开蓄电池充电电缆时，须确认再充电电池上的电源开关是否处于关闭状态。

◇**特别提示：**在发动机运转中，不要对蓄电池充电，同时也必须确认所有附属电气设备都被切断。

7. 结束工作

作业项目完成后，清理器材，清洁地面卫生，搞好工位的清洁、整理工作。

三、评价与反馈

（1）对本学习项目进行评价，见表 2-4。

评分表　　　　　　　　　　　　　　　　　　表 2-4

考核项目	评分标准	分数	学生自评	小组互评	教师评价	小计
团队合作	是否主动参与现场的清洁工作	5				

续上表

考核项目		评分标准	分数	学生自评	小组互评	教师评价	小计
活动参与		是否积极主动	5				
安全生产		有无安全隐患	5				
现场5S		是否做到	5				
《汽车维修手册》的使用		是否快速和规范	5				
操作过程	(1)蓄电池液面高度检测	按查询的技术手册要求,小组交流讨论,分工情况是否合理	2				
		操作步骤正确、流程规范安全	5				
		正确记录检测值,并能根据检测结果得出结论	3				
	(2)电解液密度的检测	按查询的技术手册要求,小组交流讨论,分工情况是否合理	2				
		操作步骤正确、流程规范安全	5				
		正确记录检测值,并能根据检测结果得出结论	3				
	(3)蓄电池开路电压检测	按查询的技术手册要求,小组交流讨论,分工情况是否合理	2				
		操作步骤正确、流程规范安全	5				
		正确记录检测值,并能根据检测结果得出结论	3				
	(4)蓄电池的补充充电	能否判断蓄电池是否该补充电	5				
		操作步骤正确、流程规范安全	5				
		是否明确补充电相关注意事项	5				
		对操作过程及结果是否有记录	5				

续上表

考核项目	评分标准	分数	学生自评	小组互评	教师评价	小计
任务完成情况	是否圆满完成	5				
工具和设备使用	是否规范、标准	5				
劳动纪律	是否能严格遵守	7				
工单填写	是否完整、规范	8				
总分		100				
教师签名：		年　月　日			得分：	

（2）通过检测蓄电池，能否向车主说明该蓄电池电解液密度_____（正常/需要添加蒸馏水/不能继续使用）；该蓄电池存电量_____（正常/不足/不存电）；该蓄电池_____（可继续使用/充电后继续使用/报废）。如果不能，试分析原因并提出改进措施。

（3）完成本学习任务后，你对汽车蓄电池及其检修有哪些体会？

四、学习拓展

手机扫码，查看本项目"学习拓展"内容

项目三　全车无电故障检修

现代汽车随着电子化程度越来越高,汽车电器也越来越多,汽车线束错综复杂,有关汽车电路维修的比重也日趋增大,汽车全车无电故障率也日趋增多。汽车全车无电故障主要表现是:起动发动机时起动机不工作,车灯不亮,喇叭不响,有时在点火开关接通情况下所有仪表没有显示,只有黄色故障灯时明时暗。另外一种情况,车主长时间没有用车,等再次用车时发现车辆不能起动了,灯不亮,喇叭不响,发现全车没有电了。如果全车无电,汽车就不能起动,更不能前行,当确定无短路故障时,常采用应急起动,让车辆运转起来,然后视情送车维修。

当发生全车无电故障时应急起动的方法有:跨接起动、牵引起动、推车起动等。对于后两种方法,电喷汽车和自动挡汽车不能使用,因为在全车无电的情况下,电动汽油泵(汽油机),从而发动机根本无法起动,尤其是装有电子控制自动变速器的车辆,此时不能变换挡位,因此,一般常用的应急起动采用跨接法,而且跨接起动法也比较安全。

学习目标

完成本项目学习后,你应能:

1. 知道全车无电故障的现象及产生原因;

2. 知道蓄电池漏电的原因,并能规范检测蓄电池的静态电流;

3. 规范使用跨接线进行应急跨接起动操作;

4. 规范检修全车无电故障。

建议学时

6 学时。

一、信息收集

1. 造成全车无电的原因

造成全车无电的原因主要有：蓄电池故障、线路断路或短路故障、人为因素三个方面。

1）蓄电池故障

蓄电池自身放电、漏电、极桩腐蚀接触不良、自身老化不能存储电量等。当然，充电系统充电不良也会引起蓄电池充电不足。

2）线路故障

线路中连接导线断开、接触不良、搭铁不良、熔断丝熔断、点火开关不良、易熔线或熔断器未插好、电源总开关失效或者没有打开，线路短路、电器元件出现内部短路。

3）人为因素

如经常不将钥匙拔下，下车后忘记关行李舱照明灯，或者在不起动发动机的情况下开空调、开音响时间过长等，导致蓄电池过度放电，使全车无电。

2. 蓄电池漏电

蓄电池漏电有蓄电池内部漏电、外部漏电，漏电会使蓄电池非常容易亏电和损坏。

1）蓄电池内部漏电

蓄电池内部漏电是指由于蓄电池极板短路、氧化物脱落、电解液中杂质含量过多等原因所导致蓄电池自放电而亏电。

2）蓄电池外部漏电

蓄电池外部漏电是指由于汽车电器、线束、传感器、控制器、执行器等电子元件和电路搭铁造成的漏电，一些老旧车型或原车线束遭到改装的车辆易发生此类漏电故障。

3. 蓄电池静态电流

蓄电池静态电流又称暗电流，是指汽车在停止状态下的放电电流（如时钟、防盗器、无钥匙起动系统等静态电流），即点火开关在 OFF 位置（汽车在无工作状态）时，线路中仍然有流动的电流。这种电流过大，会造成蓄电池过度放电。

随着车辆智能化程度越来越高，用电设备也越多，同时静态电流相对较大。

4．熔断器

1）熔断器的类型

熔断器俗称保险丝,常用于保护局部电路。将熔断器接于电路中,当电流超过规定值和规定的时间时,会使电路断开,从而起到保护电器元件的作用。

线路在正常工作情况下,熔断器中的熔断丝或熔片不应熔断,一旦发生短路或严重过载时,熔断器中的熔断丝或熔片应立即熔断起保护电路和电气设备的作用。

丰田车系的熔断器有插片式、连接式、管形和平板式,如图3-1所示。

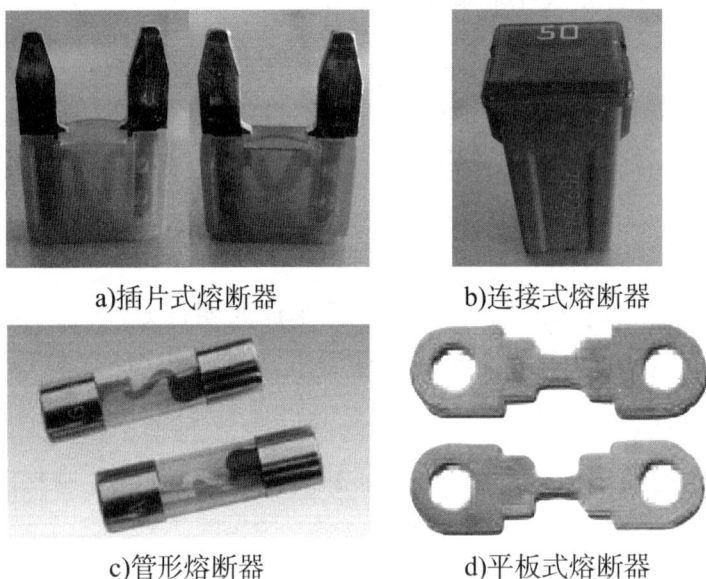

a)插片式熔断器   b)连接式熔断器

c)管形熔断器   d)平板式熔断器

图3-1　熔断器的类型

插片式熔断器,不论额定电流大小,其外形尺寸均相同。可根据其塑料外壳的颜色区分熔断器的最大允许电流。表3-1列出了插片式熔断器塑料外壳颜色所代表的额定电流。

插片式熔断器塑料外壳颜色所代表的额定电流　　　　　　　　表3-1

颜色	深绿	灰	紫红	紫	粉红	棕黄	金	褐	橘红	红	黑	淡蓝	黄	白	淡绿
额定电流（A）	1	2	2.5	3	4	5	6	7.5	9	10	14	15	20	25	30

2）丰田威驰汽车熔断器的位置

（1）主熔断器。主熔断器与蓄电池正极相连,安装在发动机舱内,其位置如图3-2所示。

图 3-2 主熔断器、1 号熔断丝盒的位置

图 3-3 所示为主熔断器,外壳上标有熔断丝的名称和其对应的内部位置。图 3-4 所示为主熔断器的内部结构。

图 3-3 主熔断器外壳

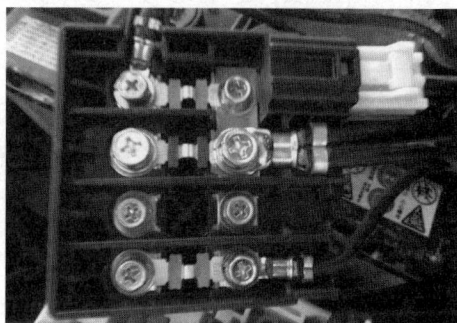

图 3-4 主熔断器内部结构

主熔断器装有如下熔断丝(红色外壳上有标注)。

MAIN60A:"EFI""DOME""HORN""ST""AM2""ALT-S""H-LPLH""H-LPRH"熔断丝。

ALT100A:"RDI""CDSFAN""ECU-B""TAIL""D/L""OBD""A. C""HAZ""FOG""P/POINT""HTR""PWR""STOP"熔断丝。

ABS60A:防抱死制动系统。

(2)1 号熔断丝盒。1 号熔断丝盒位于发动机舱的左前方,如图 3-2 所示。结构如图 3-5 所示,在其外壳的内部标明了每条熔断丝的电路名称。

(3)2 号熔断丝盒。2 号熔断丝盒位于驾驶室转向盘的下方,如图 3-6 所示。结构如图 3-7 所示,在其外壳的内部标明了每条熔断丝的电路名称。

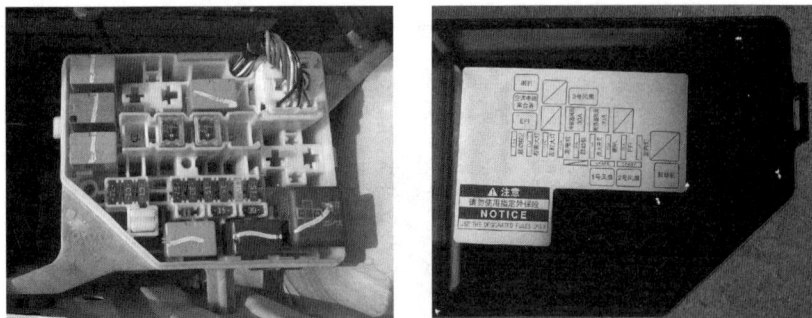

图 3-5　1 号熔断丝盒的结构图

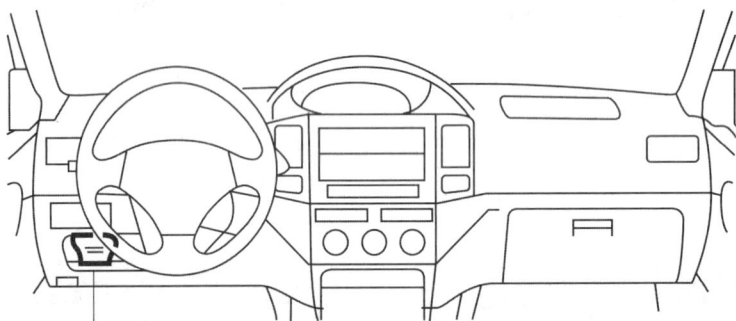

2号熔断丝盒

图 3-6　2 号熔断丝盒位置

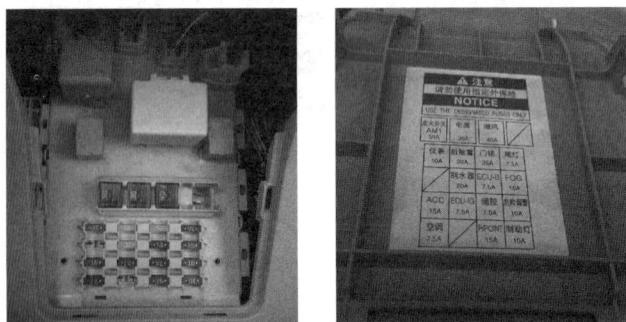

图 3-7　2 号熔断丝盒的结构图

5. 应急跨接起动法

汽车应急跨接起动是指在蓄电池亏电的情况下,通过两根起动辅助电缆连接另一备用充足电同电压的蓄电池(或救援汽车上的蓄电池)或起动电源,起动该车发动机的方法。

1) 起动电源应急跨接起动

利用起动电源,起动全车无电的车辆,如图 3-8 所示。

步骤：

（1）将起动电源连接至交流电源（220V）。

（2）起动车辆蓄电池电压为 12V，则将汽车蓄电池正极与起动电源的"12V（＋）"极柱连接，蓄电池的负极与起动电源的"起动（－）"极柱连接（搭铁），图 3-9 所示为连接方法。

图 3-8　起动电源起动　　　　　　图 3-9　起动电源的连接

（3）将输出"电压电流调节"旋钮反时针旋到底。

（4）接通电源开关，电源指示器灯亮，调整空载电压为 13～14V，常为 6 挡或 7 挡。

（5）用汽车"点火"开关起动车辆。

（6）车辆起动后切断电源开关。

2）应急跨接起动注意事项

（1）如果车辆的蓄电池被冻结时，千万不要尝试使用跨接法起动车辆，否则，会导致蓄电池爆裂。

（2）当使用跨接引线连接时，一定要注意不能带电操作，否则会将车辆控制单元烧坏。

（3）蓄电池充电过程中，由于化学反应可能会产生易燃的氢气。在蓄电池的周边区域进行工作时严禁吸烟或点火。

二、实训操作

1. 技术标准与要求

（1）前照灯亮，点火开关处于"ON"位置时，电喇叭响，发动机能正常起动。

（2）蓄电池标准电压为 11～14V。

（3）汽车蓄电池的静态电流值为 30～50mA。

（4）熔断丝标准电阻值小于1Ω。

（5）救援车上的蓄电池要与被救车上的蓄电池相匹配。

2.工具、设备和材料的准备

（1）两台蓄电池电压为12V的车辆（或一只电压正常的蓄电池）。

（2）跨接线（图3-10）、起动电源（图3-11）及其他辅助工具。

图3-10　跨接线

图3-11　JQST-800Ⅱ
型起动电源

（3）车辆防护：车外三件套，车内三件套。

（4）盛水容器、干净的抹布、钢丝刷、刮刀、润滑油脂。

（5）举升机（图3-12）、丰田威驰2SZ整车、维修手册、电路图等。

（6）钳型电流表（图3-13）、汽车用万用表。

3.查询并填写信息

生产年份_____，车牌号码_____，行驶里程_____，发动机型号及排量_____，车辆识别代号（VIN）_____（图3-14）。

图3-12　剪式举升机

图3-13　钳型电流表

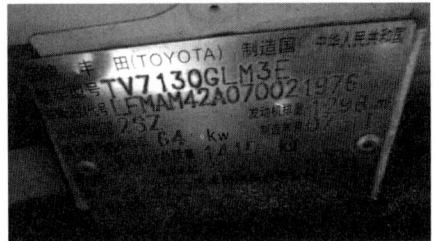

图3-14　车辆的铭牌

车辆铭牌（发动机舱右侧）的含义，如图3-15所示。

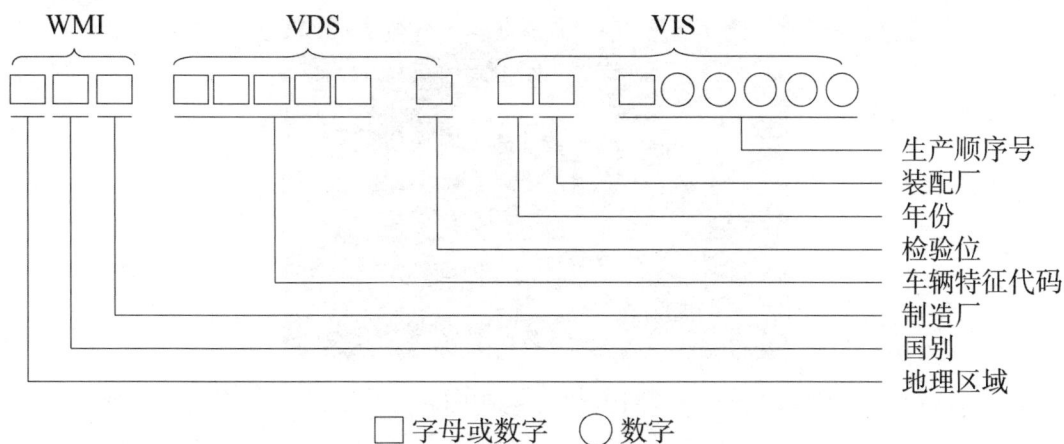

图 3-15　车辆铭牌含义

例如：丰田威驰 2SZ 轿车 17 位 VIN 码，如图 3-16 所示。

图 3-16　丰田威驰 2SZ 轿车 17 位 VIN 码

◇**特别提示**：丰田威驰 2SZ 轿车 17 位 VIN 码位于右侧前座位的下面。

4. 作业前的准备

(1) 汽车进入工位前，将工位清理干净（图 3-17），准备好相关的器材。

(2) 将汽车停驻在举升机中央位置。

(3) 拉紧驻车制动器操纵杆，并将变速杆置于空挡。

(4) 套上转向盘护套、变速杆手柄套和座椅套，铺设脚垫（图 3-18）。

(5) 在车内拉动发动机舱盖手柄，在车外打开并支撑发动机舱盖。

(6) 安放翼子板布和前格栅布。

5. 汽车全车无电故障的检测

以下资料以丰田威驰车为例。

(1) 检查确认丰田威驰车的前照灯无电，将点火开关处于"ON"位置，按电喇叭确认不响，发动机不起动等。

图 3-17　清理工位

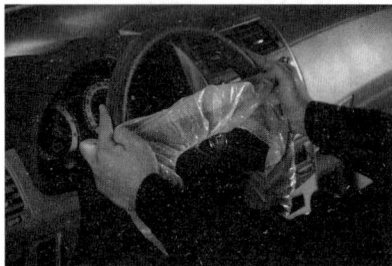

图 3-18　套上各个护套

（2）目测检查并确认线路连接良好,检查并确认蓄电池清洁和接头紧固。

（3）检查蓄电池是否亏电。一般可用万用表检测蓄电池的电压,蓄电池的标准电压应为 11 ~ 14V。如果电压低于 11V,应对蓄电池充电或更换蓄电池。

◇**特别提示:**对于停车时因过度使用车用电器造成蓄电池亏电的,可采用应急起动办法即可;对于不明原因引起蓄电池亏电的,可进行充放电试验,从而判断蓄电池好坏以及能否继续使用,同时还要检查分析蓄电池是否存有漏电情况。

（4）检测蓄电池静态电流。如果非正常出现蓄电池亏电,一般应考虑检查充电系统是否充电、蓄电池是否不良、用电线路或设备是否存有漏电等。对于充电是否正常可通过充电指示灯来判定;蓄电池是否不良可参见项目二检查;对于是否存较严重的漏电,可通过测量蓄电池静态电流来判定,一般测得的电流值不超过 30 ~ 50mA,都属于正常。

用钳型电流表测试蓄电池的静态电流(也可用万用表测量),具体检测方法如下:

①将车辆的所有用电设备切断,如果车辆刚起动过,需等 15min 后再进行测量。

◇**特别提示:**发动机刚停止时,ECU 还在工作,这时测量出来的蓄电池静态电流值不准确。

②将钳型电流表的功能开关拨到 4000mA 挡,开关该挡位前不要张开钳型电流表的钳表头,如图 3-19所示。

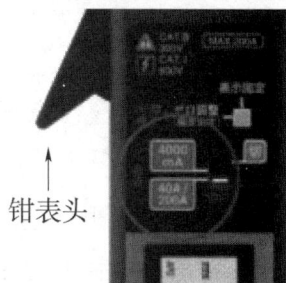

③测量蓄电池静态电流的方法如图 3-20 所示,扳开钳口将表头套在蓄电池的负极线束上。

④读取 LCD 上的显示值。测得的电流值一般在30 ~ 50mA 为正常,如果静态电流过大,说明汽车电路有漏电故障。

图 3-19　暗电流钳型电流表功能键

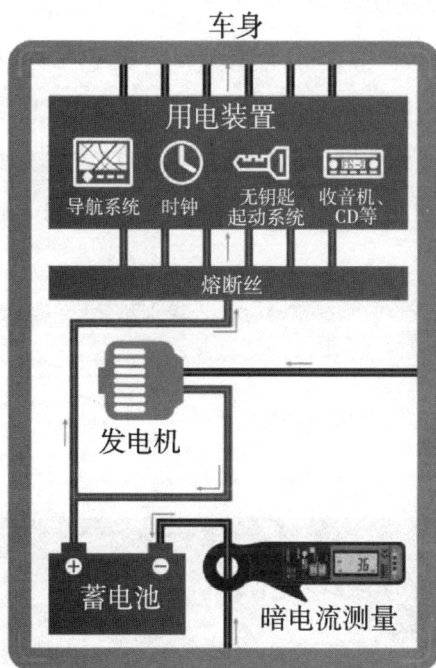

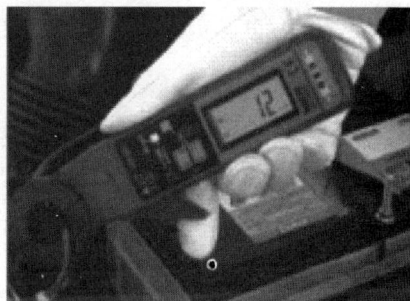

a)测量示意图　　　　　　　　　b)测量方法

图 3-20　测量蓄电池静态电流的方法

◇**特别提示:**不同厂家生产或经过改装过电路的车辆其静态电流不相同。

在确认车身有漏电的情况下,需对电路进行检测,检测方法:让钳型电流表保持连接测试状态,一边逐个拿去熔断丝(尤其 DOME 等常电熔断丝),一边观察钳型电流表读数。如去掉某个熔断丝后,漏电现象明显下降或消除,即表明此熔断丝控制的线路或电气部件有故障,可仔细对照电路图分段检测就会找出故障点。

如果单个拿掉所有熔断丝依然有漏电存在,则检测蓄电池正极到熔断丝盒电路是否漏电。如果蓄电池外部线路没用漏电,而蓄电池难以存电,则应更换蓄电池。

(5)当蓄电池正常及其连接电缆不松动,需要检查各路熔断丝是否正常。

将点火开关和相关用电设备开关切断,垂直拔出可能有问题的熔断丝进行检查。

①检查主熔断器。

a.打开主熔断器的外壳,进行目测检查 MAIN 60A、ALT 100A 以及 ABS 60A

a)良好　　　b)烧毁
图3-21　主熔断器检查

熔断丝是否烧毁,三个熔断丝均为平板式。如图 3-21 所示,熔断丝断裂说明烧毁,没有断裂说明良好。

b.用万用表的欧姆挡检测熔断丝。拆下蓄电池连接电缆,先拆下负极搭铁电缆,后拆下正极连接电缆。将万用表的挡位调到电阻挡,万用表的红、黑表笔分别与熔断丝的两端接触,如图 3-22 所示为良好,电阻值小于 1Ω,说明熔断丝处于导通状态,是好的。如果熔断丝烧毁,则其电阻为无穷大,数字万用表的读数为 1。

◇**特别提示**:熔断丝烧毁后,检查其控制的线路,找出烧毁原因,再更换熔断丝。

②检查 ST 30A 熔断丝。ST 30A 熔断丝为插片式,装在 1 号熔断丝盒内,为起动系统熔断丝,如图 3-23 所示。

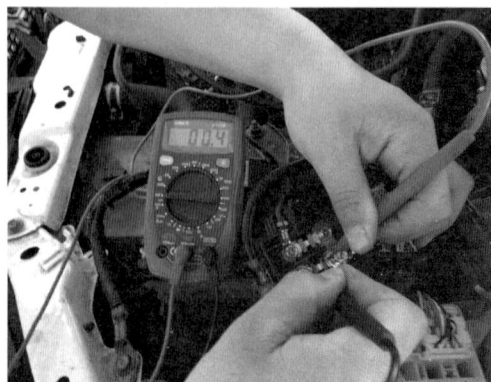
图3-22　万用表检测熔断丝

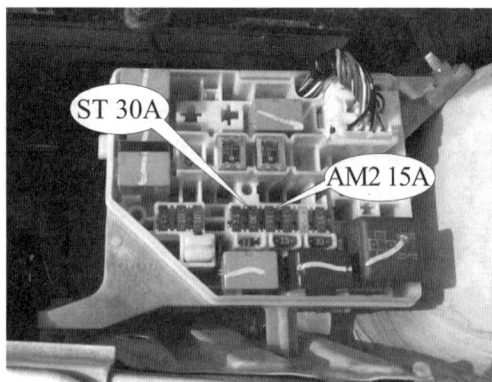
图3-23　ST 30A、AM2 15A 熔断丝

a.用熔断丝卡钳(图 3-24),拉出 ST 30A 熔断丝。

b.用万用表电阻挡检测,熔断丝的标准电阻值应小于 1Ω,否则说明熔断丝被烧毁。

③检查 AM2 15A 熔断丝。AM2 15A 熔断丝为插片式,装在一号保险盒内(图3-23),对起动系统,多点燃油喷射系统/顺序多点燃油喷射系统,放电警告系统起保护作用。AM2 15A 熔断丝与 ST 30A 熔断丝均为插片式,检查方法相同。

图3-24 熔断丝卡钳

④检查 AM1 50A 熔断丝。AM1 50A 熔断丝为连接式,装在 2 号熔断丝盒内(图3-25),为"ACC""GAUGE""WIP""ECU-IG""DEF"熔断丝。

图3-25 AM1 50A 熔断丝

a.取出 AM1 50A 熔断丝,打开塑料盖,进行目测检查熔断丝是否断开,若断开为烧毁,如图3-26 所示。

b.用万用表电阻挡检测,检测方法如图3-27所示。熔断丝的标准电阻值应小于1Ω,否则说明熔断丝被烧毁。

如果熔断丝已被烧毁,须将新的熔断丝装入熔断丝座。只能安装与熔断丝盒上规定的安培数相同的熔断丝。

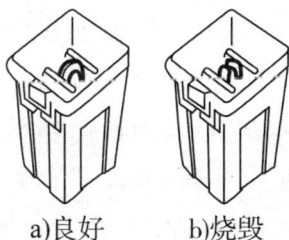

a)良好 b)烧毁

图3-26 目测 AM1 50A 熔断丝

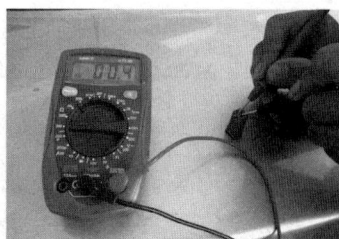

图3-27 万用表检测 AM1 50A 熔断丝

◇**特别提示**:绝对不要使用高于额定安培数的熔断丝,或任何其他物体代替熔断丝,否则,将引起严重的损坏并可能造成火灾;同时对于烧毁的熔断丝在更换前,还需检查线路有否短路情况。

6.救援车辆应急跨接起动

用备用蓄电池或起动电源起动,均受条件限制,在特殊情况下,可找一辆与故障车蓄电池相匹配的汽车应急起动。步骤如下:

(1)把两辆车停到合适的位置,跨接车辆停靠的位置既要让跨接电缆搭接得上,又不能让两车接触。

(2)切断两辆车的点火开关及所有灯光和电气负载。

◇**注意**:危险信号闪光器和应急警告灯均可视情留用。

(3)拉起两车的驻车制动器拉杆,并把手动变速器置于空挡;对于自动变速器的车辆选择挡位处于"P"位。

(4)将第一根跨接电缆(一般为红色跨接线)的一端连接到无电蓄电池正极,而后再把另一端连接到供电蓄电池正极上,如图3-28所示。

图3-28 跨接起动发动机

◇**特别提示**:红色跨接线注意严禁连接到被充电蓄电池负极上去。

(5)将第二根跨接电缆(一般为黑色跨接线)的一端接到供电蓄电池的负极桩上,另一端接到无电蓄电池的搭铁处(发动机缸体上的螺栓连接金属部件上或发动机缸体上),连接点一定要结实,并与无电蓄电池的距离应大于450mm。

◇**特别提示**:黑色跨接线不能直接连接到无电蓄电池的负极桩。因为直接搭接负极桩会产生火花,潜藏着引起蓄电池爆炸的可能性,同时不要把车辆的燃油系统部件及汽油管作为搭铁点,且搭铁点一定要清洁无油脂。

(6)起动无电蓄电池车辆的发动机,以较高怠速(2000r/min)运转几分钟后再把跨接线拔掉。

◇**注意**:拆卸跨接电缆前,必须确保前照灯处于关闭状态,并打开无电蓄电池车辆的鼓风机和后风窗加热器,降低拆卸电缆时产生的电压峰值。

(7)拆卸跨接电缆顺序是:先拆无电蓄电池车辆的搭铁一端的跨接电缆,然后再拆下供电蓄电池负极上的跨接电缆一端,最后拆下两蓄电池正极间的跨接电缆。

◇**特别提示**:供电蓄电池的电压必须与无电蓄电池的电压相同,两蓄电池的容量也应尽可能相同,否则可能引起爆炸。

7.结束工作

(1)作业项目完成后,让车辆归位。

(2)清理、清洗工量具等器材,工量具归位。

(3)清洁地面卫生,搞好工作场地的清洁、整理工作。

三、评价与反馈

(1)对本学习项目进行评价,见表3-2。

评分表　　　　　　　　　　　　　　　　　　表3-2

考核项目	评分标准	分数	学生自评	小组互评	教师评价	小计
团队合作	是否主动参与现场的清洁工作	5				
活动参与	是否积极主动	5				
安全生产	有无安全隐患	5				
现场5S	是否做到	5				
《汽车维修手册》的使用	是否快速和规范	10				
操作过程	(1)正确对蓄电池静态电压、电流检测	5				
	(2)正确检查熔断丝(保险丝)	5				
	(3)正确汽车线路的基本检测	10				
	(4)汽车应急跨接起起动操作	10				
	(5)车辆应急给无电车辆搭电	10				
	(6)能够独立自主完成以上操作	10				
任务完成情况	是否独立完成操作过程	5				
工具和设备使用	是否规范、标准	5				
劳动纪律	是否能严格遵守	5				
工单填写	是否完整、规范	5				
总分		100				
教师签名:		年　　月　　日			得分:	

(2)完成本学习任务之后,你对汽车全车无电故障的检修有哪些体会?

(3)下次遇到类似的学习任务,应如何改善以提高学习效率?

四、学习拓展

手机扫码,查看本项目"学习拓展"内容

项目四 起动机不转故障的检修

汽车起动系统主要由起动机和起动控制电路两大部分组成,起动机的作用是将蓄电池的电能转化为机械能,驱动发动机飞轮旋转,飞轮带动曲轴旋转,从而实现发动机起动;起动控制电路是指除直流电动机以外的控制电路,其作用是接通或切断电动机与蓄电池之间的电路,是控制起动机工作不可缺少的部分。起动机或控制电路出现故障,会使起动机不运转,从而影响发动机正常起动。

学习目标

完成本项目学习后,你应当能:

1. 查阅维修资料,与组员沟通并制订检修流程;
2. 知道并会阐述丰田卡罗拉轿车起动系统电路控制原理;
3. 正确分析起动机不转的原因,并排除故障;
4. 小组分工合作,用合适的诊断设备不解体规范检测起动机;
5. 叙述起动机组成和工作原理;
6. 培养良好的职业道德。

建议学时

12 学时。

一、信息收集

汽车起动系统的组成因车型不同略有差异,起动系统电路也略有不同。其基本组成部件主要有蓄电池、熔断器、继电器、点火开关、驻车/空挡开关、起动机等。

1.起动电路的基本组成和工作原理

1)起动电路的基本组成(图4-1)

起动电路分主电路和控制电路两部分。

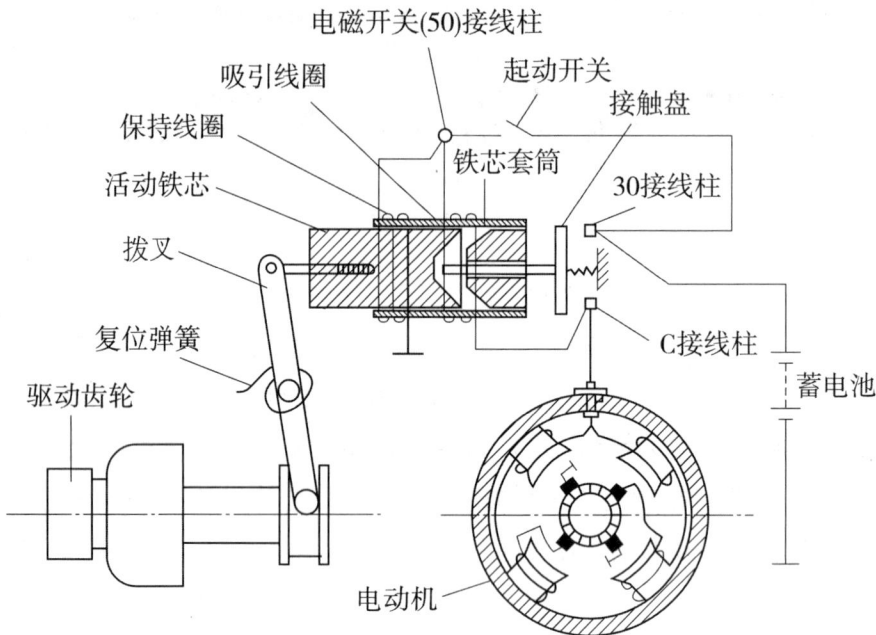

图 4-1　起动控制电路组成

　　主电路是在起动机工作时为起动机励磁线圈和电枢绕组提供电流的电路。控制电路是控制起动机电磁开关动作的电路,一方面使起动机主电路接通,另一方面使起动机小齿轮与飞轮啮合。

　　2)起动电路工作情况

　　当点火开关置于起动挡时,电流的流向为:蓄电池"＋"→点火起动开关→50接线柱→保持线圈→搭铁。同时吸引线圈中也通过电流,方向为:蓄电池"＋"→点火起动开关→50接线柱→吸引线圈→C接线柱→励磁线圈→电枢绕组→搭铁。此时由于吸引线圈和励磁线圈中的电流非常小,电动机低速运转。同时吸引线圈和保持线圈中产生的磁场吸引活动铁芯向右运动,克服复位弹簧的作用力,拉动拨叉向左运动,拨叉使离合器的小齿轮向左和飞轮的齿圈啮合。这个过程电动机的转速低,可以保证齿轮之间平顺啮合。

　　当小齿轮和飞轮齿圈完全啮合以后,与活动铁芯连在一起的接触片向右运动,和30接线柱及C接线柱接触,从而接通了主开关,通过起动机的电流增大,电动机的转速升高。而电枢轴上的螺纹使小齿轮和飞轮齿圈更加牢固地啮合。此时吸引线圈两端的电压相等,所以无电流通过。保持线圈产生的磁场力使活动铁芯保持在原位不动。此时的电流方向分别为:蓄电池"＋"→点火起动开关→50接线柱→保持线圈→搭铁;蓄电池"＋"→30接线柱→接触盘→C接线柱→励磁线圈→电枢绕组→搭铁。

发动机起动以后,点火开关会从启动"ST"挡回到"ON"挡,切断50接线柱上的电流。这时,接触片和30接线柱及C接线柱仍保持接触,电路中的电流为:蓄电池"＋"→30接线柱→接触盘→C接线柱→吸引线圈→保持线圈→搭铁。同时电流还经过C接线柱→励磁线圈→电枢绕组→搭铁。此时吸引线圈和保持线圈的电流方向相反,产生的磁场力相互抵消,在复位弹簧的作用下,活动铁芯向左运动,使得小齿轮与飞轮齿圈脱离,同时,接触盘和两个接线柱断开,切断电动机中的电流,整个起动过程结束。

2. 丰田卡罗拉轿车起动系统控制电路

1)丰田卡罗拉轿车2ZR-FE起动系统的组成

2ZR-FE起动系统主要由蓄电池、起动机、熔断丝、起动继电器、点火开关、离合器踏板开关或驻车挡/空挡位置开关和ECM等组成,如图4-2所示。

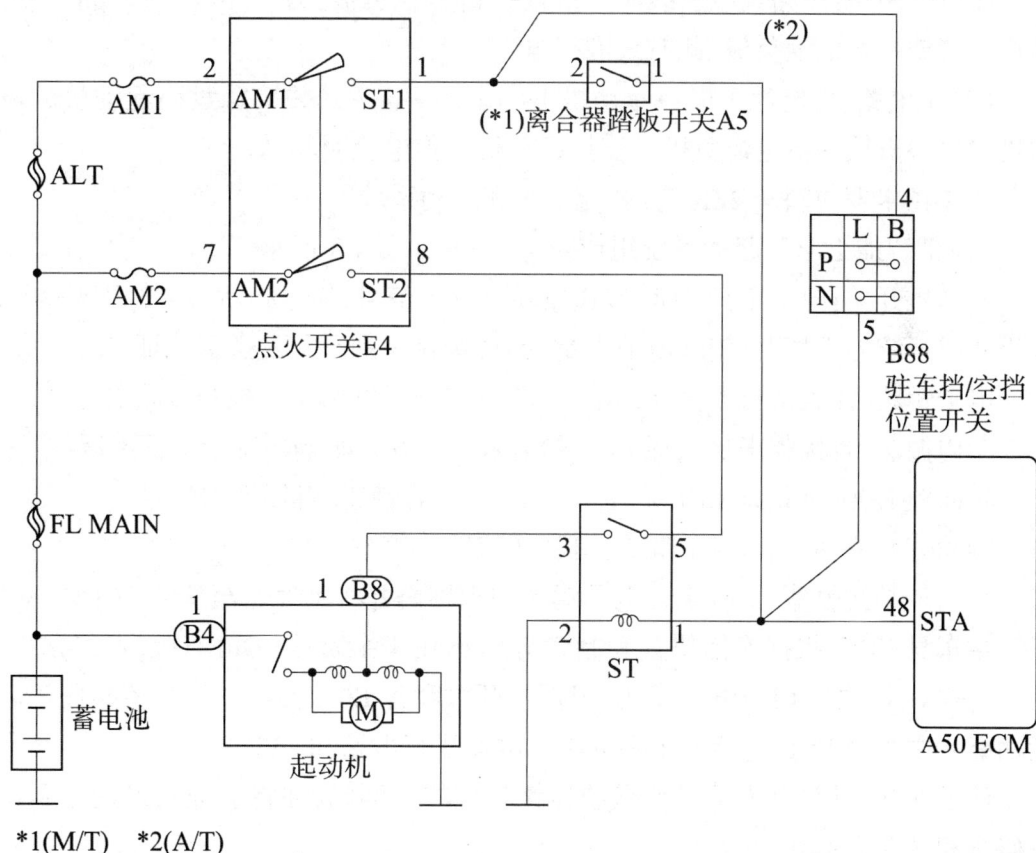

图4-2 丰田卡罗拉轿车2ZR-FE起动系统控制电路
ST-起动继电器;A/T-自动变速器;M/T-手动变速器

自动变速器发动机,只有自动变速器变速杆处于驻车挡(P)和空挡(N)时起动继电器才接通,其他挡位均处于断开状态,可起到保护起动机和蓄电池的作用。手动变速器发动机,只有踩下离合器踏板时,才能接通起动机。

起动控制电路工作情况:当点火开关置于START位置时,蓄电池电流的流向分三路。

(1)蓄电池正极→FL MAIN熔断丝→ALT熔断丝→AM1熔断丝→点火开关接线柱2→点火开关接线柱1→驻车挡/空挡位置开关(自动变速器)或离合器踏板开关(手动变速器)之后分两路:一路到起动继电器接线柱1→起动继电器接线柱2→搭铁→蓄电池负极,此时,起动继电器线圈得电,触点闭合,ST继电器导通。另一路到发动机ECM。

(2)蓄电池的正极→FL MAIN熔断丝→AM2熔断丝→点火开关接线柱7→点火开关接线柱8→起动继电器接线柱5→起动继电器接线柱3→起动机B8端子。而后分两路:一路经吸引线圈→搭铁→蓄电池负极;另一路经保持线圈→电动机→搭铁→蓄电池负极,此时线圈得电。

(3)主电路:蓄电池正极→起动机B4端子→电磁开关接触盘→起动机的电动机(M)→搭铁→蓄电池负极,此时,起动机获得电流而起动。

2)丰田卡罗拉轿车2ZR-FE智能上车和起动系统

(1)带智能上车和起动系统组成及电路图,如图4-3所示。

发动机开关:向主车身ECU传递发动机开关信号,通过指示灯告知驾驶人电源模式或系统异常情况,钥匙电池电量低时,接收识别码并发送到认证ECU。

电子钥匙:接收来自振荡器的信号,并将识别码发回车门控制接收器。

车内振荡器:接收来自认证ECU的请求信号并在车辆内部建立探测区。

转向锁ECU:从认证ECU和主车身ECU接收锁止/解锁请求信号。

制动灯开关:向主车身ECU输出制动踏板的状态。

车门控制接收器:接收来自电子钥匙的识别码并将其发送至认证ECU。

主车身ECU:根据换挡位置和制动灯状态在4个阶段(OFF、ON(ACC)、ON(1G)、START)之间切换电源模式,根据从开关和各ECU接收的信息控制按钮启动功能。主车身ECU包括IG1和IG2继电器执行电路和CPU。

认证ECU:认证从车门控制接收器接收到的识别码,并将认证结果发送到识别码盒和转向锁ECU。

识别码盒:接收来自认证ECU的转向解锁或发动机停机系统解除信号并进行认证,再将各解除信号发送到转向锁ECU或ECM。

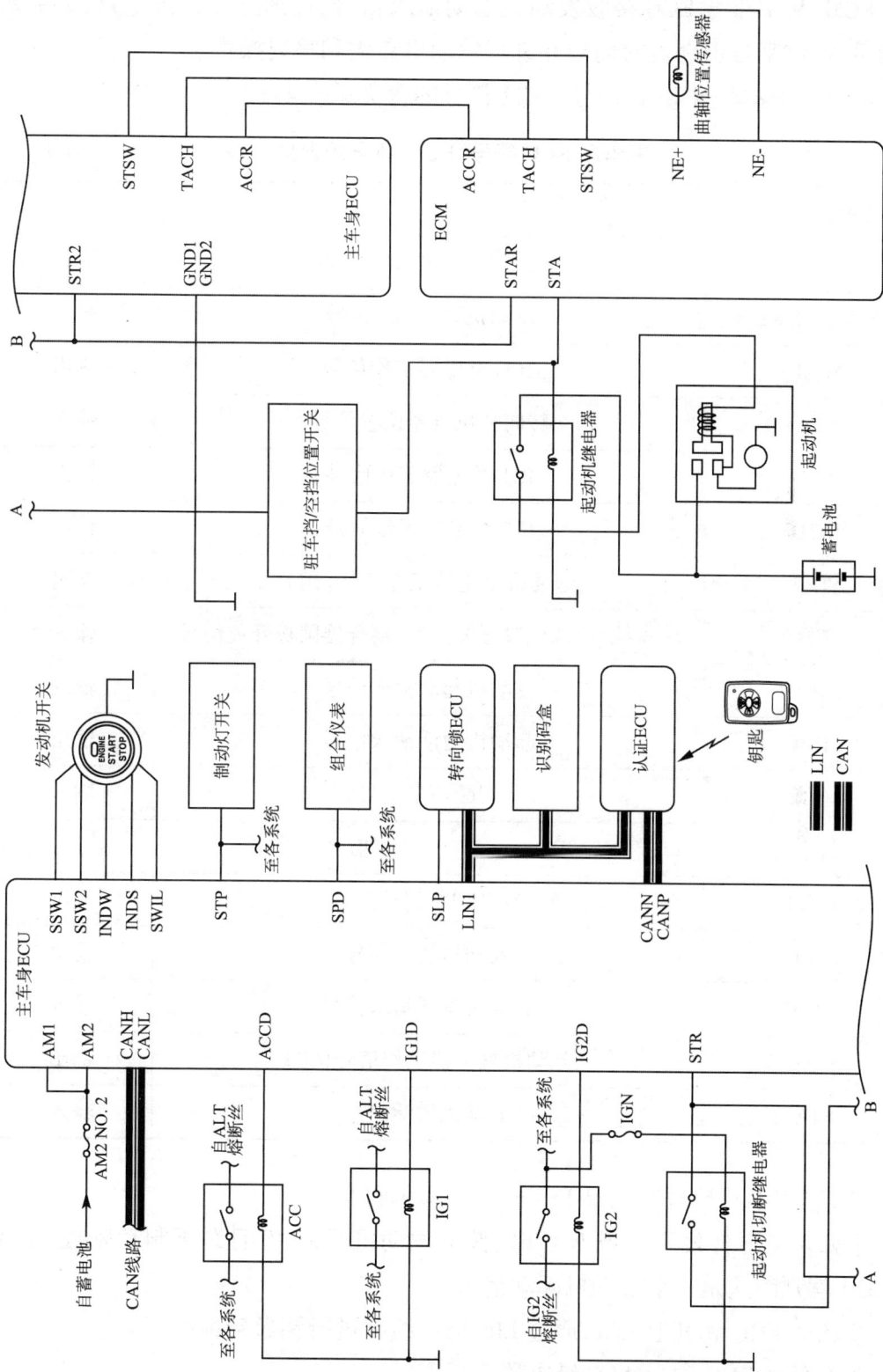

图 4-3 丰田卡罗拉轿车2ZR-FE智能上车和起动系统电路图

ECM:从主车身 ECU 接收发动机起动请求信号,接通起动机继电器,并起动发动机,接收来自识别盒的信号并进行发动机点火和喷射操作。

电路图中主车身 ECU 符号、ECM 符号的含义见表4-1。

主车身 ECU 符号、ECM 符号的含义　　　　　　　表4-1

主车身 ECU 符号	信号	
STP	制动灯开关 ON 信号	输入
SSW1/SSW2	发动机开关 ON 信号	输入
ACCD	ACC 继电器工作信号	输出
SLP	转向锁执行器位置信号	输入
IG1D	IG1 继电器工作信号	输出
IG2D	IG2 继电器工作信号	输出
STR2	起动机继电器工作信号(副)	输出
STR	驻车挡/空挡位置开关信号/离合器踏板开关信号	输入
TACH	发动机起动检测信号	输入
STSW	起动机激活请求信号	输出
ACCR	切断请求信号	输入
ECM 符号	信号	
ACCR	ACC 切断请求信号	输出
TACH	发动机转速信号	输出
STSW	起动机激活请求信号	输入
STAR	起动机继电器工作信号(主)	输出
STA	起动机激活信号	输入

(2)丰田卡罗拉轿车 2ZR-FE 发动机起动程序。

①如果变速杆处于 P 或 N 位时,按下发动机开关,并且踩下制动踏板,主车身 ECU 就判断这是一个发动机起动请求。

②认证 ECU 和其他 ECU 通过 LIN 通信线路进行钥匙验证。

③主车身 ECU 激活 ACC 继电器。

④主车身 ECU 激活 IG1 和 IG2 继电器。

⑤认证 ECU 输出转向解锁信号。此信号通过转向锁 ECU 发送至主车身 ECU。

⑥主车身 ECU 向 ECM 发送一个发动机起动请求信号。

⑦ECM 向主车身 ECU 发送一个 ACC 切断请求信号。

⑧ECM 和主车身 ECU 激活起动机继电器。

⑨主车身 ECU 解除 ACC 继电器,直至 ECU 检测到发动机起动。

⑩当发动机转速达到 1200r/min 时,ECM 确定发动机已起动。ECU 停止向主车身 ECU 发送 ACC 切断请求信号。

当发动机转速达到 800r/min 时,主车身 ECU 重新激活 ACC 继电器,并且切断发动机开关指示灯。

(3)带智能上车和起动系统各零件的位置如图4-4、图4-5所示。

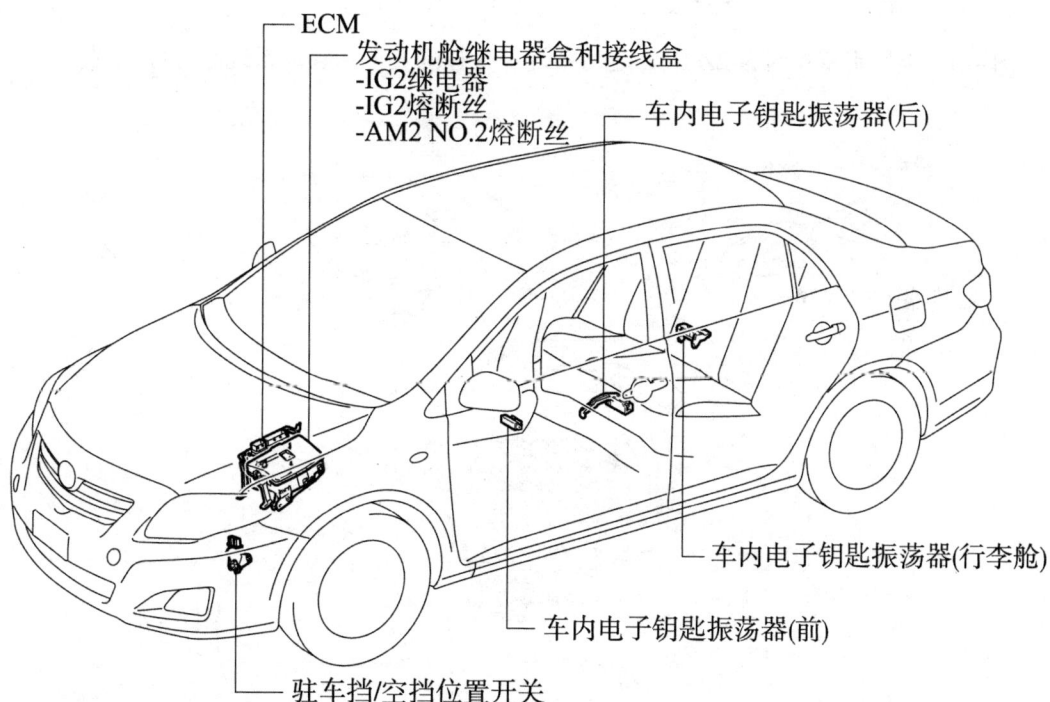

图 4-4　丰田卡罗拉轿车 2ZR-FE 起动系统——智能上车和起动系统零件位置图(一)

(4)丰田卡罗拉轿车 2ZR-FE 起动机的位置如图 4-6 所示。

起动机组成(图 4-7):由磁力起动机开关总成、电枢总成、磁轭总成、小齿轮驱动杆电枢板、行星齿轮、中间轴承离合器分总成、驱动端壳总成、换向器端盖总成、电刷架总成和橡胶密封件等组成。

制动灯开关

组合仪表

主车身ECU
(仪表板接线盒)
-IG1继电器
-STOP熔断丝

6号继电器盒
-起动机切断继电器

转向锁ECU

5号继电器盒
-起动机继电器
-ACC继电器

指示灯

ENGINE
START
STOP

发动机开关

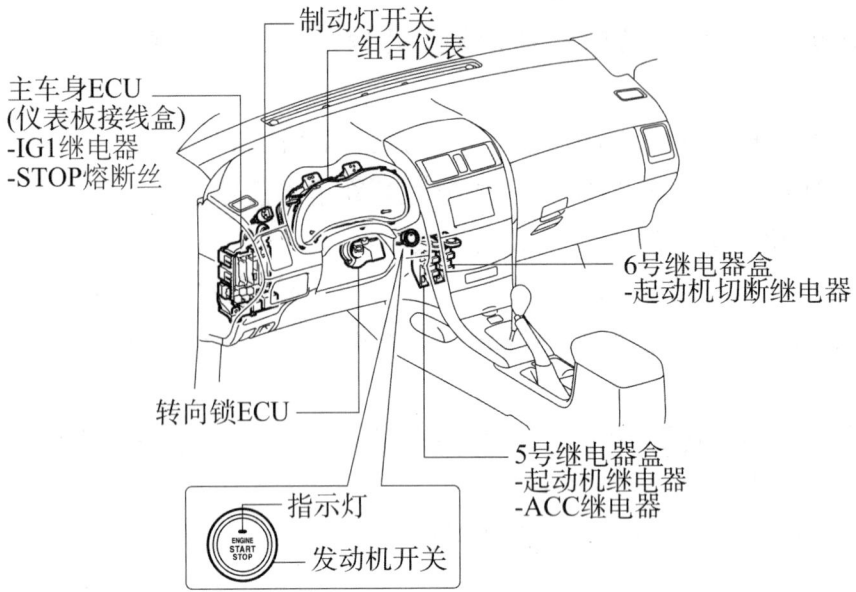

图4-5　丰田卡罗拉轿车2ZR-FE起动系统——智能上车和起动系统零件位置图(二)

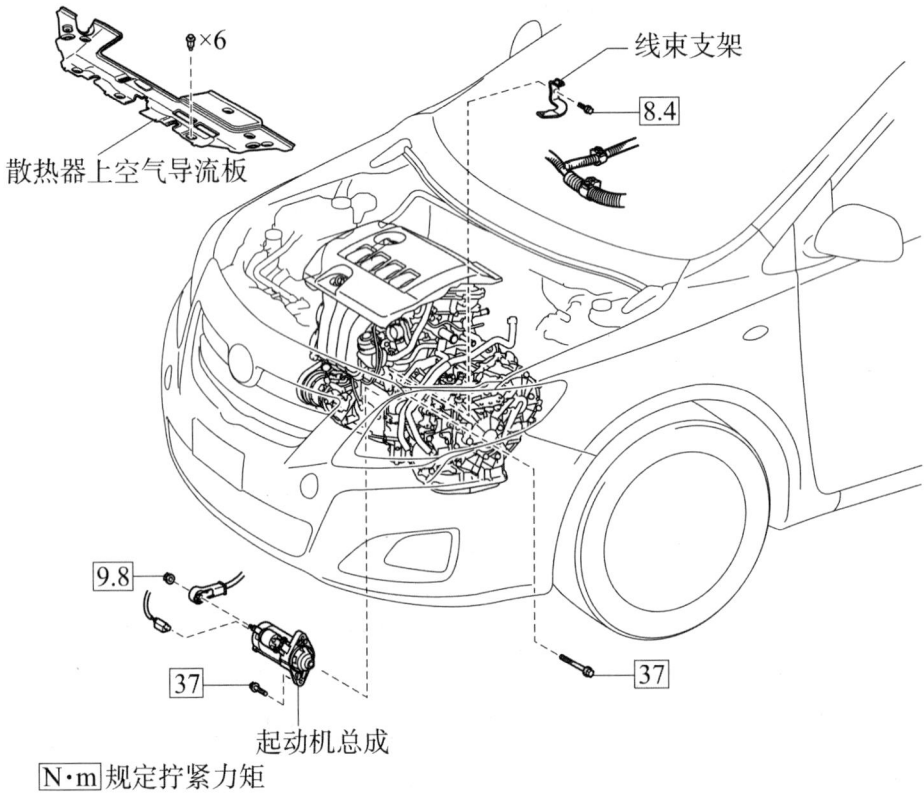

●×6

线束支架

8.4

散热器上空气导流板

9.8

37

37

起动机总成

N·m 规定拧紧力矩

图4-6　丰田卡罗拉轿车2ZR-FE起动机的位置图

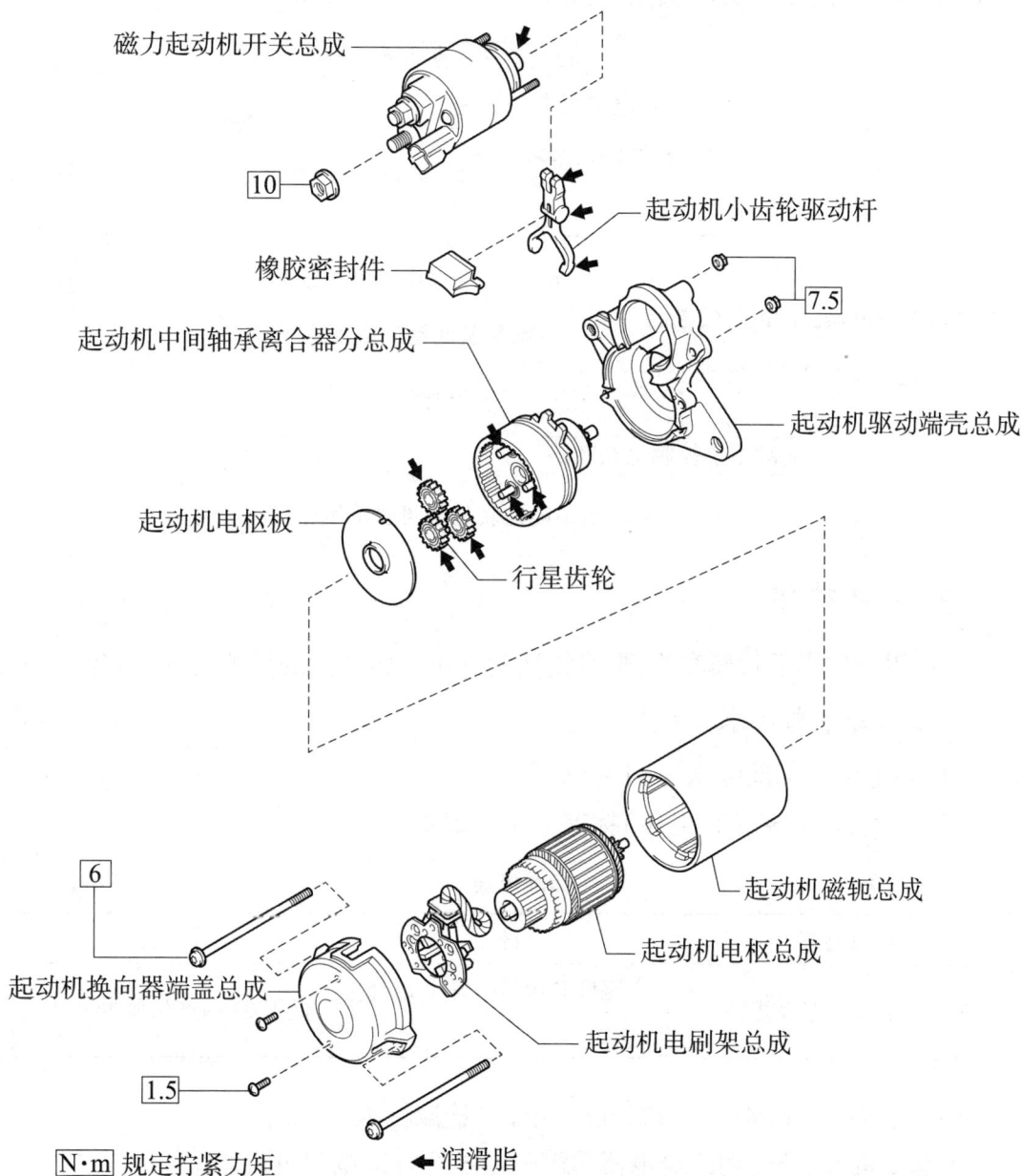

磁力起动机开关总成

10

橡胶密封件

起动机中间轴承离合器分总成

起动机小齿轮驱动杆

7.5

起动机驱动端壳总成

起动机电枢板

行星齿轮

6

起动机磁轭总成

起动机换向器端盖总成

起动机电枢总成

1.5

起动机电刷架总成

N·m 规定拧紧力矩

← 润滑脂

图 4-7　丰田卡罗拉轿车起动机结构图

3.起动机不能运转的常见原因

起动系统的电源电路、控制电路和起动机的任何组件出现异常,都会导致起动机不运转,汽车起动机不能运转的常见影响因素如图 4-8 所示。

对于丰田卡罗拉带智能上车和起动系统的汽车,影响发动机起动的因素还有:发动机开关、发动机认证 ECU、起动机切断继电器、制动灯开关、P/N 位置开关、ECM、主车身 ECU、STOP 熔断丝等。

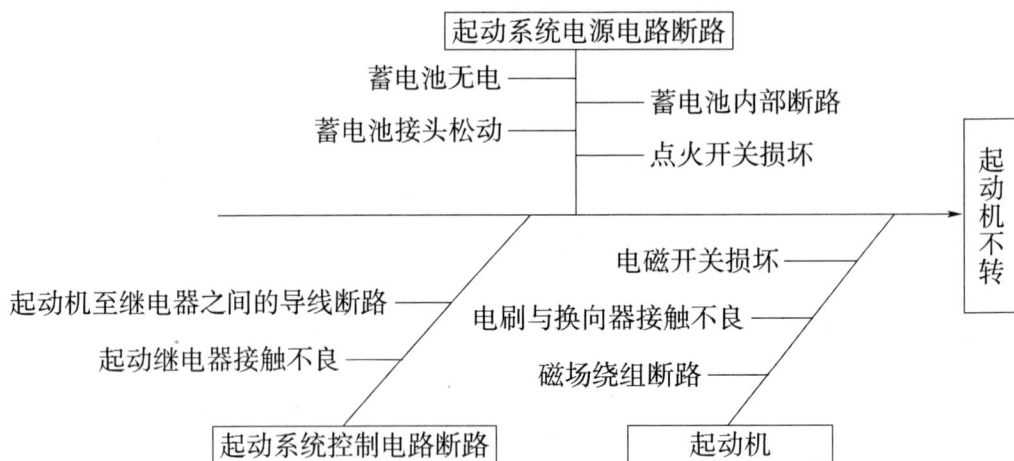

图 4-8　起动机不能运转的常见影响因素

二、实训操作

下面以丰田卡罗拉轿车为例,来说明起动机不转故障的检测与排除方法。

1.技术标准与要求

(1)蓄电池的标准电压为 11～14V。

(2)主车身 ECU(STR 电压)标准电压见表4-2。

标准电压　　　　　　　　　　　　表 4-2

检测仪连接	条件	规定状态
E52-3(STR)—车身搭铁	变速杆 P 位置→除 P 以外的位置	低于 2V→产生脉冲

(3)起动机继电器(起动机切断继电器)检测标准。

①起动机继电器(切断继电器)端子 3—5 的标准电阻见表4-3。

标准电阻　　　　　　　　　　　　表 4-3

检测仪连接	条件	规定状态
3—5	端子 1 和端子 2 之间未施加蓄电池电压时	10kΩ 或更大
3—5	端子 1 和端子 2 之间施加蓄电池电压时	小于 1Ω

②起动机继电器标准电压见表4-4。

标准电压　　　　　　　　　　　　　表4-4

检测仪连接	条件	规定状态
起动机继电器端子5—车身搭铁	始终	11～14V
起动机继电器端子2—车身搭铁		低于1V

(4)驻车挡/空挡位置开关端子4—5之间的标准电阻见表4-5。

标准电阻　　　　　　　　　　　　　表4-5

检测仪连接	条件	规定状态
4—5	P	小于1Ω
4—5	N	小于1Ω
4—5	P和N除外	10kΩ或更大

(5)ECM(STR2电压)检测标准见表4-6。

标准电压　　　　　　　　　　　　　表4-6

检测仪连接	条件	规定状态
E52-14(STR2)—车身搭铁	踩下制动踏板,变速杆置于P位,发动机开关置于ON(ST)位置	端子AM1或AM2处的输出电压为3.5V或更高

(6)起动机电刷的标准长度为14.4mm,最小长度为9.0mm。

2.工具、设备和材料的准备

(1)磁力护裙、转向盘护套、变速杆手柄套、脚垫和座椅套。

(2)举升机,如图4-9所示。

(3)汽车用智能检测仪、万用表、连接导线、拆装常用工具、专用工具等。

(4)丰田卡罗拉轿车(图4-10)、维修手册及汽车电路图。

3.查询并填写信息

生产年份_____,车牌号码_____,行驶里程_____,发动机型号及排量_____,车辆识别代号(VIN)_____。

图 4-9 剪式举升机

图 4-10 丰田卡罗拉轿车
ZRE151 整车

车辆铭牌在右侧车门立柱上,如图 4-11 所示。丰田卡罗拉轿车 17 位 VIN 码位于风窗玻璃左下方。

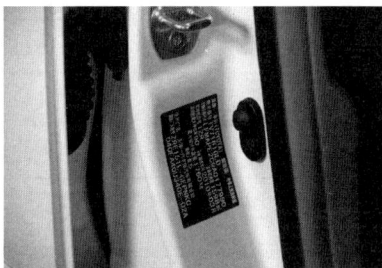

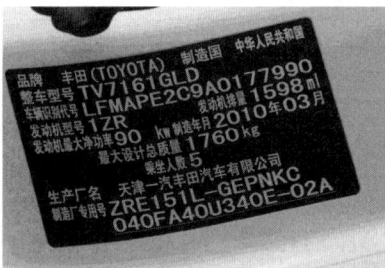

图 4-11 车辆的铭牌

4. 作业前的准备

(1)汽车进入工位前,将工位清理干净(图 4-12),准备好相关的器材。

图 4-12 清理工位

(2)将汽车停在实训室相应的位置。

(3)拉紧驻车制动器操纵杆(图 4-13),并将变速杆置于空挡或驻车挡(P 位)位置,如图 4-14 所示。

(4)套上转向盘护套、变速杆手柄套和座椅套,铺设脚垫,如图 4-15 所示。

(5)在车内拉动发动机舱盖手柄,在车外打开并支撑发动机舱盖,如图 4-16 所示。

(6)粘贴翼子板和前磁力护裙,如图 4-17 所示。

(7)检查电源开关。

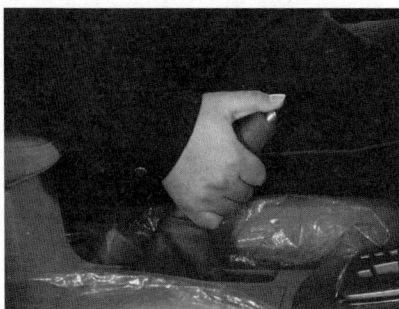

图4-13　拉紧驻车制动器操纵杆

图4-14　变速杆置于空挡或驻车挡(P位)位置

图4-15　套上各个护套

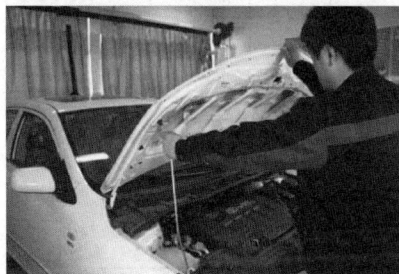

图4-16　打开并支撑发动机舱盖

图4-17　贴上磁力护裙

5.起动机不转故障的检查与排除

确认故障:变速杆位于P位,踩下制动踏板,将发动机开关从OFF位置转至ON(ACC)位置,按住发动机开关15s,起动机不运转,发动机不起动。

(1)目测并确认电路电缆的连接状况良好,并确认蓄电池端子未松动或未被腐蚀。如果端子腐蚀,则清洁或更换端子。

(2)检查蓄电池电压(检查方法参照项目二),蓄电池标准电压为11~14V。如果电压低于11V,在操作之前,对蓄电池充电或更换蓄电池。

(3)检查熔断丝。依据图4-18卡罗拉轿车2ZR-FE带智能上车和起动系统控制电路图,分别检查FL MAIN、AM2、AM2 No.2、IG2、IG2. No.2、IGN和STOP熔断丝。检查方法参见项目三。

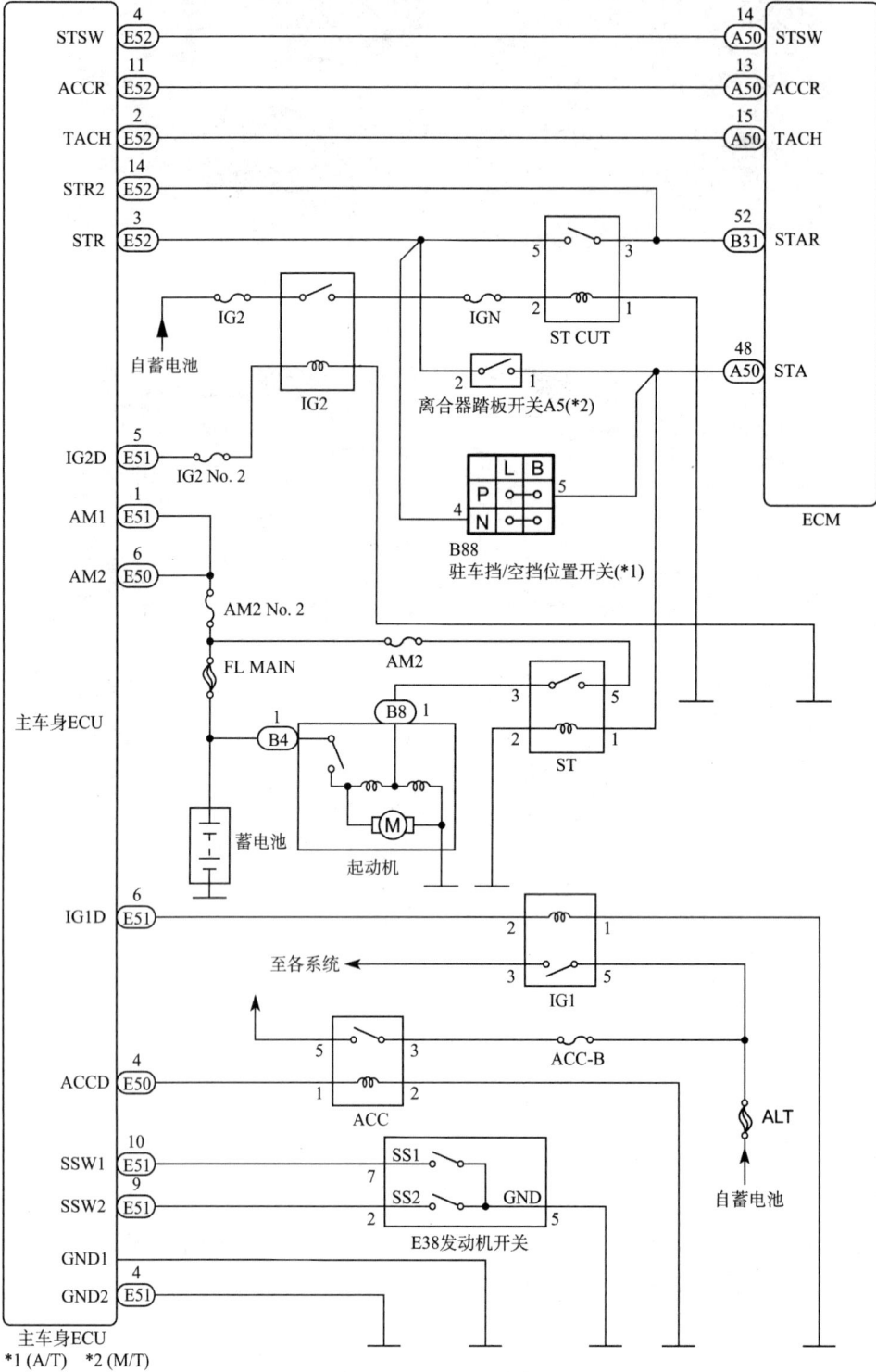

图 4-18 卡罗拉轿车 2ZR-FE 带智能上车和起动系统控制电路图

（4）检查上车功能检测区域。如图 4-19 所示,当电子钥匙位于图中的两个检查点之一,变速杆置于 P 位且踩下制动踏板时,检查并确认发动机开关指示灯发绿光。否则为异常,须进一步检查上车门锁。

（5）检查制动灯开关。确认踩下制动踏板时制动灯点亮,如果踩下制动踏板时制动灯未点亮,则检查 STOP 熔断丝、制动灯开关（图 4-20）和它们之间的线束和插接器。

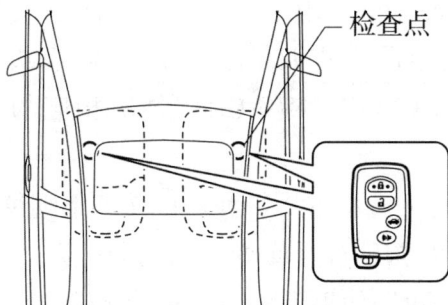

图 4-19　检查上车功能检测区域　　　　图 4-20　制动灯开关

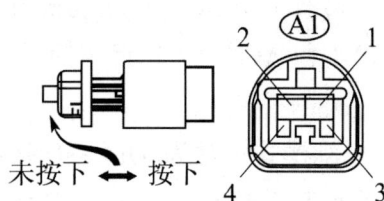

①拆下制动灯开关。

②根据表 4-7 中的值测量电阻。如果异常,更换制动灯开关。

标准电阻　　　　　　　　　　　　　　　表 4-7

检测仪的连接	开关状态	规定状态
1—2	松开开关销	小于 1Ω
3—4	松开开关销	10kΩ 或更大
1—2	推入开关销	10kΩ 或更大
3—4	推入开关销	小于 1Ω

（6）检查发动机是否起动（初始化转向锁）。

①切断发动机开关。

②确保变速杆置于 P 位。

③打开和关闭驾驶人车门。

④当变速杆处于 P 位且踩下制动踏板时,检查发动机是否能起动。

如果发动机能起动说明转向锁止/解锁功能工作正常,如果不能起动,则检查 DTC。

◎**特别提示:**蓄电池放电再充电后,发动机可能不起动,除非使用以上程序初始化转向锁。

（7）检查 DTC。

①将智能检测仪连接到 DLC3，发动机开关置于 ON(IG)位置，按照检测仪屏幕上的提示读取 DTC，清除 DTC。

②再次检查 DTC。如果有 DTC 输出，例如：输出智能上车和起动系统(起动功能)DTC，或输出转向锁 DTC，或输出发动机控制系统 DTC 等，则进行相应系统的检修。如果未输出 DTC，则按如下继续检查。

（8）检查发动机开关状态。检查电源模式变化：当钥匙在车内且变速杆置于 P 位时，检查并确认按下发动机开关，电源模式如果不正常：电源模式不能切换至 ON(IG 和 ACC)或不能切换至 ON(IG)或 ON(ACC)，须对相应的系统进行检修。

如果电源模式正常为：OFF→ON(ACC)→ON(IG)→OFF，则按如下继续检查。

（9）检查起动功能。燃油箱中有燃油，钥匙放在车内，且变速杆置于 P 位，检查并确认踩下制动踏板并按下发动机开关时，如果发动机不能起动则检查"上车和起动系统(认证 ECU)"；如果能起动则转到(11)项开始检查。

（10）检查上车和起动系统(认证 ECU)。

①读取智能检测仪的值(L 代码)。

a. 重新连接插接器。

b. 将智能检测仪连接到 DLC3，发动机开关置于 OFF 位置。以 1.5s 或更短的时间间隔重复打开和关闭门控灯开关，直到检测仪和车辆间开始通信为止。

c. 将发动机开关置于 ON(IG)位置。则会出现下面两种情况之一，见表 4-8。

上车和起动系统(认证 ECU)　　　　　　　　　　　　　　　　表 4-8

检测仪显示	测量项目/范围	正常状态	诊断备注
L Code Chk	L 代码检查/OK 或 NG	OK:正常　　NG:异常	电子钥匙在车内

正常情况下，屏幕显示 OK。如果出现不正常情况，则检测转向锁系统。

◎**特别提示**：如果结果不符合规定，转向锁 ECU 或识别码盒可能存在故障。

②读取智能检测仪的值(检查发动机的起动请求)，见表 4-9。

上车和起动系统(认证 ECU)　　　　　　　　　　　　　　　　表 4-9

检测仪显示	测量项目/范围	正常状态	诊断备注
Star Rqst	起动请求信号响应/ OK 或 NG	OK:接收到 NG:未收到	

正常情况屏幕上出现"OK"(接收到)和"NG"(未收到)。

如果异常,则更换认证ECU。

◇**特别提示**:如果不符合规定,认证ECU或识别码盒可能存在故障。

③读取智能检测仪的值(S代码),见表4-10。

上车和起动系统(认证ECU)　　　　　　　　　　　　　表4-10

检测仪显示	测量项目/范围	正常状态	诊断备注
S Code Chk	S代码检查/ OK或NG	OK:正常 OFF:异常	

正常情况下屏幕显示"OK",如果S代码异常则更换认证ECU。更换好认证ECU后,执行发动机停机系统的注册程序,而后检查发动机能否起动。起动发动机,起动机若能运转,说明认证ECU失效;如果还不能起动,再更换识别码盒。如果S代码正常,检查识别码盒。

a.将示波器连接至端子E22-6(EFIO)和车身搭铁。

b.将发动机开关置于ON(IG)位置。

c.根据表4-11中的条件检查信号波形,信号波形如图4-21所示。如果检查结果异常,则更换识别码盒。

检查信号波形的条件　　　　　　　　　　　　　　　　表4-11

项目	条件	项目	条件
工具设置	10V/格,100ms/格	车辆状况	发动机开关置于ON(IG)位置

(11)读取智能检测仪上的值(驻车挡/空挡位置开关)。

将智能检测仪连接到DLC3,将发动机开关置于ON(IG)位置,根据检测仪屏幕上的显示读取数据表。正常:屏幕显示"ON"(变速杆在N位)和"OFF"(变速杆不在N位),接着检查下一个项目;如不正常,则转到检查(18)项。

(12)检查转向锁。将发动机开关置于ON(ACC)位置,检查转向锁是否松开,正常情况转向锁松开。

(13)检查主车身ECU(STR电压)。用万用表分别测量,当变速杆位于不同位置时,ECU的E52-3(STR)端口电压标准参照表4-2。E52-3(STR)端口的位置如图4-22所示。如不正常,转到检查(20)项;如正常,接下一步检查。

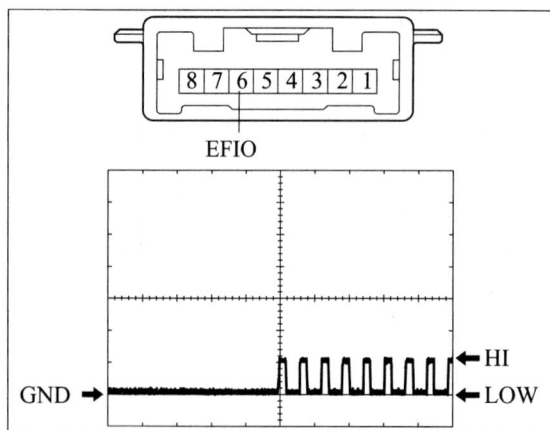

图4-21 识别码盒信号波形

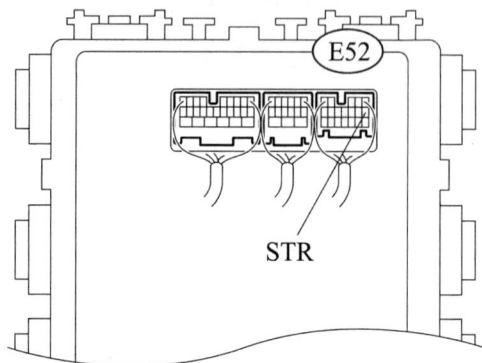

图4-22 主车身ECU(STR、E52 的位置)

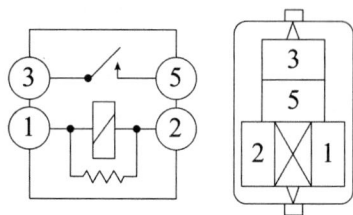

图4-23 起动机继电器端子

(14)检查起动机继电器。将起动机继电器从5号继电器盒上拆下。起动继电器的端子如图4-23所示。按表4-3的内容和标准检测继电器各端子之间的电阻,若测得的电阻值不符合正常标准,则更换起动机继电器。

(15)检查线束和插接器(ECM-起动继电器)。断开ECM连接器A50(如图4-24所示起动机继电器端子、A50-48的位置),根据表4-12,用万用表测量端子之间的电阻。如果测得的电阻值不符合标准,则维修或更换线束或插接器。

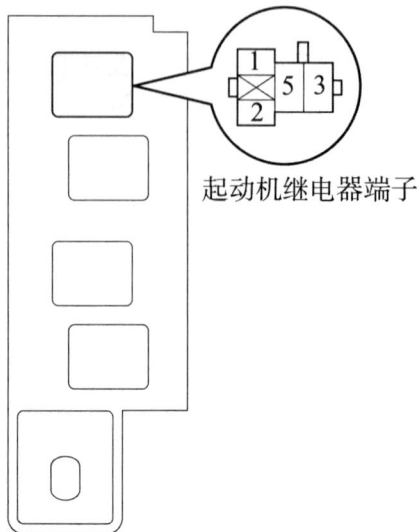

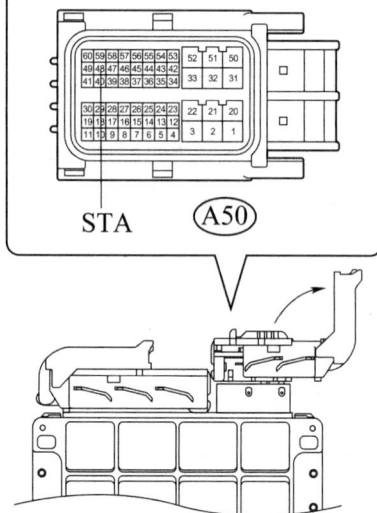

图4-24 起动机继电器、A50-48 的位置

标准电阻　　　　　　　　　　　　　　表 4-12

检测仪连接	条件	规定状态
A50-48（STA）—起动机继电器端子-1	始终	小于 1Ω
A50-48（STA）—车身搭铁		10kΩ 或更大

（16）检查 5 号继电器盒（起动机继电器电压）。根据表 4-4 的标准,用万用表测量起动机继电器端子 5 和 2 的电压,如图 4-25 所示。如果测得的电压值不符合标准,则维修或更换线束或插接器（起动机—蓄电池、起动机继电器）,如果符合标准,则检查起动机总成。

（17）起动机总成的检查。

①用螺丝刀或导线短接起动机电磁开关上的端子 30 和端子 C 两个接线柱,如图 4-26 所示。若起动机不转,说明电动机有故障,应解体检修;若起动机空转正常,说明电动机正常,故障在电磁开关或控制电路。

没有插接继电器的部件：(5 号继电器盒)

起动机
继电器端子

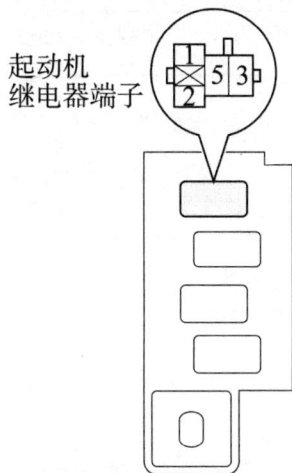

图 4-25　5 号继电器盒(起动机继电器位置)

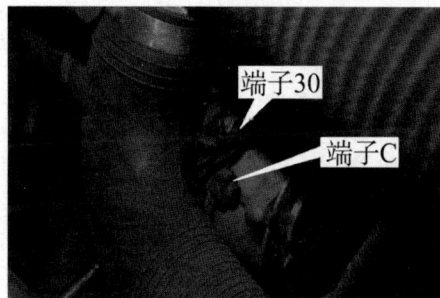

端子30

端子C

图 4-26　短接电磁开关上的端子 30 和端子 C

◇**特别提示**:短接检测起动系统时,点火系统必须被旁通或不能点火,不允许起动发动机。

②检查电磁开关。如图 4-1 所示,起动控制电路图,用导线连接蓄电池正极与电磁开关 50 端子。

a.若接通时起动机不转,说明电磁开关故障,应拆下检修或更换电磁开关;如果接通时起动机转动,说明电磁开关回路或控制电路有断路故障。

b. 若继电器有吸合的响声,说明电磁开关有断路故障;若继电器没有吸合的响声,说明控制电路有断路故障,则维修或更换线束或插接器(起动机—蓄电池、起动机继电器)。

◇**特别提示:**上述操作时间不超过 3~5s。

(18)当智能检测仪显示驻车挡/空挡位置开关数据不正常,则检查驻车挡/空挡位置开关。

没有线束连接的零部件:
(驻车挡/空挡位置开关)

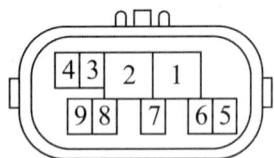

图 4-27　驻车挡/空挡位置开关

断开驻车挡/空挡位置(PNP)开关插接器,如图 4-27 所示。根据表 4-5 所列方法与标准,用万用表测量端子之间的电阻。如果测得的阻值不符合标准,则更换驻车挡/空挡位置开关。否则,检查驻车挡/空挡位置开关至主车身 ECU、ECM 的线束和插接器。

(19)检查驻车挡/空挡位置开关—主车身 ECU、ECM 之间的线束和插接器。

①断开 ECU 插接器 E52,图 4-28 所示为线束插接器前视图。

线束插接器前视图:(至主车身ECU)

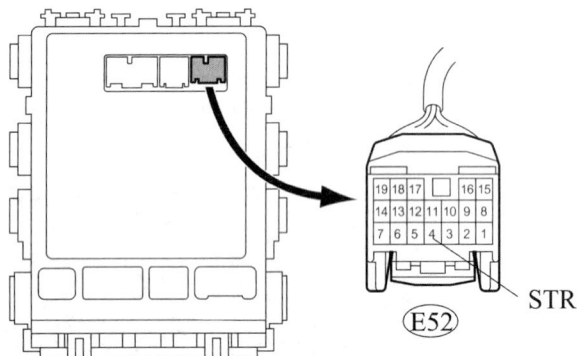

线束插接器前视图: (至ECM)

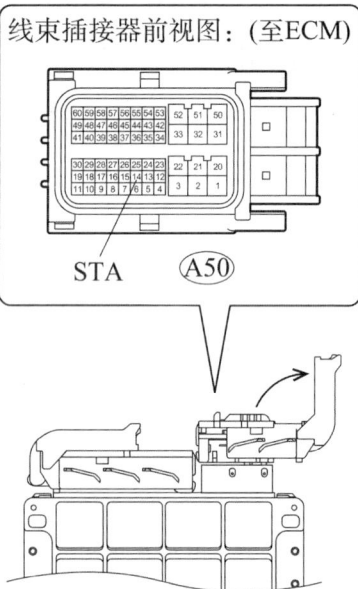

线束插接器前视图:
(至驻车挡/空挡位置开关)

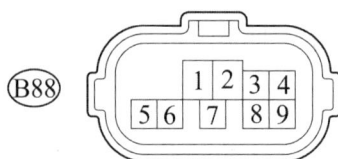

图 4-28　线束插接器前视图

②断开 ECM 插接器 A50。

③断开驻车挡/空挡位置开关插接器 A13。

根据表 4-13 测量各端子之间的电阻。如果测得的电阻值不符合标准,则维修或更换线束或插接器。如果均符合标准,则更换主车身 ECU(仪表板接线盒)。

标准电阻　　　　　　　　　　　　　　表 4-13

检测仪连接	条件	规定状态
E52-3(STR)—B88-2	始终	小于 1Ω
A50-48(STA)—B88-1		
E52-3(STR)—车身搭铁		10kΩ 或更大
A50-48(STA)—车身搭铁		

(20)如果主车身 ECU(STR 电压)不正常,则检查起动机切断继电器。

拆下起动机切断继电器,如图 4-29 所示。根据表 4-3,用万用表测量继电器端子间电阻。如果结果不符合标准,则更换起动机切断继电器;如果符合标准,则检查 ECM(STR2 电压)。

(21)检查 ECM(STR2 电压)。断开 ECM 插接器 B31,根据表 4-6,测量 E52-14(STR2)—车身搭铁间的电压,图 4-30 所示为 E52(STR2)位置。如果测得的电压不符合标准,则更换主车身 ECU(仪表板接线盒)。如果正常,检查线束和插接器(主车身 ECU-ECM—6 号继电器盒)。

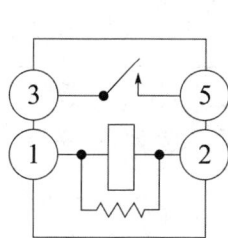

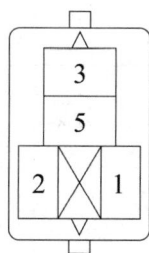

有线束连接的零部件:(主车身ECU)

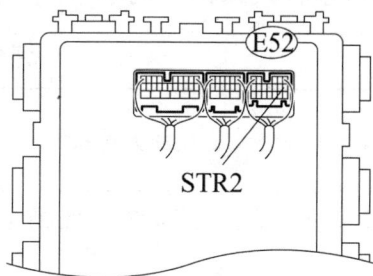

图 4-29　起动机切断继电器　　　图 4-30　E52(STR2)位置

◇**特别提示**:当发动机开始起动时,电压输出持续 0.3s。测量电压前将插接器 B31 从 ECM 上断开。

(22)检查线束和插接器(主车身 ECU-ECM—6 号继电器盒)。断开 ECU 插接器 E52,断开 ECM 插接器 B31。根据表 4-14 测量端子之间的电阻。如果测得的电阻值不符合标准,则维修或更换线束或插接器。如果符合标准,通过读取智能检测仪上的值(L 代码),检测认证 ECU。

标准电阻　　　　　　　　　　　　　　　　　　表 4-14

检测仪连接	条件	规定状态
E52-14(STR2)— B31-52(STAR)	始终	小于 1Ω
E52-14(STR2)—起动机 切断继电器端子 3		
E52-3(STR)—起动机 切断继电器端子 5		10kΩ 或更大
E52-14(STR2)—车身搭铁		

通过上述一系列的检测,即可检测出起动机不转故障的原因,保证发动机正常起动。

6. 结束工作

(1)作业项目完成后,关闭发动机舱盖,车辆归位。

(2)清理、清洗工量具等器材,工量具归位。

(3)清洁地面卫生,搞好工作场地的清洁、整理工作。

三、评价与反馈

对起动机不转故障检修的学习项目进行评价,见表 4-15。

评分表　　　　　　　　　　　　　　　　　　表 4-15

考核项目	评分标准	分数	学生自评	小组互评	教师评价	小计
团队合作	是否主动参与现场的清洁工作	5				
活动参与	是否积极主动	5				
安全生产	有无安全隐患	5				
现场 7S	是否做到	5				
《汽车维修手册》的使用	是否快速和规范	5				

考核项目	评分标准	分数	学生自评	小组互评	教师评价	小计
操作过程	（1）车辆信息能否正确填写	5				
	（2）作业前的准备是否齐全	5				
	（3）检查电路电缆连接是否良好,无腐蚀等	5				
	（4）能否正确测量起动机线路各节点电压	5				
	（5）能否快速找到并检测熔断器	5				
	（6）能否检测起动继电器	5				
	（7）能否检查制动灯开关	5				
	（8）能否连接检测仪并正确操作读码	5				
	（9）能否检查发动机开关状态	5				
	（10）能否检查起动功能	10				
任务完成情况	是否独立完成操作过程	5				
工具和设备使用	是否规范、标准	5				
劳动纪律	是否能严格遵守	5				
工单填写	是否完整、规范	5				
总分		100				
教师签名：			年　　月　　日			得分：

四、学习拓展

手机扫码,查看本项目"学习拓展"内容

项目五　充电指示灯常亮故障的检修

　　汽车电源系统一般由蓄电池、发电机(调节器装在发电机内部)、充电指示装置(灯)及继电器等组成,其作用是向全车用电设备提供低压直流电能。

　　充电指示装置(灯)用于指示电源系统的工作情况,反映蓄电池是否处于充电状态。一般是接通点火开关 ON 挡充电指示灯亮,发动机起动运转时充电指示灯熄灭。当车辆行驶时充电指示灯亮起,表明发电机不对蓄电池充电,此时应进行充电系统检查。

学习目标

　　完成本项目学习后,你应当能:

　　1.查阅维修资料,与组员沟通并制订检修流程;

　　2.知道并阐述充电指示灯的控制原理及电路的电流路径;

　　3.正确利用设备对充电指示灯常亮故障进行诊断;

　　4.有团队精神,小组分工合作对发电机的发电性能规范检测;

　　5.认识发电机组成部件,并能叙述发电机基本工作原理;

　　6.在操作过程中培养工匠精神。

建议学时

　　12 学时。

一、信息收集

1.汽车电源系统的组成及其电路

　　汽车电源系统组成及各零件之间的连接如图 5-1 所示,汽车电源系统包括蓄电池、发电机(调节器装在发电机内)、充电状态指示装置(充电警告灯)、点火开关等。

　　电源系统电路分三部分:主供电电路、发电机励磁电路及充电指示灯控制电路,如图 5-1 所示。

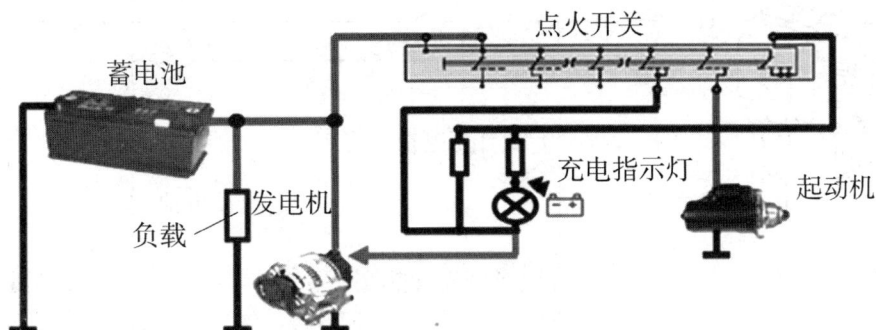

图 5-1　电源系统组成及连接

1)主供电电路

主供电电路是由蓄电池或发电机经输出端子对全车电气设备的供电电路。

(1)在发动机起动时,或发电机端电压低于蓄电池电压时,或发电机超载时,由蓄电池供电。

(2)当发电机端电压高于蓄电池电压时,由发电机向全车用电设备供电。如果蓄电池存电不足,则同时给蓄电池充电。

2)发电机励磁电路

发电机励磁电路是指为交流发电机励磁绕组提供励磁电流的电路。交流发电机励磁电流一般由电压调节器来控制,调节器控制励磁过程是先他励、后自励。

他励是指发动机起动期间,蓄电池供给发电机励磁绕组电流产生磁场使发电机发电。

自励是指在发电机对外供电的同时,把自身发的电供给励磁绕组产生磁场使发电机发电。

3)充电指示灯控制电路

充电指示灯的亮灭可以显示充电系统是否正常。当发动机正常工作后,发电机应能正常发电并对外输出汽车所需电压,若充电指示灯不能熄灭,则表示充电系统存在故障。

2.典型汽车电源系统

1)丰田轿车电源系统的构成

丰田轿车电源系统主要由点火开关、发电机(调节器装在发电机内)、蓄电池、熔断丝和导线等组成,如图 5-2 所示。

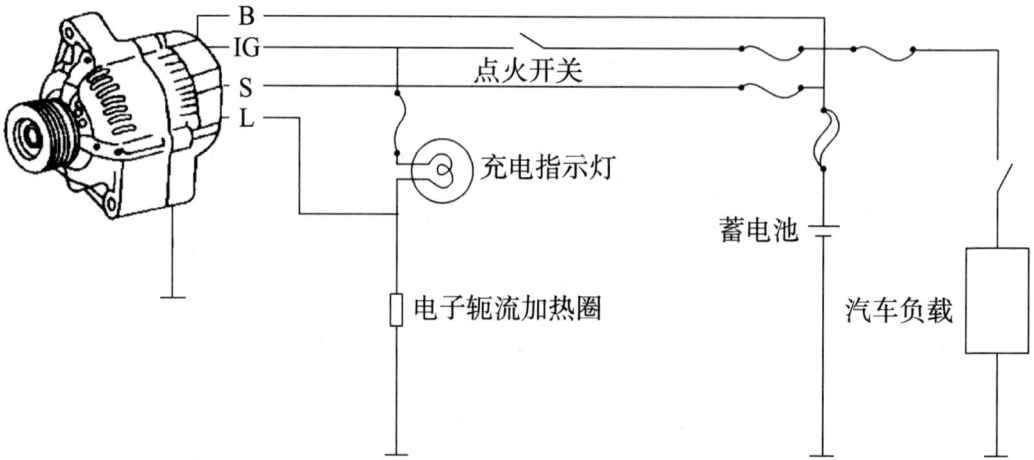

图 5-2 丰田轿车电源系统组成

2)丰田轿车电源系统电路连接

丰田轿车采用的是内装集成电路电压调节器的整体式交流发电机,图 5-3 所示为丰田轿车充电系统电路。

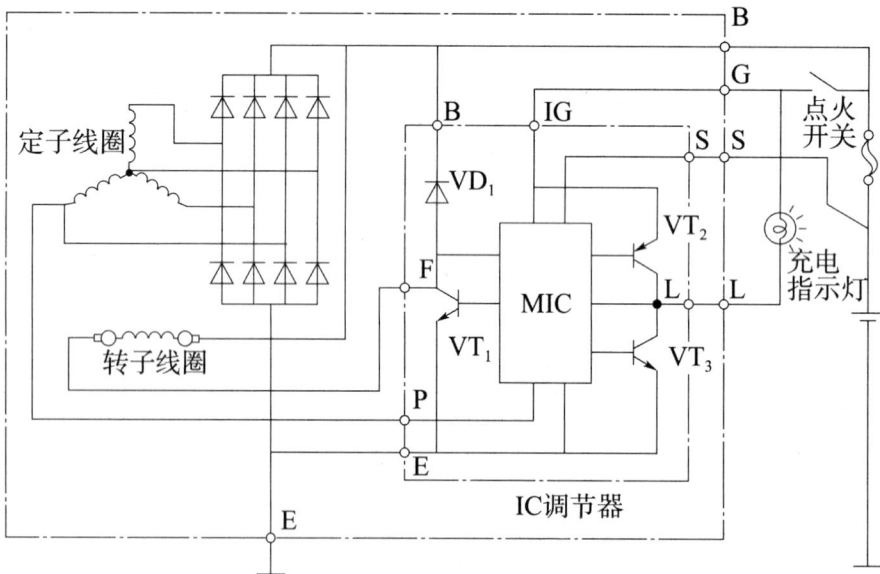

图 5-3 丰田轿车电源系统电路图

(1)发电机输出端子"B"→蓄电池正极,交流发电机给蓄电池充电。

(2)蓄电池正极→点火开关 IG-S/W→发电机 IC 调节器"IG"端子,当点火开关闭合时,蓄电池为调节器提供电压。

(3)蓄电池正极→发电机 IC 调节器"S"端子,MIC 调节器通过端子"S"监测蓄电池电压。

(4)充电指示灯电路为:蓄电池正极→点火开关 IG-S/W→充电指示灯→发电机 IC 调节器"L"端子。

3)丰田轿车电源系统电路分析

(1)接通点火开关 IG-S/W,发电机未转动时,蓄电池电压经点火开关、到整体式交流发电机的 IG 端子→MIC 调节器的 IG 端子。此时,单片式集成电路检测出这个电压后,使 VT_1 导通,于是磁场电路接通,蓄电池给交流发电机的励磁绕组提供励磁电流。

励磁回路为:蓄电池正极→熔断丝→发电机 B 端子→励磁绕组(转子线圈)→调节器 F 端子→VT_1→搭铁端子 E→蓄电池负极。

发电机没有转动,P 端点电压为零,MIC 调节器检测到这一情况,使 VT_3 导通,于是充电指示灯亮,指示蓄电池放电。充电指示灯控制电路为:蓄电池正极→熔断丝→点火开关→充电指示灯→调节器 L 接线柱→晶体管 VT_3→搭铁接线柱 E→蓄电池负极。

(2)当发电机转速升高,电压超过蓄电池电压时,P 端电压信号(为电枢 B 输出电压的 1/2 时)使集成电路控制调节器晶体管 VT_3 截止,于是充电指示灯熄灭。表示发电机开始向蓄电池充电,并向用电设备供电。

(3)发电机电压升高,超过调节电压值上限时(如调压范围为 13.5~14.5V 时,上限为 14.5V,下限为 13.5V),B 端子电压信号,使单片集成电路控制 VT_1 截止,切断磁场电流,发电机输出电压下降。当发电机电压下降到低于调节电压下限值时,集成电路控制 VT_1 导通,磁场电流又接通,发电机输出电压又升高。该过程反复进行,使 B 端子输出电压稳定于调节电压值。

(4)当磁场电路断路使发电机不发电时,P 端电压为零,单片集成电路检测出该电压信号后,便控制 VT_3 导通,使充电指示灯发亮,从而告知驾驶人充电系统出现故障。

4)丰田卡罗拉轿车电源系统主要零部件位置

图 5-4 所示为丰田卡罗拉轿车交流发电机、发动机舱继电器盒、充电警告灯、组合仪表、仪表板接线盒等零部件所在位置图。

5)丰田卡罗拉轿车整体式交流发电机

丰田卡罗拉轿车整体式交流发电机由转子总成、线圈总成、离合器带轮、驱动端端盖总成、驱动端端盖轴承、轴承护圈、电刷架总成及后端盖等组成,如图 5-5 所示。

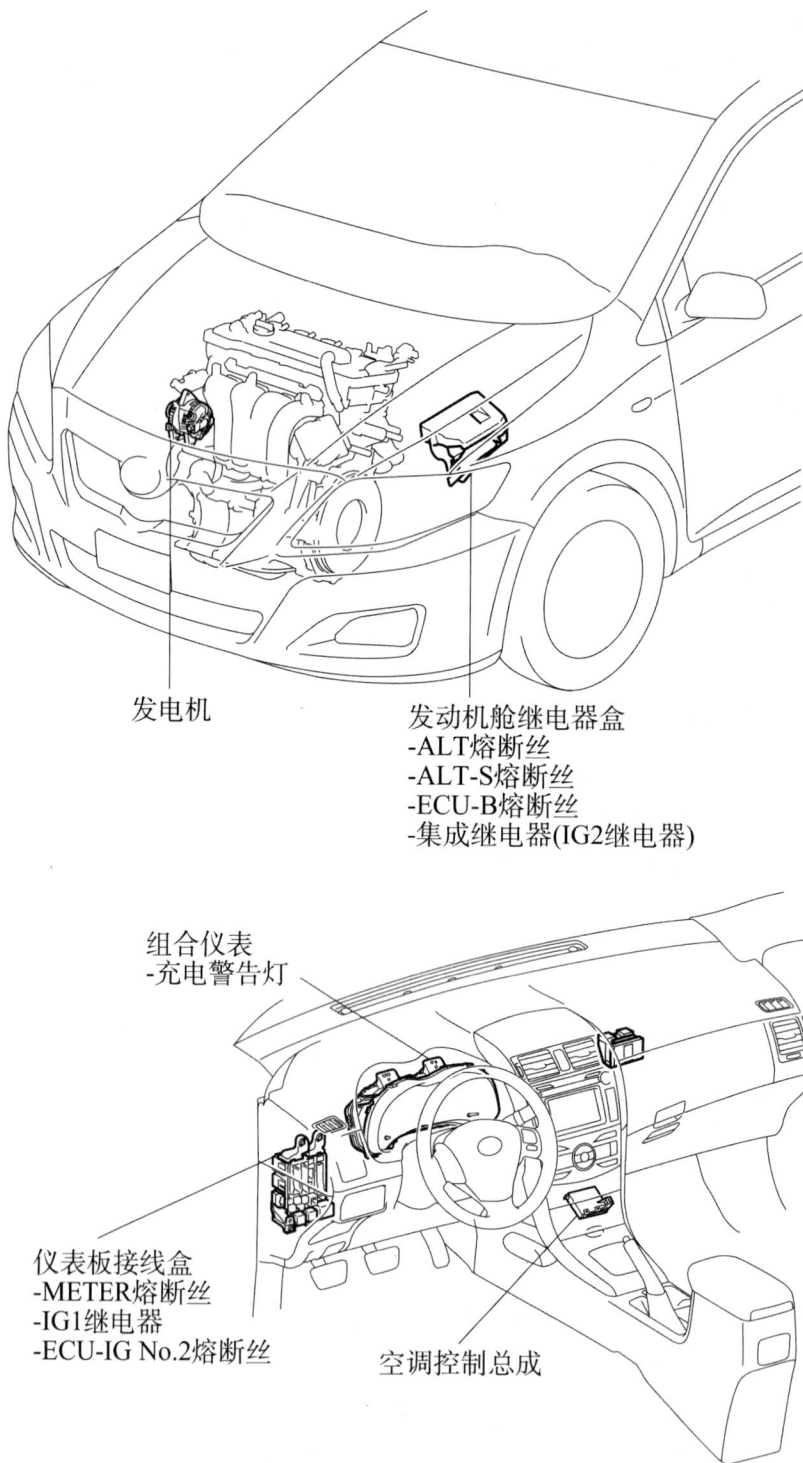

发电机

发动机舱继电器盒
-ALT熔断丝
-ALT-S熔断丝
-ECU-B熔断丝
-集成继电器(IG2继电器)

组合仪表
-充电警告灯

仪表板接线盒
-METER熔断丝
-IG1继电器
-ECU-IG No.2熔断丝

空调控制总成

图5-4 丰田卡罗拉轿车电源系统零部件所在位置图

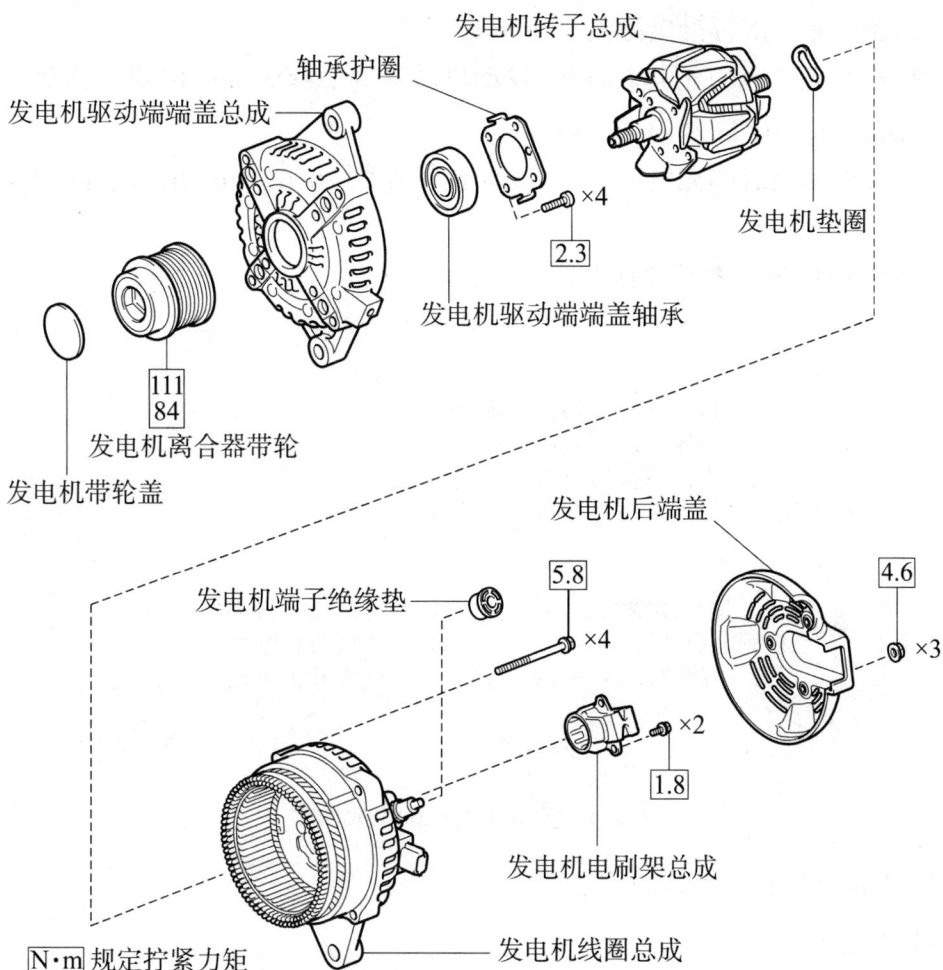

图 5-5　丰田卡罗拉轿车整体式交流发电机的组成

3. 充电指示灯常亮故障原因

起动发动机后,检查充电警告灯是否正常熄灭。如果警告灯没有按规定熄灭,或车辆在行驶过程中突然亮起,说明用电设备由蓄电池供电,充电系统存在不充电故障,应及时排除。

造成不充电的主要因素如图 5-6 所示。

二、实训操作

下面以丰田卡罗拉轿车为例,来说明充电指示灯常亮故障的检测与排除方法。

1. 技术标准与要求

(1)蓄电池电压不应低于 9.6V;蓄电池电解液标准密度:20℃时为 1.25 ~ 1.29g/cm³。

（2）各熔断丝的标准电阻值小于1Ω。

（3）检查无负载的充电电路时，发动机转速为2000r/min，电流表读数为10A或更小，电压表的读数为13.2~14.8V。

（4）检查带负载的充电电路时，发动机转速为2000r/min，电流表读数为30A或更大。

（5）IC电压调节器的高压范围：13.5~15.1V。

```
                    ┌─────────┐
                    │  发电机  │
                    └─────────┘
   二极管击穿、短路、断路 ─────┤
   定子绕组断路或搭铁 ─────────┤
   电刷卡滞或集电环接触不良 ────┤                    ┌──────┐
   转子绕组断路，集电环与焊头脱焊 ─┤               →  │ 不充电 │
                                                    └──────┘
   接线端锈蚀 ──── 发电机传动带过松、打滑 ─┤
   晶体管、二极管断路或短路 ── 充电系统线路断路 ─┤
   搭铁不良 ──── 点火开关不良 ─┤
              ┌─────────┐        ┌──────┐
              │  调节器  │        │ 其他 │
              └─────────┘        └──────┘
```

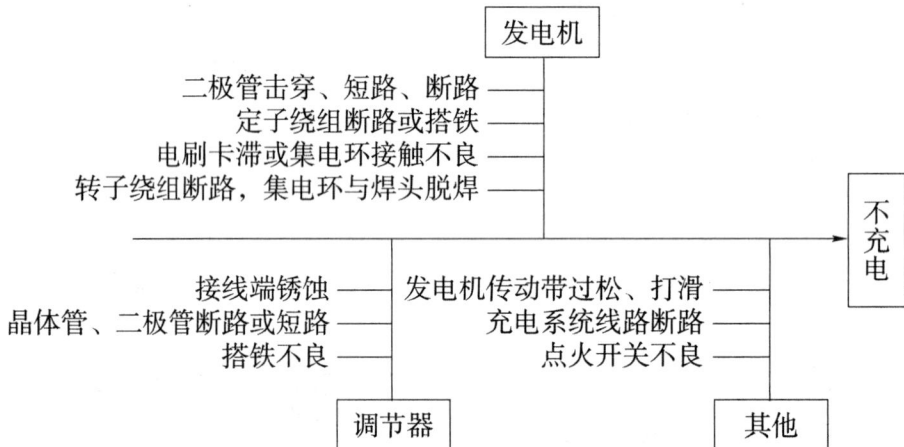

图5-6 造成不充电的主要因素

2. 工具、设备和材料的准备

（1）举升机。

（2）丰田卡罗拉轿车及维修手册。

（3）磁力护裙、转向盘护套、变速杆手柄套、脚垫和座椅套。

（4）游标卡尺、可调直流稳压电源、蓄电池、汽车用万用表和常用维修工具。

3. 查询并填写信息

生产年份_____，车牌号码_____，行驶里程_____，发动机型号及排量_____，车辆识别代号（VIN）_____，等。

4. 作业前的准备

（1）汽车进入工位前，将工位清理干净，准备好相关的器材。

（2）将汽车停驻在举升机中央位置。

（3）拉紧驻车制动器操纵杆，并将变速杆置于空挡或驻车挡（P位）位置。

（4）套上转向盘护套、变速杆手柄套和座椅套，铺设脚垫。

（5）在车内拉动发动机舱盖手柄，在车外打开并支撑发动机舱盖。

（6）粘贴翼子板和前磁力护裙。

5.充电指示灯常亮故障的检修

一辆丰田卡罗拉轿车在行驶过程中充电指示灯亮起，中、高速时，充电指示灯仍不熄灭，这种现象说明该车电源系统有故障。图5-7所示为丰田卡罗拉轿车电源系统电路。

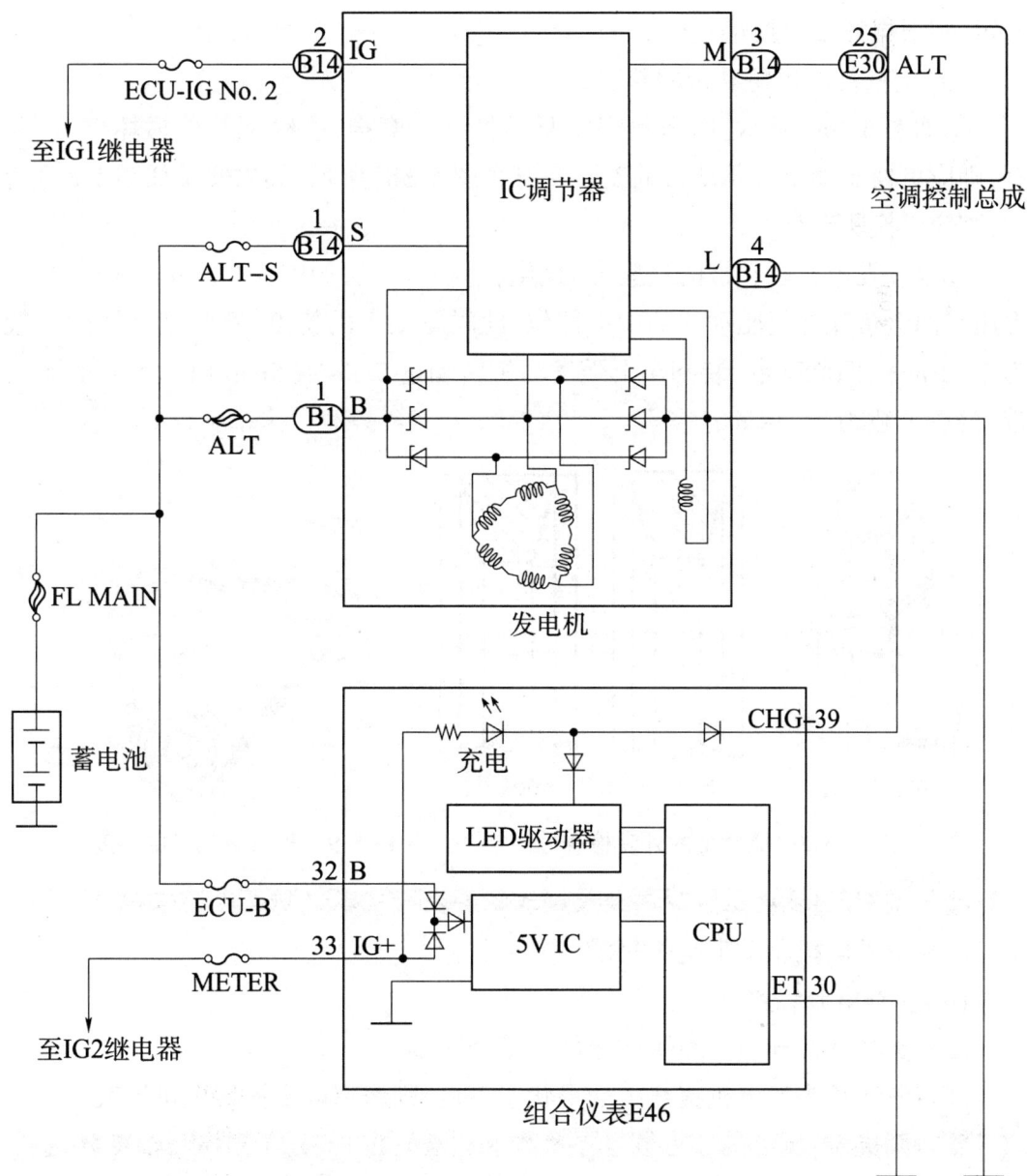

图5-7　丰田卡罗拉轿车电源系统电路

(1)检查蓄电池状况(方法见项目二),并确认蓄电池端子未松动或未被腐蚀。如果端子被腐蚀,则清洁或更换端子。

(2)检查熔断丝。根据图5-6所示电源系统电路图,依次检查 ECU-IG No.2 熔断丝、ALT-S 熔断丝、ALT 熔断丝、ECU-B 熔断丝和 METER 熔断丝是否被烧毁。

检查熔断丝的方法参照项目三,熔断丝的标准电阻值小于1Ω。如果不符合规定,则根据需要更换熔断丝。

(3)检查发电机驱动带的状况。

①如图5-8a)所示,用肉眼观察驱动带有无磨损、裂纹和其他损坏痕迹,若有,则应更换驱动带。驱动带的安装应符合图5-8b)所示,如果安装如图5-8c)所示,则应更换驱动带。

②检查发电机驱动带的松紧度(挠度)。检查方法如图5-9所示,用100N的力压在两个带轮之间驱动带的中央部位,此时驱动带的挠度,新驱动带挠度一般为5~10mm,旧驱动带(装到车上随发动机转动过5min或5min以上时间的驱动带)挠度一般为7~14mm。

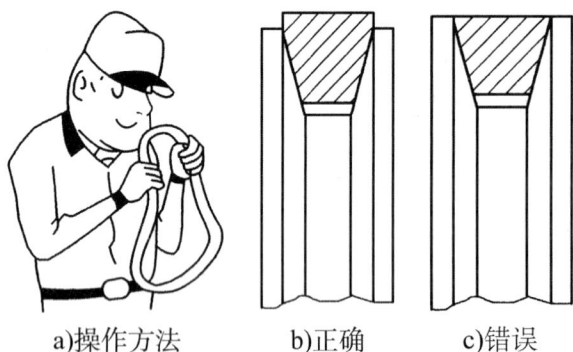

a)操作方法　　　b)正确　　　c)错误

图5-8　驱动带的外观检查　　　图5-9　检查驱动带的挠度

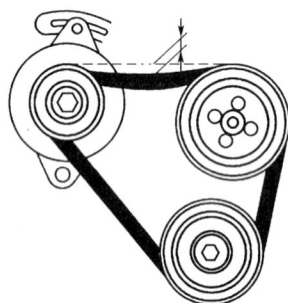

◇**特别提示:**发电机驱动带挠度过大说明发电机驱动带过松,应调整。

③检查发电机驱动带是否打滑。

(4)检查电源线路。

①检查各连接导线的端头连接部位是否正确。

②目测法检查发电机接线。如果状态不良,则修理或更换发电机导线。

◇**特别提示:**发电机输出 B 端子必须加弹簧垫圈锁紧,不得有松动现象。

③采用插接器连接的发电机,其插座与线束插头的连接必须锁紧,不得有松动现象。

（5）检查充电警告灯电路。

①将点火开关置于 ON 位置，但不起动发电机，充电警告灯应亮起。

②起动发动机，然后检查并确认充电警告灯已熄灭。否则，对充电警告灯电路进行故障排除。

（6）检查无负载充电电路。

①依据图 5-10 所示，将电压表和电流表连接至充电电路。

a. 将配线从发电机端子 B 上断开，并将其连接到电流表的负极（－）引线上。

b. 将电流表的正极（＋）引线连接至发电机的端子 B。

c. 将电压表的正极（＋）引线连接至蓄电池的正极（＋）端子。

d. 将电压表负极（－）引线搭铁。

②检查充电电路。将发动机转速保持在 2000r/min，电流表的读数应不超过 10A；电压表的读数应为 13.2～14.8V；否则，说明发电机有故障，应更换。

◎**特别提示**：如果蓄电池没有充满电，则电流表读数有时会大于标准安培数。

（7）检查带负载的充电电路。

①保持图 5-10 的连接，保持发动机转速在 2000r/min，接通远光前照灯并将加热器鼓风机开关转至 HI 位置。

②电流表的读数应大于 30A，否则说明发电机有故障，应更换。

◎**特别提示**：如果蓄电池已充满电，电流表读数有时会小于标准安培数。在此情况下，运行刮水器电动机和车窗除雾器使负载增加，然后再检查充电电路。

（8）IC 电压调节器检测。

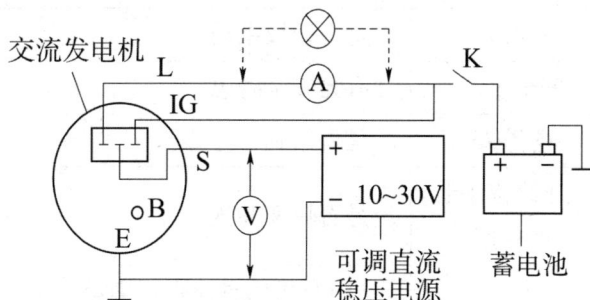

①整体式交流发电机接线如图 5-11 所示。

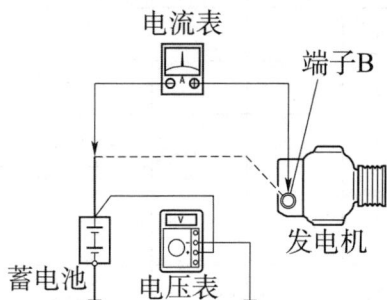

图 5-10　检查不带负载的充电电路　　图 5-11　整体式交流发电机接线图

a. 在蓄电池正极和交流发电机 L 连接端子之间串联一块 5A 电流表，也可用 12V、20W 车用灯泡代替。

b. IG 端子通过导线接至点火开关 K。

c. 将可调直流稳压电源的"＋"极接至交流发电机的 S 端子。

d. 可调直流稳压电源的"－"极与发电机 E(外壳搭铁)连接。

②检测 IC 电压调节器。

a. 接好线路后,闭合开关 K。

b. 调节直流稳压电源,使电压缓慢升高,直至电流表读数为零或测试灯熄灭,此时直流稳压电源显示的电压就是 IC 电压调节器的调节电压值。如果该电压值在 13.5 ~ 15.1V,说明电压调节器是好的;否则,说明该 IC 电压调节器已坏。

通过上述一系列的检查,即可找出充电指示灯常亮故障的原因,对发现问题及时处理,保证车辆充电系统正常工作。

6. 结束工作

(1)作业项目完成后,关闭发动机舱盖,车辆归位。

(2)清理、清洗工量具等器材,工量具归位。

(3)清洁地面卫生,搞好工作场地的清洁、整理工作。

三、评价与反馈

对充电指示灯常亮故障检修的学习项目进行评价,见表5-1。

评分表 表5-1

考核项目	评分标准	分数	学生自评	小组互评	教师评价	小计
团队合作	是否主动参与现场的清洁工作	5				
活动参与	是否积极主动	5				
安全生产	有无安全隐患	5				
现场7S	是否做到	5				
《汽车维修手册》的使用	是否快速和规范	5				
操作过程	(1)车辆信息能否正确填写	5				
	(2)作业前的准备是否充分	5				
	(3)能否正确检查蓄电池及端子状况	5				

续上表

考核项目	评分标准	分数	学生自评	小组互评	教师评价	小计
操作过程	(4)能否正确检查熔断器	5				
	(5)能否正确检查驱动带的状况	5				
	(6)能否正确检查电源线路导线端子等	5				
	(7)能否正确检查充电警告灯是否亮起	5				
	(8)能否按流程正确检查无负载充电电路	10				
	(9)能否按流程正确检查有负载充电电路	10				
任务完成情况	是否独立完成操作过程	5				
工具和设备使用	是否规范、标准	5				
劳动纪律	是否能严格遵守	5				
工单填写	是否完整、规范	5				
总分		100				
教师签名：		年　　月　　日			得分：	

四、学习拓展

手机扫码,查看本项目"学习拓展"内容

项目六　灯控组合开关的更换

目前,汽车上组合开关,如灯光控制、刮水器和洗涤液控制等都采用组合开关来集成控制,这样给驾驶人带来很大方便。对于灯光控制的组合开关有远近变光、雾灯和转向灯等功能。如果该组合开关性能不良时,需要对其进行更换。

学习目标

完成本项目学习后,你应当能:

1. 独立进行组合开关通断关系测试;

2. 独立进行组合开关的更换;

3. 对丰田卡罗拉轿车灯光组合开关电路进行电路说明。

建议学时

10 学时。

一、信息收集

1.丰田卡罗拉轿车前照灯组合开关的功能

如图 6-1 所示,当自动灯控开关置于 AUTO 位置时,自动灯控传感器检测环境光照等级并将其输出至主车身 ECU。主车身 ECU 根据此信号控制近光前照灯和尾灯总成(驻车灯、尾灯和牌照灯)。借助于此功能,在夜间或当车辆进入隧道时等情况下,尾灯和近光前照灯会自动亮起。

手动灯控用来通过手动操作灯控开关使近光前照灯和尾灯总成(驻车灯、尾灯和牌照灯)亮起。当灯控开关转至 TAIL 位置时,主车身 ECU 使尾灯亮起。当灯控开关转至 HEAD 位置时,主车身 ECU 使近光前照灯和尾灯亮起。

远光控制用来照亮比平常更远的前方距离。当符合下列两个条件时,远光前照灯亮起:①用自动灯控或手动灯控使近光前照灯亮起;②变光开关置于 HIGH 位置。

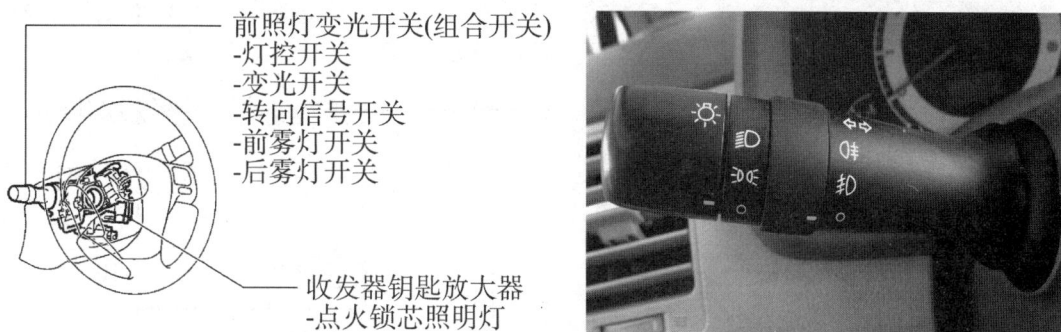

前照灯变光开关(组合开关)
-灯控开关
-变光开关
-转向信号开关
-前雾灯开关
-后雾灯开关

收发器钥匙放大器
-点火锁芯照明灯

图6-1　丰田卡罗拉轿车前照灯组合开关

会车灯控制:在能见度较差时,为了使前方来车注意到车辆的存在,当变光开关置于 HIGH FLASH 位置时,会车灯控制使远光前照灯亮起。

前雾灯控制:汽车在能见度较差的情况下(如大雾中)行驶时,启用前雾灯控制以保持前方道路的能见度。当同时满足下列两个条件时,前雾灯亮起:①通过自动灯控或手动灯控使尾灯亮起。②前雾灯开关处于 ON 位置。当符合下列任一条件时,前雾灯熄灭:①前雾灯开关处于 OFF 位置;②尾灯熄灭。

后雾灯控制:在能见度较差的情况下(如大雾中)行驶时,启用后雾灯控制,使后方来车注意到车辆的存在。当同时满足下列所有条件时,后雾灯亮起:①用自动灯控或手动灯控使近光前照灯亮起;②前雾灯点亮;③后雾灯开关处于 ON 位置。当符合下列任何条件时,后雾灯熄灭:①尾灯熄灭;②前雾灯开关处于 OFF 位置;③后雾灯开关处于 OFF 位置。

2.丰田卡罗拉轿车灯光组合开关电路

丰田卡罗拉轿车灯光组合开关电路如图6-2所示。

二、实训操作

1.技术标准与要求(以丰田卡罗拉 ZRE151 轿车为例)

(1)定位前轮,使其面向正前位置。

(2)如要拆 SRS 电缆,则应在断开蓄电池负极电缆后等待 90s,以防止气囊展开。

(3)断开蓄电池电缆后重新连接时,某些系统需要初始化。

(4)安装完转向盘装饰盖后,应确认喇叭可以鸣响并检查 SRS 警告灯。

灯控开关		E	A	T	H	HL	HU	HF
灯控开关	OFF							
	TAIL	○		○				
	HEAD			○	○			
	AUTO	○	○					
变光开关	LOW	○				○		
	HIGH	○					○	
	FLASH	○					○	○

仪表板接线盒

E8组合开关

主车身ECU

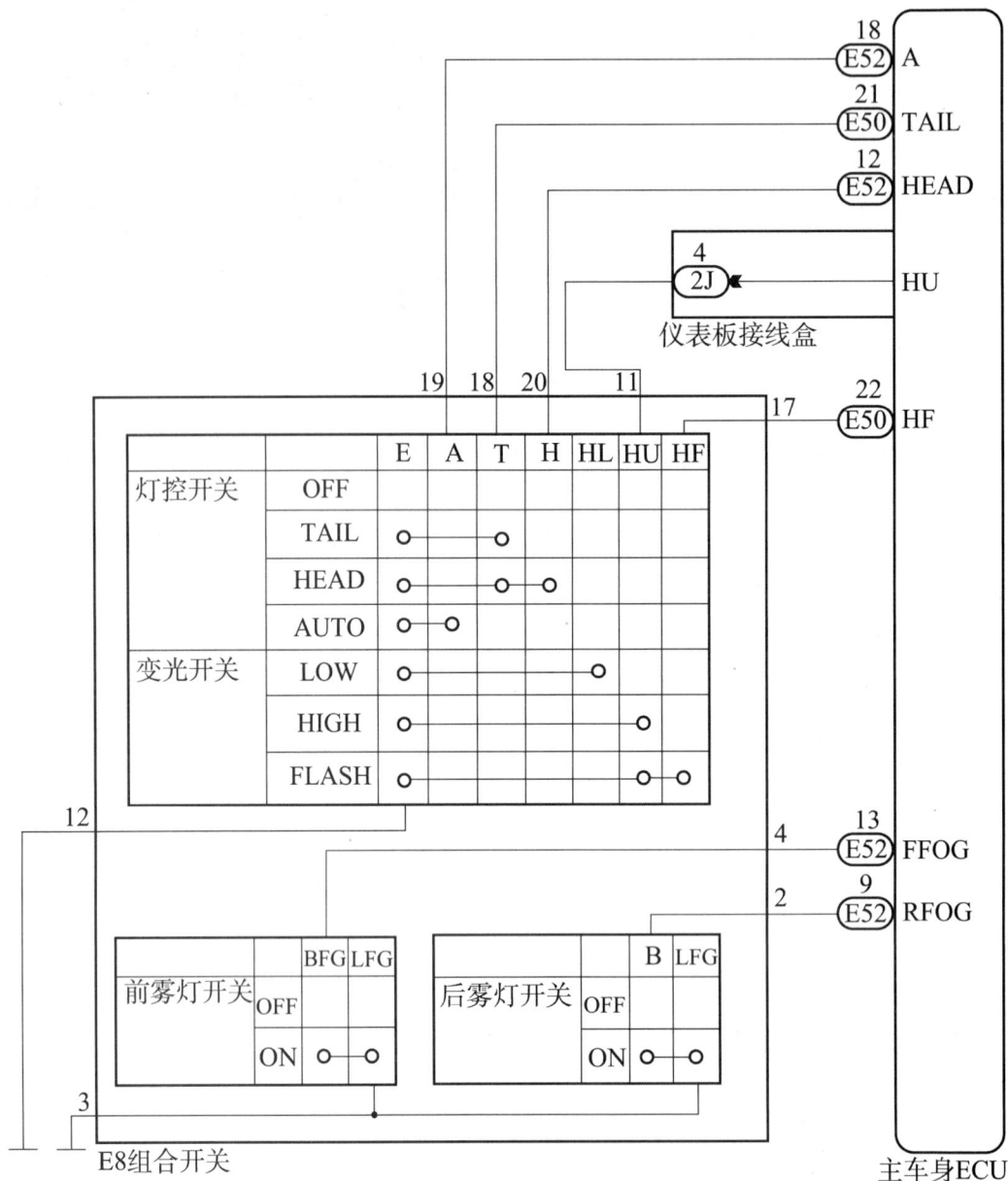

图6-2 丰田卡罗拉轿车灯光组合开关电路

2.工具、设备和材料的准备

(1)"TORX"梅花套筒、SST转向盘专用工具。

(2)磁力护裙、转向盘护套、变速杆手柄套、脚垫和座椅套。

(3)万用表、常用工具、举升机。

(4)丰田卡罗拉轿车及维修手册。

3. 查询并填写信息

生产年份＿＿＿＿＿＿＿＿，车牌号码＿＿＿＿＿＿＿，行驶里程＿＿＿＿＿，发动机型号及排量＿＿＿＿＿，车辆识别代号(VIN)＿＿＿＿＿＿＿，等。

4. 作业前的准备

(1)汽车进入工位前,将工位清理干净,准备好相关的器材。

(2)将汽车停驻在举升机中央位置。

(3)拉紧驻车制动器操纵杆,并将变速杆置于空挡或驻车挡(P位)位置。

(4)拆卸前,保证前轮和转向盘都处于最中间状态。

5. 灯光组合开关的更换与检查

1)灯光组合开关的拆卸

(1)如图6-3所示,从蓄电池负极端子断开电缆。

◇**注意:** 从蓄电池的负极(−)端子上断开电缆后,至少等待90s,以防止气囊和安全带预紧器激活。

(2)如图6-4所示,使用头部缠有保护性胶带的螺丝刀,脱开卡爪并拆下转向盘3号下盖。

图6-3 从蓄电池负极端子断开电缆

图6-4 拆下转向盘3号下盖

(3)如图6-5所示,使用头部缠有保护性胶带的螺丝刀,脱开卡爪并拆下转向盘2号下盖。

(4)拆卸转向盘装饰盖。

①如图6-6所示,使用"TORX"梅花套筒(T30),松开2个"TORX"梅花螺钉,直至螺钉边沿的凹槽与螺钉座齐平。

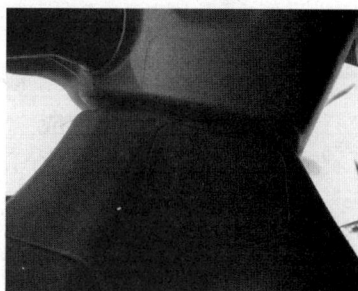

②如图6-7所示,从转向盘总成中拉出转向盘

图6-5 拆下转向盘2号下盖

装饰盖,并且如图所示用一只手支撑转向盘装饰盖。

图6-6 松开2个"TORX"梅花螺钉

◇**小心**:拆下转向盘装饰盖时,不要拉动气囊线束。

③如图6-8所示,将喇叭插接器从转向盘装饰盖上断开。

图6-7 从转向盘总成中拉出
转向盘装饰盖

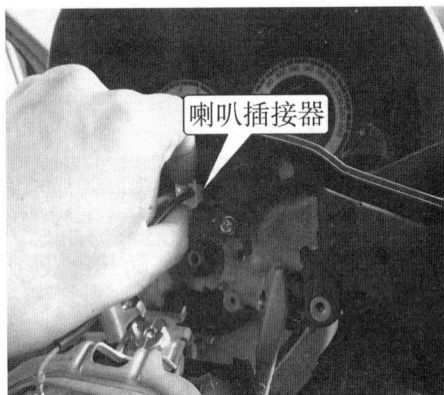

图6-8 喇叭插接器从转向盘
装饰盖上断开

④如图6-9所示,使用头部缠有保护性胶带的螺丝刀,断开气囊插接器,并拆下转向盘装饰盖。

◇**特别提示**:处理气囊插接器时,小心不要损坏气囊线束。

(5)拆下转向盘总成。

①如图6-10所示,用19号套筒拆下转向盘总成固定螺母。

②如图6-11所示,在转向盘总成和转向主轴上做装配标记。

③如图6-12所示,拆下转向盘总成。

图 6-9　断开气囊插接器,并拆下转向盘装饰盖

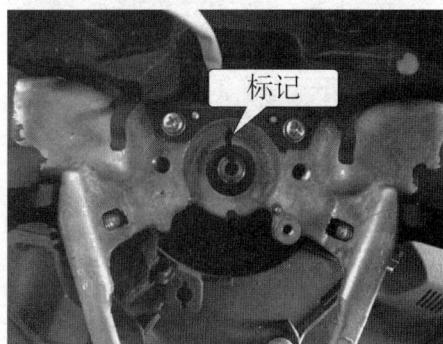

图 6-10　拆下转向盘总成固定螺母

图 6-11　在转向盘总成和转向主轴上做装配标记

图 6-12　拆下转向盘总成

(6)如图 6-13 所示,拆下转向盘管柱饰盖。

◇**注意**:饰盖都是卡扣连接,用小螺丝刀插入空内,撬开饰盖。

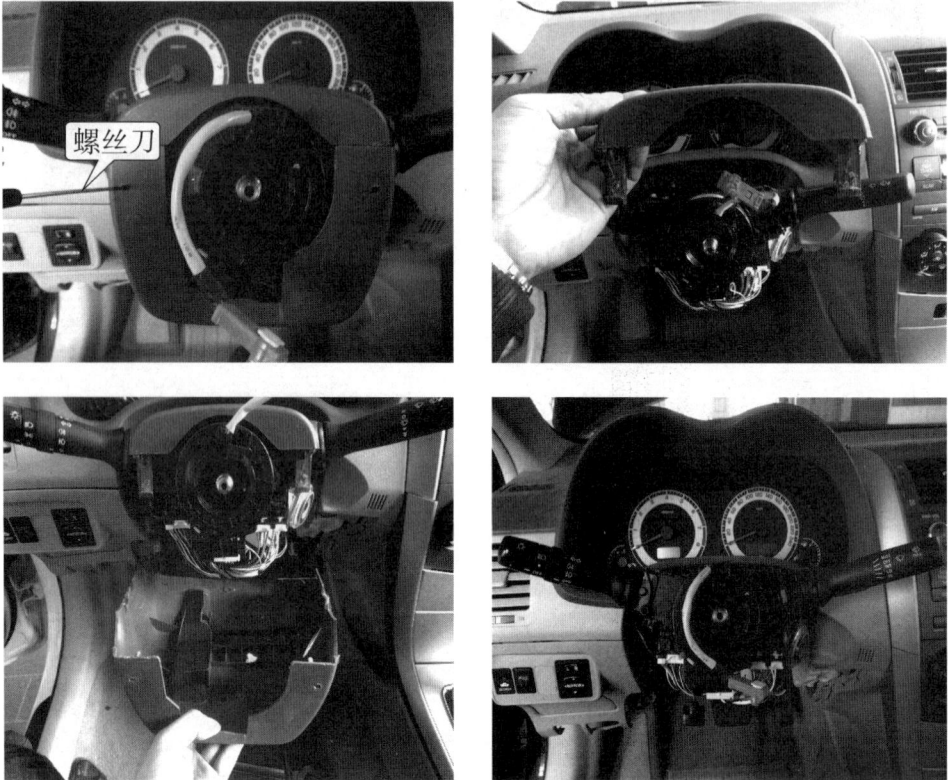

图 6-13 拆下转向盘管柱饰盖

(7)拔下所有插件,拆下螺旋弹簧(游丝)。

◇**注意**:不要过度转动螺旋弹簧。

①如图 6-14 所示,将插接器从螺旋电缆上拆开。

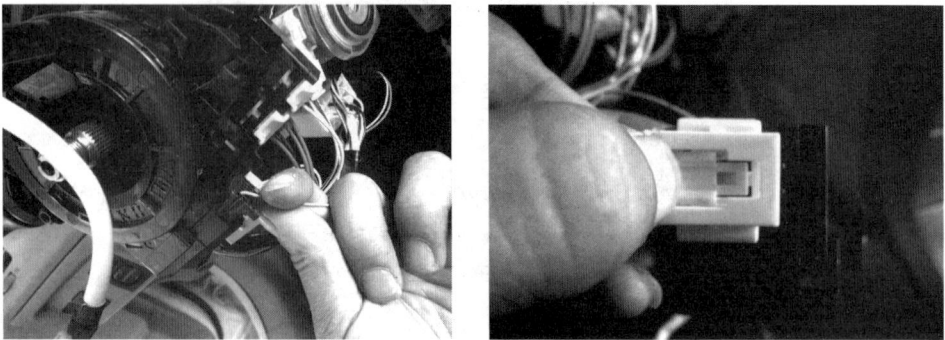

图 6-14 将插接器从螺旋电缆上拆开

◇**注意**:处理气囊插接器时,小心不要损坏气囊线束。

②如图 6-15 所示,脱开 3 个卡爪,并拆下螺旋电缆。

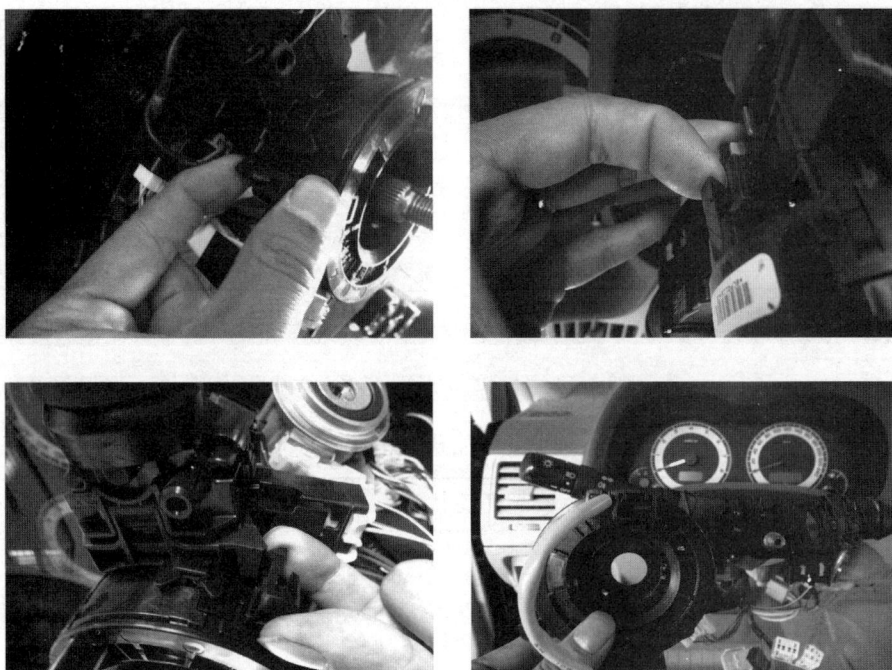

图 6-15 脱开 3 个卡爪,并拆下螺旋电缆

(8)拆下组合开关。

如图 6-16 所示,夹松弹簧扣,向外压黑色按钮,拉组合开关。

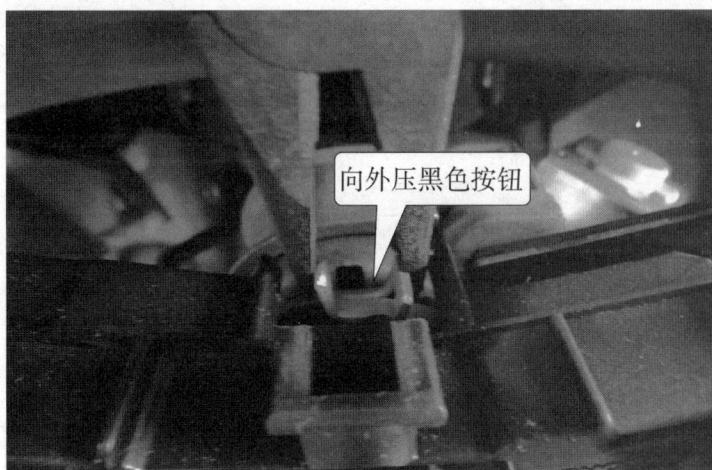

向外压黑色按钮

图 6-16 夹松弹簧扣,向外压黑色按钮,拉组合开关

(9)如图 6-17 所示,最终拆下风窗玻璃刮水器开关、变光组合开关。

2)灯光组合开关的检查(带自动灯控系统)

灯光组合开关的检查(带自动灯控系统),如图 6-2 所示。

(1)灯控开关电阻测量,见表 6-1。

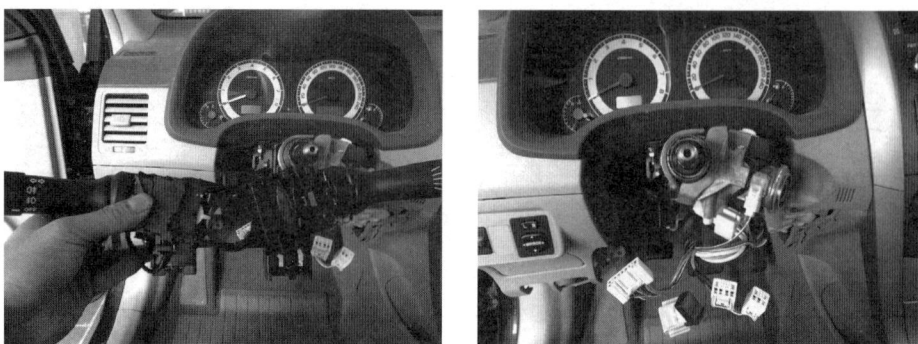

图6-17 拆下风窗玻璃刮水器开关、变光组合开关

测量灯控开关电阻   表6-1

检测仪连接	开关状态	规定状态
12(E)—18(T)	OFF	10kΩ 或更大
18(T)—19(A)		
19(A)—20(H)		
12(E)—18(T)	TAIL	小于1Ω
12(E)—18(T)	HEAD	小于1Ω
18(T)—20(H)		
12(E)—19(A)	AUTO	小于1Ω

(2)变光开关电阻测量,见表6-2。

测量变光开关电阻   表6-2

检测仪连接	开关状态	规定状态
12(E)—17(HF)	HIGH FLASH	小于1Ω
11(HU)—12(E)	HIGH FLASH	小于1Ω
11(HU)—12(E)	HIGH	小于1Ω

(3)转向信号开关电阻测量,见表6-3。

测量转向信号开关电阻   表6-3

检测仪连接	开关状态	规定状态
12(E)—13(TR)	OFF	10kΩ 或更大
12(E)—15(TL)		

检测仪连接	开关状态	规定状态
12(E)—13(TR)	RH	小于1Ω
12(E)—15(TL)	LH	小于1Ω

（4）前雾灯开关电阻测量，见表6-4。

测量前雾灯开关电阻　　　　　　　表6-4

检测仪连接	开关状态	规定状态
3(LFG)—4(BFG)	OFF	10kΩ 或更大
3(LFG)—4(BFG)	ON	小于1Ω

（5）后雾灯开关电阻测量，见表6-5。

测量后雾灯开关电阻　　　　　　　表6-5

检测仪连接	开关状态	规定状态
2(B)—3(LFG)	OFF	10kΩ 或更大
2(B)—3(LFG)	ON	小于1Ω

3）灯光组合开关的安装

（1）如图6-18所示，安装组合开关。

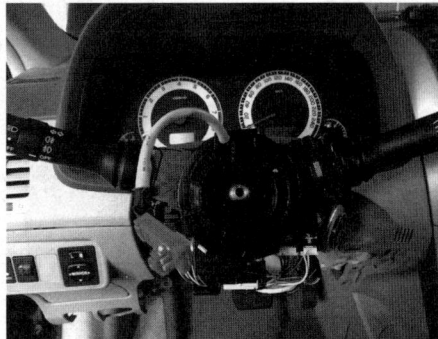

（2）如图6-19所示，安装螺旋弹簧，接上所有插件。

图6-18　安装组合开关　　　　图6-19　安装螺旋弹簧，接上所有插件

◇**注意:** 安装螺旋弹簧时也要保证处在最中间位置，（总行程约5圈多，每边各两圈半）。

（3）如图6-20所示，安装转向盘管柱饰盖。

（4）如图 6-21 所示，按记号安装转向盘。

图 6-20　安装转向盘管柱饰盖

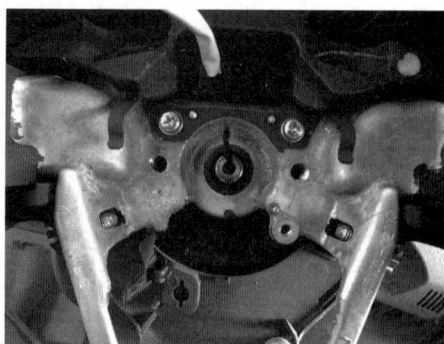

图 6-21　安装转向盘

（5）如图 6-22 所示，拧紧转向盘螺栓，拧紧力矩为 50N·m。

（6）如图 6-23 所示，接上气囊插头和喇叭线束插头。

图 6-22　拧紧转向盘螺栓

图 6-23　接上气囊插头和喇叭线束插头

（7）如图 6-24 所示，拧紧气囊固定螺栓（左右两只，力矩为 8.8N·m）。

（8）如图 6-25 所示，安装 2 号和 3 号下盖。

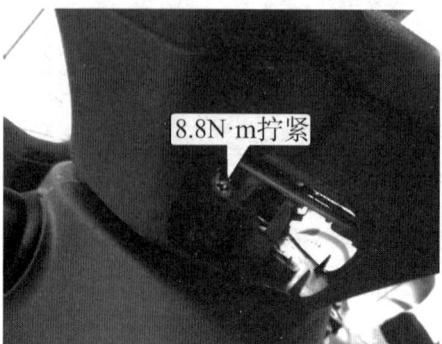

图 6-24　拧紧气囊固定螺栓

图 6-25　安装下盖

（9）如图 6-26 所示，接上电源，用解码仪清除故障码，做好匹配。

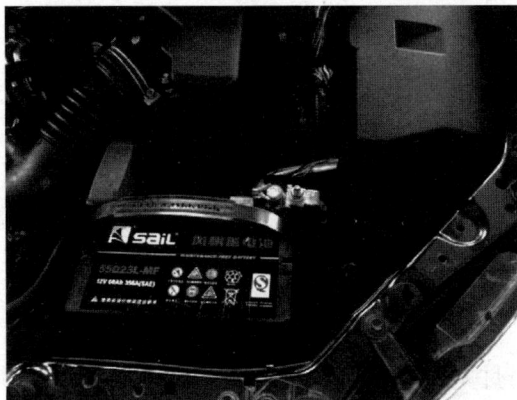

图 6-26 接上电源

6.结束工作

作业项目完成后,清洁车内各拆装部位,并拆除护裙和驾驶室内防护套,关闭发动机舱盖,清理器材,搞好工位的清洁、整理工作。

三、评价与反馈

对本学习项目进行评价,见表6-6。

评分表 表6-6

考核项目	评分标准	分数	学生自评	小组互评	教师评价	小计
团队合作	是否协调	5				
活动参与	是否积极主动	5				
安全生产	有无安全隐患	5				
现场5S	是否做到	5				
任务方案	是否正确、合理	10				
操作过程	(1)灯光组合开关拆卸	10				
	(2)灯光组合开关检查 ①灯控开关电阻的正确测量	5				
	②变光开关电阻的正确测量	5				
	③转向信号开关电阻的正确测量	5				

续上表

考核项目	评分标准	分数	学生自评	小组互评	教师评价	小计
操作过程	④前雾灯开关电阻的正确测量	5				
	⑤后雾灯开关电阻的正确测量	5				
	(3)灯光组合开关装复	15				
任务完成情况	是否圆满完成	5				
工具和设备使用	是否规范、标准	5				
劳动纪律	是否能严格遵守	5				
工单填写	是否完整、规范	5				
总分		100				
教师签名：			年　月　日			得分：

四、学习拓展

手机扫码,查看本项目"学习拓展"内容

项目七 前照灯不亮故障的检修

前照灯安装于汽车头部两侧,一般又分为两灯制或四灯制,用单丝或双丝灯泡,远光灯功率一般为 40～60W,近光灯功率为 20～35W。其主要用途是夜间行驶时,照亮车前的道路及物体,同时还可以用远近光的交换,在超车时告知前方车辆避让。如果前照灯出现不亮的故障,会影响到行车的安全,本项目将对前照灯不亮的故障进行诊断。

学习目标

完成本项目学习后,你应当能:
1. 叙述前照灯的结构、组成、类型及防眩目措施;
2. 规范进行前照灯的检查与调整方法;
3. 规范进行远、近光灯不亮的检查;
4. 提高分析和解决问题的能力;
5. 培养严谨、负责、认真的职业精神。

建议学时

12 学时。

一、信息收集

(一)前照灯的结构

前照灯的光学系统由灯泡、反射镜、配光镜三部分组成,如图 7-1 所示。

(二)前照灯控制装置

1.前照灯的延时控制

前照灯延时控制电路是使前照灯在关闭了点火开关及灯开关后,继续亮一

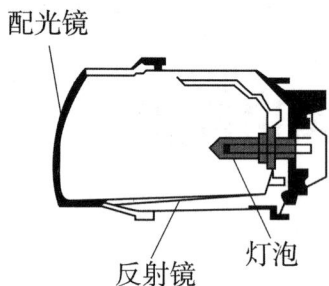

配光镜

反射镜　灯泡

图7-1　前照灯的组成

段时间,然后自动熄灭,以便给驾驶人离开黑暗的停车场所提供照明。

2.前照灯的自动变光

汽车前照灯自动变光器是一种根据对方车辆灯光的亮度自动变远光为近光或变近光为远光的自动控制装置。它的优点是实现了自动控制,不需要驾驶人操纵,其次是它的体积小,性能稳定可靠,且灵敏度高。

3.昏暗自动发光控制系统

昏暗自动发光控制系统的功用是在行驶中,当车前的自然光的强度降低到一定程度时,自动将前照灯的电路接通,以确保行车安全,同时还有延时关灯的作用。发光控制系统电路主要由光传感器和控制元件及晶体管放大器组件组成。

(三)丰田卡罗拉轿车前照灯控制系统

1.车外灯控系统(带自动灯控)

◇**特别提示:**如果车辆配备自动灯控,车外灯(前照灯、尾灯、前雾灯和后雾灯)由主车身ECU控制。如果车辆未配备自动灯控,车外灯(前照灯、尾灯、前雾灯和后雾灯)不由主车身ECU控制。

车外灯控系统具有自动灯控、手动灯控、远光控制、会车灯控制、前雾灯控制、后雾灯控制、车灯自动关闭控制等功能。

自动灯控如图7-2所示。

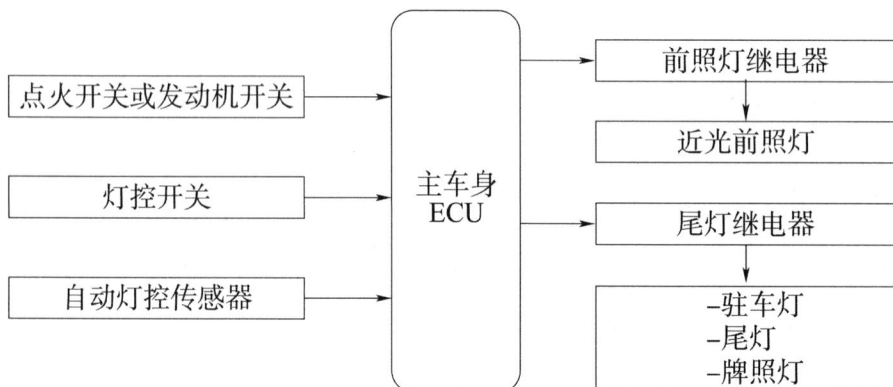

图7-2　自动灯控

当灯控开关置于 AUTO 位置时,自动灯控传感器检测环境光照等级并将其输出至主车身 ECU。主车身 ECU 根据此信号控制近光前照灯和尾灯总成(驻车灯、尾灯和牌照灯)。借助于此功能,在夜间或当车辆进入隧道时等情况下,尾灯和近光前照灯会自动亮起。如果车灯亮起/熄灭的时机不符合用户的偏好,可使用智能检测仪改变自动灯控系统的灵敏度。

如果主车身 ECU 检测到自动灯控传感器的故障,主车身 ECU 会执行失效保护控制以禁用自动灯控功能。当灯控开关置于 AUTO 位置且前照灯或尾灯亮起时,如果自动灯控系统中出现故障,主车身 ECU 会使灯保持点亮,直到灯控开关置于 OFF 位置或满足激活前照灯自动关闭控制的条件。当灯控开关置于 AUTO 位置且前照灯和尾灯同时熄灭时,如果自动灯控系统中出现故障,主车身 ECU 会中断自动灯控系统的操作并使前照灯和尾灯都保持熄灭状态,直到确定自动灯控传感器的频率输出正常。

自动关闭控制如图 7-3 所示。

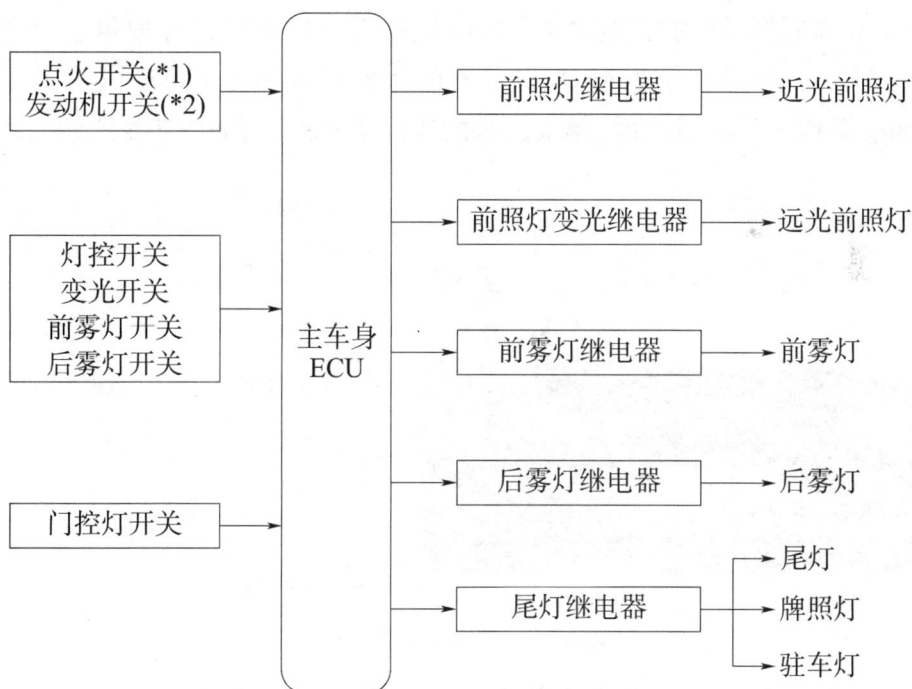

图 7-3　自动关闭控制

车灯自动关闭控制用于避免出现驾驶人在前照灯、雾灯、驻车灯、尾灯或牌照灯仍亮起时就离开车辆的情形。

根据灯控开关的位置,将熄灭的车灯会发生如表 7-1 所示的变化。

灯控开关的位置与车灯变化表　　　　　　　表 7-1

开关位置			概要
TAIL	HEAD	AUTO	
—	—	○	如果车灯(前照灯、前雾灯、后雾灯和尾灯)亮起,当点火开关从 ON(IG)位置转至 OFF 位置,且驾驶人侧门打开时,此控制自动将这些车灯熄灭
○	○	—	如果车灯(前照灯、前雾灯、后雾灯和尾灯)亮起,当点火开关从 ON(IG)位置转至 OFF 位置时,此控制仅自动熄灭前照灯和前雾灯

2. LED 灯

LED(Light Emitting Diode)是一种能够将电能转化为可见光的半导体,它改变了白炽灯钨丝发光与节能灯三基色粉发光的原理,而采用电场发光。LED 在车内照明和前照灯、制动灯、应急灯、日行灯等方面的应用已经取得了显著的成效,随着 LED 照明技术的快速发展和成本的逐步下降,LED 灯经过近年来的技术验证、概念车展示等阶段之后,越来越多的应用于量产车,如图 7-4 所示。

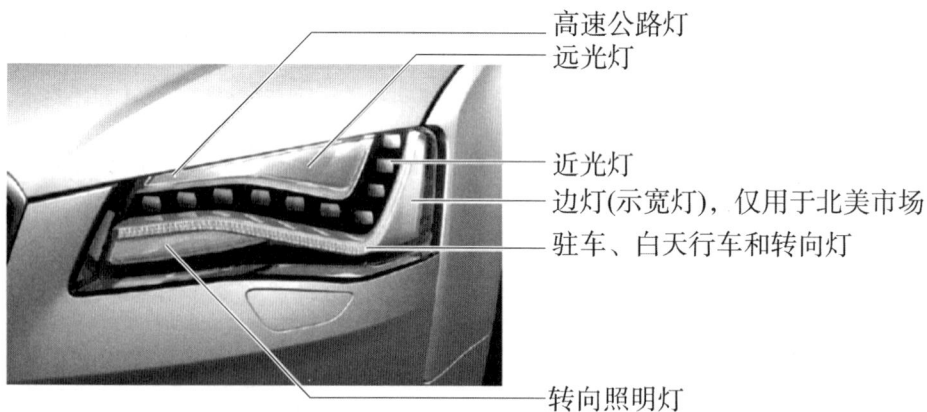

图 7-4　奥迪 A8 LED 灯

LED 的核心是一个半导体的晶片,晶片附在一个支架上,一端是负极,另一端连接电源的正极,使整个晶片被环氧树脂封装起来。半导体晶片由两部分组成,一部分是 P 型半导体,在其内面空穴占主导地位,另一端是 N 型半导体,在其内部主要是电子。当这两种半导体连接起来,它们之间就形成一个 P-N 结。当电流通过导线作用于这个晶片,电子就会被推向 P 区,在 P 区里电子跟空穴复合,就会以光子的形式发出能量,从而把电能直接转换为光能。

LED 灯是由发光二极管直接把电能转化为光能,耗电仅相当于传统灯的十分之一。在恰当的电流和电压下,使用寿命可达 8 万 ~ 10 万 h,比传统光源寿命长 10 倍以上。具有节能、环保、寿命长、体积小、稳定性好、耐高温、高亮度、发光纯度高、反应速度快等优点。

3. 前照灯光束高度手动控制系统

车辆状态随乘客数量(质量)和行李体积变化时,此系统允许根据前照灯光束调整控制开关的位置,手动调节前照灯近光光束高度(11 级)至适当高度。通过安装在前照灯总成上的前照灯光束高度调整电动机调整前照灯光束高度。驾驶人可通过前照灯光束高度调整开关来控制此系统。

4. 前照灯光束高度自动控制系统

(1)概述。当车辆停止时,该系统使前照灯近光光束保持在一个恒定高度。

该系统由前照灯光束高度调整 ECU 控制。该 ECU 通过后高度控制传感器检测车辆姿态,并通过组合仪表检测车速。然后 ECU 根据这些信息控制前照灯光束高度调整电动机,以改变前照灯反射器角度。

◇**特别提示**:在因更换悬架而引起车辆高度变化,或在执行诸如拆卸和重新安装或更换后高度控制传感器分总成等的操作后,应初始化高度控制传感器信号。更换前照灯光束高度调整 ECU 后,也要进行初始化。

(2)零部件的功能和结构见表 7-2。

零部件的功能和结构表　　　　　表 7-2

零部件	功能和结构
组合仪表	(1)向前照灯光束高度调整 ECU 输出车速信号; (2)点火开关置于 ON(IG)位置时,组合仪表中的前照灯光束高度控制系统警告灯亮起 3s,然后熄灭(灯泡检查功能); (3)检测到该系统故障时,组合仪表中的前照灯光束高度控制系统警告灯亮起以警告驾驶人
前照灯光束高度调整电动机	根据从前照灯光束高度调整 ECU 接收到的信号,各个电动机移动前照灯中的反射器以改变近光光束
DLC3	通过 DLC3 可执行高度控制传感器信号初始化和前照灯光束高度调整电动机操作检查

续上表

零部件	功能和结构
前照灯光束高度调整 ECU	(1)车辆停止时,该ECU根据高度控制传感器和组合仪表发送的信号来检测车辆姿态的变化量; (2)根据检测值,该ECU将控制信号输出给前照灯光束高度调整电动机; (3)点火开关置于ON(IG)位置时,该ECU使前照灯光束高度控制系统警告灯亮起3s(灯泡检查功能); (4)检测到该系统故障时,该ECU点亮前照灯光束高度控制系统警告灯以警告驾驶人

(3)失效保护功能。如果检测到异常情况,前照灯光束高度调整ECU以失效保护模式操作,并且当检测到高度控制传感器故障时,点亮组合仪表中的前照灯光束高度自动控制系统警告灯。

(四)丰田卡罗拉故障症状表

◇**特别提示**:使用下表可帮助诊断故障原因。以递减的顺序表示故障原因的可能性。按顺序检查每个可疑部位。必要时维修或更换有故障的零件或进行调整。

前照灯(带自动灯控)故障症状见表7-3。

前照灯(带自动灯控)**故障症状表**　　　　　表7-3

症状	可疑部位
一侧近光前照灯没有亮起	H-LP LH LO 熔断丝或 H-LP RH LO 熔断丝
	灯泡
	线束或插接器
	灯控 ECU(HID 前照灯)
左右两侧近光前照灯均没有亮起	H-LP MAIN 熔断丝
	前照灯继电器电路
	灯控开关电路
	主车身 ECU(仪表板接线盒)

症状	可疑部位
一侧远光前照灯没有亮起	H-LP LH HI 熔断丝或 H-LP RH HI 熔断丝
	灯泡
	线束或插接器
左右两侧远光前照灯均没有亮起(近光前照灯正常)	前照灯(远光)电路
	灯控开关电路
	主车身 ECU(仪表板接线盒)
"远光闪光"前照灯没有亮起(会车灯功能)	灯控开关电路
	主车身 ECU(仪表板接线盒)
近光前照灯或远光前照灯不熄灭	前照灯变光开关总成
	线束或插接器
	主车身 ECU(仪表板接线盒)

前照灯(不带自动灯控)故障症状见表7-4。

前照灯(不带自动灯控)故障症状表　　　　　　　　　表 7-4

症状	可疑部位
一侧近光前照灯没有亮起	H-LP LH LO 熔断丝或 H-LP RH LO 熔断丝
	灯泡
	线束或插接器
	灯控 ECU(HID 前照灯)
左右两侧近光前照灯均没有亮起	H-LP MAIN 熔断丝
	前照灯继电器
	前照灯变光开关总成
	线束或插接器
一侧远光前照灯没有亮起	H-LP LH HI 熔断丝或 H-LP RH HI　熔断丝
	灯泡
	线束或插接器
左右两侧远光前照灯均没有亮起(近光前照灯正常)	前照灯变光继电器
	前照灯变光开关总成
	线束或插接器

续上表

症状	可疑部位
"远光闪光"前照灯没有亮起(会车灯功能)	前照灯变光开关总成
近光前照灯或远光前照灯不熄灭	前照灯变光开关总成
	线束或插接器

二、实训操作

1. 技术标准与要求(以丰田卡罗拉ZRE151轿车为例)

(1)使用万用表前要先校表。

(2)拔下各接插元件时需断开电源。

(3)如果车辆配备自动灯控系统,车外灯(前照灯、尾灯、前雾灯和后雾灯)由主车身ECU控制。

(4)应在点火开关关闭的情况下连接智能检测仪。

(5)前照灯工作电压为11~14V。

前照灯检查注意事项有如下方面。

(1)HID前照灯系统注意事项。

①如果发现HID前照灯系统(特别是灯控ECU上的前照灯)有任何缺陷,如变形、开裂、凹坑、破碎等,请换用新的前照灯。

②即使看似工作正常,失效保护功能也可能存在故障。

③因为HID前照灯灯泡内部含有加压气体,很容易因划伤或掉落而损坏,因此务必小心操作。对灯泡进行操作时,应握住塑料或金属部分,严禁徒手接触玻璃部分。

④HID前照灯亮起时,会向灯座瞬时施加高电压(约22000V)。不要将检测仪连接至HID前照灯高压灯座,否则可能因高压放电而导致严重事故。

⑤维修HID前照灯时,不要使HID前照灯与水接触。关闭灯控开关,并预先断开蓄电池负极(−)电缆和灯控ECU插接器,以免触电。

⑥执行HID前照灯系统的相关操作时,必须在组装完成后进行,并且不要在未安装灯泡的情况下打开前照灯。

⑦不要使用车辆蓄电池以外的电源打开HID前照灯。

（2）更换前照灯灯泡的注意事项。

①即使只是薄薄一层油膜留在 HID 前照灯灯泡或卤素灯泡表面，由于其在较高温度下点亮而使灯泡的使用寿命缩短。更换灯泡时，务必握住灯的凸缘连接部位，使手不会接触灯的玻璃部分。

②由于 HID 前照灯灯泡和卤素灯泡的内部压力很大，掉落、撞击或损坏均可能导致灯泡爆炸和碎裂。

③常备一个新灯泡，以备急需时使用。更换灯泡时，如果将车灯透镜从车辆上拆下时间过长，则可能会聚集灰尘和湿气。

④务必用相同功率的灯泡替换旧灯泡。

⑤如果仅更换一侧的灯泡，可能会出现左、右侧灯泡的亮度和发光颜色不同的情况。

⑥更换灯泡后，牢固安装灯座。如果没有安装牢固，车灯透镜可能沾上水雾，水也可能透过灯座周围的空隙渗入灯孔。

⑦报废 HID 前照灯灯泡时，不要将其损坏，因为可能会有玻璃碎片飞出而导致人员受伤。

⑧如果无法确定 HID 前照灯灯泡出现故障或通过目视检查不能判断，则通过更换功能正常的灯泡来检查其是否出现故障。

2. 工具、设备和材料的准备

（1）万用表、智能检测仪、常用工具一套。

（2）磁力护裙、转向盘护套、变速杆手柄套、脚垫和座椅套。

（3）举升机（图7-5）。

（4）丰田卡罗拉轿车（图7-6）及维修手册。

图 7-5　剪式举升机　　　图 7-6　丰田卡罗拉 ZRE151 整车

3. 查询并填写信息

生产年份_____，车牌号码_____，行驶里程_____，发动机型号及排量_____,车辆识别代号(VIN)_____(图7-7)。

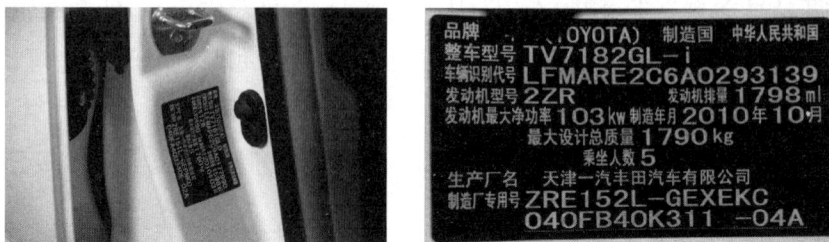

品牌   (TOYOTA)   制造国   中华人民共和国
整车型号   TV7182GL-i
车辆识别代号   LFMARE2C6A0293139
发动机型号   2ZR   发动机排量   1798 ml
发动机最大净功率 103 kw 制造年月 2010年10月
最大设计总质量   1790 kg
乘坐人数 5
生产厂名   天津一汽丰田汽车有限公司
制造厂专用号 ZRE152L-GEXEKC
040FB40K311 -04A

图7-7   车辆的铭牌

车辆铭牌(右侧车门立柱上)的含义,如图7-8所示。

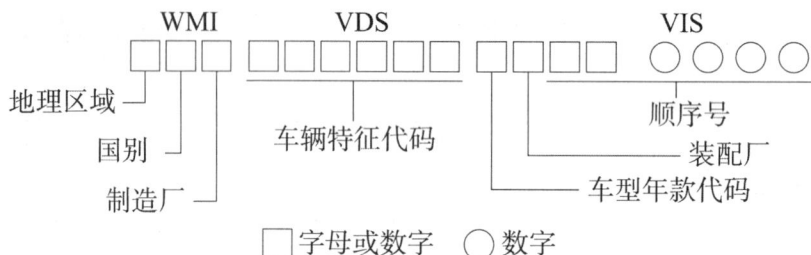

图7-8   车辆铭牌含义

例:丰田卡罗拉 ZRE151 轿车 17 位 VIN 码,如图7-9所示。

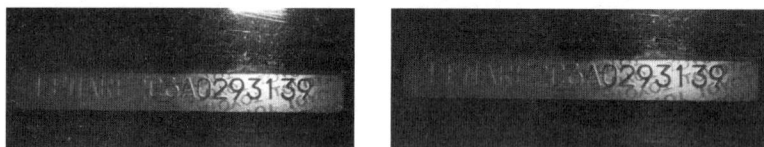

图7-9   丰田卡罗拉轿车 17 位 VIN 码

◇**特别提示**:丰田卡罗拉轿车 17 位 VIN 码位于左侧风窗玻璃上。

4. 作业前的准备

(1)汽车进入工位前,将工位清理干净(图7-10),准备好相关的器材。

(2)将汽车停驻在举升机中央位置(图7-11)。

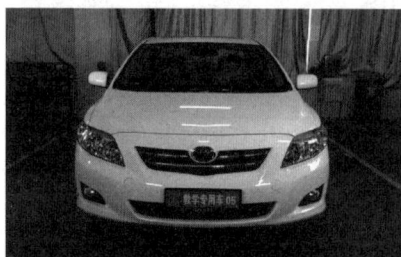

图7-10   清理工位   图7-11   汽车停驻

（3）拉紧驻车制动器操纵杆（图7-12），并将变速杆置于空挡或驻车挡（P位）位置（图7-13）。

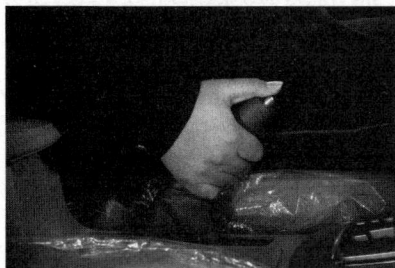

图7-12　拉紧驻车制动器操纵杆

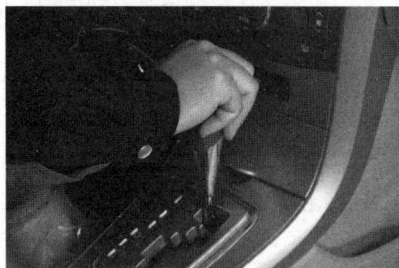

图7-13　变速杆置于空挡或驻车挡（P位）位置

（4）套上转向盘护套、变速杆手柄套和座椅套，铺设脚垫（图7-14）。

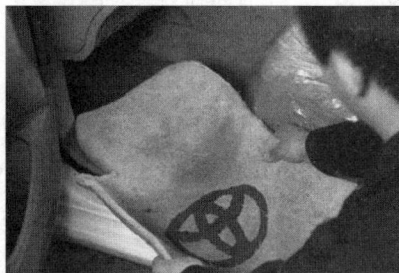

图7-14　套上各个护套

（5）在车内拉动发动机舱盖手柄，在车外打开并支撑发动机舱盖（图7-15）。

（6）粘贴翼子板和前磁力护裙（图7-16）。

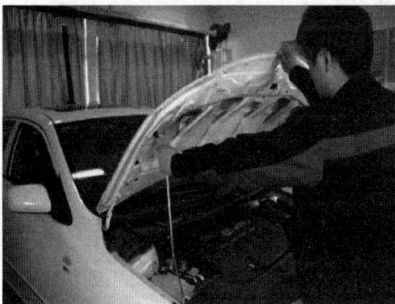

图7-15　打开并支撑发动机舱盖

图7-16　贴上磁力护裙

5.近光灯不亮的检查

本内容适用于带自动灯控系统的车辆。针对左右两侧近光前照灯均没有亮起的故障现象和左右两侧远光前照灯均没有亮起（近光前照灯正常）进行检查。

主车身 ECU 接收灯控开关 HEAD 信号,以控制前照灯继电器。灯控开关置于 AUTO 位置时,主车身 ECU 接收来自自动灯控传感器的环境照明等级信号以控制前照灯继电器。这里主要是针对左右两侧近光灯没有亮起的故障进行检查,控制电路如图 7-17 所示。

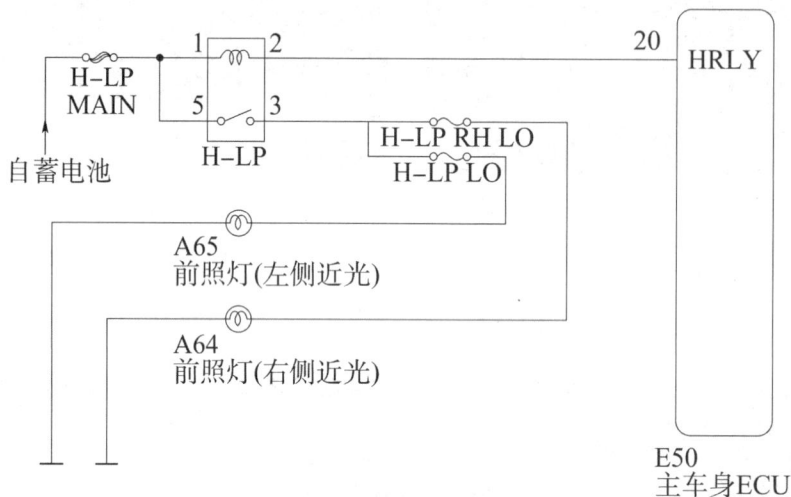

图 7-17 近光灯控制电路

◇**特别提示:**如果将灯控开关置于 HEAD 位置时,左右两侧的近光前照灯都没有亮起,则执行前照灯继电器主动测试,并读取数据表中灯控开关 HEAD 信号值,以确定故障存在于开关侧还是继电器侧。

(1)用智能检测仪进行主动测试。

①将智能检测仪连接到 DLC3。

②将点火开关置于 ON(IG)位置,并打开智能检测仪主开关。

③选择以下菜单项:Body/Main Body/Active Test,如图 7-18 ~ 图 7-23 所示。

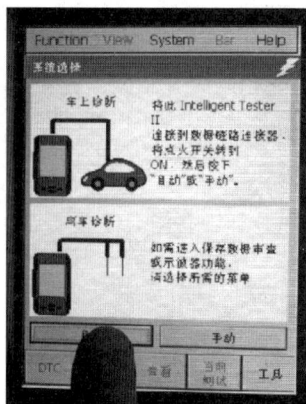

图 7-18 开始选择系统

图 7-19 选择车辆

④选择 ACTIVE TEST 中的项目,检查并确认继电器工作。

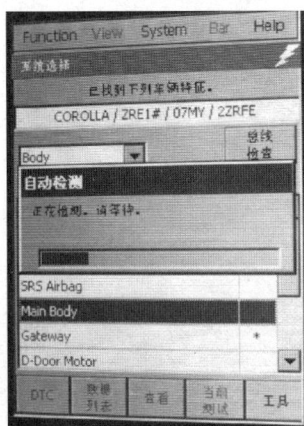

图 7-20 自动检测系统　　图 7-21 进入主动测试界面

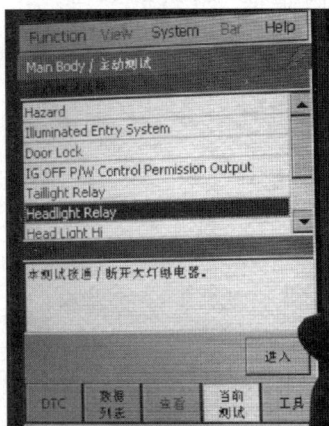

图 7-22 进行测试 ON/OFF　　图 7-23 近光灯点亮

◇**特别提示**:正常情况下前照灯继电器工作(近光前照灯亮起)。

(2)读取智能检测仪的值。

①选择以下菜单项:Body/Main ECU/Data List。

②选择 DATA LIST 中的项目,并读取智能检测仪上显示的内容,如图 7-24 所示。

◇**特别提示**:灯控开关位置信号应与智能检测仪显示情况一致,如图 7-24 所示。灯控开关在车内的位置如图 7-25 所示。

(3)检查熔断丝(H-LP MAIN)。

①从发动机舱继电器盒中拆下 H-LP MAIN 熔断丝。

②测量电阻值始终小于 1Ω。由于 H-LP MAIN 熔断丝集成在熔断丝盒里

（图7-26），不容易测量，根据电路原理图，采用测量蓄电池正极到变光继电器的5号端子之间的电阻值，如图7-27所示。

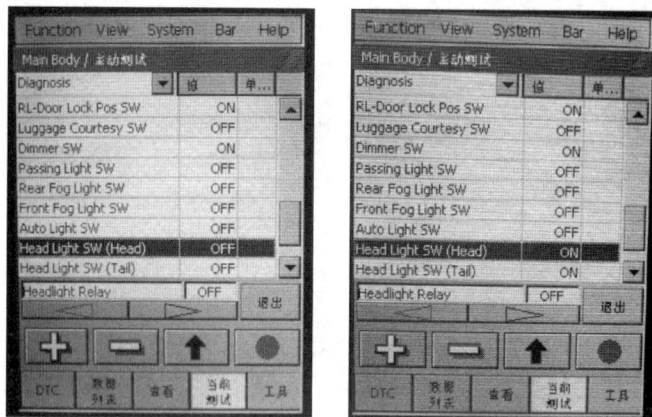

图7-24 智能检测仪显示情况

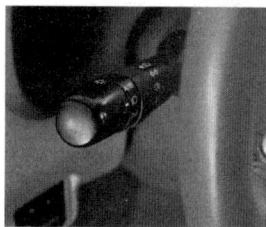

图7-25 灯控开关位置

图7-26 熔断丝集成盒

图7-27 测量蓄电池正极到变光继电器的5号端子之间的电阻值

◇**特别提示**：如果有异常，应更换熔断丝，继续检查；如果正常，说明熔断丝和连接导线都是良好的。

（4）检查发动机舱继电器盒。

①从发动机舱接线盒中拆下 H-LP LH LO 熔断丝和 H-LP RH LO 熔断丝，如图 7-28 所示。

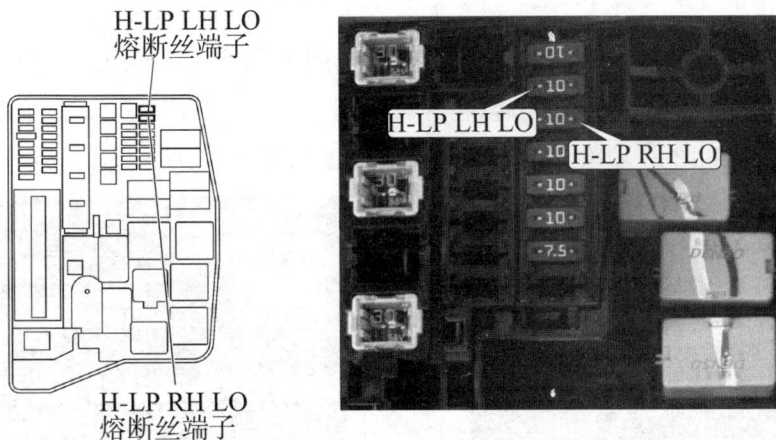

图 7-28　H-LP LH LO 熔断丝和 H-LP RH LO 熔断丝位置图

②测量各熔断丝加载槽与车身搭铁之间的电压，如图 7-29 和图 7-30 所示。

图 7-29　测量 H-LP LH LO 熔断丝加载槽与车身搭铁之间的电压

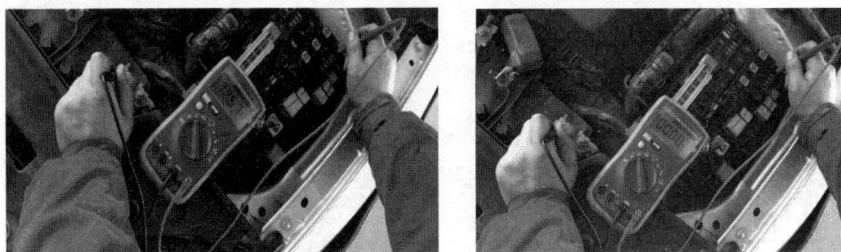

图 7-30　测量 H-LP RH LO 熔断丝加载槽与车身搭铁之间的电压

◇**特别提示**：在灯控开关从关 OFF→HEAD 时，H-LP LH LO 熔断丝加载槽与车身搭铁之间的电压和 H-LP RH LO 熔断丝加载槽与车身搭铁之间的电压，应小于 1V 或为 11～14V 表示正常。

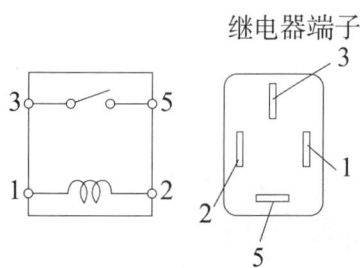

图 7-31 前照灯继电器原理图

(5)检查前照灯继电器(H-LP)。

①从发动机舱继电器盒上拆下前照灯继电器，原理如图7-31所示。

②在端子1和2间未施加电压时测量端子3与端子5之间的电阻应为10kΩ或更大，在端子1和2间施加电压时测量端子3与端子5之间的电阻应小于1Ω，如图7-32和图7-33所示。

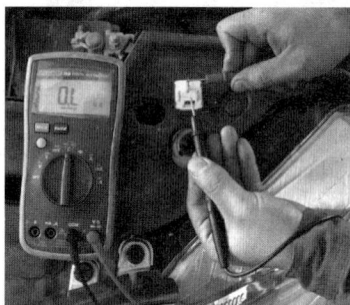

图 7-32 在端子 1 和 2 间未施加电压时   图 7-33 在端子 1 和 2 间施加电压时

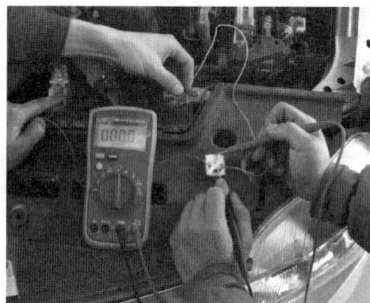

◇**特别提示**:如果有异常,应更换前照灯继电器。

(6)检查线束和插接器(蓄电池至前照灯继电器)。

前照灯继电器端子5与车身搭铁之间电压始终为11~14V,前照灯继电器端子1与车身搭铁之间电压始终为11~14V,如图7-34~图7-36所示。

(7)检查线束和插接器(前照灯继电器至熔断丝)。

测量前照灯继电器端子3至H-LP LH LO熔断丝端子之间的电阻值和测量前照灯继电器端子3至H-LP RH LO熔断丝端子之间的电阻值应始终小于1Ω,如图7-37~图7-39所示。

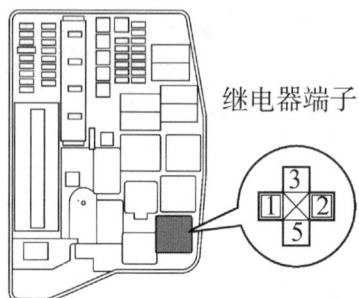

图 7-34 前照灯继电器端子
分布示意图

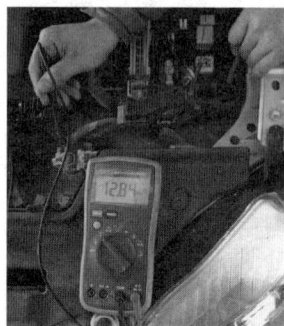

图 7-35 测量前照灯继电器端子 5
与车身搭铁之间电压

H-LP LH LO
熔断丝端子

继电器端子

H-LP RH LO熔断丝端子

图 7-36　测量前照灯继电器端子 1　　　图 7-37　前照灯继电器与熔断丝
　　　　与车身搭铁之间电压　　　　　　　　　位置示意图

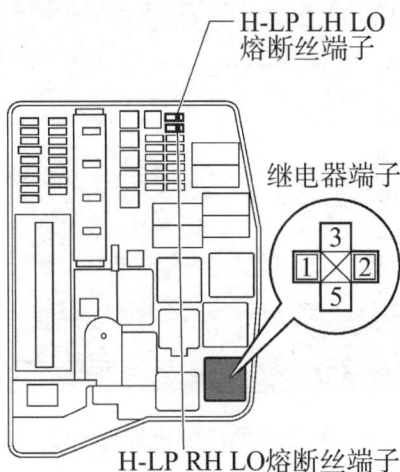

图 7-38　测量前照灯继电器端子 3 至　　　图 7-39　测量前照灯继电器端子 3 至
　　　　H-LP LH LO 熔断丝端子　　　　　　　H-LP RH LO 熔断丝端子
　　　　之间的电阻值　　　　　　　　　　　　之间的电阻值

(8)检查线束和插接器(前照灯继电器至主车身 ECU)。

断开主车身 ECU 插接器 E50。线束插接器前视图如图 7-40 所示。

E50

HRLY

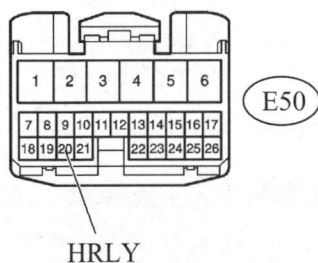

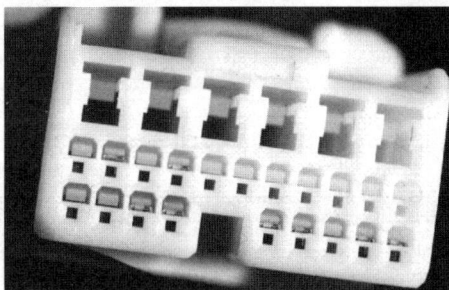

图 7-40　线束插接器前视图

◎**特别提示**:前照灯继电器端子2与E50-20(HRLY)电阻值应始终小于1Ω;E50-20(HRLY)与车身搭铁之间电阻值也应始终为10kΩ或更大,如图7-41和图7-42所示。

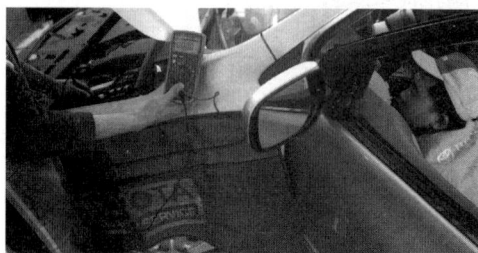

图7-41　测量前照灯继电器端子2与E50-20(HRLY)电阻值

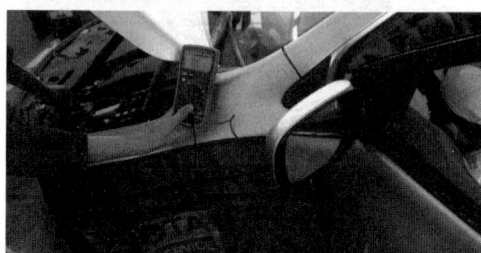

图7-42　测量E50-20(HRLY)与车身搭铁之间电阻值

(9)如果以上所查内容都正常,故障应为主车身ECU故障。

6.远光灯不亮的检查

本内容适用于带自动灯控系统的车辆。近光前照灯亮起且变光开关置于HIGH位置时,左右两侧的远光前照灯都没有亮起,则执行远光前照灯继电器主动测试,并读取数据表中变光开关HIGH信号值,以确定故障存在于开关侧还是继电器侧。远光灯控制电路如图7-43所示。

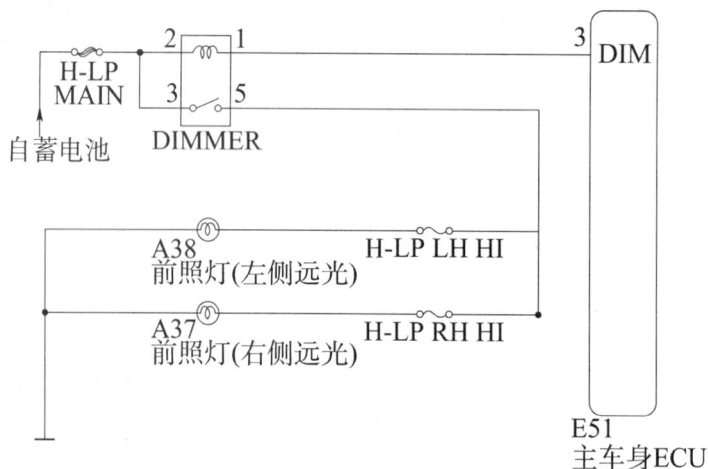

图7-43　远光灯控制电路

◎**特别提示**:执行远光前照灯控制系统故障排除前,检查并确认近光前照灯工作正常。

(1)用智能检测仪进行主动测试。

①将智能检测仪连接到DLC3。

②将点火开关置于 ON(IG)位置,并打开智能检测仪主开关。

③选择以下菜单项:Body/Main Body/Active Test,如图 7-44、图 7-45 所示。

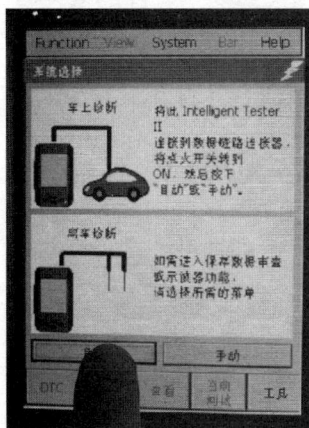

图 7-44　开始选择系统　　图 7-45　进入主动测试界面

④选择 ACTIVE TEST 中的项目,检查并确认继电器工作。

◆**特别提示**:正常情况下前照灯继电器工作(远光前照灯亮起)。

(2)读取智能检测仪的值。

①选择以下菜单项:Body/Main ECU/Data List。

②选择 DATA LIST 中的项目,并读取智能检测仪上显示的内容。

当变光开关置于 HIGH 位置或 LOW 位置时,检测仪显示变光开关 HIGH 信号应为 ON 或 OFF;当变光开关置于 HIGH FLASH(PASS)位置或未置于 HIGH FLASH (PASS)位置时,变光开关 HIGH FLASH 信号应为 ON 或 OFF。如图 7-46 ~ 图 7-49 所示。

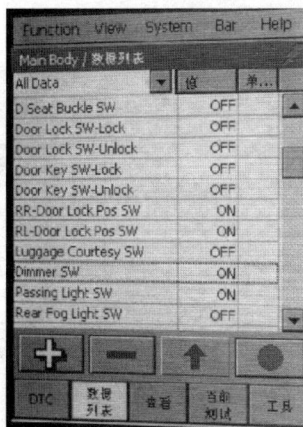
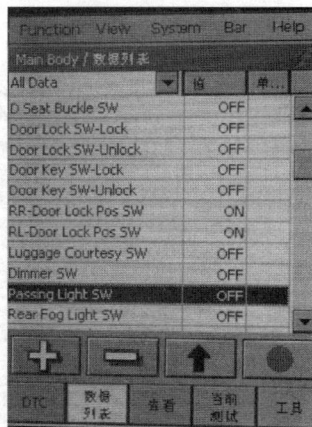

图 7-46　Dimmer Hi SW　　图 7-47　Dimmer Hi SW
　　　　　处于 ON 位置　　　　　　　　处于 OFF 位置

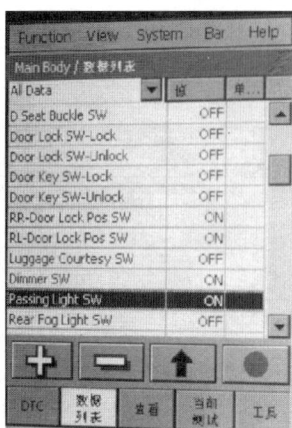

图7-48　Passing Light SW　　图7-49　Passing Light SW
　　　　处于 ON 位置　　　　　　　　处于 OFF 位置

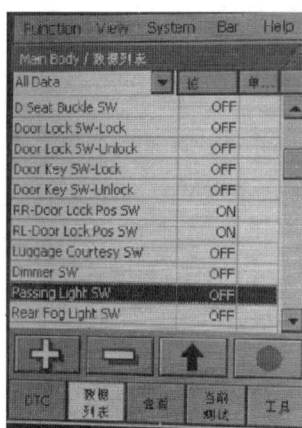

◇**特别提示**：检测仪显示应与变光开关位置一致，如图7-50所示。

图 7-50　变光开关位置示意图

（3）检查发动机舱接线盒。

测量 H-LP LH LI、H-LP RH LI 熔断丝与车身搭铁之间的电压，如图 7-51 所示。

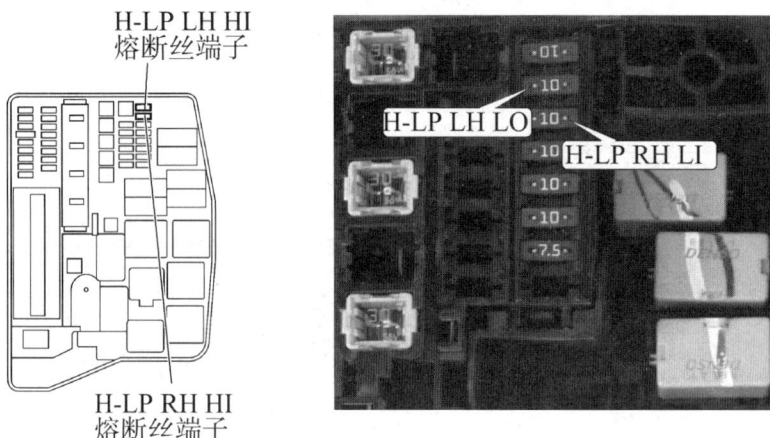

图 7-51　H-LP LH LI 熔断丝和 H-LP RH LI 熔断丝位置图

◎**特别提示**:在灯控开关置于 HEAD 位置,变光开关从 LOW→HIGH 位置,H-LP LH LI 熔断丝加载槽与车身搭铁之间的电压和 H-LP RH LI 熔断丝加载槽与车身搭铁之间的电压,应小于 1V 或为 11~14V 表示正常。

(4)检查前照灯变光继电器(DIM)。

①从发动机舱继电器盒上拆下前照灯变光继电器,原理如图 7-52 所示。

②在端子 1 和 2 间未施加电压时测量端子 3 与端子 5 之间的电阻应为 10kΩ 或更大;在端子 1 和 2 间施加电压时测量端子 3 与端子 5 之间的电阻应小于 1Ω。

(5)检查线束和插接器(蓄电池至前照灯变光继电器)。

前照灯变光继电器端子 2 与车身搭铁之间电压始终为 11~14V,前照灯变光继电器端子 3 与车身搭铁之间电压始终为 11~14V。前照灯变光继电器位置如图 7-53 所示。

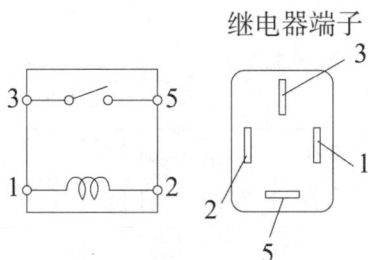

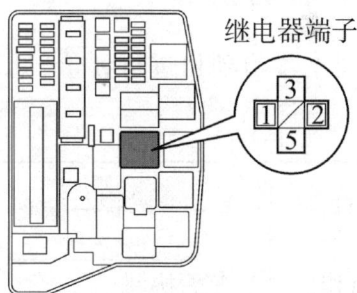

图 7-52　前照灯变光继电器原理图　　图 7-53　前照灯变光继电器位置和端子分布示意图

(6)检查线束和插接器(前照灯变光继电器至熔断丝)。

前照灯变光继电器端子 5 与 H-LP LH HI 熔断丝端子和前照灯变光继电器端子 5 与 H-LP RH HI 熔断丝端子之间电阻始终小于 1Ω,前照灯变光继电器与熔断丝位置如图 7-54 所示。

(7)检查线束和插接器(前照灯变光继电器至主车身 ECU)。

断开主车身 ECU 插接器 E51。线束插接器前视图如图 7-55 所示。

◎**特别提示**:前照灯变光继电器端子 1 与 E51-3(DIM)电阻值应始终小于 1Ω;E51-3(DIM)与车身搭铁之间电阻值也应始终为 10kΩ 或更大。

(8)如果以上所查内容都正常,故障应为主车身 ECU 故障。

7.结束工作

作业项目完成后,拆除护裙、驾驶室内防护套,关闭发动机舱盖,清理器材,清洁地面卫生。搞好工位的清洁、整理工作。

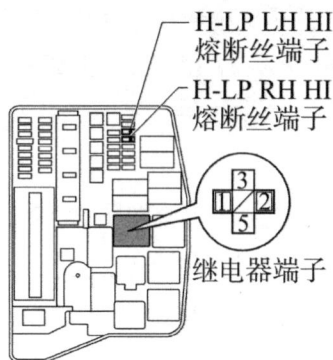

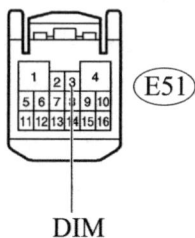

图 7-54　前照灯变光继电器与熔断丝位置示意图　　　　图 7-55　线束插接器前视图

◎**特别提示**:在前照灯不亮故障的检修过程中,培养学生科学的分析和解决问题的能力,培养学生的规范意识,严谨认真的职业精神。

三、评价与反馈

(1)对本学习项目进行评价,见表7-5。

评分表　　　　　　　　　　表 7-5

考核项目	评分标准		分数	学生自评	小组互评	教师评价	小计
团队合作	是否协调		5				
活动参与	是否积极主动		5				
安全生产	有无安全隐患		5				
现场5S	是否做到		5				
任务方案	是否正确、合理		10				
操作过程	检查近光灯不亮	用智能检测仪进行主动测试	5				
		检查 H-LP MAIN 熔断丝	5				
		检查前照灯继电器	5				
		检查前照灯变光开关总成	5				
		检查线束和插接器	5				

续上表

考核项目	评分标准		分数	学生自评	小组互评	教师评价	小计
操作过程	检查远光灯不亮	用智能检测仪进行主动测试	5				
		检查线束或插接器	5				
		检测前照灯(远光)电路	5				
		检测灯控开关电路	5				
		检测主车身ECU	5				
任务完成情况	是否圆满完成		5				
工具和设备使用	是否规范、标准		5				
劳动纪律	是否能严格遵守		5				
工单填写	是否完整、规范		5				
总分			100				
教师签名：			年　　月　　日				得分：

（2）分别画出近光灯不亮和远光灯不亮故障诊断流程图。

四、学习拓展

手机扫码，查看本项目"学习拓展"内容

项目八 转向信号灯不亮故障的检修

汽车转向信号灯主要用来指示车辆行驶方向。其灯光信号采用闪烁的方式,用来指示车辆左转或右转,以引起其他车辆和行人的注意,提高车辆的安全性。另外,汽车在行驶中,如遇危险情况,可使前后左右转向灯同时闪烁,作为危险警告信号,请求其他车辆避让。当转向信号灯出现故障时,应对故障现象进行正确的分析,并掌握故障的诊断方法。

学习目标

完成本项目学习后,你应当能:

1. 叙述转向信号灯的控制原理;
2. 说出转向信号灯常见故障的现象、原因及排除方法;
3. 对丰田卡罗拉轿车转向信号灯不亮的故障进行检查;
4. 具备科学的分析和解决问题的能力;
5. 培养具备严谨细致的工匠精神。

建议学时

6 学时。

一、信息收集

1. 转向信号电路

转向及危险警告灯信号电路一般由转向灯、转向灯开关、危险警告灯开关、闪光器等组成。转向信号灯的闪烁是由闪光器控制的。

汽车转向信号灯一般应具有一定的闪烁频率,我国规定转向信号灯的频闪为 60~120 次/min,而且要求信号效果要好,通电率(亮暗时间比)最佳为 3:2。汽车转向灯的闪烁一般都是由同一个闪光器来实现的,用转向灯开关和危险警告开关分别进行控制。

闪光器按结构和工作原理可分为电热丝式、电容式、翼片式、电子式、汞式等多种。电子式闪光器具有性能稳定、可靠等优点,故已广泛使用。

电子闪光器的结构和线路繁多,有由晶体管和小型继电器组成的有触点电子式闪光器、有由集成电路和小型继电器组成的有触点集成电路闪光器以及全晶体管式无触点闪光器等。由于前两种电子闪光器使用的电子元件少,成本较低,并且继电器触点能发出有节奏的声响提示驾驶人电子闪光器的工作情况,故目前应用较多。

电子式闪光器有 B、L、E 三个引脚,B 引脚与电源相连,L 端子与灯相连,E 端子搭铁,如图 8-1 所示。

当汽车向右转弯时,接通电源开关和转向灯开关,电流从蓄电池正极流出,进入电子闪光器 B 端子,经电子闪光器内部电子元件处理后,从 L 端子流出,经转向灯开关流入右转向灯灯泡,右转向信号灯闪烁。

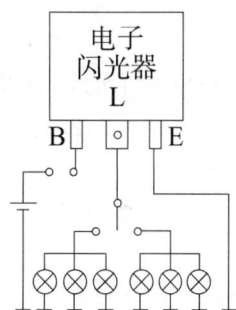

图 8-1　电子式闪光器的引脚

2. 检测和使用闪光器应注意的问题

1）代换方面

闪光器损坏后,若无同样型号的闪光器更换(尤其是进口汽车),可找同样功率等级的其他型号闪光器替代。选用闪光器时,应严格按其额定电压和额定功率来考虑,其额定功率的选择,应按汽车前、中(侧)、后转向灯和仪表板上的转向指示灯功率的总和来选。

2）注意极性和引脚

电容式闪光器和电子式闪光器的使用,应注意其正负极的区别。一般闪光器上标有"L"或"信号灯"的接线柱应与转向灯开关相接;标有"B"或"电源"的接线柱应与电源相连;标有"P"或"指示灯"的接线柱应与仪表板指示灯相接。

3）检测方面

在检修转向灯电路时,不允许用搭铁试火的方法来检验闪光器及有关电路,以免闪光器烧坏。因为闪光器的内电阻阻值很小,如直接搭铁将因电流过大而立即烧毁。

4）安装和使用方面

在装有警告灯的闪光器中,警告灯工作时间不宜过长。装有的灯泡负荷必须符合所选用的闪光器的规定,以保证闪光频率。闪光器应按规定的工作位置装在没有剧烈振动的地方。

3.转向信号灯常见故障的现象、原因及排除方法

转向信号灯在使用过程中,难免会发生这样那样的故障,一旦发生故障,应尽快修复。转向信号灯电路常见故障的现象、原因与排除方法见表8-1。

转向信号灯电路常见故障的现象、原因与排除方法 表8-1

现象	原因分析	排除方法
转向信号灯不亮	(1)熔断器或电路断电器烧断; (2)转向信号闪光器老化或损坏; (3)导线连接松脱; (4)电路开路或搭铁不良; (5)转向灯开关损坏	(1)更换熔断器或电路断电器,如果熔断器和断电器再次熔断,检查有无短路; (2)换用新品; (3)连接牢固; (4)按照要求修复; (5)检查开关总成的连通性,按要求更换转向灯开关和线束总成
转向信号灯亮但不闪	(1)转向信号闪光器老化或损害; (2)搭铁不良	(1)换用新品; (2)修复搭铁线
前转向信号灯不亮	电路插接器松脱或开路	按照要求修复电路
后转向信号灯不亮	电路插接器松脱或开路	按照要求修复电路
一个转向信号灯不亮	(1)灯泡损坏; (2)电路开路或搭铁不良	(1)更换灯泡; (2)按照要求修复

故障原因确认方法:

(1)一侧转向灯不亮时可目测灯泡好坏,或用万用表检测。

(2)将测试灯一端搭铁,另一端分别接转向灯开关的R、L端子,分别打开转向灯开关,测试灯单侧不闪为转向灯开关故障。

(3)危险报警闪光灯和转向灯都不工作,可以用零件替换法判断转向/报警灯继电器、危险报警灯开关的好坏。

4.丰田卡罗拉轿车转向信号系统

丰田卡罗拉转向系统信号由转向信号灯、危险警告灯、侧转向信号灯、转向信号开关、转向信号闪光器等组成,如图8-2所示。

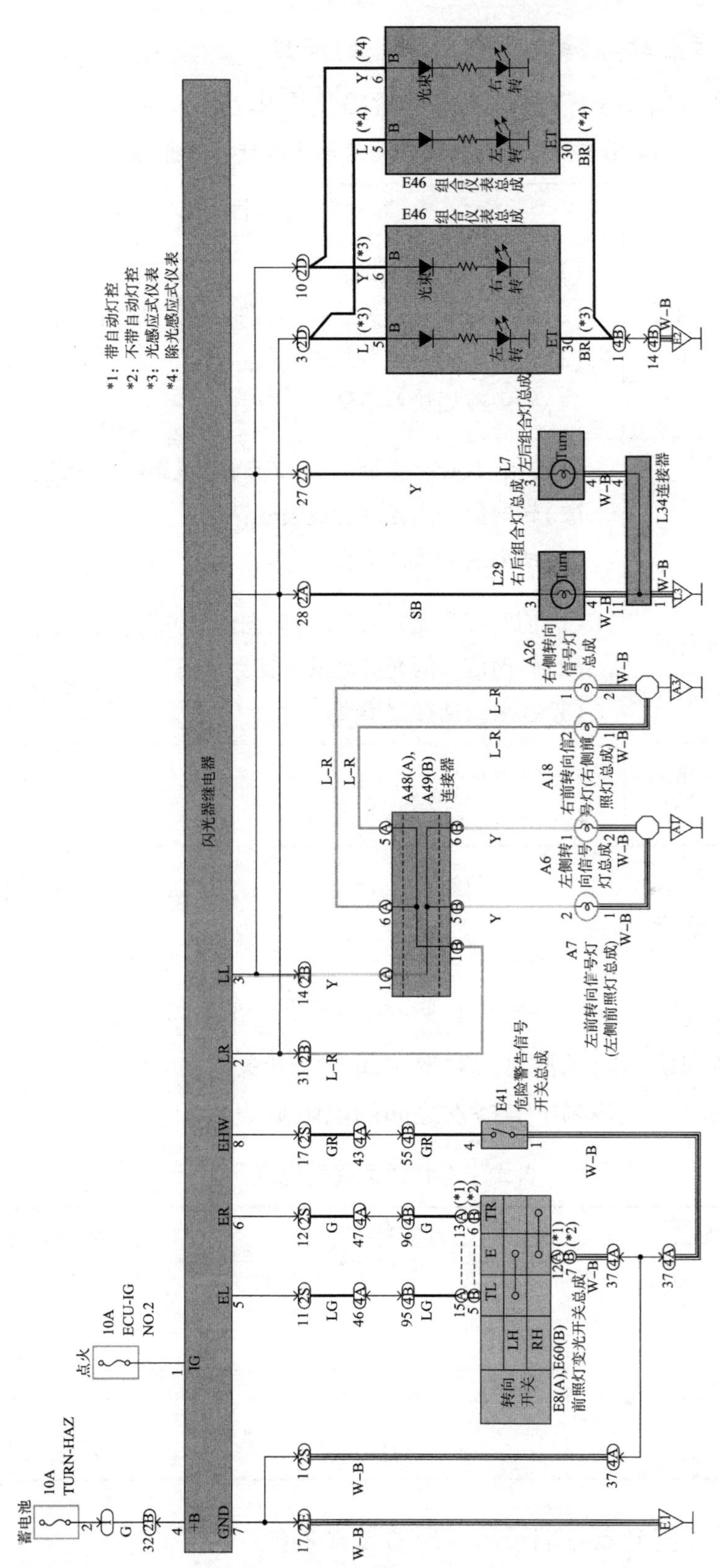

图8-2　转向信号灯电路图

5. 丰田卡罗拉轿车转向信号灯不亮的故障

丰田卡罗拉轿车转向信号灯不亮的故障见表8-2。

丰田卡罗拉轿车转向信号灯不亮的症状与原因   表8-2

症状	原因
转向信号灯不工作 (危险警告灯正常)	(1)IG2 熔断丝断路； (2)前照灯变光开关总成(转向信号开关)不良； (3)转向信号闪光器总成失效； (4)线束或插接器不良
危险警告灯和转向信号灯不工作	(1)TRN-HAZ 熔断丝和ECU-IG2 熔断丝断路； (2)转向信号闪光灯总成失效； (3)线束或插接器不良
向某个方向转向时，转向信号灯不工作	(1)前照灯变光开关总成(转向信号开关)失效； (2)转向信号闪光灯总成不良； (3)线束或插接器不良
只有一个灯泡不工作	(1)灯泡损坏； (2)线束或插接器不良

二、实训操作

1. 技术标准与要求(以丰田卡罗拉ZRE151轿车为例)

(1)拔下转向信号闪光器总成时要关闭点火开关。

(2)转向信号开关各端子与搭铁之间的电阻见表8-3。

各端子与搭铁之间的电阻   表8-3

检测仪连接	开关状态	规定状态
6(TR)—7(E)	OFF	10kΩ 或更大
5(TL)—7(E)	OFF	10kΩ 或更大
6(TR)—7(E)	RH	小于1Ω
5(TL)—7(E)	LH	小于1Ω

(3)转向信号闪光器各端子的电压值见表8-6。

2.工具、设备和材料的准备

(1)万用表、常用工具一套。

(2)磁力护裙、转向盘护套、变速杆手柄套、脚垫和座椅套。

(3)举升机。

(4)丰田卡罗拉轿车及维修手册。

3.查询并填写信息

生产年份_____,车牌号码_____,行驶里程_____,发动机型号及排量_____,车辆识别代号(VIN)_____。

4.作业前的准备

(1)汽车进入工位前,将工位清理干净(图8-3),准备好相关的器材。

(2)将汽车停驻在举升机中央位置(图8-4)。

图8-3　清理工位　　　　　　　图8-4　汽车停驻

(3)拉紧驻车制动器操纵杆(图8-5),并将变速杆置于空挡或驻车挡(P位)位置(图8-6)。

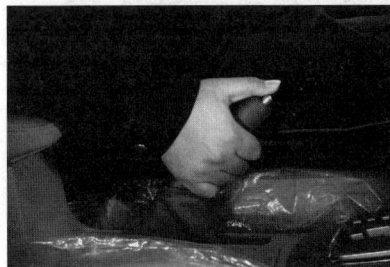

图8-5　拉紧驻车制动器操纵杆　　图8-6　变速杆置于空挡或
　　　　　　　　　　　　　　　　　　　　　驻车挡(P位)位置

(4)套上转向盘护套、变速杆手柄套和座椅套,铺设脚垫,如图8-7所示。

(5)在车内拉动发动机舱盖手柄,在车外打开并支撑发动机舱盖(图8-8)。

图 8-7　套上各个护套

（6）粘贴翼子板和前磁力护裙（图 8-9）。

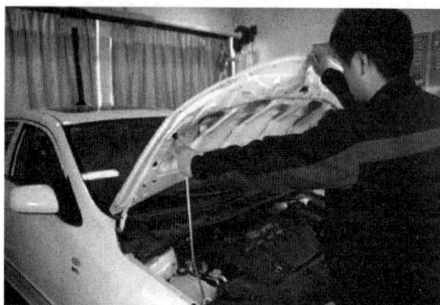

图 8-8　打开并支撑发动机舱盖　　　　图 8-9　贴上磁力护裙

5. 检查 IG2 熔断丝

（1）如图 8-10 所示，从发动机舱继电器盒上拆下 IG2 熔断丝。

图 8-10　熔断丝安装位置图

　　（2）测量电阻值，如图 8-11 所示，IG2 熔断丝电阻应始终小于 1Ω；如果有异常，如图 8-12 所示，应更换熔断丝。

6. 检查转向信号开关

　　转向信号开关连接器如图 8-13 所示，各端子与搭铁之间的电阻见表 8-3。若不符合标准将更换转向信号开关。

图 8-11　正常的熔断丝

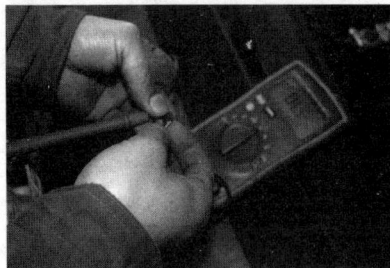

图 8-12　异常的熔断丝

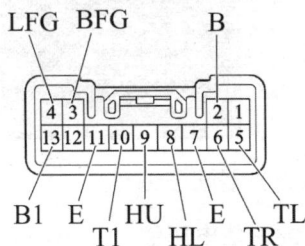

图 8-13　转向信号开关连接器

7.检查转向信号闪光器,如图 8-14 所示

1)拆卸

(1)拆卸仪表板下装饰板总成,如图 8-15 所示。

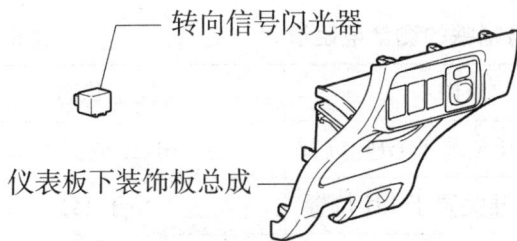

图 8-14　转向信号闪光器及仪表板下
　　　　　装饰板总成

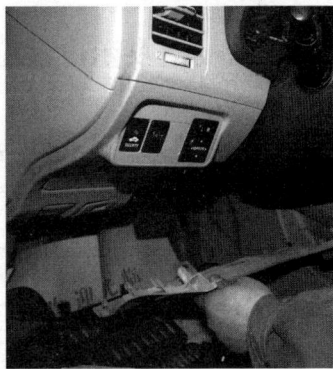

图 8-15　拆卸仪表板下
　　　　　装饰板总成

(2)从接线盒上拆下转向信号闪光器,如图 8-16 所示。

2)检查

(1)检查转向信号闪光器各端子,如图 8-17 所示。根据表 8-4 所示内容,测量电压值。如果结果不符合规定,则线束侧有故障。

图 8-16 拆卸转向信号闪光器总成

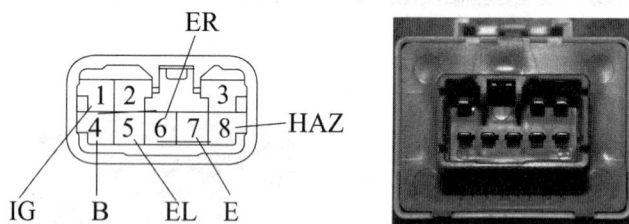

图 8-17 转向信号闪光器端子编号

端子与车身搭铁的测量电压值 表 8-4

检测仪连接	条件	规定状态
4(B)—车身搭铁	始终	11～14V
1(IG)—车身搭铁	点火开关置于 OFF 位置	低于 1V
	点火开关置于 ON(IG)位置	11～14V

(2)根据表 8-5 所示内容,测量电阻值。如果结果不符合规定,则线束侧有故障。

端子与车身搭铁的测量电阻值 表 8-5

检测仪连接	条件	规定状态
5(EL)—车身搭铁	转向信号开关置于 OFF 位置	10kΩ 或更大
	转向信号开关置于 LH 位置	小于 1Ω
6(ER)—车身搭铁	转向信号开关置于 OFF 位置	10kΩ 或更大
	转向信号开关置于 RH 位置	小于 1Ω
7(E)—车身搭铁	始终	小于 1Ω
8(HAZ)—车身搭铁	危险警告开关置于 OFF 位置	10kΩ 或更大
	危险警告开关置于 ON 位置	小于 1Ω

（3）将转向信号闪光器安装到仪表板接线盒上，如图 8-18 所示。

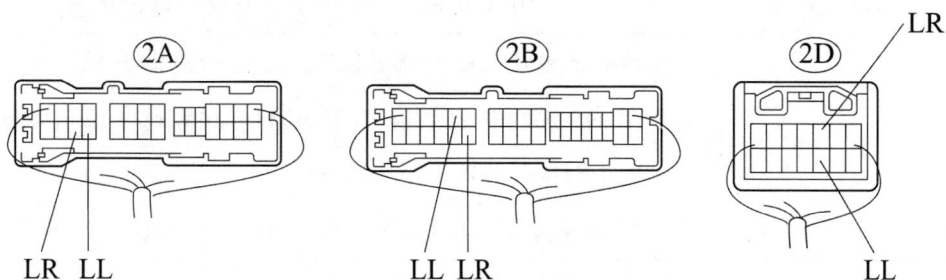

图 8-18　各种接插器的示意图

（4）根据表 8-6 所示内容，测量电压值。如果结果不符合规定，更换转向信号闪光器。

端子与车身搭铁的测量电压值　　　　　　表 8-6

检测仪连接	开关状态	规定状态
2A-27（LL）—车身搭铁	转向信号开关置于 OFF 位置	低于 1V
	转向信号开关置于 LH 位置	11～14V（60～120 次/min）
	危险警告开关置于 OFF 位置	低于 1V
	危险警告开关置于 ON 位置	11～14V（60～120 次/min）
2A-28（LR）—车身搭铁	转向信号开关置于 OFF 位置	低于 1V
	转向信号开关置于 RH 位置	11～14V（60～120 次/min）
	危险警告开关置于 OFF 位置	低于 1V
	危险警告开关置于 ON 位置	11～14V（60～120 次/min）
2B-14（LL）—车身搭铁	转向信号开关置于 OFF 位置	低于 1V
	转向信号开关置于 LH 位置	11～14V（60～120 次/min）
	危险警告开关置于 OFF 位置	低于 1V
	危险警告开关置于 ON 位置	11～14V（60～120 次/min）
2B-31（LR）—车身搭铁	转向信号开关置于 OFF 位置	低于 1V
	转向信号开关置于 RH 位置	11～14V（60～120 次/min）
	危险警告开关置于 OFF 位置	低于 1V
	危险警告开关置于 ON 位置	11～14V（60～120 次/min）

续上表

检测仪连接	开关状态	规定状态
2D-10(LL)—车身搭铁	转向信号开关置于 OFF 位置	低于 1V
	转向信号开关置于 LH 位置	11～14V(60～120 次/min)
	危险警告开关置于 OFF 位置	低于 1V
	危险警告开关置于 ON 位置	11～14V(60～120 次/min)
2D-3(LR)—车身搭铁	转向信号开关置于 OFF 位置	低于 1V
	转向信号开关置于 RH 位置	11～14V(60～120 次/min)
	危险警告开关置于 OFF 位置	低于 1V
	危险警告开关置于 ON 位置	11～14V(60～120 次/min)

3）安装

（1）将转向信号闪光器安装到接线盒上。

（2）连接每个插接器，接合 6 个卡爪和 3 个卡子，并安装仪表板下装饰板总成，如图 8-19 所示。

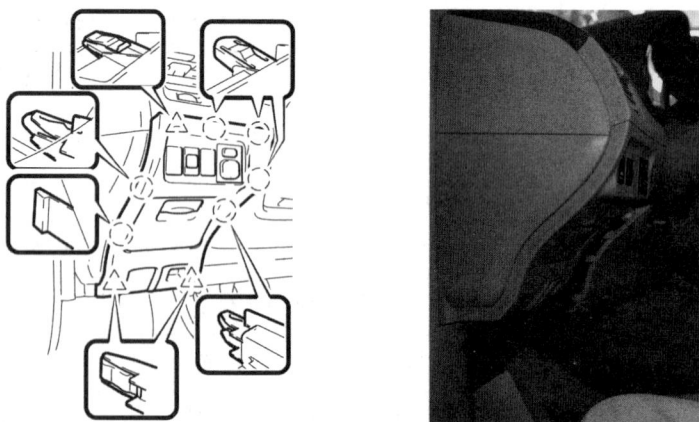

图 8-19　仪表板下装饰板总成安装示意图

8. 结束工作

作业项目完成后，拆除护裙、驾驶室内防护套，关闭发动机舱盖，清理器材，清洁地面卫生。搞好工位的清洁、整理工作。

◇**特别提示:** 在转向信号灯不亮故障的检修过程中,培养学生科学的分析和解决问题的能力,注重培养学生严谨细致的工匠精神。

三、评价与反馈

（1）对本学习项目进行评价，见表8-7。

评分表　　　　　　　　　　　　表8-7

考核项目	评分标准	分数	学生自评	小组互评	教师评价	小计
团队合作	是否协调	5				
活动参与	是否积极主动	5				
安全生产	有无安全隐患	10				
现场5S	是否做到	10				
任务方案	是否正确、合理	15				
操作过程	检查IG2熔断丝	5				
	检查转向信号开关	5				
	检查转向信号闪光灯总成	10				
	检查线束或插接器	10				
任务完成情况	是否圆满完成	5				
工具和设备使用	是否规范、标准	10				
劳动纪律	是否能严格遵守	5				
工单填写	是否完整、规范	5				
总分		100				
教师签名：		年　　月　　日			得分：	

（2）画出转向信号灯不亮故障诊断流程图。

四、学习拓展

手机扫码，查看本项目"学习拓展"内容

项目九　冷却液温度表显示不良故障的检修

汽车仪表的作用是监测汽车的运行状况,使驾驶人随时观察与掌握汽车各系统工作状态的相关信息,包括发动机转速表、车速表、里程表、燃油表、冷却液温度表、机油压力表以及各种报警显示装置等。

当点火开关置于 ON 位置,冷却液温度表的指示出现故障时,一般原因有:冷却液温度表或组合仪表的电源线路故障,冷却液温度表或组合仪表故障,冷却液温度传感器及线路故障,温度表或组合仪表与相关控制单元之间的线路故障等。

> 📚 **学习目标**
>
> 完成本项目学习后,你应当能:
> 1. 叙述冷却液温度表的结构与原理;
> 2. 规范进行卡罗拉1ZR发动机冷却液温度表故障的检修;
> 3. 通过小组合作探究,培养团队合作意识。
>
> 💿 **建议学时**
>
> 6 学时。

一、信息收集

当前,冷却液温度表大多安装在组合仪表中,组合仪表根据来自发动机控制模块(ECM)的信息显示发动机冷却液温度、燃油油位、车速和发动机转速。发动机控制模块通过 CAN 网络将串行数据信息发送至车身控制模块(BCM)。然后车身控制模块根据车辆要求,通过 CAN 网络将串行数据信息发送到组合仪表,以显示发动机冷却液温度、燃油油位、发动机转速、车速和行驶距离等。仪表与发动机相关的信息传输如图9-1所示。

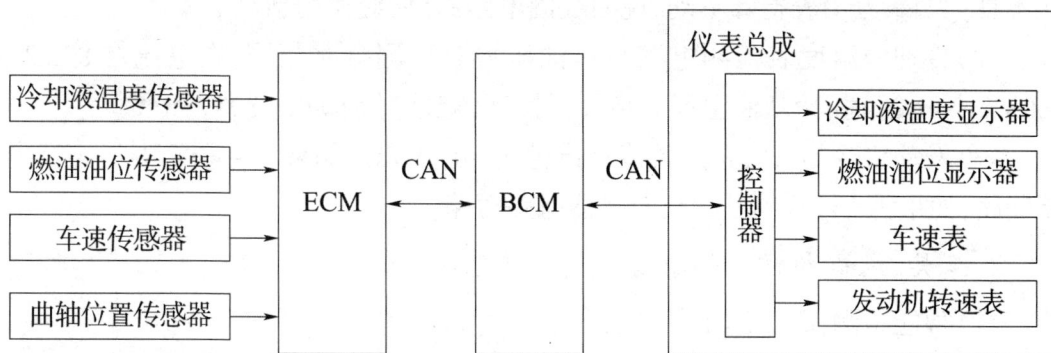

图9-1 仪表与发动机相关的信息传输

卡罗拉1ZR发动机冷却液温度表的原理是仪表CPU通过CAN通信线路（CAN1号总线）接收来自ECM的发动机冷却液温度信号，仪表CPU根据从ECM接收到的数据计算并显示发动机冷却液温度。卡罗拉1ZR发动机冷却液温度表电路如图9-2所示。

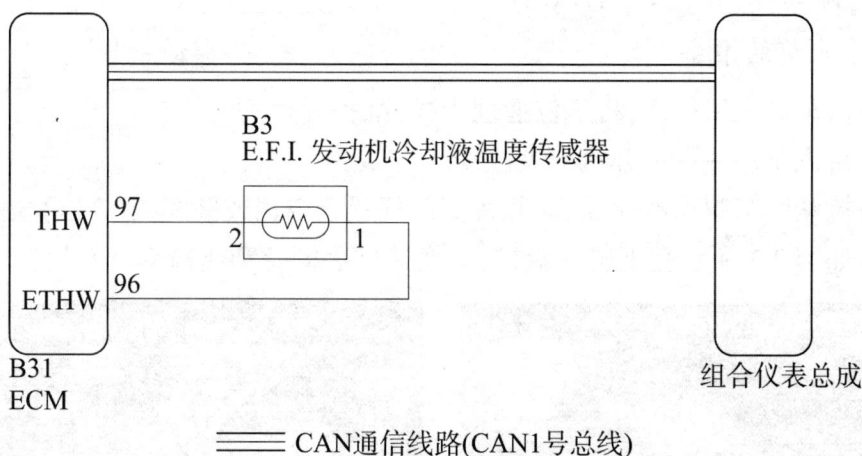

图9-2 卡罗拉1ZR发动机冷却液温度表电路图

◇**特别提示**：如果发动机冷却液温度传感器电路存在断路或短路，则ECM输出独特故障码（DTC）。

二、实训操作

1.技术标准与要求

（1）冷却液温度表和传感器电阻的检测方法与油压表相同，冷却液温度表电阻值为17.5Ω。传感器电阻值为8.5～9Ω。如果电阻值小于标准电阻值，说明电热线圈有匝间短路故障。如果电阻值大于标准电阻值，说明线圈与连接部件接触不良。如果万用表指针不动,说明线圈电路断路,应换用新品。

(2)冷却液温度表检测电路与机油压力表检测电路相同,在电流在 80mA、160mA、240mA 时,冷却液温度表指针偏摆度读数应为 100℃、80℃、40℃。

(3)发动机冷却液暖机后温度标准值为 80～95℃,如果为 -40℃ 则传感器电路断路,如果为 140℃ 或更高则传感器电路短路。

2.工具、设备和材料的准备

(1)智能检测仪、常用工具一套。

(2)磁力护裙、转向盘护套、变速杆手柄套、脚垫和座椅套。

(3)举升机。

(4)丰田卡罗拉轿车及维修手册。

3.查询并填写信息

生产年份＿＿＿＿,车牌号码＿＿＿＿＿,行驶里程＿＿＿＿,发动机型号及排量＿＿＿＿,车辆识别代号(VIN)＿＿＿＿＿。

4.作业前的准备

(1)汽车进入工位前,将工位清理干净,准备好相关的器材。

(2)将汽车停驻在举升机中央位置。

(3)拉紧驻车制动器操纵杆,并将变速杆置于空挡或驻车挡(P 位)位置。

(4)如图 9-3 所示套上转向盘护套、变速杆手柄套和座椅套,铺设脚垫。

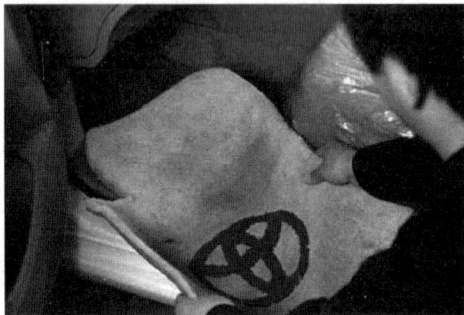

图 9-3　套上各个护套

(5)在车内拉动发动机舱盖手柄,如图 9-4 所示在车外打开并支撑发动机舱盖。

(6)如图 9-5 所示,粘贴翼子板和前磁力护裙。

5.检查 CAN 通信系统

主要是检查是否输出 CAN 通信故障码,CAN 是否工作良好,如图 9-6 所示。

如果没有故障进入下一步骤;如果有故障应将系统中的故障清除,再进入下一步骤。

图9-4 打开并支撑发动机舱盖

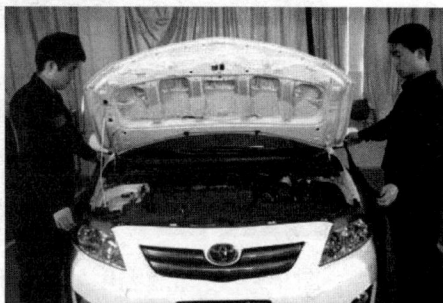

图9-5 贴上磁力护裙

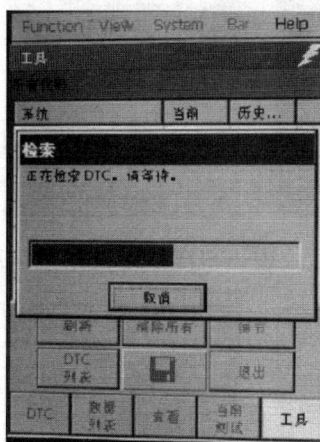

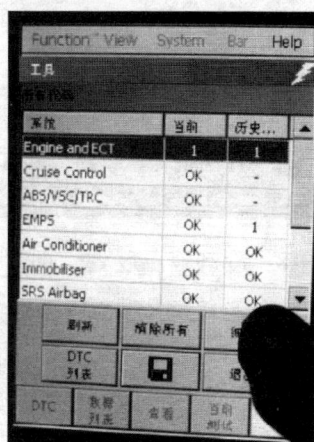

图9-6 检查CAN通信系统

◇**特别提示**:仪表CPU通过CAN通信线路(CAN 1号总线)接收来自ECM的发动机冷却液温度信号,计算并显示发动机冷却液温度。如果发动机冷却液温度传感器电路中存在断路或短路,则ECM输出DTC。

6.用智能检测仪进行主动测试

(1)将智能检测仪连接到诊断接头上。

(2)将点火开关置于ON(IG)位置。

(3)打开检测仪。

(4)进入以下菜单项:Diagnosis/OBD/MOBD/Combination Meter/Active Test。

(5)确定冷却液温度表的工作情况,如图9-7～图9-9所示。如指针正常,读取智能检测仪的值;如指针不正常,更换组合仪表。

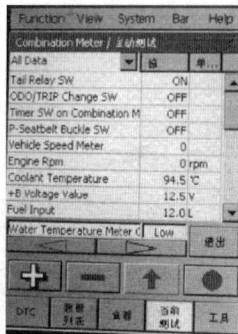

图9-7 冷却液温度处于低位仪表与智能显示仪指示情况

图9-8 冷却液温度处于正常位置仪表与智能显示仪指示情况

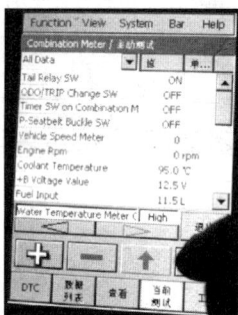

图9-9 冷却液温度处于高位仪表与智能显示仪指示情况

7. 读取智能检测仪的值

(1)将智能检测仪连接到DLC3。

(2)将点火开关置于ON(IG)位置。

(3)打开检测仪。

(4)进入以下菜单项：Diagnosis/OBD/MOBD/Combination Meter/Data List。如图9-10所示。

◇**特别提示**：如果测量值为－40℃则传感器电路断路，如图9-11所示；如果测量值为140℃或更高则传感器电路短路。

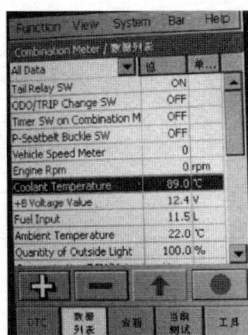

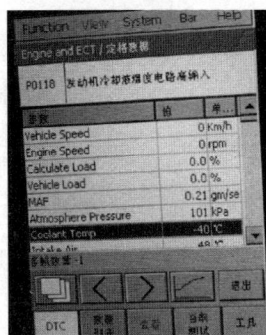

图 9-10　智能诊断仪　　　　　　图 9-11　传感器电路断路时智能
　　　　　　显示情况　　　　　　　　　　诊断仪显示情况

当检测仪上显示的发动机冷却液温度值与指针指示几乎相同需更换组合仪表,若异常则进入下一步。

8. 确认 DTC 输出

(1)将智能检测仪连接到 DLC3。

(2)将点火开关置于 ON(IG)位置。

(3)打开检测仪。

(4)进入以下菜单项:Diagnosis/Powertrain/Engine and ECT/DTC Info/Clear Codes。

(5)使车辆以高于 5km/h 的速度行驶至少 60s。

(6)使车辆停止。

(7)检查 DTC,如图 9-12 所示。

如果正常,换用新的组合仪表;如果异常,进入故障 P0118 的诊断工作(在此不再赘述)。

9. 结束工作

作业项目完成后,拆除护裙、驾驶室内防护套,关闭发动机舱盖,清理器材,清洁地面卫生。搞好工位的清洁、整理工作。

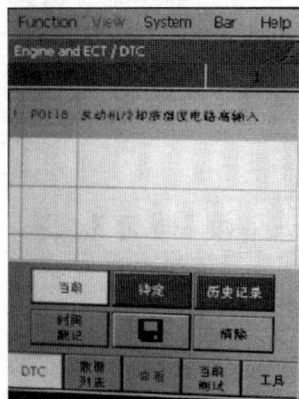

图 9-12　检查 DTC

◇**特别提示**:在冷却液温度表故障的检修过程中,通过小组合作探究,培养学生团队合作意识、规范意识,严谨的职业精神。

三、评价与反馈

(1)对本学习课题进行评价,见表 9-1。

评分表　　　　　　　　　　　　　　　　表9-1

考核项目	评分标准	分数	学生自评	小组互评	教师评价	小计
团队合作	是否协调	5				
活动参与	是否积极主动	5				
安全生产	有无安全隐患	5				
现场5S	是否做到	5				
任务方案	是否正确、合理	10				
操作过程	检查CAN通信系统	20				
	用智能检测仪进行主动测试	10				
	读取智能检测仪的值	10				
	确认DTC输出	10				
任务完成情况	是否圆满完成	5				
工具和设备使用	是否规范、标准	5				
劳动纪律	是否能严格遵守	5				
工单填写	是否完整、规范	5				
总分		100				
教师签名：		年　　月　　日			得分：	

（2）能否独立检查丰田卡罗拉燃油表指针不动的故障原因？并换其他车型进行尝试。

四、学习拓展

手机扫码，查看本项目"学习拓展"内容

项目十 刮水器与洗涤器不工作故障的检修

刮水器与洗涤器系统目前有前风窗玻璃刮水器与洗涤器系统和前照灯刮水器与洗涤器系统。对于前风窗玻璃刮水器与洗涤器系统的作用主要是刮除或清洗前风窗玻璃上的障碍物,确保驾驶人有良好的视野。目前,刮水器有真空式、气动式和电动式三种。气动式只适用于有压缩空气气源的汽车,电动式刮水器则应用较广。

📚 **学习目标**

完成本项目学习后,你应当能:

1. 看图写出电动刮水器、洗涤器的控制电路;
2. 独立拆装刮水器刮水片及橡胶条;
3. 独立进行洗涤器喷嘴更换及喷水方向调试;
4. 诊断电动刮水器、洗涤器不工作常见故障。

⏲ **建议学时**

6 学时。

课题一 刮水器的刮水片拆装和洗涤器喷嘴的更换

一、信息收集

(一) 电动刮水器的结构和原理

电动刮水器一般由刮水电动机、传动机构、刮水器三大部分组成。其控制电路还包括刮水器开关、间歇继电器等附件。其中,风窗刮水器由微型直流电动机驱动,通过联动机构使风窗玻璃外表面上的刮水片来回摆动,从而清除风窗玻璃上的雨雪或污物。一般轿车电动刮水器的结构如图 10-1 所示。永磁式电动机 11 固装在支架 12 上,拉杆 3、7、8 和摆杆 2、4、6 组成杠杆联动机构,摆杆 2、6 上连接有刮片架,刮片架 1、5 的上端连接橡胶刮水片。电动机的旋转运动由轴端的蜗杆 10 传给蜗轮 9 并转换为往复运动,蜗轮上的偏心销与连杆 8 铰接。蜗轮运动时,通过拉杆 8、7、3 带动摆杆 4、6、2 摆动,风窗玻璃上的刮水片便在刮片架 1 和 5 的带动下摆动刮水。

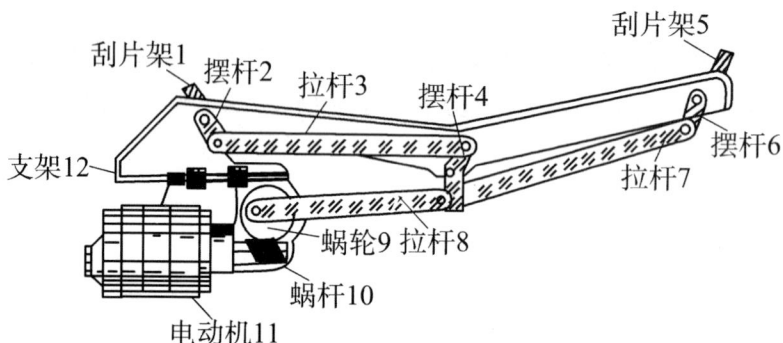

图 10-1　电动刮水器

刮水电动机现多为永磁式电动机。它的磁极为铁氧体永久磁铁,铁氧体具有陶瓷的脆性、硬性和不耐冲击的特点,但它不易退磁,且价廉,所以在汽车上得到广泛使用。双速永磁刮水电动机结构如图 10-2 所示,其定子磁极采用铁氧体永久磁铁,转子电枢采用对称叠绕式电枢绕组。转轴换向器上装有三个电刷,利用三个电刷的换接来改变正负电刷之间串联的电枢绕组线圈个数实现高低速控制。

1.刮水器的自动复位功能

为了不影响驾驶人的视线,要求刮水片自动复位,不管在什么时候切断电源,刮水片都能自动停止在风窗玻璃的下部。

2.电动刮水器间歇式刮水功能

汽车在毛毛细雨或雾天、小雪天气中行驶时,如按前述的刮水器速度(哪怕是低速)进行刮拭,那么风窗玻璃上的微量水分和灰尘就会形成一个发黏的覆盖层,不仅不能将风窗玻璃刮拭干净,反而会使玻璃模糊不清,留下污斑,影响驾驶人的视线。因此,现代汽车上一般都增设了电子间歇系统。在碰到上述情况时,开动间歇开关,使刮水器按一定周期自动停止和刮拭,即每刮水一次停止 2 ~ 12s,这样,可使驾驶人获得良好的视野。

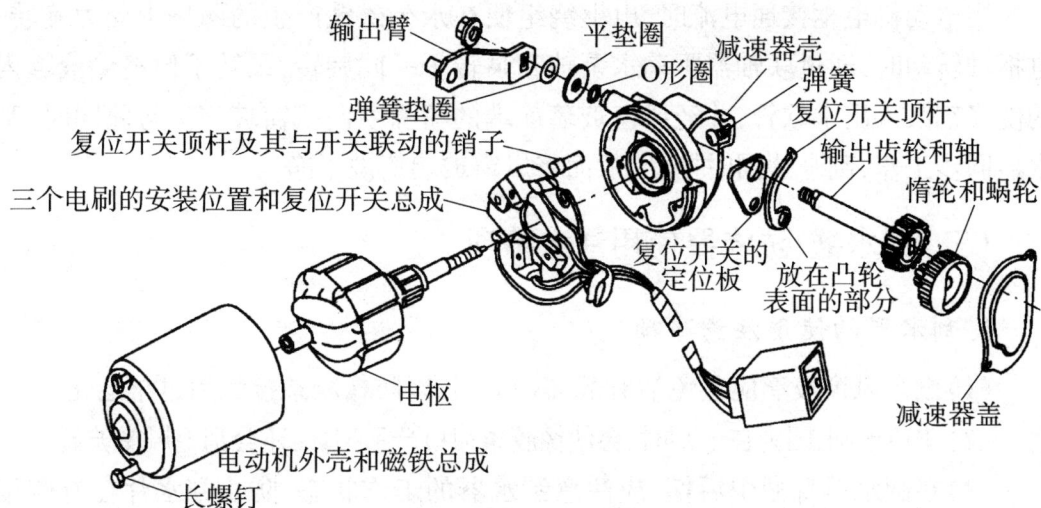

图 10-2　双速永磁刮水电动机结构

(二) 洗涤装置

洗涤装置一般由洗涤液罐、电动泵、水管和喷嘴等组成,如图 10-3 所示。其中电动泵由永磁式微型电动机、离心式叶片水泵组成,水泵的叶片转子固定在水泵轴上,水泵轴用联轴器与清洗器电动机轴连接。出水软管用胶管分别与安装在风窗玻璃下面的四个喷嘴连接,其喷嘴的方向可以调节,使清洗液喷射在风窗的合适位置。电动泵连续工作时间一般不超过 1min,且应先开动电动泵,后开动刮水器。在喷水停止后,刮水器应继续刮 3 ~ 5 次,这样配合使用才能达到良好的洗涤效果。所以洗涤器的电路,一般都是与刮水器开关联合工作的。

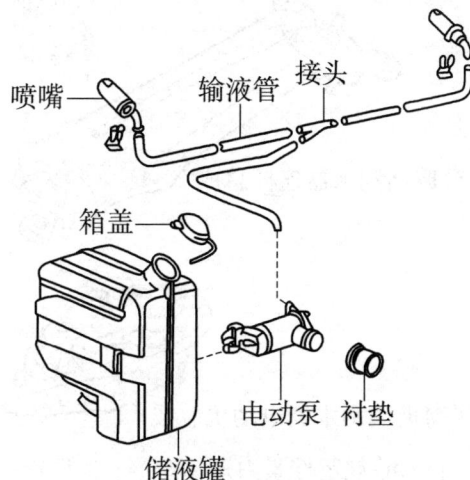

图 10-3　风窗玻璃洗涤器

当电动机电枢接通电流时,电枢绕组便在永久磁铁产生的磁场中受力旋转。电枢轴转动时,通过联轴器驱动水泵轴和泵转子一同旋转,泵转子便将储液罐内的洗涤剂泵入出水软管,并经风窗玻璃前端的喷嘴喷向风窗玻璃。与此同时,刮水器同步工作,刮水片同时摆动,从而将风窗玻璃清洗干净。

(三)刮水器、洗涤器使用注意事项

1.刮水器的使用注意事项

(1)汽车风窗玻璃应避免沾有酸、碱、油污,以防橡胶条接触后过早老化。

(2)避免干刮,因为在干刮时,会使橡胶条刃口严重损坏,还会刮毛风窗玻璃。

(3)在刮水器寿命中后期,应注意刮水器的工作状态,防止刮水片在有侧偏角存在时进行工作,这样会使玻璃碰擦而划坏玻璃。

2.洗涤器的使用注意事项

(1)洗涤装置连续工作时间不能过长,一般不超过1min。储液罐内无洗涤液时,不得接通洗涤装置,以防损坏电动机。

(2)清洗液应保持清洁,以免堵塞喷嘴。

(3)要经常检查和补充洗涤液。

◇**特别提示**:冬季应在洗涤液罐内加注防冻添加剂,以免冻裂储液罐。

(四)卡罗拉轿车风窗玻璃刮水器

图10-4所示为卡罗拉轿车风窗玻璃刮水器电动机及连杆总成。

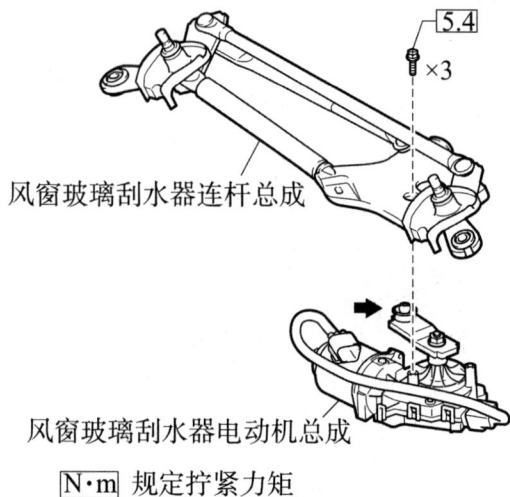

风窗玻璃刮水器连杆总成

风窗玻璃刮水器电动机总成

N·m 规定拧紧力矩

图10-4 风窗玻璃刮水器电动机及连杆总成

图 10-5 所示为卡罗拉轿车刮水器及其拆装的相关零部件。

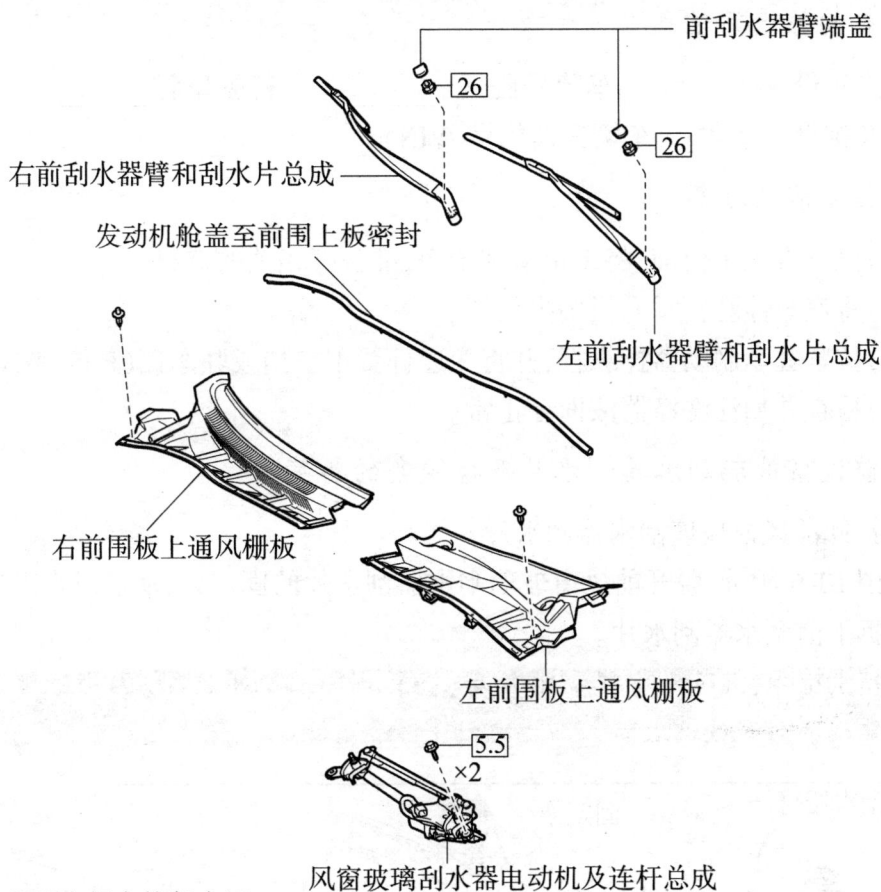

图 10-5 卡罗拉轿车风窗玻璃刮水器及其拆装的相关零部件

二、实训操作

1. 技术标准与要求(以丰田卡罗拉 ZRE151 轿车为例)

(1)应安装丰田卡罗拉轿车配套使用的刮水器橡胶条和洗涤器喷嘴。

(2)严禁使用金属丝等硬器清洁洗涤器喷嘴。

(3)清洗器喷嘴角度无需调整。

2. 工具、设备和材料的准备

(1)洗涤液。

(2)磁力护裙、转向盘护套、变速杆手柄套、脚垫和座椅套。

(3)常用工具、举升机。

(4)丰田卡罗拉轿车及维修手册。

3.查询并填写信息

生产年份_____,车牌号码_____,行驶里程_____,发动机型号及排量_____,车辆识别代号(VIN)_____。

4.作业前的准备

(1)汽车进入工位前,将工位清理干净,准备好相关的器材。

(2)将汽车停驻在举升机中央位置。

(3)拉紧驻车制动器操纵杆,并将变速杆置于空挡或驻车挡(P位)位置。

(4)检查并加注洗涤器液面至正常。

5.前风窗玻璃刮水器刮水片及橡胶条的拆装

1)拆卸前风窗玻璃刮水器刮水片

如图10-6所示,脱开前风窗玻璃刮水器刮水片的固定架,从前风窗玻璃刮水器臂上拆下前刮水器刮水片。

◇**特别提示:**拆下刮水器刮水片后,不要弯曲前刮水器臂,因为刮水器臂的端部可能损坏风窗玻璃表面。

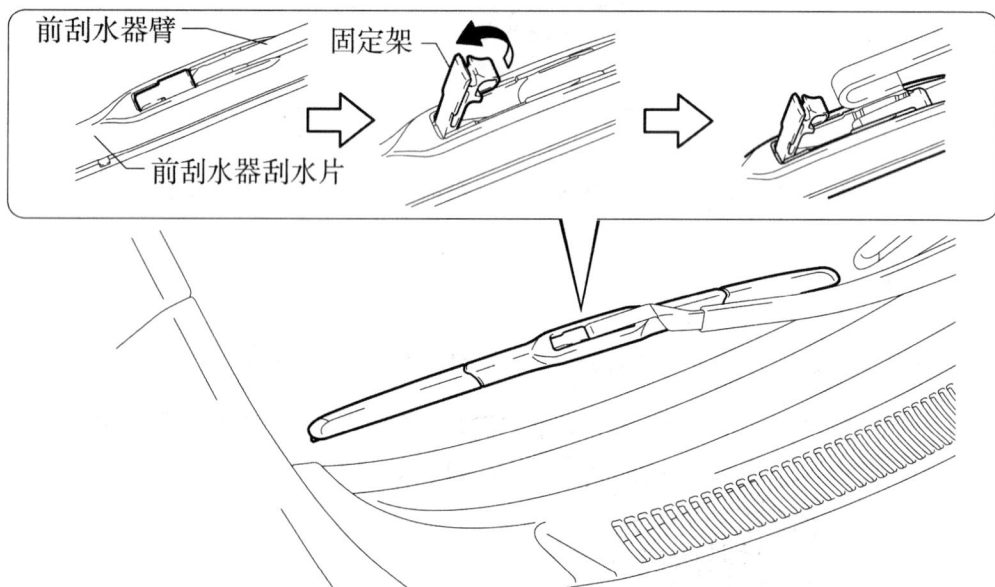

图10-6　拆卸前风窗玻璃刮水器刮水片

2)拆卸刮水器橡胶条

(1)如图10-7所示,从前刮水器刮水片上拆下刮水器橡胶条和刮水器橡胶条背板。

(2)如图 10-8 所示,从刮水器橡胶条上拆下 2 个刮水器橡胶条背板。

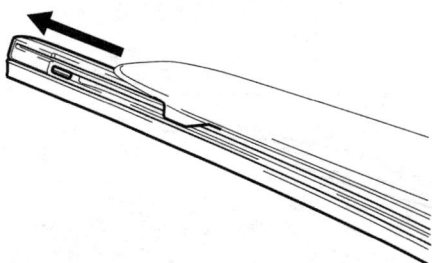

图 10-7　拆卸刮水器橡胶条及背板　　　　图 10-8　拆卸刮水器橡胶条背板

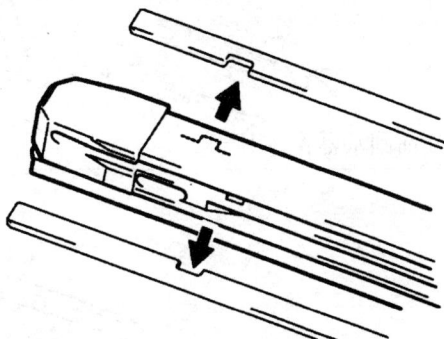

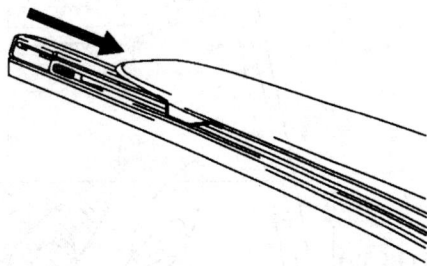

3)安装刮水器橡胶条

(1)如图 10-9 所示,将 2 个刮水器橡胶条背板安装至刮水器橡胶条。

◇**特别提示**:将刮水器橡胶条的凸出部分与背板上的槽口对齐,将背板的曲线与玻璃的曲线对齐。

(2)如图 10-10 所示,将刮水器橡胶条安装至刮水片上,使橡胶条的端部(弯曲端)朝向刮水器臂轴。

◇**特别提示**:将刮水器橡胶条紧紧压入刮水片,使它们牢固啮合。

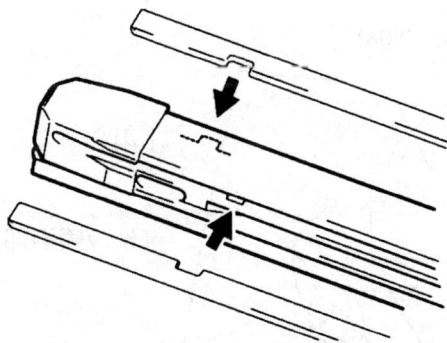

图 10-9　安装刮水器橡胶条背板　　　　图 10-10　安装刮水器橡胶条

4)安装前风窗玻璃刮水器刮水片

(1)如图 10-11 所示,安装前刮水器刮水片。

(2)卡紧前刮水器刮水片的固定架。

5)刮水器刮水片及橡胶条装复试验

刮水器刮水片安装后,应进行湿刮试验。湿刮的水可以人工喷洒或洗涤器喷洒,试验时观察运转是否平稳,有无机械摩擦声,清除效果是否良好等。

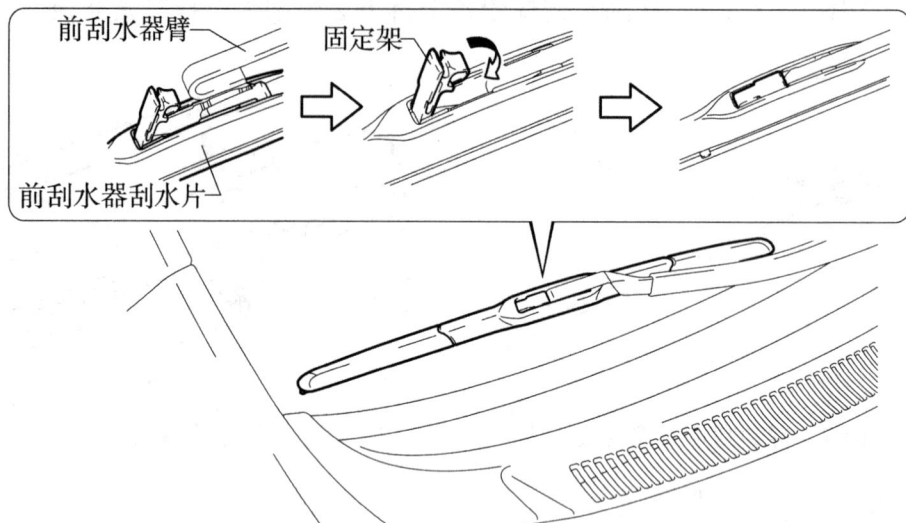

前刮水器臂　　固定架

前刮水器刮水片

图 10-11　安装前风窗玻璃刮水器刮水片

6)洗涤器喷水方向的检查和喷嘴的更换(以丰田卡罗拉轿车为例)

(1)检查洗涤器喷嘴喷射位置。

发动机运转时,检查清洗液在风窗玻璃上的喷射位置,图 10-12 所示为清洗液在风窗玻璃上的喷射区域。

◇**特别提示:**如果结果不符合规定,更换洗涤器喷嘴。

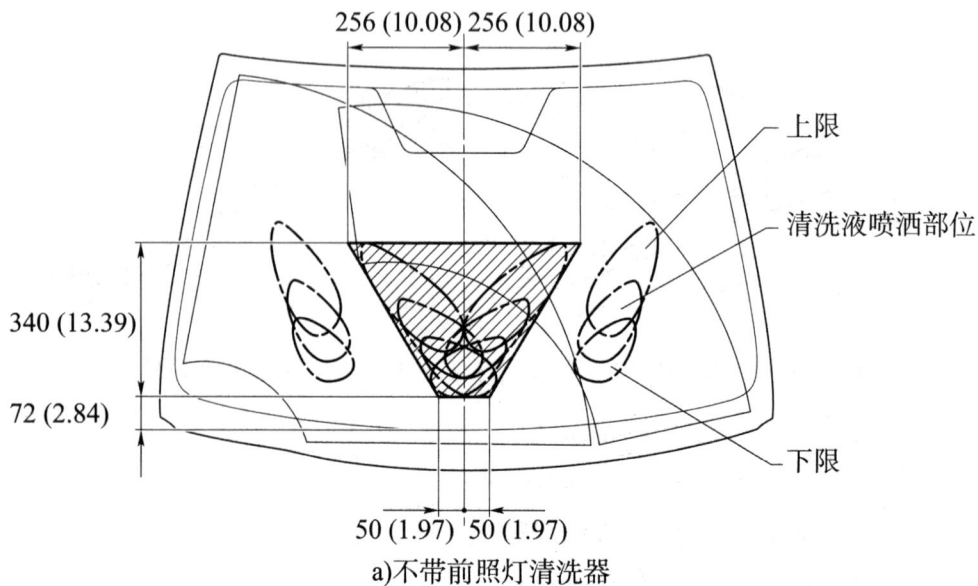

256 (10.08) 256 (10.08)

上限

清洗液喷洒部位

340 (13.39)

72 (2.84)

下限

50 (1.97)　50 (1.97)

a)不带前照灯清洗器

图　10-12

b)带前照灯清洗器

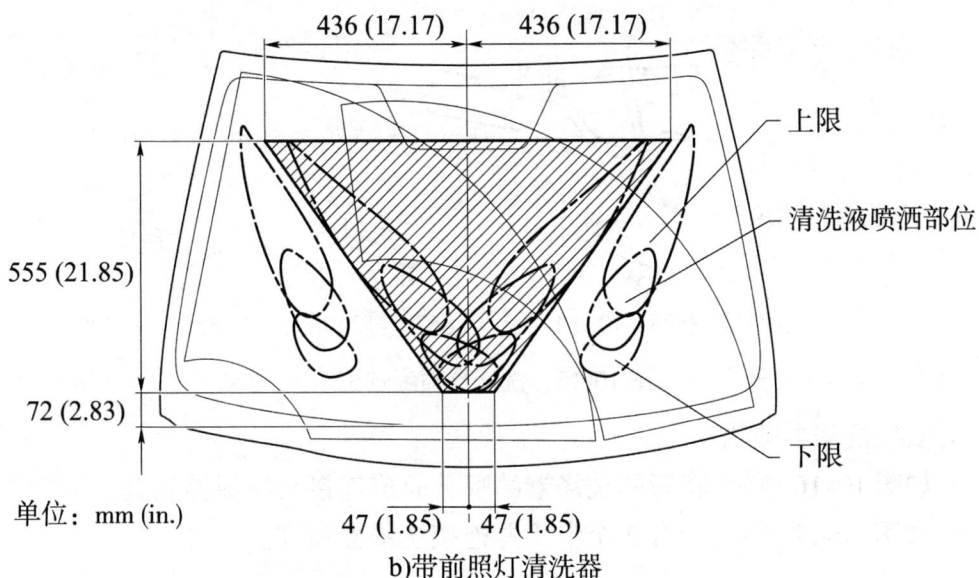

图 10-12　洗涤器喷嘴喷射位置

（2）洗涤器喷嘴的更换。

①拆卸洗涤器喷嘴。

a. 如图 10-13 所示，用螺丝刀脱开 2 个卡爪并拆下洗涤器喷嘴。

◇**特别提示**：注意不要损坏风窗玻璃，使用螺丝刀之前，请在螺丝刀头部缠上胶带。

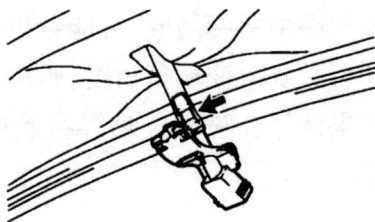

b. 如图 10-14 所示，从洗涤器软管上断开洗涤器喷嘴。

◇**特别提示**：洗涤器喷嘴不能重复使用。

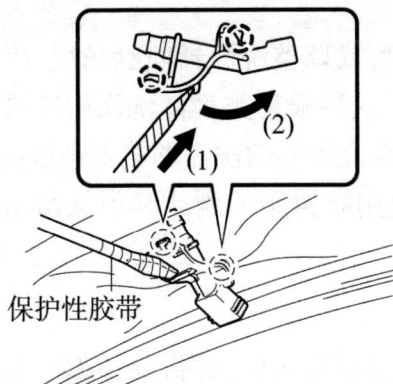

图 10-13　脱开洗涤器喷嘴上的卡爪　　图10-14　从洗涤器软管上断开洗涤器喷嘴

②调整洗涤器喷嘴。如图 10-15 所示，选择一个洗涤器喷嘴分总成，以保证清洗液的喷射区域符合标准。

可用洗涤器喷嘴：

清洗液喷洒角度：

零件号：85381-12310　　　　85381-12300　　　　85381-12320

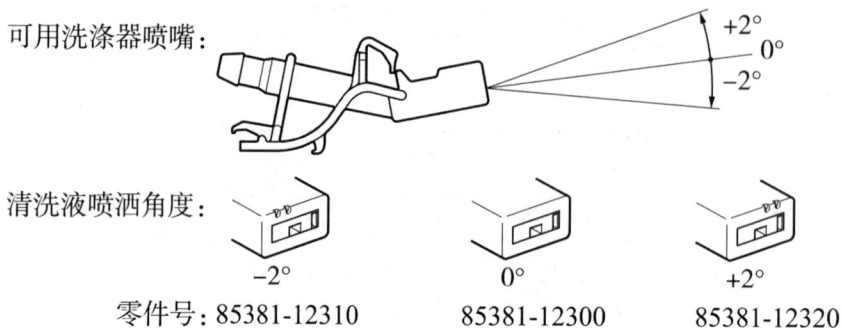

图 10-15　洗涤器喷嘴选配

③安装洗涤器喷嘴。

a. 如图 10-16 所示,将新的洗涤器喷嘴分总成连接至洗涤器软管。

b. 如图 10-17 所示,接合 2 个卡爪并连接洗涤器喷嘴。

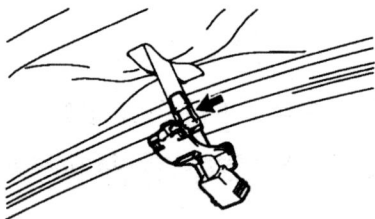

图 10-16　洗涤器喷嘴连接至　　　图10-17　安装洗涤器喷嘴卡爪
　　　　　洗涤器软管

④洗涤器喷嘴调整的注意事项。

a. 严禁使用金属销等工具清洁洗涤器喷嘴或调整洗涤器喷嘴角度,因为洗涤器喷嘴顶端由树脂制成,可能会被损坏;而且这种喷射类型的洗涤器喷嘴无需调整。如有必要改变喷嘴角度,则用一个喷嘴角度不同的洗涤器喷嘴进行更换。

b. 如果洗涤器喷嘴被蜡等物质堵塞,应使用软树脂毛刷或其他软清洁工具清洁喷嘴。

6. 结束工作

作业项目完成后,再次检查并加注洗涤器液面至正常,并拆除护裙和驾驶室内防护套,关闭发动机舱盖,清理器材,搞好工位的清洁、整理工作。

三、评价与反馈

对本学习课题进行评价,见表10-1。

评分表　　　　　　　　　　表 10-1

考核项目	评分标准	分数	学生自评	小组互评	教师评价	小计
团队合作	是否协调	5				
活动参与	是否积极主动	5				
安全生产	有无安全隐患	5				
现场5S	是否做到	5				
任务方案	是否正确、合理	10				
操作过程	（1）刮水片及橡胶条的规范拆装	20				
	（2）刮水片及橡胶条的规范试验	10				
	（3）洗涤器喷嘴的规范拆装	20				
任务完成情况	是否圆满完成	5				
工具和设备使用	是否规范、标准	5				
劳动纪律	是否能严格遵守	5				
工单填写	是否完整、规范	5				
总分		100				
教师签名：		年　　月　　日			得分：	

课题二　刮水器开关、洗涤器电动机的检查

一、信息收集

1. 零部件在车上的位置

丰田卡罗拉轿车刮水器、洗涤器的相关零部件在车上的位置,如图 10-18 所示。

2. 丰田卡罗拉轿车刮水器和洗涤器控制电路

图 10-19 所示为丰田卡罗拉轿车刮水器和洗涤器控制电路。

3. 故障现象

(1)提示:使用表 10-2 可帮助诊断故障原因。以递减的顺序表示故障原因的可能性,按顺序检查每个可疑部位,必要时维修或更换有故障的零件或进行调整,检查下列可疑部位前,应先检查与本系统相关的熔断丝和继电器。

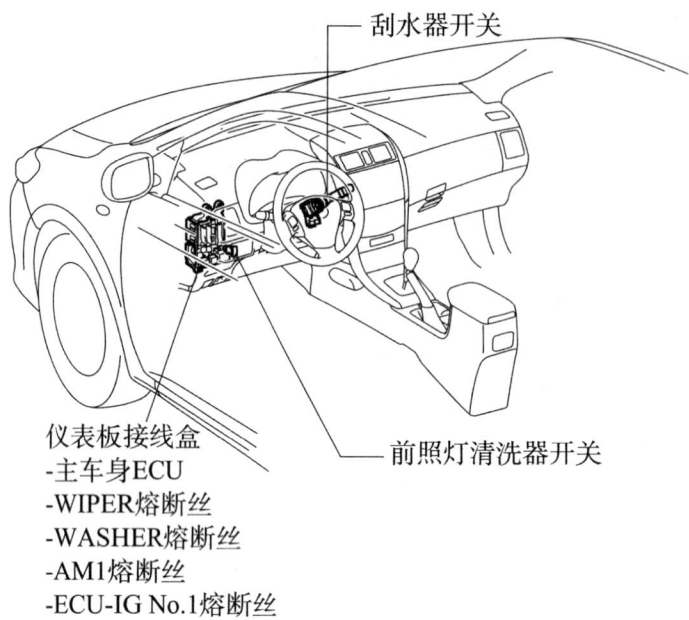

刮水器开关

仪表板接线盒
-主车身ECU
-WIPER熔断丝
-WASHER熔断丝
-AM1熔断丝
-ECU-IG No.1熔断丝

前照灯清洗器开关

图10-18　丰田卡罗拉轿车刮水器、洗涤器的相关零部件在车上的位置

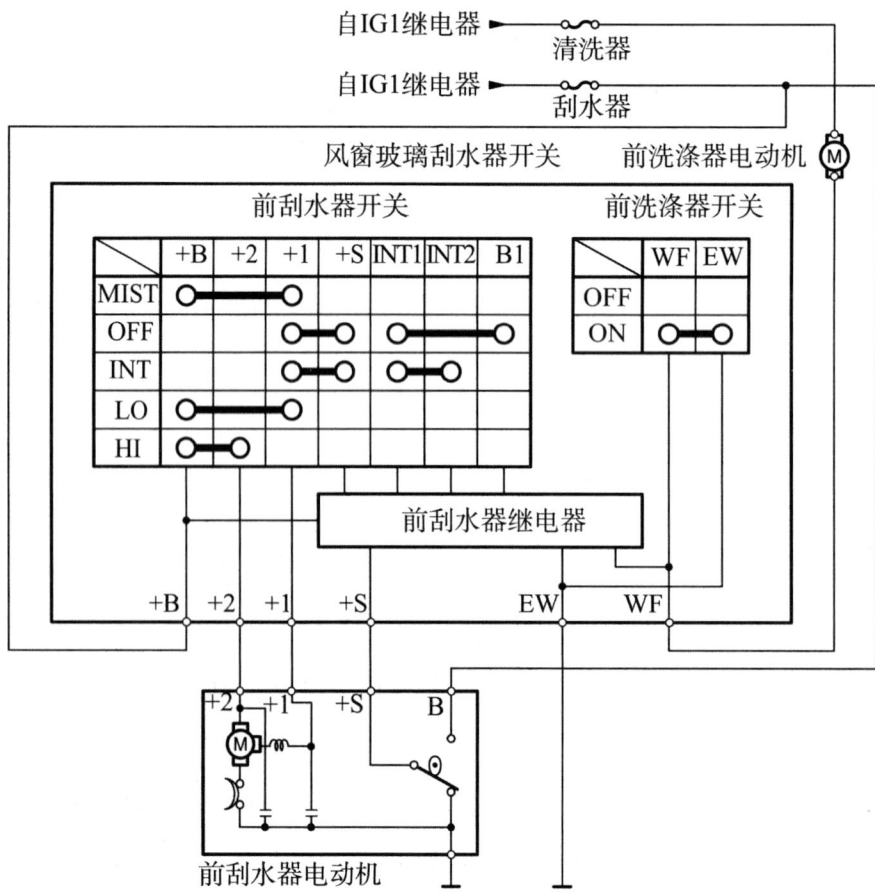

自IG1继电器　清洗器

自IG1继电器　刮水器

风窗玻璃刮水器开关　　前洗涤器电动机

前刮水器开关　　　　　前洗涤器开关

	+B	+2	+1	+S	INT1	INT2	B1
MIST	○—		—○				
OFF			○—	—○	○—	—○	
INT			○—	—○	○—	—○	
LO	○—	—○					
HI	○—	—○					

	WF	EW
OFF		
ON	○—	—○

前刮水器继电器

+B　+2　+1　+S　　　　　EW　　WF

+2　+1　+S　B

前刮水器电动机

图10-19　丰田卡罗拉轿车刮水器和洗涤器控制电路

（2）前刮水器和洗涤器系统故障现象见表10-2。

前刮水器和洗涤器系统故障现象表　　　　表10-2

故障现象	可疑部位
前刮水器和洗涤器系统不工作	（1）风窗玻璃刮水器开关； （2）线束
在 LO 或 HI 位置，前刮水器系统不工作	（1）WIPER 熔断丝； （2）风窗玻璃刮水器开关； （3）前刮水器电动机； （4）线束
在 INT 位置，前刮水器系统不工作	（1）WIPER 熔断丝； （2）风窗玻璃刮水器开关； （3）前刮水器电动机； （4）线束
前洗涤器系统不工作	（1）WASHER 熔断丝； （2）风窗玻璃刮水器开关； （3）前洗涤器电动机； （4）线束
刮水器开关置于 OFF 位置时，前刮水器臂不能返回至其初始位置	（1）前刮水器电动机； （2）线束

二、实训操作

1. 技术标准与要求（以丰田卡罗拉ZRE151轿车为例）

（1）如要拆刮水器开关和电动机，则要求从蓄电池负极端子上断开电缆。断开蓄电池电缆后重新连接时，某些系统需要初始化。

（2）如要拆 SRS 电缆，则应在断开蓄电池负极电缆后等待90s，以防止气囊展开。

（3）检查完洗涤器电动机及泵后应加注清洗液至规定高度。

2. 工具、设备和材料的准备

（1）洗涤液，储液盆。

（2）磁力护裙、转向盘护套、变速杆手柄套、脚垫和座椅套。

（3）万用表、常用工具、举升机。

（4）丰田卡罗拉轿车及维修手册。

3. 查询并填写信息

生产年份_____，车牌号码_____，行驶里程_____，发动机型号及排量_____，车辆识别代号（VIN）_____。

4. 作业前的准备

（1）汽车进入工位前，将工位清理干净，准备好相关的器材。

（2）将汽车停驻在举升机中央位置。

（3）拉紧驻车制动器操纵杆，并将变速杆置于空挡或驻车挡（P位）位置。

（4）定位前轮，使其面向正前位置；从蓄电池负极端子上断开电缆；拆卸仪表板底罩，拆卸仪表板下装饰板；如图10-20所示，拆卸转向盘下盖，拆卸转向盘装饰盖，拆卸转向盘；拆卸转向柱盖。

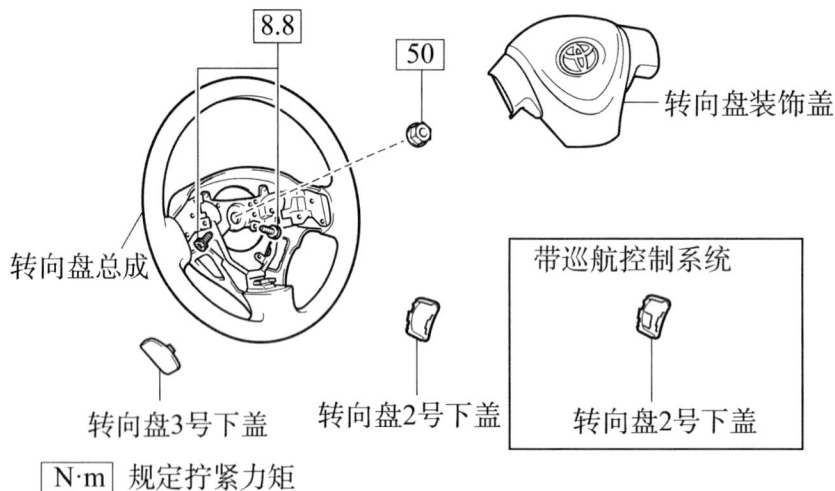

图 10-20　拆卸转向盘下盖、装饰盖和转向盘

（5）如图10-21所示，拆卸风窗玻璃刮水器开关，断开2个连接器，脱开卡爪并拆下风窗玻璃刮水器开关。

◎**注意：**如果按下卡爪时用力过大，卡爪可能损坏。

（6）如图10-22所示，拆卸散热器上空气导流板，拆卸散热器格栅防护罩，拆卸前保险杠总成。

（7）如图10-23所示，从风窗玻璃洗涤器电动机和泵总成上断开洗涤器软管，并排放清洗液；断开插接器，拆下风窗玻璃洗涤器电动机和泵总成。

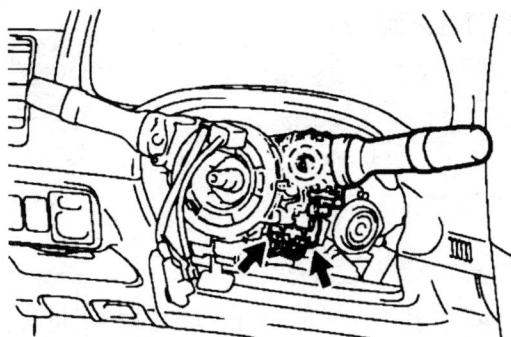

图 10-21　拆卸刮水器开关

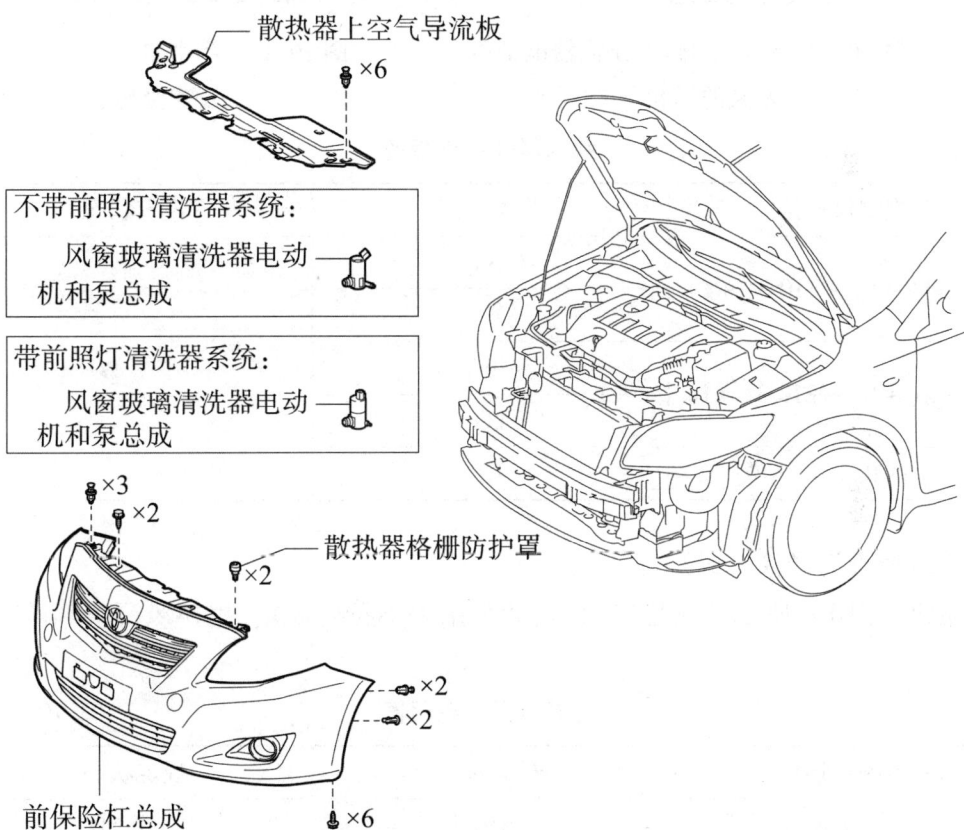

图 10-22　拆卸空气导流板、散热器格栅防护罩和前保险杠总成

5. 风窗玻璃刮水器开关、洗涤器电动机及泵的检查

1) 风窗玻璃刮水器开关的检查

(1) 检查刮水器开关功能, 如图 10-24 所示。

根据表 10-3 所示的测量电阻值, 如果结果不符合规定, 更换风窗玻璃刮水器开关。

不带前照灯洗涤器系统:

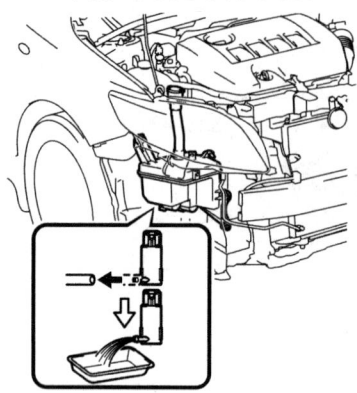

图 10-23　清洗液排放、洗涤器电动机
　　　　　 及泵的拆卸

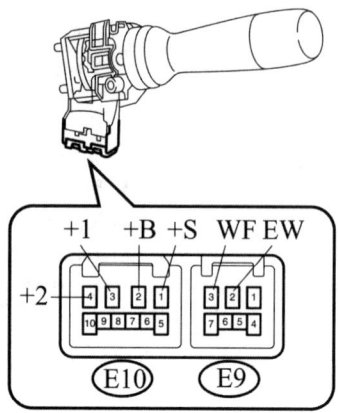

图 10-24　刮水器开关
　　　　　 及连接端子

刮水器开关电阻值　　　　　　　　　　　　　　表 10-3

检测仪连接	开关状态	规定状态
E10—1(+S)—E10-3(+1)	INT	小于1Ω
	OFF	
E10—2(+B)—E10-3(+1)	MIST	
	LO	
E10—2(+B)—E10-4(+2)	HI	

(2)检查洗涤器开关功能。

根据表 10-4 所示的测量电阻值,如果结果不符合规定,更换风窗玻璃洗涤器开关。

洗涤器开关电阻值　　　　　　　　　　　　　　表 10-4

检测仪连接	开关状态	规定状态
E9—2(EW)—E9-3(WF)	ON	小于1Ω
	OFF	10kΩ 或更大

(3)检查间歇性运行(不带间歇正时调整)。

①将电压表正极(+)引线连接至端子 E10-3(+1),并将电压表负极(-)引线连接至端子 E9-2(EW)。

②将蓄电池正极(+)引线连接至端子 E10-2(+B),并将蓄电池负极(-)引线连接至端子 E9-2(EW)和 E10-1(+S)。

③将刮水器开关置于 INT 位置。

④将蓄电池正极(+)引线连接至端子 E10-1(+S),并保持 5s。

⑤将蓄电池负极(-)引线连接至端子 E10-1(+S)。操作间歇式刮水器继电器并检查端子 E10-3(+1)和 E9-2(EW)之间的电压。

正常电压变化如图 10-25 所示。如果结果不符合规定,更换开关总成。

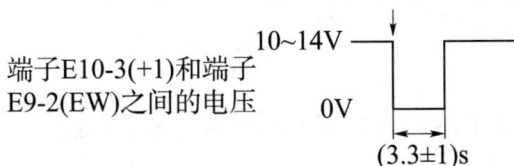

图 10-25　端子 E10-3(+1)和 E9-2(EW)之间的电压

(4)检查间歇性运行(带间歇正时调整)。

①将电压表正极(+)引线连接至端子 E10-3(+1),并将电压表负极(-)引线连接至端子 E9-2(EW)。

②将蓄电池正极(+)引线连接至端子 E10-2(+B),并将蓄电池负极(-)引线连接至端子 E9-2(EW)和 E10-1(+S)。

③将刮水器开关置于 INT 位置。

④将蓄电池正极(+)引线连接至端子 E10-1(+S),并保持 5s。

⑤将蓄电池负极(-)引线连接至端子 E10-1(+S)。操作间歇式刮水器继电器并检查端子 E10-3(+1)和 E9-2(EW)之间的电压。

正常电压变化如图 10-26 所示。如果结果不符合规定,更换刮水器开关总成。

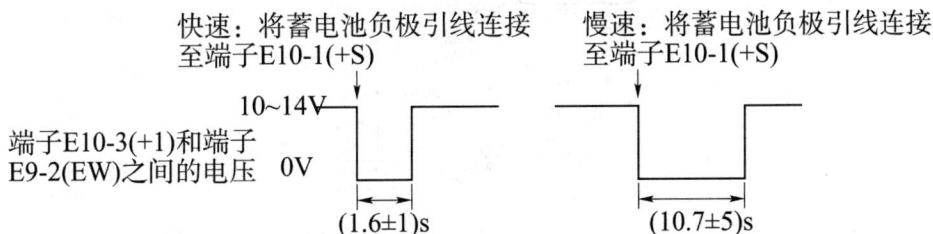

图 10-26　端子 E10-3(+1)和 E9-2(EW)之间的电压

(5)检查前洗涤器的运行。

①将刮水器开关置于 OFF 位置。

②将蓄电池正极(+)引线连接至端子 E10-2(+B),并将蓄电池负极(-)引线连接至端子 E10-1(+S)和 E9-2(EW)。

③将电压表正极(+)引线连接至 E10-3(+1),并将电压表负极(-)引线连

接至端子 E9-2(EW)。

④将洗涤器开关置于 ON 和 OFF 位置,并检查端子 E10-3(＋1)和 E9-2(EW)之间的电压,正常电压变化如图 10-27 所示;如果结果不符合规定,更换开关总成。

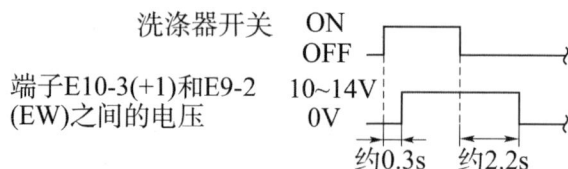

图 10-27　端子 E10-3(＋1)和 E9-2(EW)之间的电压

2)风窗玻璃洗涤器电动机及泵的检查(不带前照灯洗涤器系统)

(1)拆下清洗液罐。

(2)断开风窗玻璃洗涤器电动机和泵连接器。

◇**特别提示:**应在风窗玻璃清洗器电动机和泵安装到清洗液罐上的情况下进行检查。

(3)将清洗液罐加满清洗液。

(4)如图 10-28 所示,将蓄电池正极(＋)引线连接到风窗玻璃洗涤器电动机及泵的端子 2,并将蓄电池负极(－)引线连接到端子 1。

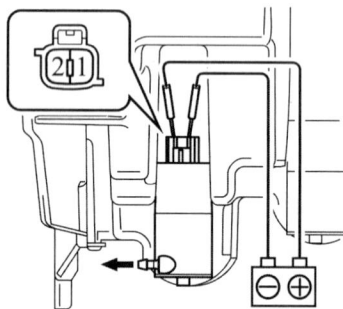

图 10-28　洗涤器电动机及泵的检查

(5)检查并确认清洗液从清洗罐中流出。正常为清洗液从清洗罐中流出;如果结果不符合规定,则更换洗涤器电动机及泵总成。

6.结束工作

检查作业项目完成后,将各拆卸部件装复,并拆除护裙和驾驶室内防护套,关闭发动机舱盖,清理器材,搞好工位的清洁、整理工作。

三、评价与反馈

对本学习课题进行评价,见表10-5。

评分表　　　　　　　　　　　　　　　　表10-5

考核项目	评分标准	分数	学生自评	小组互评	教师评价	小计
团队合作	是否协调	5				
活动参与	是否积极主动	5				
安全生产	有无安全隐患	5				
现场5S	是否做到	5				
任务方案	是否正确、合理	10				
操作过程	(1)前期准备工作	10				
	(2)风窗玻璃刮水器开关的规范检查					
	①规范检查刮水开关功能	5				
	②规范检查洗涤开关功能	5				
	③能否进行间歇性运行检查	5				
	④能否检查前洗涤器的运行	5				
	(3)能否进行洗涤器电动机及泵的检查	20				
任务完成情况	是否圆满完成	5				
工具和设备使用	是否规范、标准	5				
劳动纪律	是否能严格遵守	5				
工单填写	是否完整、规范	5				
总分		100				
教师签名:			年　　月　　日			得分:

四、学习拓展

手机扫码,查看本项目"学习拓展"内容

项目十一　电动车窗不能升降故障的检修

现代轿车普遍采用电动车窗,可以由各车门上的升降器开关控制车窗玻璃升降,还可用驾驶侧前车门上总控车窗开关来控制各车门玻璃升降,这给使用者带来极大方便,但如果该系统出了故障,就需要维修人员掌握电动车窗结构和控制原理及相关检修技能。

一、信息收集

(一) 电动车窗的结构和控制原理

1. 电动车窗的结构

电动车窗一般由电动机、减速装置、车窗玻璃、车窗升降器、控制开关等组成。

汽车上的电动车窗上的电动机是双向直流电动机,有永磁式和双绕组串励式两种。由于永磁式电动机具有体积小、结构简单等诸多优点,应用较为广泛。每个车窗各装有一个电动机,通过开关控制电动机中的电流方向实现电动机的正反转,电动机再通过驱动车窗玻璃升降器,从而实现车窗玻璃的升降。

电动车窗控制开关一般有两套:一套为主控开关,一套为分控开关,分别如

图 11-1、图 11-2 所示。主控开关通常安装在驾驶人侧的车门内饰板或仪表板上，其中包括有控制左前、右前、左后、右后四个车窗的控制开关，这样驾驶人就可以很方便地控制每个车窗玻璃的升降。分控开关分别安装在除驾驶人车窗外的每个车窗上。另外，在主控开关中还常设有车窗断路开关，当按下断路开关时，该开关将切断所有分控开关的电源，即只有驾驶人可以控制所有车窗的升降，其他座位上的乘客无法控制车窗。

图 11-1　主控开关

图 11-2　分控开关

电动车窗升降器常见的有交臂式、绳轮式两种，分别如图 11-3 和图 11-4 所示。

图 11-3　交臂式电动车窗升降器

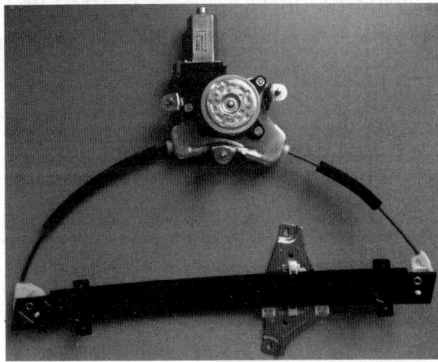

图 11-4　绳轮式电动车窗升降器

2. 控制原理

不同汽车所采用的电动车窗的控制电路不同，按电动机是否直接搭铁可分为电动机不搭铁和电动机搭铁两种。电动机不搭铁的控制电路是指电动机不直接搭铁，电动机的搭铁受开关控制，通过改变主控开关或各分控开关来控制电动机的电流方向来改变电动机的转向，从而实现车窗的升降，图 11-5 所示为汽车电动车窗的基本控制电路。电动机不搭铁的控制方式，因为开关既控制电动机的电源线,又控制电动机的搭铁线,其开关结构和线路比较复杂,但是电动机结构简单,应用比较广泛。

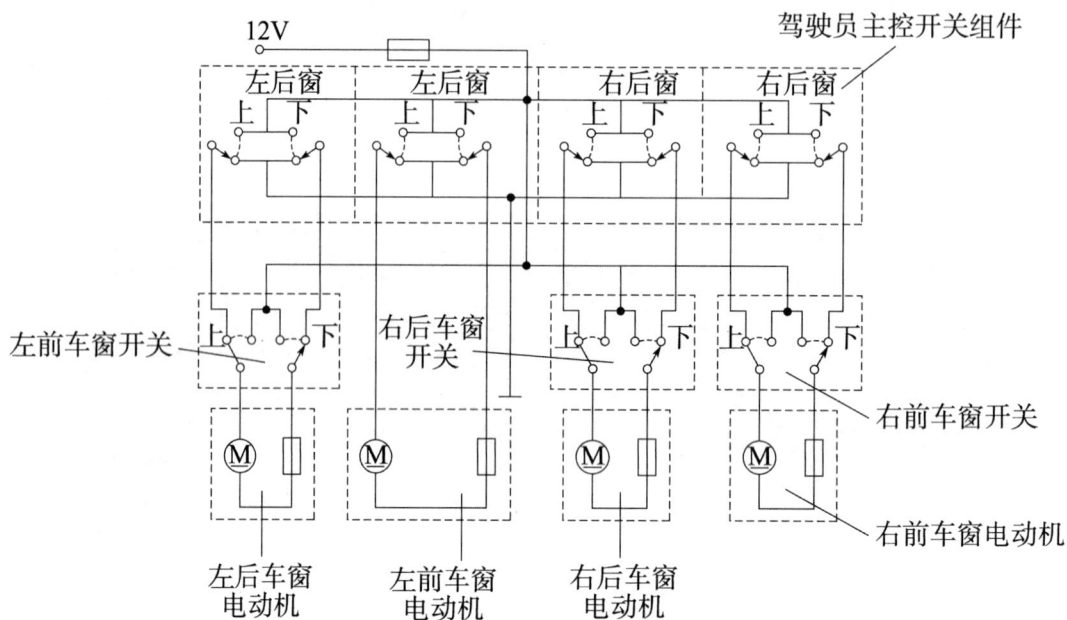

图 11-5　电动机不搭铁的电动车窗基本控制电路

电动机搭铁的控制电路是指电动机一端直接搭铁,而电动机有两组磁场绕组,通过接通不同的磁场绕组,使电动机的转向不同,实现车窗的升降,控制电路如图 11-6 所示。

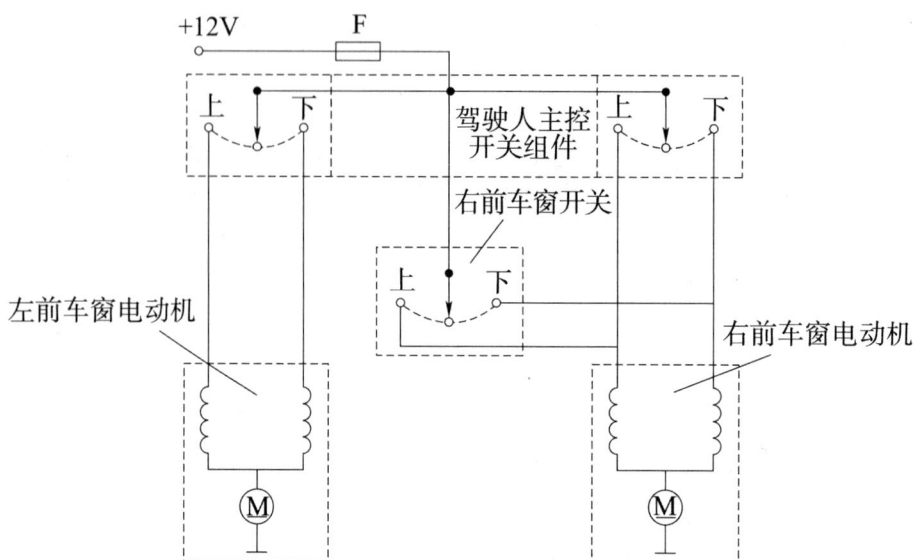

图 11-6　电动机搭铁的电动车窗控制电路

(二)卡罗拉轿车电动车窗结构与原理

1.电动车窗的结构与功能

(1)电动车窗控制系统主要的控制装置有:电动车窗主开关和带集成 ECU 的电动机(安装在驾驶人侧车门上)、前乘客电动车窗开关(安装在乘客侧车门上)、左后电动车窗开关(安装在左后侧车门上)、右后电动车窗开关(安装在右后侧车门上)、车门升降器及电动机等组成,如图 11-7 所示。

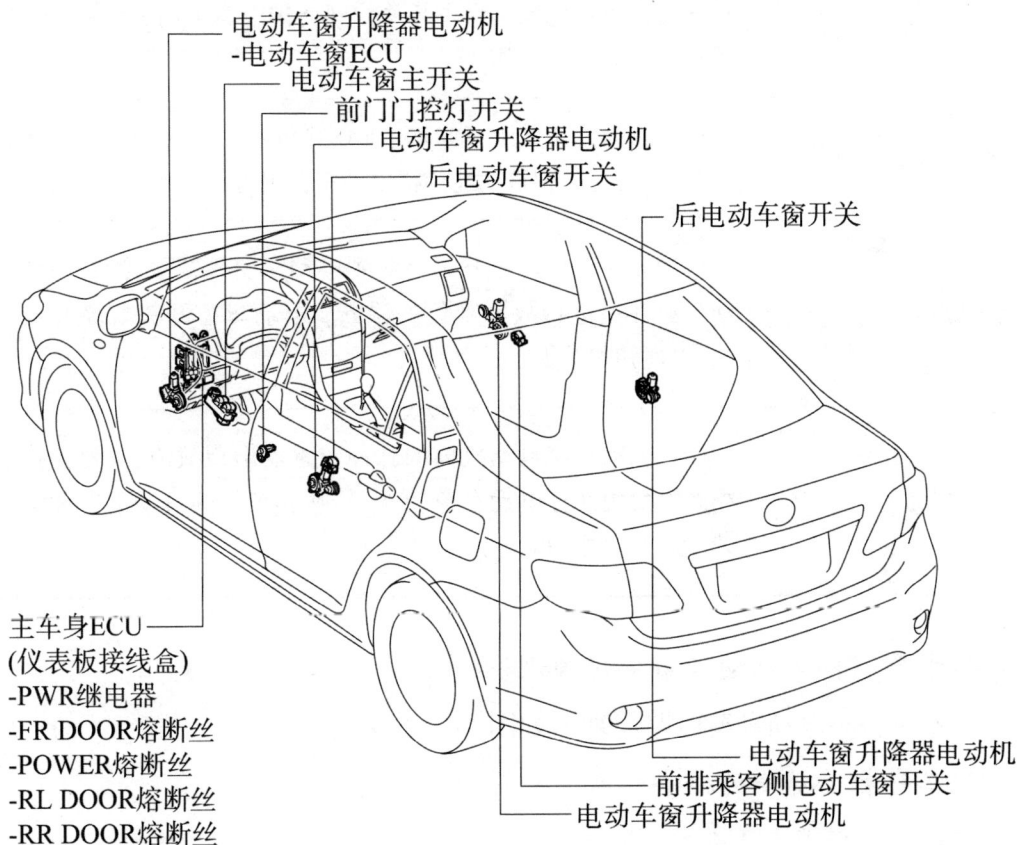

图 11-7　卡罗拉轿车电动车窗的结构组成

(2)电动车窗控制系统具有的功能见表 11-1。

电动车窗控制系统功能　　　　　　　　　　　　表 11-1

功能	概要
手动上升和下降功能	功能:当将电动车窗开关向上拉到中途时,使车窗上升;当将开关向下推到中途时,使车窗下降;开关一松开,车窗就会停止

续上表

功能	概要
驾驶人侧门窗自动上升和下降功能	功能:通过按下一次电动车窗开关,使驾驶人侧门窗完全打开或关闭
防夹功能	功能:自动上升操作(驾驶人车门)期间,如果有异物卡滞在门窗内,使电动车窗自动停止并向下移动
遥控功能	该功能可让电动车窗主开关控制前排乘客侧门窗和后门窗的手动上升和下降操作
Key-Off 操作功能	在将点火开关置于 ON(IG) 或 OFF 位置后大约45s 内,如果任一前门未打开,则该功能使得电动车窗仍可以工作
诊断	该功能在电动车窗开关检测到电动车窗系统故障时,可让电动车窗开关进行故障部位的诊断。电动车窗开关灯亮起或闪烁,以通知驾驶人
失效保护	如果电动车窗电动机内的脉冲传感器出现故障,失效保护功能能够禁用部分电动车窗功能:驾驶人车门的自动上升和下降功能以及遥控功能被禁用

2.卡罗拉轿车电动车窗电路原理图

卡罗拉轿车电动车窗电路原理图如图 11-8 所示。

3.车窗相关功能的检查

1)检查车窗锁止开关

(1)检查当电动车窗主开关的车窗锁止开关按下时,前排乘客侧电动车窗和后电动车窗的操作是否被禁用。正常:前排乘客侧电动车窗和后电动车窗操作被禁用。

(2)检查并确认当再次按下车窗锁止开关时,前排乘客侧电动车窗和后电动车窗可以操作。正常:前排乘客侧电动车窗和后电动车窗可以操作。

2)检查手动上升/下降功能

(1)当点火开关置于 ON(IG) 位置,检查并确认驾驶人侧电动车窗部分拉起和按下都正常。

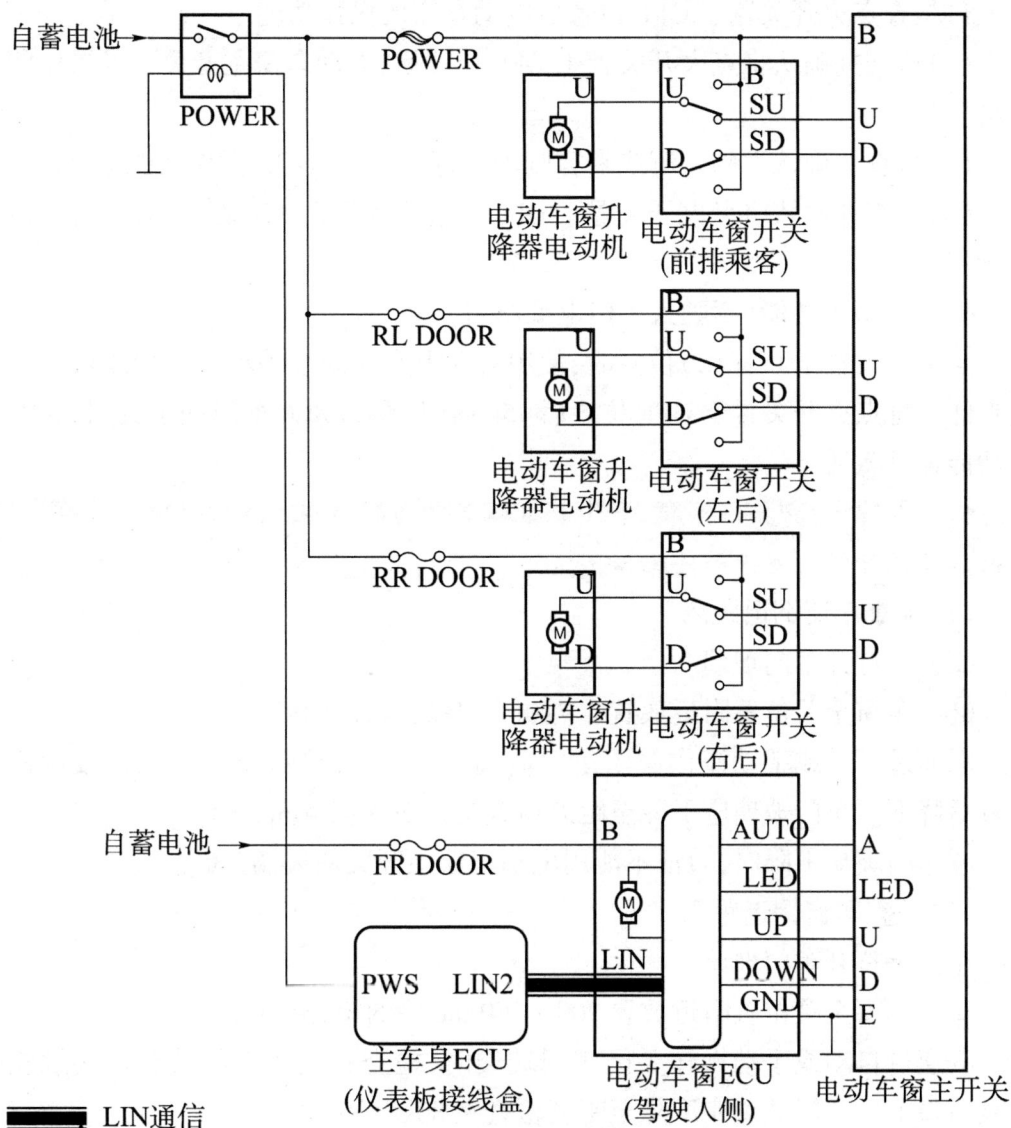

图 11-8　卡罗拉轿车电动车窗电路原理图

（2）当点火开关置于 ON（IG）位置，车窗锁止开关置于 OFF 位置时，检查并确认除驾驶人侧电动车窗以外的其他电动车窗拉起和按下都正常。

3）检查自动上升/下降功能

当点火开关置于 ON（IG）位置，检查并确认驾驶人侧电动车窗完全拉起和按下都应正常。

4）检查遥控手动上升/下降功能

当点火开关置于 ON（IG）位置，车窗锁止开关置于 OFF 位置时，检查并确认除驾驶人侧电动车窗以外的其他电动车窗拉起和按下都应正常。

5)检查点火开关置于 OFF 位置后电动车窗的操作功能

（1）检查并确认将点火开关置于 OFF 位置后，电动车窗主开关可以操作所有电动车窗。

（2）检查并确认驾驶人侧或乘客侧车门打开后，Key-Off 操作功能不可用。

（3）检查并确认将点火开关置于 OFF 位置后大约过 45s 后，所有电动车窗不能操作。

6)检查防夹功能(驾驶人车门电动车窗)

点火开关置于 ON(IG) 位置时，使用自动上升功能或手动上升功能可激活防夹功能。将点火开关置于 OFF 位置后 45s 内，只要驾驶人车门处于关闭状态，防夹功能也可激活。

◇**特别提示**:切忌用四肢、手指或身体其他部位来测试防夹功能。不要让移动的车窗或升降器卡住身体的任何部位。

（1）检查车窗倒退距离。

①完全打开车门玻璃。

②在车窗全关位置附近放置 4~10mm 厚的检查夹具。

③通过自动或手动操作关闭车门玻璃时，检查并确认车门玻璃在接触检查夹具后降下。车门玻璃应下降至距离检查夹具 200~240mm 处。

④车门玻璃下降时，验证不能用电动车窗主开关使玻璃升起。

（2）检查车窗倒退距离。

①完全打开车门玻璃。

②在车窗全关位置附近放置 200~250mm 厚的检查夹具。

③通过自动或手动操作关闭车门玻璃时，检查并确认车门玻璃在接触检查夹具后降下。车门玻璃应下降至距离检查夹 80~100mm 处。

④车门玻璃下降时，验证不能用电动车窗主开关使玻璃升起。

7)检查 PTC 操作

◇**提示**:PTC 操作的功能是通过停止电动机以防止电动车窗升降器过载。当电动车窗开关操作预定时间时，PTC 操作激活。

（1）拉起并拉住电动车窗开关超过 90s，然后松开开关。

（2）检查并确认按下开关不能移动车窗。

（3）从第一步松开开关后等待 60s。检查并确认按下开关可正常移动车窗。

4. 故障现象表(表 11-2)

故障现象表　　　　　　　　　　　　　　表 11-2

现象	可疑部位
用电动车窗主开关无法操作电动车窗	(1) POWER、PWR、RR DOOR LH 和 RR DOOR RH 熔断丝; (2)数据表/主动测试; (3)电动车窗主开关电路(电源); (4)电动车窗升降器电动机电路; (5)电动车窗主开关
用电动车窗开关无法操作前排乘客侧电动车窗	(1)电动车窗开关电路(电源); (2)电动车窗升降器电动机电路(前排乘客侧); (3)电动车窗开关(前排乘客侧); (4)线束或插接器
电动车窗开关无法操作左后侧电动车窗	(1)电动车窗开关电路(电源); (2)电动车窗升降器电动机电路(左后侧); (3)电动车窗开关(左后侧); (4)线束或插接器
电动车窗开关无法操作右后侧电动车窗	(1)电动车窗开关电路(电源); (2)电动车窗升降器电动机电路(右后侧); (3)电动车窗开关(右后侧); (4)线束或插接器
驾驶人侧自动上升/下降功能不起作用(仅防夹辅助功能)	(1)诊断检查; (2)电动车窗升降器电动机重置; (3)电动车窗主开关; (4)线束或插接器
遥控上升/下降功能不起作用	(1)电动车窗主开关; (2)线束或插接器
将点火开关置于 OFF 位置后,即使不满足工作条件,电动车窗仍然可以工作	(1)前门门控灯开关; (2)线束或插接器(LIN 通信线路)

现象	可疑部位
自动操作不能完全关闭驾驶人侧电动车窗(防夹功能被触发)	(1)电动车窗升降器电动机重置; (2)检查和清洁车窗玻璃升降槽; (3)电动车窗主开关
驾驶人侧自动下降功能不起作用(仅自动下降)	(1)电动车窗主开关; (2)电动车窗升降器电动机电路(驾驶员侧); (3)线束或插接器
乘客侧 PTC 功能不起作用	电动车窗升降器电动机(前排乘客侧)
左后侧 PTC 功能不起作用	电动车窗升降器电动机(左后侧)
右后侧 PTC 功能不起作用	电动车窗升降器电动机(右后侧)

5.电动车窗控制系统诊断故障码表(表11-3)

故障码表   表 11-3

DTC 代码	检测项目	故障部位
B2311	驾驶人车门电动机故障	(1)当点火开关置于 ON(IG)位置时蓄电池断开; (2)电动车窗升降器电动机(驾驶人侧); (3)电动车窗零部件安装错误; (4)电动车窗升降器电动机(驾驶人侧)过热
B2312	驾驶人侧车门主开关故障	(1)电动车窗升降器电动机(驾驶人侧); (2)电动车窗主开关; (3)线束或插接器; (4)在同一位置按住电动车窗主开关超过20s
B2313	玻璃位置初始化未完成	(1)电动车窗升降器电动机(驾驶人侧); (2)电动车窗升降器电动机(驾驶人侧)未初始化
B2321	驾驶人侧车门ECU通信终止	(1)电动车窗升降器电动机(驾驶人侧); (2)主车身 ECU(仪表板接线盒); (3)线束或插接器

6.数据读取

使用智能检测仪读取数据表,可以读取开关、传感器、执行器及其他项的数值或状态,而无需拆下任何零件。这种非侵入式检查非常有用,因为可在扰动零件或配线之前发现间歇性故障或信号。在故障排除时,尽早读取数据表信息是节省诊断时间的方法之一。表11-4 为驾驶人车门电动车窗数据表,表11-5 为车身数据表。

(1)将智能检测仪连接到 DLC3。

(2)将点火开关置于 ON(IG)位置。

(3)根据检测仪的显示读取数据表。

驾驶人车门电动车窗数据表   表11-4

检测仪显示	测量项目/范围	正常状态
D Door P/W Auto SW	驾驶人车门电动车窗自动开关信号/ON 或 OFF	ON:驾驶人车门电动车窗自动开关工作; OFF:驾驶人车门电动车窗自动开关不工作
D Door P/W Up SW	驾驶人车门电动车窗手动上升开关信号/ON 或 OFF	ON:驾驶人车门电动车窗手动上升开关工作; OFF:驾驶人车门电动车窗手动上升开关不工作
D Door P/W Down SW	驾驶人车门电动车窗手动下降开关信号/ON 或 OFF	ON:驾驶人车门电动车窗手动下降开关工作; OFF:驾驶人车门电动车窗手动下降开关不工作
Glass Position (Close-1/4)	防夹操作范围从全关至1/4开车窗;玻璃位置/OK 或 CAUTION	OK:手动 UP 操作时有足够的车窗玻璃边缘; CAUTION:当各位置未受到阻力时,可能显示 CAUTION 字样。在这种情况下,此位置上卡有异物

续上表

检测仪显示	测量项目/范围	正常状态
Glass Position(1/4-2/4)	防夹操作范围从1/4至1/2开车窗；玻璃位置/OK或CAUTION	OK:手动UP操作时有足够的车窗玻璃边缘；CAUTION:当各位置未受到阻力时,可能显示CAUTION字样。在这种情况下,此位置上卡有异物
Glass Position(2/4-3/4)	防夹操作范围从1/2～3/4开车窗；玻璃位置/OK或CAUTION	OK:手动UP操作时有足够的车窗玻璃边缘；CAUTION:当各位置未受到阻力时,可能显示CAUTION字样。在这种情况下,此位置上卡有异物
Glass Position(3/4-Open)	防夹操作范围从3/4至全开车窗 玻璃位置/OK或CAUTION	OK:手动UP操作时有足够的车窗玻璃边缘；CAUTION:当各位置未受到阻力时,可能显示CAUTION字样。在这种情况下,此位置上卡有异物

车身数据表 表11-5

检测仪显示	测量项目/范围	正常状态
Communication D Door Motor	电动车窗升降器电动机(驾驶人车门)和主车身ECU(仪表板接线盒)之间的连接状态/OK或STOP	OK:通信正常；STOP:通信停止
D Door Courtesy SW	驾驶人侧门控灯开关信号/ON或OFF	ON：驾驶人侧车门打开；OFF:驾驶人侧车门关闭

7. 主动测试

使用智能检测仪进行主动测试,无需拆下任何零件就可进行继电器、VSV、执行器和其他项目的测试。这种非侵入式功能检查非常有用,因为可在扰动零件或配线之前发现间歇性操作。排除故障时,尽早进行主动测试可以缩短诊断时间。执行主动测试时,可显示数据表11-6、表11-7所示信息。

(1)将智能检测仪连接到DLC3。

(2)将点火开关置于ON(IG)位置,操作仪器读取相关信息。

驾驶人车门电动机　　　　　　　　　表11-6

检测仪显示	测试部位	控制范围
Power Window	电动车窗	UP 或 OFF
Power Window	电动车窗	DOWN 或 OFF

车身　　　　　　　　　表11-7

检测仪显示	测试部位	控制范围
IG OFF P/W Control PermissionOutput	电动车窗	ON 或 OFF (点火开关置于 OFF 位置后)

二、实训操作

1.技术标准与要求(以丰田卡罗拉ZRE151轿车为例)

(1)如果更换了电动车窗电动机或电动车窗升降器,则需要进行初始化(蓄电池负极端子断开并重新连接后,没有必要进行初始化)。

(2)如要拆SRS电缆,则应在断开蓄电池负极电缆后等待90s,以防止气囊展开。

(3)检查完洗涤器电动机及泵后应加注清洗液至规定高度。

2.工具、设备和材料的准备

(1)洗涤液,储液盆。

(2)磁力护裙、转向盘护套、变速杆手柄套、脚垫和座椅套。

(3)万用表、常用工具、举升机。

(4)丰田卡罗拉轿车及维修手册。

3.查询并填写信息

在故障诊断过程中,为准确判断故障现象,应向客户询问故障发生时的现象和条件等相关信息非常重要。收集故障信息有以下5项分析要点:①何物:指车型、系统名称;②何时:指日期、时间、发生频率;③何地:指路况;④何种条件:指驾驶条件、天气条件;⑤如何发生:指故障症状。并记录车辆相关信息:生产年份_____,车牌号码_____,行驶里程_____,发动机型号及排量_____,车辆识别代号(VIN)_____。

4.作业前的准备

(1)汽车进入工位前,将工位清理干净,准备好相关的器材。

(2)将汽车停驻在举升机中央位置。

(3)拉紧驻车制动器操纵杆,并将变速杆置于空挡或驻车挡(P位)位置。

5.车窗不能升降故障诊断与检查

1)电动车窗工作情况确认

检查手动和自动上升/下降功能:

(1)当点火开关置于ON(IG)位置,检查并确认驾驶人侧电动车窗部分拉起和按下是否正常。

(2)当点火开关置于ON(IG)位置,车窗锁止开关置于OFF位置时,检查并确认除驾驶人侧电动车窗以外的其他电动车窗拉起和按下是否正常。

2)检查蓄电池电压

测量蓄电池电压。标准电压为11～14V,如果电压低于11V,在转至下一步前对蓄电池充电或更换蓄电池。

3)检查DTC

(1)将智能检测仪连接到DLC3。

(2)将点火开关置于ON(IG)位置。

(3)如图11-9所示读取DTC,清除DTC;再检查DTC,如果输出任何DTC,则按故障码表进行故障排除。

◎**特别提示:**在诊断仪和诊断连接器及线路正常的条件下,如果不能进行读取故障码,此类故障应根据车窗故障现象表11-2所示,检查、调整、维修或更换相关部件。

4)DTC B2311 驾驶人车门电动机故障

驾驶人车门中的电动车窗控制系统由电动车窗主开关、升降器和带集成ECU的电动机等组成。当操作电动车窗主开关时(带防夹功能的车型),驾驶人车门电动车窗升降器电动机由ECU控制。当驾驶人车门电动车窗升降器电动机的ECU故障时,设置DTC B2311,其故障部位见表11-8。

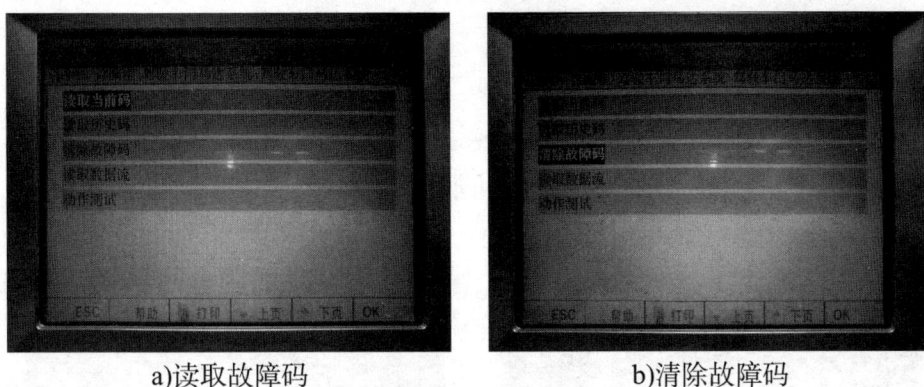

a)读取故障码　　　　　　　　　　b)清除故障码

图 11-9　读取故障码和清除故障码

DTC B2311 故障　　　　　　　　　　　　表 11-8

DTC 代码	DTC 检测条件	故障部位
B2311	符合下列条件之一时： （1）电动车窗升降器电动机（驾驶人侧）故障； （2）电动车窗升降器电动机（驾驶人侧）的 ECU 确定车窗全关位置偏离正常位置约 20mm（0.79in）或更大时	（1）当点火开关置 ON(IG) 位置时，蓄电池断开； （2）电动车窗升降器电动机（驾驶人侧）； （3）电动车窗零部件安装错误； （4）电动车窗升降器电动机（驾驶人侧）过热

5）DTC B2312 驾驶人侧车门主开关故障

当 ECU 确定电动车窗主开关卡住时，将设置 DTC B2312，其电路如图 11-10 所示。

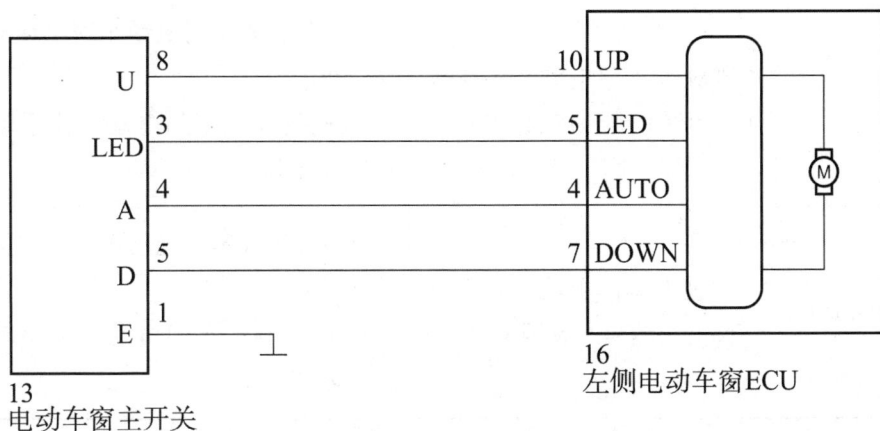

图 11-10　电动车窗主开关与左侧电动车窗 ECU 连接线路

(1)读取智能检测仪的数据值。

①将智能检测仪连接到 DLC3。

②将点火开关置于 ON(IG)位置。

③操作检测仪读取驾驶人车门电动车窗数据,如图 11-11 所示。

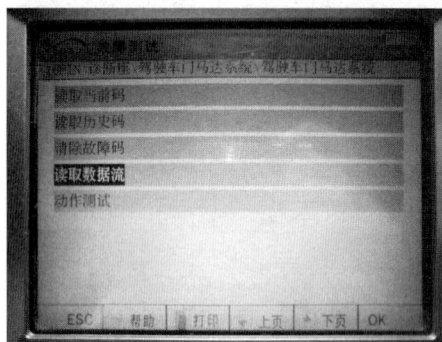 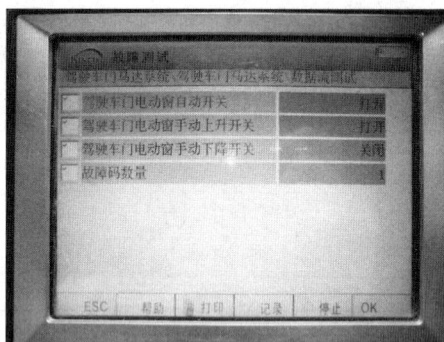

a)   b)

图 11-11 读取驾驶人车门电动车窗数据

④利用表 11-9 数据表,检查驾驶人车门电动车窗 ECU(电动车窗升降器电动机)的功能。

电动车窗 ECU(电动车窗升降器电动机)**的功能**　　　表 11-9

检测仪显示	测量项目/范围	正常状态
D Door Auto SW	驾驶人车门电动车窗自动开关信号/ON 或 OFF	ON:驾驶人车门电动车窗自动开关工作; OFF:驾驶人车门电动车窗自动开关不工作
D Door Up SW	驾驶人车门电动车窗手动上升开关信号/ON 或 OFF	ON:驾驶人车门电动车窗手动上升开关工作; OFF:驾驶人车门电动车窗手动上升开关不工作
D Door Down SW	驾驶人车门电动车窗手动下降开关信号/ON 或 OFF	ON:驾驶人车门电动车窗手动下降开关工作; OFF:驾驶人车门电动车窗手动下降开关不工作

正常:屏幕上显示 ON(开关工作)。

◇**特别提示**：当电动车窗工作正常时，故障由不规则的开关工作引起（例如电动车窗升降器主开关保持在同一位置超过20s）。

（2）检查电动车窗主开关。根据表11-10所示值测量电阻。如不正常，更换电动车窗主开关。

电动车窗主开关标准电阻　　　　　　表11-10

检测仪连接	条件	规定状态
8(U)—1(E)-4(A)	自动上升	小于1Ω
8(U)—1(E)	手动上升	小于1Ω
5(D)—1(E)	手动下降	小于1Ω
4(A)—5(D)-1(E)	自动下降	小于1Ω

（3）检查线束和插接器（电动车窗主开关—车窗升降器电动机）。断开插接器13和16。测量如下端子之间的电阻：13-8(U)与16-10(UP)、13-3(LED)与16-5(LED)、13-4(A)与16-4(AUTO)、13-5(D)与16-7(DOWN)应小于1Ω；13-8(U)、13-3(LED)、13-4(A)、13-5(D)与搭铁之间应始终10kΩ或更大。如不正常，应维修或更换线束、插接器。

6）DTC B2313 玻璃位置初始化未完成

当ECU确定驾驶人车门电动车窗升降器电动机未初始化时，设置DTC B2313，其故障部位见表11-11。更换车门玻璃或车门玻璃升降槽可能导致当前车门玻璃位置与ECU中存储的位置之间产生差异。在这种情况中，防夹功能将无法正常工作，使系统返回到初始化前的状态并对系统重新进行初始化。要将系统返回到初始化前的状态：在电动车窗操作过程中，断开车窗升降器电动机连接器。

DTC B2313 故障　　　　　　表11-11

DTC 代码	DTC 检测条件	故障部位
B2313	（1）电动车窗升降器电动机（驾驶人侧）未初始化；（2）电动车窗升降器电动机（驾驶人侧）故障	（1）电动车窗升降器电动机（驾驶人侧）；（2）电动车窗升降器电动机（驾驶人侧）未初始化

（1）检查DTC输出。

①将点火开关置于OFF位置。

②至少等待10s，然后将点火开关置于ON(IG)位置。

③检查DTC是否再次输出。

(2)如 DTC 仍输出,则检查初始化系统(电动车窗控制系统)。

①将点火开关置于 ON(IG)位置。电动车窗主开关指示灯将闪烁。

②通过操作电动车窗主开关完全关闭车门玻璃。车门玻璃停止后,将电动车窗主开关保持在 AUTO UP 位置至少 1s。

③检查并确认电动车窗主开关指示灯一直亮。

④将点火开关置于 OFF 位置,至少等待 10s,然后将点火开关置于 ON(IG)位置。

⑤检查 DTC 是否再次输出。

(3)DTC 仍输出,则更换前排驾驶人侧电动车窗升降器电动机。

◇**注意**:①如果更换了电动车窗电动机或电动车窗升降器,则需要进行初始化(蓄电池负极端子断开并重新连接后,没有必要进行初始化)。

②初始化期间不应操作其他电气系统。如果电动车窗电动机的电源电压出现下降,则初始化将中断。

③更换车门玻璃或车门玻璃升降槽可能导致当前车门玻璃位置与 ECU 中存储的位置之间产生差异。在这种情况中,防夹功能将无法正常工作,使系统返回到初始化前的状态并对系统重新进行初始化。

④初始化完成后,自动上升功能才起作用。

⑤点火开关置于 ON(IG)位置时,电动车窗主开关指示灯将开始闪烁,并且持续闪烁至初始化完成。成功完成初始化后指示灯一直亮。

◇**特别提示**:如果指示灯不是一直亮,则意味着初始化未成功完成。这种情况下,降下车门玻璃至少 50mm,并在车窗全关后,将电动车窗主开关保持在 AUTO UP 位置 1s。

7)无故障码、各车窗开关不能升降故障症状的相关电路检查

(1)电动车窗主开关电路检查。

①检查线束和插接器(电动车窗主开关—蓄电池和车身搭铁)。断开至电动车窗主开关插接器,如图 11-12 所示。检查 13-1(E)与车身搭铁应小于 1Ω;检查 13-6(B)与 13-1(E)之间的电压,在点火开关置 ON(IG)位置应在 11 ~ 14V,点火开关置于 OFF 位置低于 1V。如果结果不符合规定,则线束或插接器可能有故障。

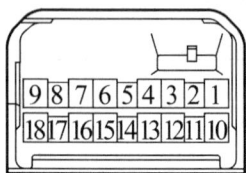

图 11-12 电动车窗主开关插接器

②检查电动车窗主开关。根据表 11-12 所示的值测量电阻,如不正常,更换电动车窗主开关。

电动车窗主开关标准电阻　　　　　　　　　表 11-12

检测仪连接	条件	规定状态
6(B)-16(U)—15(D)-1(E)	UP(乘客侧)	小于1Ω
6(B)-15(D)—16(U)-1(E)	DOWN(乘客侧)	小于1Ω
6(B)-12(U)—13(D)-1(E)	UP(左后)	小于1Ω
6(B)-13(D)—12(U)-1(E)	DOWN(左后)	小于1Ω
6(B)-10(U)—18(D)-1(E)	UP(右后)	小于1Ω
6(B)-18(D)—10(U)-1(E)	DOWN(右后)	小于1Ω

③检查主开关—(前排乘客、左后/右后开关)线束和插接器。如图 11-13 所示,断开主开关插接器 13。

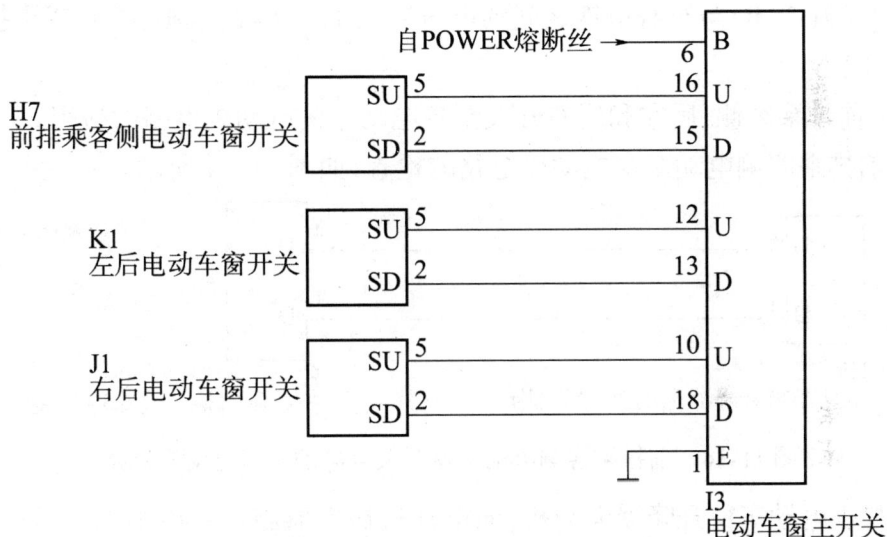

图 11-13　电动车窗主开关—(前排乘客、左后/右后开关)线路连接

a.检查主开关—前排乘客开关线束和插接器。断开前排乘客插接器 13 和 H7,测量 13-16(U)与 H7-5(SU)、13-15(D)与 H7-2(SD)之间电阻值应小于1Ω;13-16(U)与车身搭铁、13-15(D)与车身搭铁之间电阻值应为10kΩ 或更大。如不正常,维修或更换线束或插接器。

b.检查主开关—左后乘客开关线束和插接器。断开插接器 K1,测量 13-12(U)与 K1-5(SU)、13-13(D)与 K1-2(SD)之间电阻值应小于1Ω;13-12(U)与车身搭铁、13-13(D)与车身搭铁之间电阻值应为10kΩ 或更大。如不正常,维修或更换线束或插接器。

c.检查主开关—前排乘客开关线束和插接器。断开插接器 J1,测量 13-10(U)与 J1-5(SU)、13-18(D)与 J1-2(SD)之间电阻值应小于1Ω;13-10(U)与车身搭铁、13-18(D)与车身搭铁之间电阻值应为10kΩ或更大。如不正常,维修或更换线束或插接器。

(2)前排乘客侧、后左和后右电动车窗开关电源电路检查。

①前排乘客侧电动车窗开关电源电路检查。断开插接器H7,点火开关置于ON(IG)位置,检查H7-3(B)与车身搭铁之间的电压应为11~14V,否则维修或更换线束或插接器。

②后左电动车窗开关电源电路检查。断开插接器K1,点火开关置于ON(IG)位置,检查K1-3(B)与车身搭铁之间的电压应为11~14V,否则维修或更换线束或插接器。

③后右电动车窗开关电源电路检查。断开插接器J1,点火开关置于ON(IG)位置,检查J1-3(B)与车身搭铁之间的电压应为11~14V,否则,维修或更换线束或插接器。

(3)前排乘客侧、后左和后右开关至各电动车窗电动机电路的检查。

①前排乘客侧电动车窗电动机电路的检查,如图11-14所示。

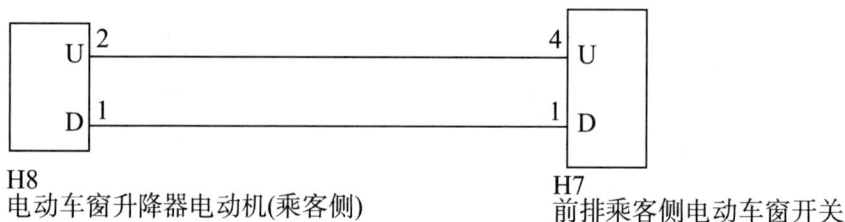

图11-14　前排乘客侧电动车窗开关至电动车窗电动机电路

a. 检查电动车窗升降器电动机,向电动机插接器施加蓄电池电压,蓄电池正极(+)与电动机端子2相接,蓄电池负极(-)与电动机端子1相接,电动机齿轮顺时针旋转;反之逆转。

◇**特别提示:**不要对除端子1和2外的任何端子施加蓄电池电压。

b. 断开插接器H7和H8,测量H7-4(U)与H8-2(U)、H7-1(D)与H8-1(D)之间电阻值应小于1Ω;H7-4(U)与车身搭铁、H7-1(D)与车身搭铁之间电阻值应为10kΩ或更大。

②后左开关至各电动车窗电动机电路检查,如图11-15所示。

a. 同上方法检查电动机。

b. 断开连接器K1和K2,测量K1-4(U)与K2-1(U)、K1-1(D)与K2-2(D)之间电阻值应小于1Ω;K1-4(U)与车身搭铁、K1-1(D)与车身搭铁之间电阻值应为10kΩ或更大。

图 11-15　左后电动车窗开关至电动车窗电动机电路

③右后开关至各电动车窗电动机电路检查,如图 11-16 所示。

图 11-16　右后电动车窗开关至电动车窗电动机电路

a. 同上方法检查电动机。

b. 断开插接器 J1 和 J2,测量 J1-4(U)与 J2-1(U)、J1-1(D)与 J2-2(D)之间电阻值应小于 1Ω;J1-4(U)与车身搭铁、J1-1(D)与车身搭铁之间电阻值应为 10kΩ或更大。否则,更换线束或插接器。

6. 结束工作

检查作业项目完成后,将各拆卸部件装复,并拆除护裙和驾驶室内防护套,关闭发动机舱盖,清理器材,搞好工位的清洁、整理工作。

三、评价与反馈

对本学习项目进行评价,见表 11-13。

评分表　　　　　　　　　　　　　　表 11-13

考核项目	评分标准	分数	学生自评	小组互评	教师评价	小计
团队合作	是否协调	5				
活动参与	是否积极主动	5				
安全生产	有无安全隐患	5				
现场5S	是否做到	5				
任务方案	是否正确、合理	10				

续上表

考核项目	评分标准	分数	学生自评	小组互评	教师评价	小计
操作过程	(1)规范进行电动车窗故障码的读取与清除	5				
	(2)正确读取检测仪的车窗数据值	5				
	(3)能规范进行电动车窗初始化工作	5				
	(4)能对DTC B2311驾驶人车门电动机故障进行检查	10				
	(5)能对DTC B2312驾驶人侧车门主开关故障进行检查	10				
	(6)能对无故障码、各车窗开关不能升降故障症状的相关电路进行检查(任选一项): ①电动车窗主开关电路的规范检查; ②前排乘客侧、后左和后右电动车窗开关电源电路的规范检查; ③前排乘客侧、后左和后右开关至各电动车窗电动机电路的规范检查	15				
任务完成情况	是否圆满完成	5				
工具和设备使用	是否规范、标准	5				
劳动纪律	是否能严格遵守	5				
工单填写	是否完整、规范	5				
总分		100				
教师签名:		年　月　日			得分:	

四、学习拓展

手机扫码,查看本项目"学习拓展"内容

项目十二 电动门锁不工作故障的检修

对于电动门锁的控制过程,往往是通过控制电动机的运转状态,便可实现对门锁进行电动控制。在电动门锁控制应用中广泛采用的是中控门锁。所谓中控门锁,就是当驾驶人锁住驾驶人侧车门总开关时,其他车门也同时锁住,驾驶人可通过其侧的门锁开关同时打开其余各个车门,也可单独打开某个车门的一种电动控制装置。

中控门锁的控制方式有很多种,目前汽车中使用的有普通中央控制门锁、电子式中央控制门锁、车速感应式中央控制电动门锁、遥控中央控制门锁和电脑(ECU)控制的中控门锁等不同的控制方式,其电路差异较大,因而相对应的电动门锁检修方法也有所不同。

学习目标

完成本项目学习后,你应当能:

1. 叙述汽车中控电动门锁结构组成和元件功能;
2. 分析说明典型汽车电动门锁的控制电路;
3. 对汽车电动门锁不工作简单故障进行检修;
4. 建立规范、安全和质量意识;
5. 培养良好的职业道德和敬业精神。

建议学时

12 学时。

一、信息收集

1. 电动门锁控制系统的功能

电动门锁控制系统通常具备的功能有:

(1)钥匙控制功能:驾驶人可通过操作驾驶人侧车门机械钥匙锁开关,可以控制全车车门的打开和锁住。

(2)遥控控制功能:遥控器向电动门锁控制接收器发送弱无线电波(识别码和功能码),电动门锁控制模块(ECU)接收到信号后,可以控制全车车门(包括行李舱)的打开和锁住。

(3)中央控制功能:驾驶人可通过主驾侧的门锁开关同时打开各个车门,也可单独打开某个车门,当驾驶人侧车门锁住时,其他三个车门也同时锁住。

(4)速度控制功能:某些电动门锁系统,当行车速度达到一定时,各个车门能自行锁定,防止乘员误操作车内门把手而导致车门打开。

(5)防止钥匙锁在车内功能:如果当遥控钥匙在车厢内或者机械钥匙在点火锁芯内,当驾驶人侧的内部锁止开关在锁止位置时,关上车门后,该车门也不能锁止。

(6)后车门儿童锁止功能:中控门锁控制系统设有后车门儿童安全锁止功能,防止车内儿童擅自打开车门。只有当中控门锁控制系统在"开锁"状态时,儿童安全锁闩才能退出。也有的车锁是当儿童安全锁闩拨到锁止位置时,在车内用内扣手不能开门,而在车外用外扣手可以开门。

2.汽车电动门锁控制系统的组成

汽车电动门锁控制系统通常由车门锁、门锁电动机、门锁控制模块(ECU)以及控制电路附属装置(主要有车门门控灯开关、点火开关和解锁警告开关、危险警告灯、车厢照明灯总成、诊断端子和线路)等组成。

1)车门锁

车门锁通常由锁体总成、锁扣、内外操纵机构和内外锁止机构等组成。其中操纵机构通常有车门按钮、车内和车外拉手(把)以及连接杆等;锁止机构有钥匙和锁芯、门锁开关等,如图12-1所示。

锁体总成安装在车门内,与安装在门框上的固定锁扣共同配合进行车门开启和关闭。

在锁体总成内与固定锁扣配合车门开启或锁止的元件是叉形门闩(图12-2)。

叉形门闩的锁止和解锁状态是由机构中的止动爪工作状态来决定的,如图12-3所示。而止动爪则通过与内外操纵机构和内外锁止机构进行机械连接,当操作杆没有给止动爪外作用力时,止动爪在止动爪弹簧的弹力作用下卡住叉形门闩而不能转动,即处于锁止状态;当操作杆有作用在止动爪上的外力大于止动爪弹簧力时,叉形门闩在叉形门闩弹簧作用力下便能转动,从固定锁扣中退出,即处于解锁状态。

如果在锁体总成上加装电动机,便是电动门锁。电动门锁传动机构和锁体总成加装电动机结构如图12-4所示。

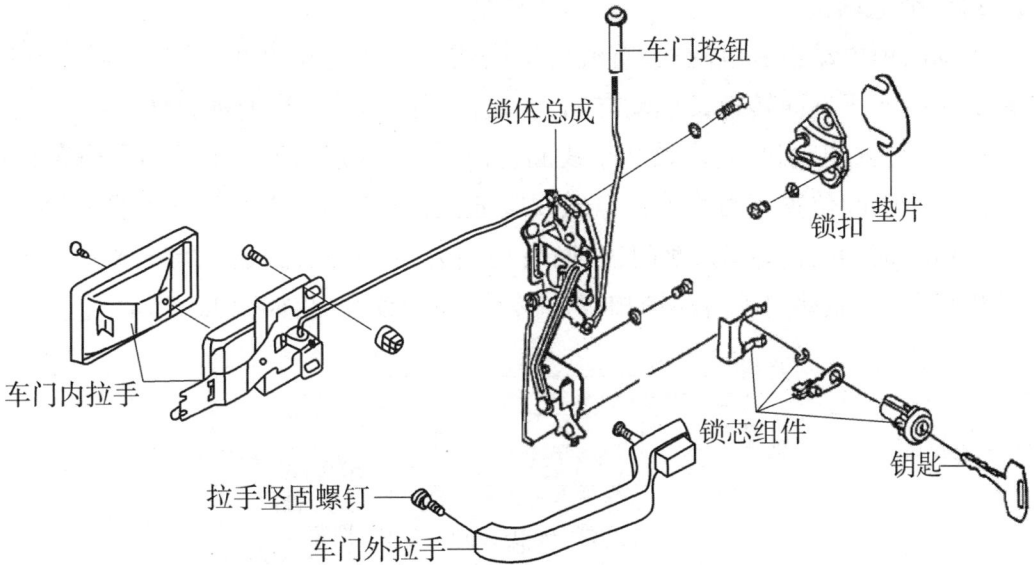

车门按钮

锁体总成

锁扣　垫片

车门内拉手

锁芯组件

钥匙

拉手坚固螺钉

车门外拉手

图 12-1　普通门锁传动机构分解图

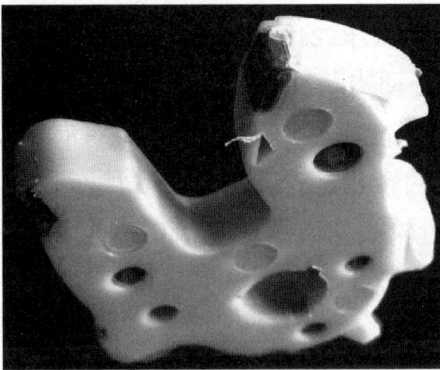

图 12-2　包裹胶体后的叉形门闩

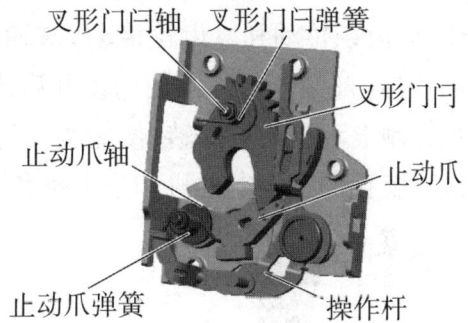

叉形门闩轴　叉形门闩弹簧

叉形门闩

止动爪轴

止动爪

止动爪弹簧

操作杆

图 12-3　锁体总成锁止机构

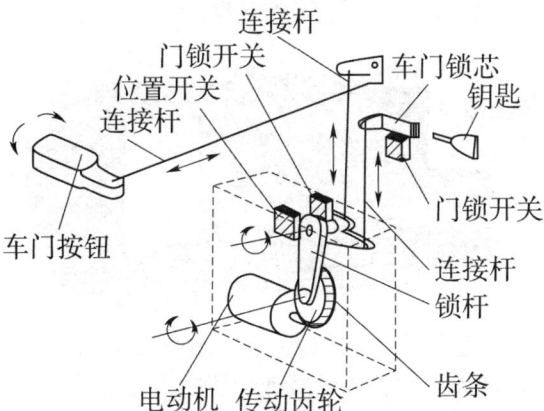

连接杆

门锁开关

位置开关

连接杆

车门锁芯

钥匙

门锁开关

连接杆

锁杆

车门按钮

电动机　传动齿轮

齿条

a)电动门锁锁传动机构原理示意图

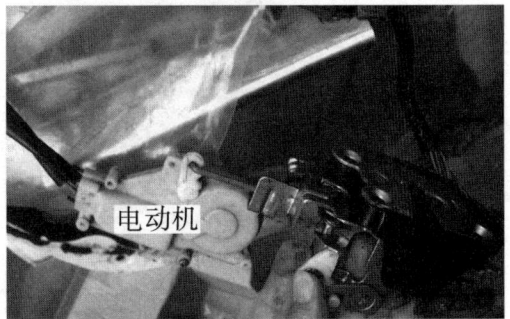

电动机

b)电动门锁锁体总成加装电动机结构图

图 12-4　电动门锁

2)门锁电动机

电动门锁电动机有电磁式、直流电动机式和永磁电动机式三种,其工作原理都是通过改变极性而转换其运动方向,从而执行门锁的开启或锁止动作。

(1)电磁式电动机:它内设2个线圈,分别用来开启、锁止门锁。门锁操作按钮平时处于中间位置。当给锁止电磁线圈通正向电流时,铁芯带动连杆左移,驱动门锁活动锁扣(杆)转动,使门锁锁止;当给开启电磁线圈通反向电流时,铁芯带动连杆右移,驱动门锁活动锁扣(杆)转动,使门锁开启,如图12-5所示。

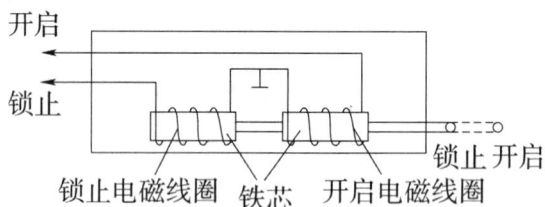

图12-5　电磁式电动机原理图

(2)直流电动机:它是通过直流电动机转动并经传动装置(传动装置有蜗轮蜗杆传动、齿条传动和直齿轮传动)减速后将动力传给门锁活动锁扣(杆),使门锁活动锁扣(杆)转动,从而使门锁开启或锁止。由于直流电动机能双向转动,所以通过控制电动机的正反转,便能实现门锁的锁止或开启,图12-6所示为带蜗轮蜗杆减速装置的直流电动机和带齿条和直齿轮减速装置的直流电动机。

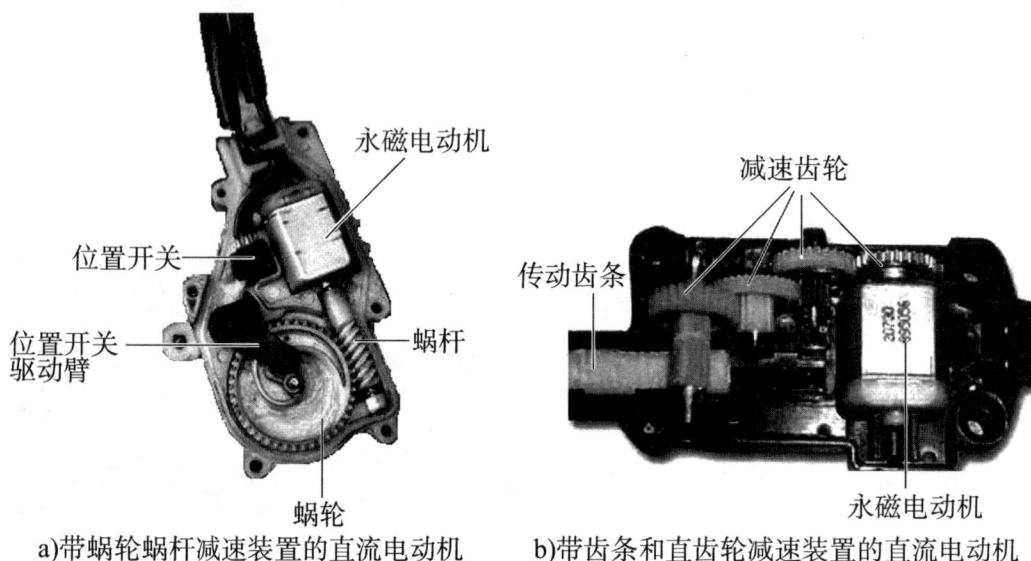

a)带蜗轮蜗杆减速装置的直流电动机　　b)带齿条和直齿轮减速装置的直流电动机

图12-6　带减速装置的直流电动机

(3)永磁电动机:永磁电动机多是指永磁型步进电动机。它的作用与前述的直流电动机基本相同,但结构差异较大,工作原理较复杂。

3.典型电动门锁的控制系统

下面以丰田卡罗拉轿车的遥控中控门锁系统为例进行说明。

1)系统组成

丰田卡罗拉轿车的遥控中控门锁系统主要由遥控器、车门钥匙开关、门锁电动机、中控门锁(主车身)ECU、接收天线、门控灯开关、指示灯、室内照明灯和危险警告灯等控制元件组成,图12-7所示为卡罗拉轿车遥控中控门锁控制系统结构图。

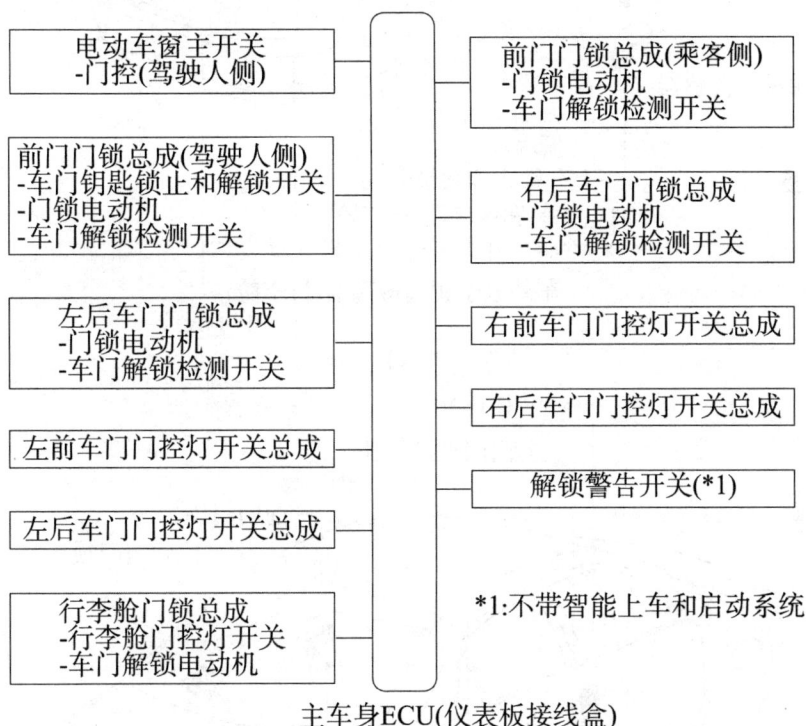

图12-7　丰田卡罗拉轿车遥控中控门锁控制系统结构图

图12-8所示为丰田卡罗拉轿车遥控中控门锁系统(带智能上车和起动系统)的控制元件名称及位置图。

2)遥控功能及原理

遥控功能是通过遥控器,可以从远处便能对全车的车门锁进行锁止和解锁。

遥控的基本原理是:从车主的发射器(即遥控器、电子钥匙,图12-9)发出微弱的无线电波信号,由车门控制接收器接收该电波信号,经主车身ECU识别信号代码,再发出指令给执行器(电动机或电磁线圈)执行解锁/锁止的动作。

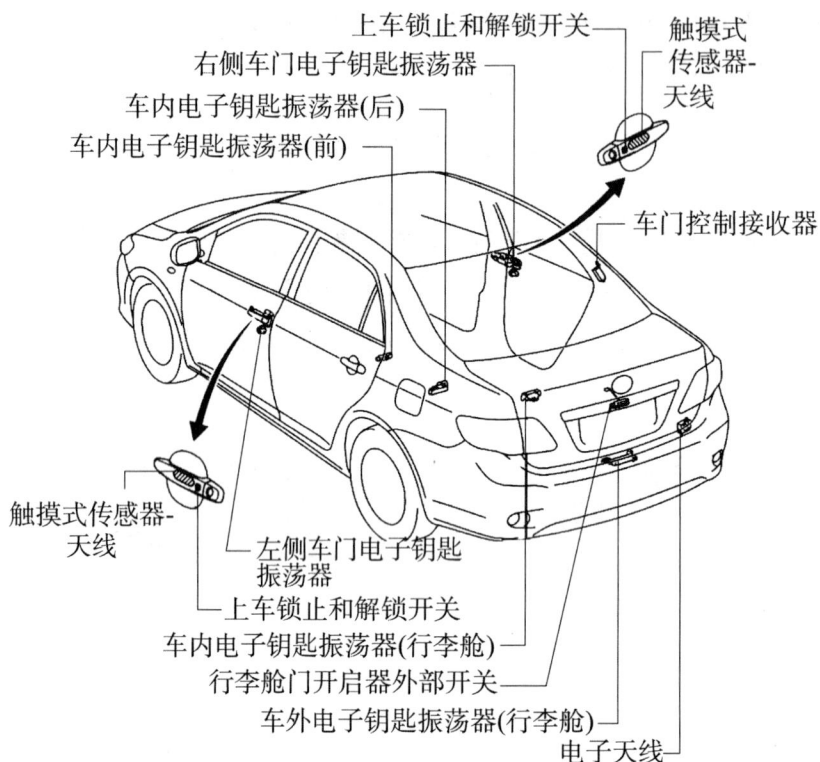

上车锁止和解锁开关
触摸式传感器-天线
右侧车门电子钥匙振荡器
车内电子钥匙振荡器(后)
车内电子钥匙振荡器(前)
车门控制接收器
触摸式传感器-天线
左侧车门电子钥匙振荡器
上车锁止和解锁开关
车内电子钥匙振荡器(行李舱)
行李舱门开启器外部开关
车外电子钥匙振荡器(行李舱)
电子天线

a)

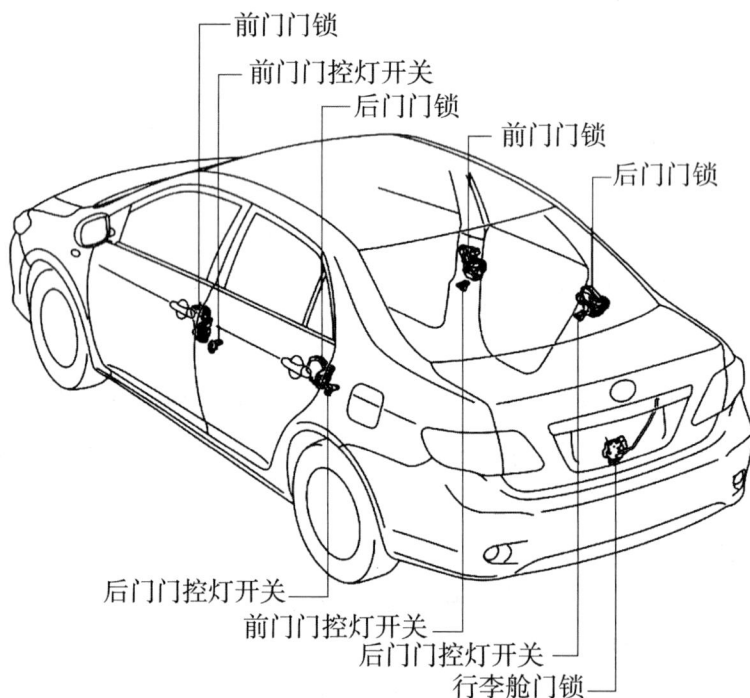

前门门锁
前门门控灯开关
后门门锁
前门门锁
后门门锁
后门门控灯开关
前门门控灯开关
后门门控灯开关
行李舱门锁

b)

图 12-8

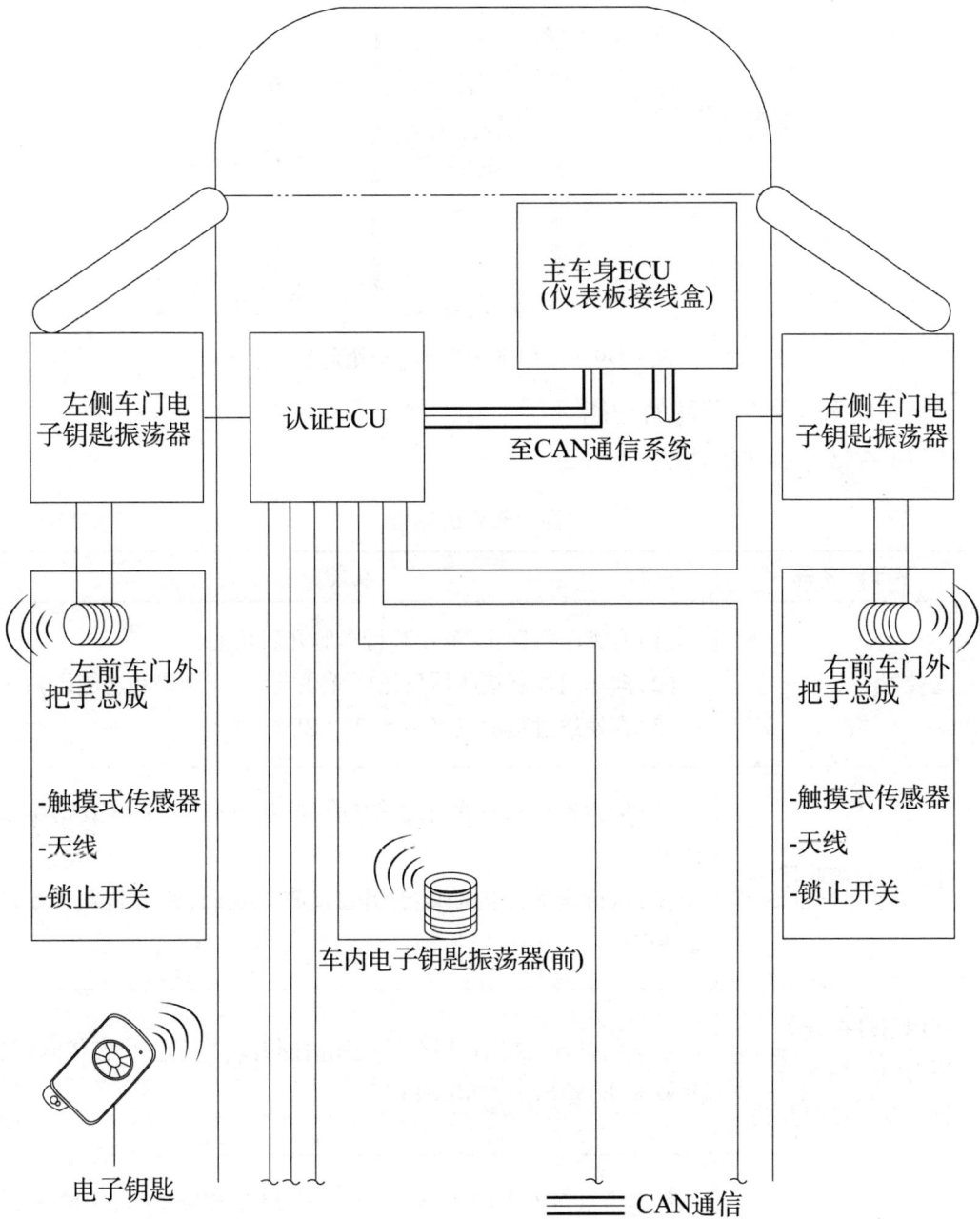

图 12-8　遥控中控门锁系统控制元件的位置图

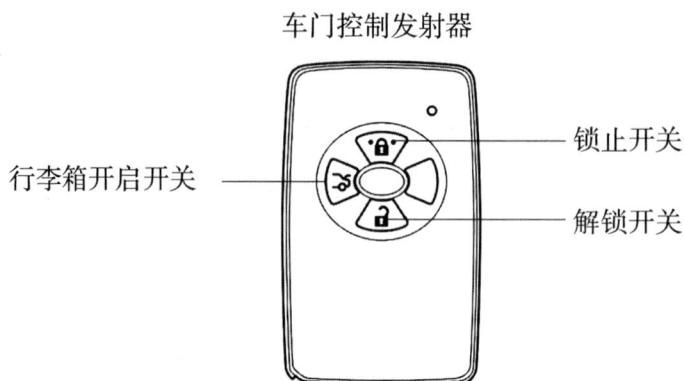

图 12-9　车门遥控器(电子钥匙)

3)系统和主要零部件的功能

(1)主要零部件的功能,见表 12-1。

主要零部件的功能　　　　　　　　　　　　　　　　表 12-1

零部件名称	功能
遥控器	(1)有锁车门锁止、解锁和行李舱开启功能; (2)向车门控制接收器发送弱无线电波(识别码和功能码); (3)在发送过程中点亮指示灯(LED)
车门控制接收器	(1)从检测区域内的电子钥匙接收识别码,并将其发送给认证 ECU; (2)从行李舱门内的电子钥匙接收识别码,并将其发送给认证 ECU
前门门灯控开关 后门门灯控开关 行李舱门灯控开关	当车门打开时接通,当车门关闭时断开。将车门状态代码(打开或关闭)输出至主车身 ECU
认证 ECU	根据来自每个振荡器、不同开关、各 ECU 和电子钥匙的信号控制智能上车和起动系统: (1)判断和认证车门控制接收器的识别码; (2)将发动机停机系统解除信号发送到识别码盒; (3)将转向解锁信号发送到转向锁 ECU

零部件名称	功能
主车身 ECU(仪表板接线盒)	根据来自不同开关、各 ECU 和组合仪表的信号控制按钮起动功能： (1)根据发动机开关信号,将电子钥匙识别请求信号发送到认证 ECU,并且将继电器接通和断开； (2)从认证 ECU 接收请求信号,并驱动门锁电动机,使车门解锁或锁止； (3)将每个车门条件信号发送给认证 ECU
车门外把手(驾驶人车门和乘客车门)(天线)	发送请求信号
车门外把手(驾驶人车门和乘客车门)(触摸式传感器)	检测确认人员接触外把手内侧
车门外把手(驾驶人车门和乘客车门)(门锁开关)	将门锁请求信号发送给认证 ECU
车门电子钥匙振荡器(驾驶人车门和乘客车门)	从认证 ECU 接收请求信号,并在前门周围形成检测区域
车内电子钥匙振荡器(前和后)	从认证 ECU 接收请求信号,并在车辆内部形成检测区域
门锁位置开关	将各车门的门锁位置发送至主车身 ECU
电动车窗主开关	主开关上的门控开关锁止/解锁所有车门
驾驶人侧门锁总成开关	(1)内置电动机锁止/解锁车门； (2)内置门控开关(钥匙联动)检测车门钥匙操作的车门状态(锁止或解锁),并且向主车身 ECU(仪表板接线盒)输出数据； (3)内置式位置开关检测车门状态(锁止或解锁),并输出数据至主车身 ECU(仪表板接线盒)。车门锁止时此开关关闭,车门解锁时此开关打开

续上表

零部件名称	功能
乘客侧门锁总成开关	(1)内置电动机锁止/解锁车门; (2)内置式位置开关检测车门状态(锁止或解锁),并输出数据至主车身ECU(仪表板接线盒)。车门锁止时此开关关闭,车门解锁时此开关打开
左后和右后门锁总成开关	(1)内置电动机锁止/解锁车门; (2)内置式位置开关检测车门状态(锁止或解锁),并输出数据至主车身ECU(仪表板接线盒)。车门锁止时此开关关闭,车门解锁时此开关打开

(2)结构和操作。

①电子钥匙:电子钥匙由机械钥匙、遥控门锁控制发射器和智能上车和起动系统收发器组成。

a.智能上车和起动系统的收发器接收振荡器信号并将识别码发送至调谐器。

b.遥控门锁控制发射器有一个锁止开关、一个解锁开关和一个行李舱开关。

c.该机械钥匙用于驾驶人车门、行李舱门和手套箱,但是不能起动发动机。

②振荡器:检测区域由6个振荡器形成(2个车门振荡器、2个行李舱振荡器和2个车内振荡器)。如图12-10所示为电子钥匙检测区域。每个振荡器发送来自认证ECU的请求信号,并且形成一个电子钥匙检测区域以检测电子钥匙的存在。车门振荡器和行李舱外振荡器的探测区域大约是距各车门外把手或后保险杠中央0.7~1m(2.3~3.3ft)的范围。

a.当发动机开关关闭并且各车门锁止时,通过每0.25s发出一个请求信号形成车门振荡器的检测区域。它以此方法检测邻近区域中的电子钥匙。在上车锁止期间,检测区域在锁止开关打开时形成。

b.形成于电动行李舱门开启开关打开之时。

c.打开或关闭驾驶人车门、起动点火过程中、激活警告时或打开锁止开关时形成车内振荡器(前和后)的探测区域。

d.行李舱门关闭或按下行李舱开启开关或锁止开关时,形成车内振荡器(行李舱)的探测区域。

车门控制遥控器带有锁止和解锁开关。操作这些开关以激活各项功能,遥控门锁控制系统具有的功能见表12-2。

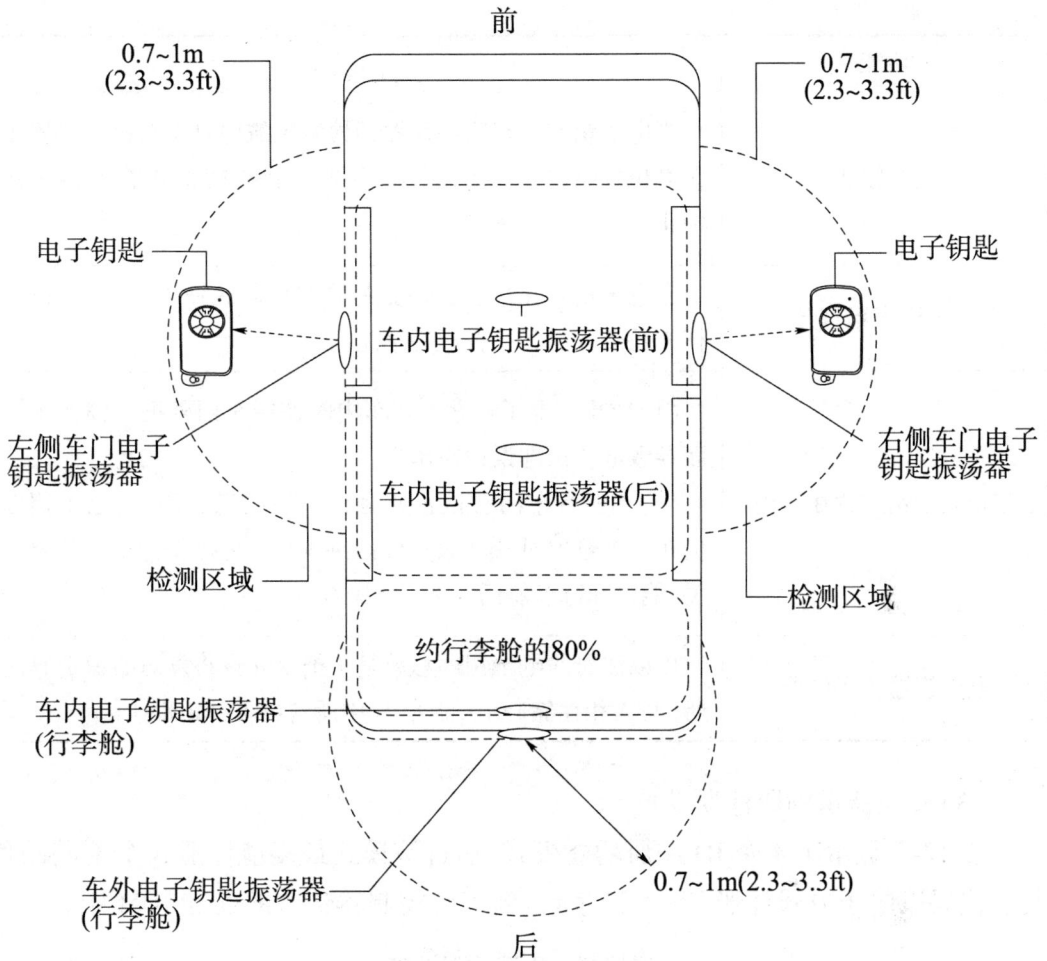

前

0.7~1m
(2.3~3.3ft)

0.7~1m
(2.3~3.3ft)

电子钥匙

电子钥匙

车内电子钥匙振荡器(前)

左侧车门电子
钥匙振荡器

右侧车门电子
钥匙振荡器

车内电子钥匙振荡器(后)

检测区域

检测区域

约行李舱的80%

车内电子钥匙振荡器
(行李舱)

车外电子钥匙振荡器
(行李舱)

0.7~1m(2.3~3.3ft)

后

图 12-10　电子钥匙检测区域

遥控门锁控制系统功能　　　　　　　　　　　　　　　　　表 12-2

功能	操作
遥控门锁控制	此功能可以对所有车门或行李舱进行遥控锁止和解锁。与遥控门锁控制系统的操作相同。然而,认证 ECU 的接收器使用上车车门控制接收器来控制锁止和解锁
上车照明	当携带电子钥匙进入检测区域时,车门将进入解锁准备模式且前阅读灯和脚踏灯将亮起
上车解锁	当电子钥匙位于车门振荡器检测区域内时,通过触摸车门外把手内侧可使车门解锁

续上表

功能	操作
上车锁止	当电子钥匙在车门振荡器的检测区域内且发动机开关置于 OFF 位置时,通过按下车门外把手上的锁止开关可将车门锁止
上车行李箱打开	当电子钥匙在行李舱外振荡器的检测区域内时,通过按下行李舱门开启开关打开行李舱门
防止电子钥匙锁在车内	(1)防止在电子钥匙仍在车内时使用车门外把手锁上车门而导致电子钥匙误锁在车内; (2)当所有车门已锁止并且行李舱门已关闭,而电子钥匙仍在行李舱内时,警告蜂鸣器会鸣响,如果操作行李舱开启开关,能打开行李舱门
电子钥匙代码注册	可以注册的电子钥匙总数是 7 把。允许将发射器识别码注册(写入和存储)到认证 ECU 中所含的 EEPROM 内

(3)遥控器识别码注册功能。

表 12-3 显示了 4 个 ID 注册功能模式,通过该模式最多能注册 6 个不同的代码。代码以电子方式注册(写入和存储)到车门控制器包含的 EEPROM 中。

遥控器识别码注册功能 表 12-3

模式	功能
添加模式	(1)添加一个新接收的代码时,保留以前注册的代码; (2)添加新遥控器时,使用该模式。如果注册的代码数量超过 6 个,最先注册的代码被首先清除
改写模式	清除所有以前注册的代码并仅注册新输入的代码
确认模式	确认当前注册的代码数量。添加新代码时,此模式用来检查已经存在的代码数量
禁止模式	(1)清除所有注册的代码并禁用遥控门锁功能; (2)当遥控器丢失时使用该模式

遥控功能不工作的条件:

①不能进行锁止操作的情况:当所有车门打开和钥匙插在点火锁芯中时。

②不能进行解锁操作的情况:钥匙插在点火锁芯中。

4)控制电路

丰田卡罗拉轿车遥控中控门锁控制系统从控制原理上看主要由信号装置(主要有车门控制接收器、门控灯开关、点火开关和解锁警告开关等)、ECU(主车身ECU)、执行装置(有门锁总成电动机、危险警告灯、车厢照明灯总成等)、诊断端子和线路等组成。其工作原理是:当主车身ECU接到来自信号装置的"锁止/开锁"请求信号后,通过计算识别,发出"锁止/开锁"命令,使门锁总成电动机转动,直至车门完全"锁止/开锁"状态;同时,通过危险警告灯光发出指示,其原理如图12-11所示。

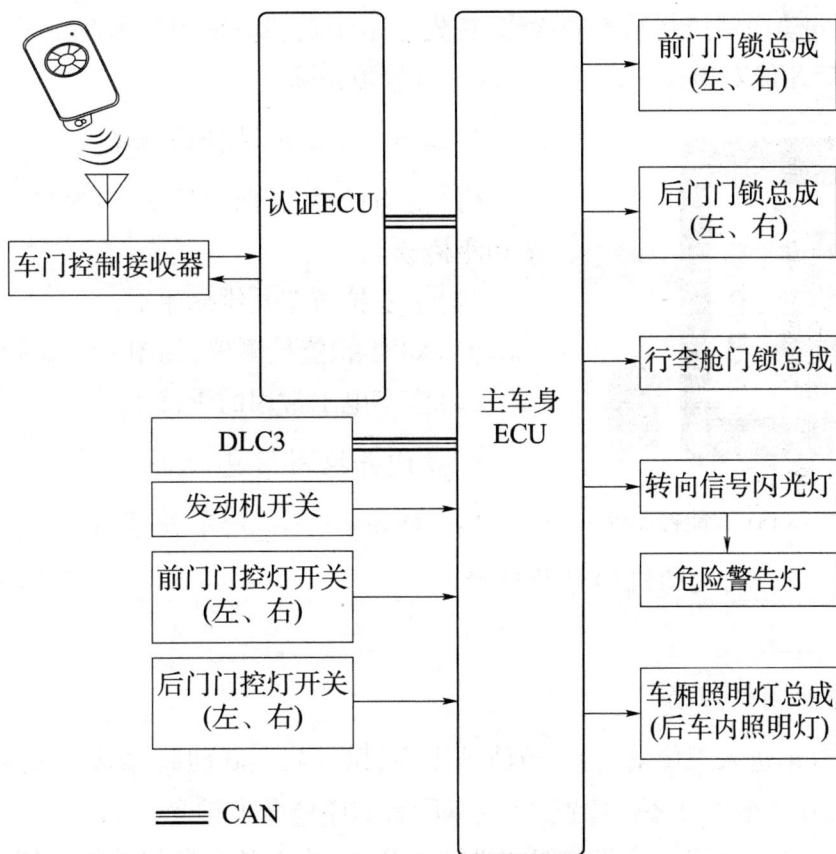

图12-11　丰田卡罗拉轿车遥控中控门锁控制系统原理图

二、实训操作

1.技术标准与要求(以丰田卡罗拉轿车为例)

(1)在以下情况下锁止被取消:①点火开关置于ON(IG)位置;②使用机械钥

匙(发射器)或电子钥匙解锁驾驶人侧车门;③车门控制按钮手动转至解锁位置后,门控开关(手动操作)转至解锁位置。

(2)自动锁止功能(带智能上车和起动系统):①锁止所有车门;②使用电子钥匙解锁驾驶员侧车门;③保持所有车门关闭,且不接触电子钥匙开关和上车解锁开关30s。然后,所有车门自动锁止。

(3)车厢照明灯功能:①将车厢照明灯开关置于DOOR位置。②锁止所有车门,检查并确认使用钥匙将驾驶人侧门锁锁芯转至解锁位置后,驾驶人侧车门解锁。同时,车厢照明灯亮起。③如果车门没有打开,车厢照明灯在大约15s内关闭。

(4)电动门锁控制系统的检修,首先是基于电动门锁控制系统正常工作这一前提,然后才能对遥控门锁控制系统进行故障排除。

图 12-12　X431 智能检测仪

2. 工具、设备和材料的准备

(1)磁力护裙、转向盘护套、变速杆手柄套、脚垫和座椅套。

(2)卡罗拉轿车及维修手册。

(3)X431 智能检测仪,如图 12-12 所示。

(4)汽车电工常用的维修工具。

3. 查询并填写信息

生产年份_____,车牌号码_____,行驶里程_____,发动机型号及排量_____,车辆识别代号(VIN)_____。

4. 作业前的准备

(1)汽车进入工位前,将工位清理干净,拉紧驻车制动器操纵杆,并将变速杆置于空挡或驻车挡(P位)位置,将汽车所有的座椅套上护套。

(2)分别通过用遥控器和钥匙机械式开锁,检查各个车门锁的开锁和锁止情况,初步确定门锁的故障情况。

(3)对有故障的车门锁,在车辆钥匙关闭的情况下,先拆除该车门的内装饰板后,才能进行下一步故障诊断的操作。

5. 具体的故障检修

故障现象之一:通过主开关、驾驶人侧车门锁芯不能操作所有车门的锁止或解锁。

◇**特别提示**:主车身ECU(仪表板接线盒)从电动车窗主开关和驾驶人侧车门锁芯接收开关信号,如图12-13所示,并根据这些信号激活各车门上的门锁电动机。

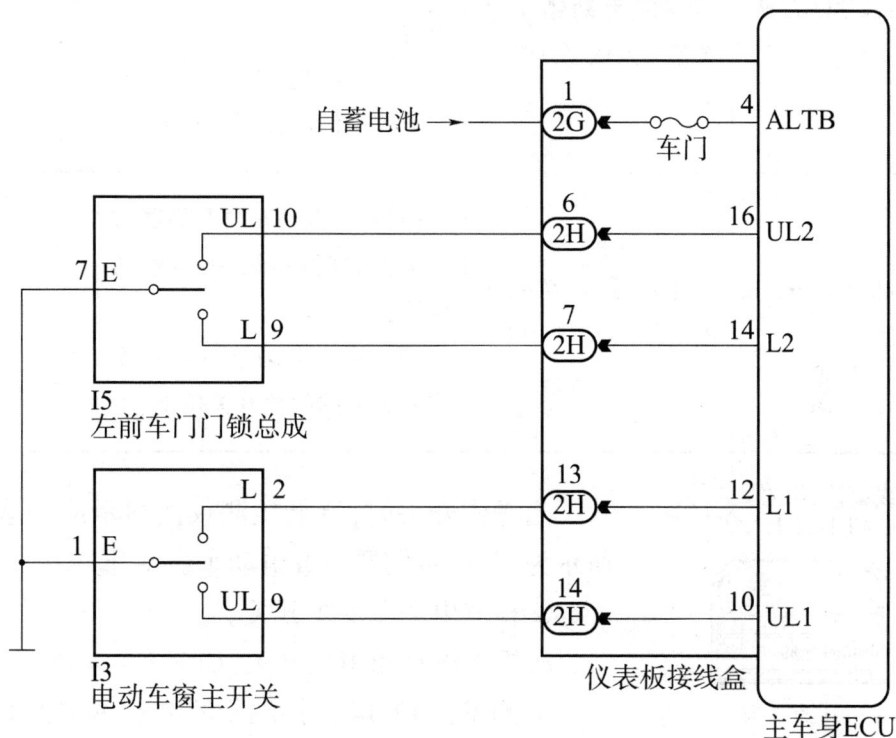

图 12-13　电动车窗主开关和驾驶人侧车门锁芯接收开关电路图

1)检查车门熔断丝(DOOR)

(1)将DOOR熔断丝从仪表板接线盒上拆下。

(2)测量DOOR熔断丝端子电阻,标准电阻值见表12-4。

DOOR 熔断丝端子电阻值　　　　　　　　　　表 12-4

检测仪连接	条件	规定状态
DOOR 熔断丝	始终	小于1Ω

2)检查车门锁止操作

(1)车门无法通过主开关锁止时。

①使用智能检测仪,当车门手动开关在ON、OFF状态下读取检查仪显示,应如表12-5所示。

车门开关在 ON、OFF 状态下检查仪显示值   表 12-5

检测仪显示	测量项目/范围	正常状态	诊断备注
Door Lock SW-Lock（锁止）	车门手动锁止开关信号/ON 或 OFF	(1) ON:电动车窗升降器主开关上的门控开关按至锁止位置； (2) OFF:电动车窗升降器主开关上的门控开关按下	
Door Lock SW-Unlock（解锁）	车门手动解锁开关信号/ON 或 OFF	(1) ON:电动车窗升降器主开关上的门控开关按至解锁位置； (2) OFF:电动车窗升降器主开关上的门控开关按下	

没有线束连接的零部件:
(电动车窗主开关)

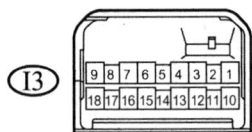

I3 〔9 8 7 6 5 4 3 2 1〕
〔18 17 16 15 14 13 12 11 10〕

图 12-14　电动车窗主开关
插接器端子

当操作开关时,智能检测仪的显示应如表 12-5 所示为正常,否则要检查电动车窗主开关。

②检查电动车窗主开关。

a. 拆下电动车窗主开关,如图 12-14 所示。

b. 测量图 12-14 连接端子的电阻,标准电阻值见表 12-6。

电动车窗主开关连接端子标准电阻值   表 12-6

检测仪连接	条件	规定状态
1～2	锁止	小于 1Ω
1～2 1～9	OFF(松开)	10kΩ 或更大
1～9	解锁	小于 1Ω

若检测结果不符合表格内的要求,更换电动车窗主开关。

③查线电动车窗主开关电路束和插接器。

a. 拆开仪表板接线盒插接器,如图 12-15 所示。

b. 测量图 12-15 所示插接器端子间的电阻,其标准电阻值见表 12-7。

线束插接器前视图：(至电动车窗主开关)　　线束插接器前视图：(至仪表板接线盒)

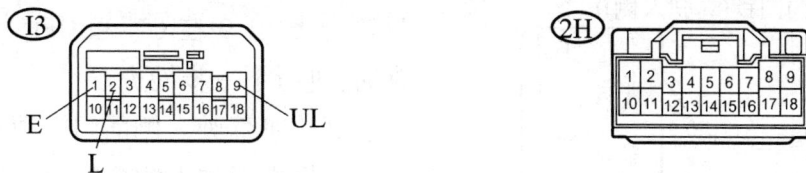

图 12-15　车窗主开关、仪表接线盒插接器端子

电动车窗主开关电路线束插接器端子间标准电阻值　　　　表 12-7

检测仪连接	条件	规定状态
13-2(L) 与 2H-13	始终	小于 1Ω
13-9(UL) 与 2H-14	始终	小于 1Ω
13-1(E) 与车身搭铁	始终	小于 1Ω
2H-13 与车身搭铁	始终	10kΩ 或更大
2H-14 与车身搭铁	始终	10kΩ 或更大

如果检测值不符合表 12-7 的要求,维修或更换线束或插接器。

如果经过上述步骤检查操作,车门仍无法通过主开关锁止时,更换主车身 ECU。

(2)车门无法通过驾驶人侧车门锁芯锁止时。

①通过智能检测仪读取车门钥匙联动锁止和解锁开关的值。

使用智能检测仪,当车门钥匙开关在 ON、OFF 状态下读取检查仪显示,应如表 12-8 所示。

车门钥匙开关在 ON、OFF 状态下检查仪显示值　　　　表 12-8

检测仪显示	测量项目/范围	正常状态
Door Lock SW-Lock （锁止）	车门钥匙联动锁止 开关信号/ON 或 OFF	（1）ON:驾驶人侧车门锁芯转至锁止位置; （2）OFF:驾驶人侧车门锁芯未转动
Door Lock SW-Unlock （解锁）	车门钥匙联动解锁 开关信号/ON 或 OFF	（1）ON:驾驶人侧锁芯转至解锁位置; （2）OFF:驾驶人侧车门锁芯未转动

没有线束连接的零部件:
(前门门锁(驾驶人侧))

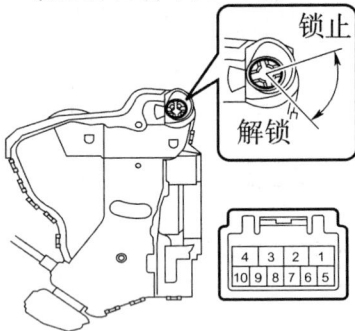

图 12-16　驾驶人侧前门门锁及插接器端子

在检测仪屏幕上,当显示各检测项目符合表 12-9 在 ON 和 OFF 状态下正常时,进行下一步检查。

②检查驾驶人侧前门门锁总成。

a.拆下驾驶人侧前门门锁总成。

b.拆开驾驶人侧前门门锁总成插接器,如图 12-16 所示。

c.测量图 12-16 所示门锁开端子电阻值,标准电阻见表 12-9。

驾驶人侧前门门锁开端子电阻值　　　　　　表 12-9

检测仪连接	条件	规定状态
7—9	ON(门锁设置为锁止)	小于 1Ω
7—9 7—10	OFF(松开)	10kΩ 或更大
7—10	ON(门锁设置为解锁)	小于 1Ω

若检测结果不符合表 12-9 所规定,则更换门锁总成。

③检查车门钥匙联动锁止解锁开关电路的线束和插接器。

a.拆开仪表板接线盒插接器,如图 12-17 所示。

线束插接器前视图:(至前门门锁)　　线束插接器前视图:(至仪表板接线盒)

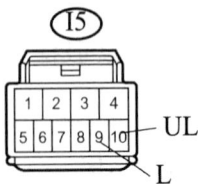

图 12-17　门锁、仪表接线盒线束插接器端子

b.测量图 12-17 所示线束插接器端子间的电阻,其标准电阻见表 12-10。

车门钥匙联动锁止解锁电路线束插接器端子间标准电阻值　　表 12-10

检测仪连接	条件	规定状态
I5-9(L)—2H-7	始终	小于 1Ω
I3-10(UL)—2H-6	始终	小于 1Ω
2H-7—车身搭铁	始终	10kΩ 或更大
2H-6—车身搭铁	始终	10kΩ 或更

若检测结果不符合表 12-10 所规定,维修或更换线束或插接器;如果经过上述步骤检查操作,车门仍无法通过驾驶员侧车门锁芯锁止时,更换主车身 ECU。

故障现象之二:仅驾驶人侧车门锁止/解锁功能不工作。

◇**特别提示**:主车身 ECU(仪表板接线盒)接收锁止/解锁开关信号,如图 12-18 所示,并根据这些信号激活门锁电动机。

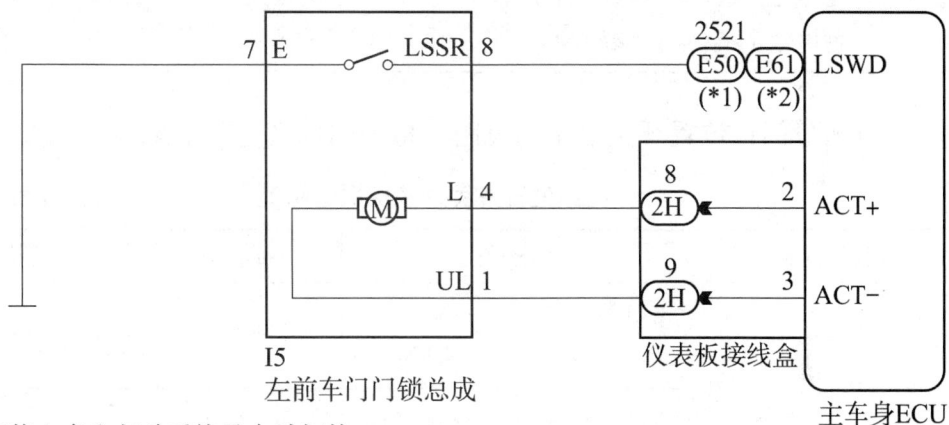

*1: 带智能上车和起动系统及自动灯控
*2: 不带智能上车和起动系统及自动灯控

图 12-18　驾驶人侧锁止/解锁开关信号原理图

3)检查驾驶人侧前门门锁总成

(1)检查门锁电动机的工作情况。向电动机端子施加蓄电池电压,并检查门锁电动机的工作情况,如图 12-19 所示。

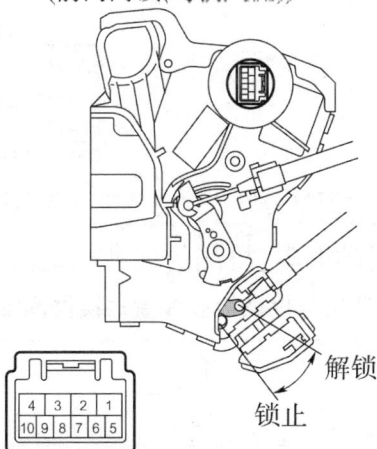

图 12-19　驾驶人侧前门门锁电动机的工作情况检查

检测电动机的正常状态见表 12-11。

若结果不符合表 12-11 所规定,则更换门锁总成。

驾驶人侧电动机正常工作状态 表 12-11

测量条件	规定状态
蓄电池正极（＋）→端子 4 蓄电池负极（－）→端子 1	锁止
蓄电池正极（＋）→端子 1 蓄电池负极（－）→端子 4	解锁

（2）测量门锁位置开关端子的电阻。检测的标准电阻值见表 12-12。

门锁位置开关端子标准电阻值 表 12-12

检测仪连接	测量条件	门锁状态	规定状态
7—8	蓄电池正极（＋）→端子 4 蓄电池负极（－）→端子 1	锁止	10kΩ 或更大
7—8	蓄电池正极（＋）→端子 1 蓄电池负极（－）→端子 4	解锁	小于 1Ω

若检测的结果不符合表 12-12 规定，则更换门锁电动机总成。

4）检查门锁电动机电路线束和插接器

（1）断开仪表板接线盒，如图 12-20 所示。

线束插接器前视图：(至前门门锁)   线束插接器前视图：(至仪表板接线盒)

图 12-20　门锁电动机、仪表板接线盒插接器端子

（2）测量插接器端子间的电阻，检测的标准电阻值见表 12-13。

门锁电动机、电动机至仪表板接线盒插接器间端子标准电阻值 表 12-13

检测仪连接	条件	规定状态
I5-4（L）—2H-8	始终	小于 1Ω
I5-1（UL）—2H-9	始终	小于 1Ω
2H-8—车身搭铁	始终	10kΩ 或更大
2H-9—车身搭铁	始终	10kΩ 或更

若检测的结果不符合表12-13规定,维修或更换线束或插接器。

5)检查车门解锁检测开关电路线束和插接器

(1)断开主车身ECU(仪表板接线盒)插接器,如图12-21所示。

线束插接器前视图:（至前门门锁）

线束插接器前视图:（至主车身ECU）

线束插接器前视图:（至主车身ECU）

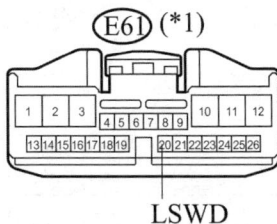
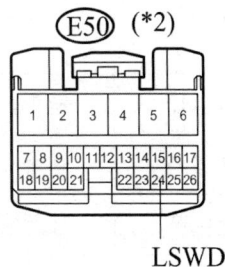

*1:不带智能上车和起动系统及自动灯控
*2:带智能上车和起动系统及自动灯控

图12-21 门锁电动机、主车身ECU插接器端子

(2)测量门锁电动机至主车身ECU插接器端子间电阻,检测插接器端子间的标准电阻值见表12-14。

解锁检测开关电路线束插接器端子的标准电阻值 表12-14

检测仪连接	条件	规定状态
I5-8(LSSR)—E61-21(LSWD)(＊1)	始终	小于1Ω
I5-8(LSSR)—E50-25(LSWD)(＊2)	始终	小于1Ω
I5-8(LSSR)—车身搭铁	始终	10kΩ或更大
I5-7(E)—车身搭铁	始终	小于1Ω

注:＊1.不带智能上车和起动系统及自动灯控。

＊2.带智能上车和起动系统及自动灯控。

若检测的结果不符合表12-14规定,维修或更换线束或插接器。

如果经过上述1~3步骤检查操作,驾驶人车门锁止/解锁功能仍不能正常工作,更换主车身ECU。

◇特别提示:对于仅乘客、左后或右后车门锁止/解锁功能不工作,检查方法及程序与前面类似,不再讲说。

6.结束工作

作业项目完成后,安装好车门内装饰板,拆除座椅护套。清理器材,搞好工位的清洁、整理工作。

三、评价与反馈

(1)对本学习项目进行评价,见表12-15。

评分表   表12-15

考核项目	评分标准	分数	学生自评	小组互评	教师评价	小计
团队合作	是否协调	5				
活动参与	是否积极主动	5				
安全生产	有无安全隐患	5				
现场5S	是否做到	5				
任务方案	是否正确、合理	10				
操作过程	能对下列门锁工作不良的情况进行检查: (1)通过主开关、驾驶人侧车门锁芯不能操作所有车门的锁止/解锁功能: ①检查车门熔断丝; ②诊断仪连接读取数据; ③检查电动车窗主开关; ④查线束和接插器。 (2)仅驾驶人车门锁止/解锁功能不工作: ①检查门锁电机工作情况; ②测量门锁开关端子电阻; ③检查门锁电机线束和接插器; ④检查车门解锁检测开关电路线束和接插器	5 5 5 10 5 5 5 10				
任务完成情况	是否圆满完成	5				
工具和设备使用	是否规范、标准	5				
劳动纪律	是否能严格遵守	5				

续上表

考核项目	评分标准	分数	学生自评	小组互评	教师评价	小计
工单填写	是否完整、规范	5				
总分		100				
教师签名：			年　　月　　日			得分：

（2）对于仅乘客、左后或右后车门锁止/解锁功能不工作故障，如何检查？

四、学习拓展

手机扫码，查看本项目"学习拓展"内容

项目十三　中央控制盒及部件的检测与更换

　　中央控制盒(又称中央电器控制盒、继电器盒或接线盒等)是通过复杂的内部汇流排连接或电子电路集成将熔断器(又常被称为保险)、电路导通和继电器等集成在一起的集合体,如图13-1所示。

图 13-1　汽车典型的中央控制盒

　　由于中央控制盒通过直接或间接的方式控制和保护着汽车各电气系统,同时汽车各电气系统在工作中出现异常时,会导致中央控制盒内的印刷电路和接插件出现烧蚀和接触不良,一旦出现这种情况就需要更换中央控制盒。

　　📚 学习目标

　　完成本项目学习后,你应当能:
　　1.描述中央控制盒的作用、分类和结构组成;
　　2.独立进行中央控制盒的通断测试;
　　3.独立进行中央控制盒的更换。

　　💿 建议学时

　　10 学时。

一、信息收集

1. 中央控制盒的作用

汽车中央控制盒的作用是将熔断器、电路导通和继电器等集成在一起,达到集中控制、线路简洁、易于安装与维护的目的。

中央控制盒总成中的熔断器用来保护汽车各个用电设备,当电流超过熔断器的熔断电流,熔断器自动熔断;电路导通则是指将一个电路同时分配给不同的线束或不同的用电器,它能在很大程度上简化了线路;继电器对汽车电气设备起控制的作用,通过信号线来控制汽车用电设备的工作,它配合熔断器一起工作。

中央控制盒的优点:减少线束回路数量;去除传统线束接头;节省传统线束;节省在线插接件;实现多线匹配组装。进而降低整车电子电气系统成本,线束连接质量明显改善,从而直接减少线束故障,如图 13-2 所示。

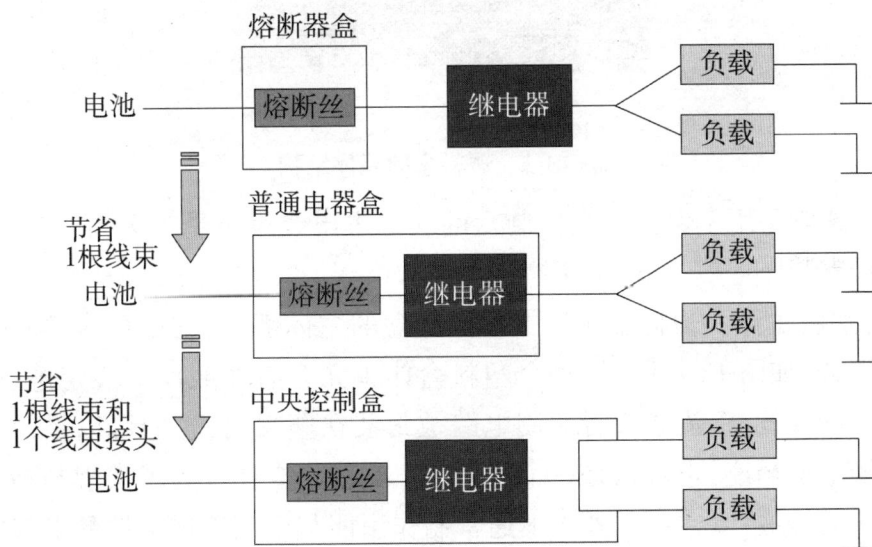

图 13-2　中央控制盒基本布置示意图

2. 中央控制盒的结构组成

中央控制盒的结构由塑料盒壳体、盒体及电气元件三部分组成。

(1)塑料盒壳体。塑料盒壳体通常由护盖、中间壳体和底座等组成,如图 13-3 所示。

塑料盒护盖主要是防止外界的杂物(如水、灰尘等)进入塑料盒内。

a)护盖

丰田卡罗拉轿车
(装配ZR发动机用)
中央控制盒的中间
壳体

卡钉

卡钉

b)中间壳体

c)底座

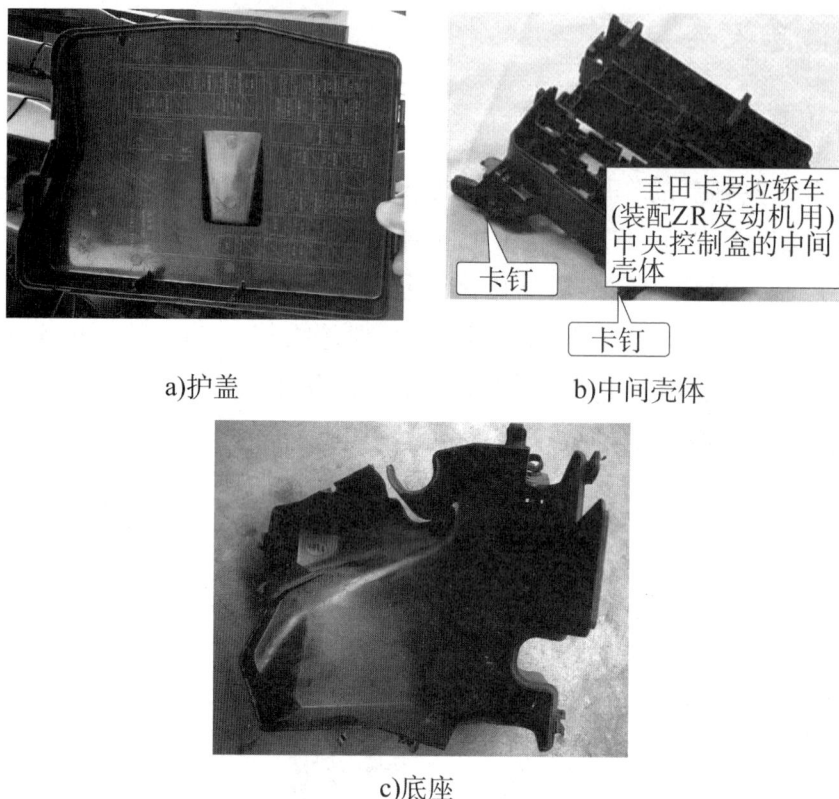

图 13-3 塑料盒的壳体结构

底座通常是用于保护中央控制盒的底部进出线束不受损坏,它与中间壳体通过卡接安装。

(2)塑料盒体。塑料盒体是中央控制盒的主体部分,它是众多的塑料盒体单元的汇合,如图 13-4 所示,每个塑料盒体单元含有按照设计规定电气功能、带有端子的导线、汇流条或者印制电路被封装在塑料内,它们可以是一个独立电源或继电器插座,也可以是一个复杂的电路板集合体。为了实现与塑料中间壳体的牢固镶嵌,盒体单元外壳上通常制作出能与中间壳体卡接的卡口或弹性卡接件。

不同功能的塑料盒体单元平面上安装的电气元件通常有熔断器、继电器、插接器甚至大直径电源线的安装端子(或插座)等,如图 13-5 所示。

◇**注意:**在有些继电器插座的根部,标识有所安装继电器的名称或数字(图 13-6),以便维修人员进行安装、检修。

而在塑料盒体的底部,通常可将汇流条端子制造成插头或加工出内螺纹孔,引出与外部连接的线束或导线连接插座(或螺钉)相匹配,如图 13-7 所示。

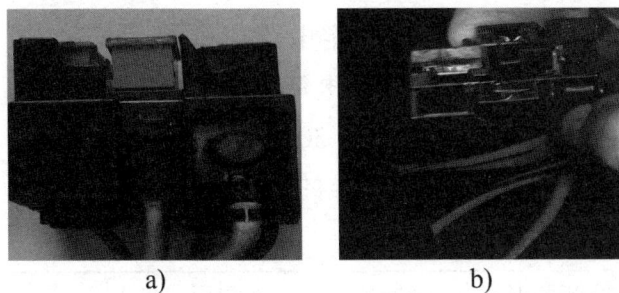

a)　　　　　　b)

图 13-4　塑料盒体单元

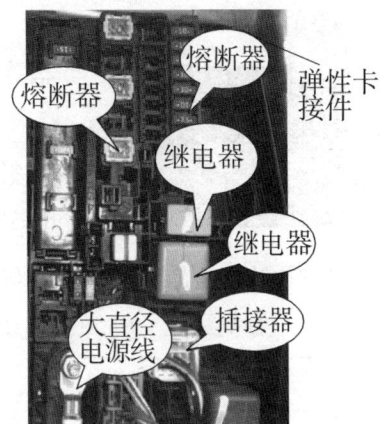

熔断器
熔断器
弹性卡接件
继电器
继电器
插接器
大直径电源线

图 13-5　熔断器、继电器、插接器等在盒体单元上平面的安装图示

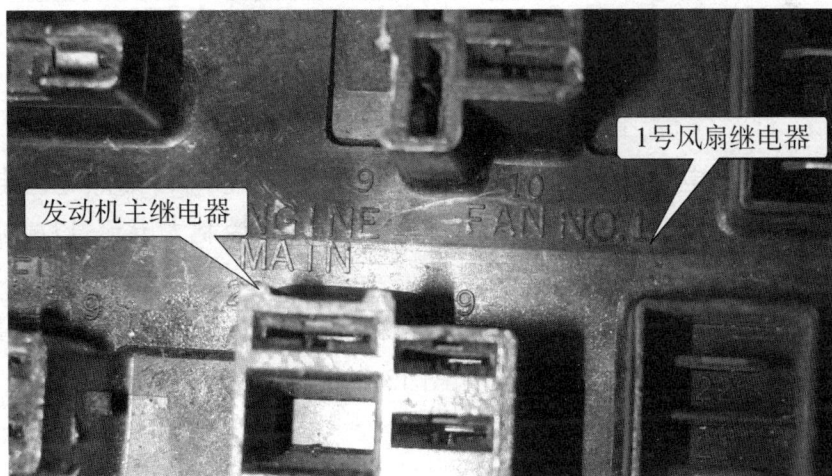

发动机主继电器

1号风扇继电器

图 13-6　继电器在盒体单元上安装插座说明

（3）中央控制盒的电气元件通常有熔断器、继电器、控制模块等。下面仅就熔断器和继电器进行简单介绍。

①熔断器。熔断器的作用是当电路的电流超过规定值和规定时间，熔断器自身熔断或开路，使电路断开，从而保护电路避免过热烧毁、电气设备免损坏。

汽车熔断器的材料通常由电阻率比较大而熔点较低的银铜合金制成。

熔断器通常俗称熔断丝、易熔丝或保险丝。

图 13-7　塑料盒体底部的插接器与插座

图 13-8　片状型熔断器的容量标记

熔断器的形式有片状型熔断器和玻璃管型熔断器等。

熔断器的规格通常以额定电流容量的形式标记,如图 13-8 所示。熔断器额定电流大小的划分大致是:小容量为 1~40A,中等容量为 30~70A,大容量通常大于 60A。不同容量的熔断器的外形与图形符号如图 13-9 所示。

容量	熔断器形式	图形符号
小		
中等		
大		

图 13-9　熔断器的外形与图形符号

②继电器。继电器是利用电磁或机电原理或其他方法(如热电或电子),实现自动接通或切断一对或多对触点,以完成用小电流控制大电流,以减小控制开关触点的电流负荷的一种电气装置。

汽车上常用的继电器的结构形式有多种,下面仅介绍在汽车上应用最广泛的电磁继电器。电磁继电器的结构如图 13-10 所示,一般由铁芯、线圈、衔铁、触点、复位弹簧、引线等组成。

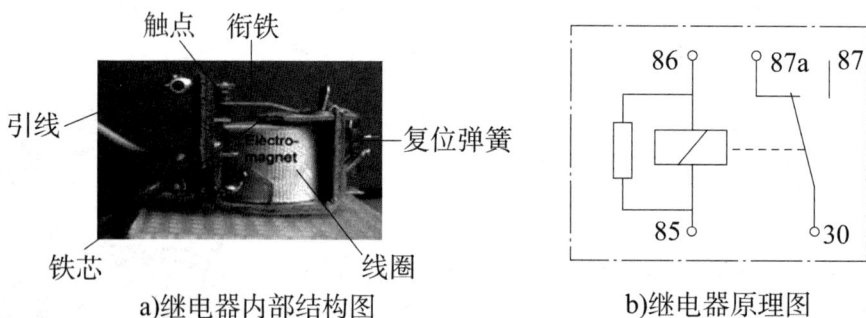

a)继电器内部结构图　　　　b)继电器原理图

图 13-10　继电器结构与原理图

如图 13-10a)所示,继电器中有两种触点,一种是可以移动的触点,称为动触点(安装在衔铁上的触点,输入端子为 30),另一种是位置固定的触点称为静触点(固定在继电器支架上的触点,输出端子为 87a 和 87)。线圈未通电时处于断开状态的一对接点称为"动合触点"(图中端子 30、87 上对应的接点);处于接通状态的一对接点称为"动断触点"(图中端子 30、87a 上对应的接点)。当一个动触点与一个静触点常接合,而同时与另一个静触点常开,该动触点则称为"转换触点"。

电磁继电器的工作原理如图 13-10b) 所示。如果给连接在端子 85、86 之间的线圈通以直流电流,线圈中的铁芯会被磁化而产生足够的磁力,进而吸引衔铁,当磁场吸力克服了衔铁另一端的复位弹簧的拉力时,动断触点完全分开,动合触点则闭合,从而实现了相应的连接电路通断状态的转换。反之,当线圈没有电流流过时,铁芯磁性迅速衰减,磁场吸力最后消失,衔铁被复位弹簧拉起,恢复原来的电路导通状态。

电磁继电器的实物及其铭牌上的电气结构标识如图 13-11 所示。

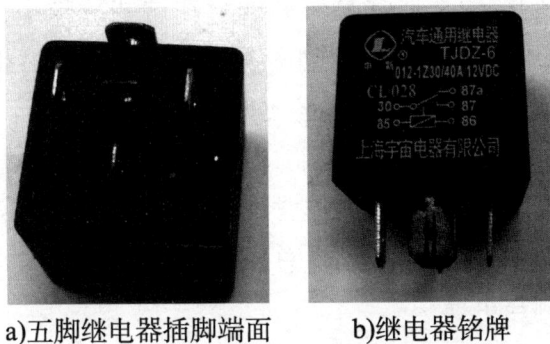

a)五脚继电器插脚端面　　　b)继电器铭牌

图 13-11　电磁继电器

电磁式继电器外壳的铭牌上通常有产品的商标、名称、型号、系列规格、电气结构标识及生产厂商名称等内容。其中的规格、电气结构标识内容尤为重要,例如铭牌中的 40A12VDC,表示该产品触点负载电流为 40A、额定直流电压为 12V;电气结构标识是说明电器内部电路工作的形式,插脚端子 30、87a 是常闭导通的,端子 30、87 是常开而不导通,只有当插脚 85、86 连接的电磁线圈正常工作时,端子 30、87 由常开转向接合,而端子 30、87a 由常闭转变成断开。

二、实训操作

1.技术标准与要求(以丰田卡罗拉轿车为例)

(1)能正确拆装熔断器、继电器等。

(2)应在断开蓄电池负极电缆后,方可拆卸中央控制盒。

(3)正确拆检中央继电器控制盒体。

2. 工具、设备和材料的准备

(1)丰田汽车智能检测仪或汽车专用万用表。

(2)磁力护裙、转向盘护套、变速杆手柄套、脚垫和座椅套。

(3)丰田卡罗拉轿车及维修手册。

(4)汽车维修电工常用工具。

3. 查询并填写信息

生产年份_____,车牌号码_____,行驶里程_____,发动机型号及排量_____,车辆识别代号(VIN)_____。

4. 检测与更换作业

由于汽车中央控制盒种类较多,结构复杂,其上所安装的电气元件均为易损件,所以中央控制盒的故障率通常是较高的。在这些故障中,可以用简单的检测工具(如汽车专用万用表)便可诊断,如熔断器烧毁、继电器损坏故障;也有相当多的故障是不容易判定的,如印制电路板中央控制盒中的印刷电路损坏或智能型中央控制盒信号传输出错等。

对于汽车中央控制盒故障修复,通常以更换法为主,更换的内容主要有熔断器的更换、继电器的更换和中央控制盒总成的更换。

1)熔断器的检测与更换

在更换熔断器之前,应对熔断器进行电气性能检测,以便确定到底是熔断器本身损坏,还是熔断器插接器接触不良。

检测的方法有带电检测法与不带电检测法两种。

(1)熔断器的带电检测法:将点火开关置于 ON 位,或接通该熔断器所保护的控制电路开关,进行如图 13-12 所示检测熔断器的一个端子(用电压挡,万用表黑表笔搭接蓄电池负极),此时电压表示值等于汽车电源电压值。

对被检测熔断器的另一个端子,按照同样的方式检测,仪表显示同样的电压值时,表示该熔断器工作正常;如果检测该熔断器另一个端子的电压显示如图 13-13 所示(当两端子之间的电压差大于 0.5V)时,表示该熔断器有故障。

当怀疑某熔断器有故障时,用熔断器专用夹子将熔断器从中央控制盒中夹出来,如图 13-14 所示。

对于夹出来的熔断器,通常通过肉眼观察便可以检查出故障的所在,如图 13-15 所示。

图 13-12　熔断器端子的检测

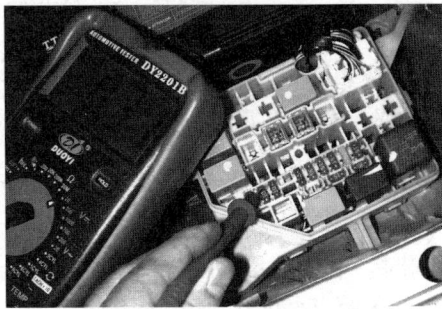

图 13-13　万用表检测到熔断器有故障时的状态

图13-14　用熔断器专用夹夹出熔断器

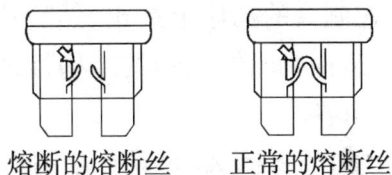

熔断的熔断丝　　　正常的熔断丝

图13-15　熔断器是否正常的比较

（2）由于肉眼观察不太可靠，所以在不带电的状态下，对拆卸出来的熔断器，要用万用表对其进行电阻检测，如检测到电阻值为 0 或接近 0（图 13-16），便可证实该熔断器无故障；如检测的电阻值为无穷大（显示屏示值为 1），表示该熔断器已经熔断。

图 13-16　检测到无故障时熔断器的示值

◇**特别提示：**

①熔断器新件必须符合汽车维修使用说明书规定的容量，或中央控制盒护盖上的熔断器标识容量。

②换用熔断器新件时，电路必须在不带电的情况下进行。

③当熔断器出现经常烧毁的情况时，必须在排除电路故障后才能换用新件。

④不允许用导线直接代替熔断器。

⑤重新安装的熔断器必须安装牢固、接触良好。

2)继电器的检测与更换

在更换继电器之前,也应对继电器进行电气性能检测,以便确定到底是继电器本身损坏,还是熔断器、插接器接触不良,或者是控制电路的其他故障。

(1)初步通电动作检查:在蓄电池电压正常的条件下,将点火开关置于ON位置,被检查继电器的控制电路开关接合时,当被查的继电器传出触点接合的"嘀嗒"声响时,可以初步判断继电器控制电路工作正常,但还不能确定继电器工作性能是否良好,除非此时被该继电器所控制的电器能正常工作,才能得到确认。否则还必须要对继电器进行下一步检查。

(2)继电器的电阻检测法:为了进一步确定是否是继电器本身故障,将继电器从中央控制盒的插座上拔出,然后用汽车专用万用表检测相关联的插脚间电阻值大小,从而判断继电器的结构性能好坏。如图13-17所示,以五脚电磁继电器为例进行说明。

①当检测插脚85、86的电阻值为使用说明书规定的电阻值时为正常(图13-18),否则为异常。

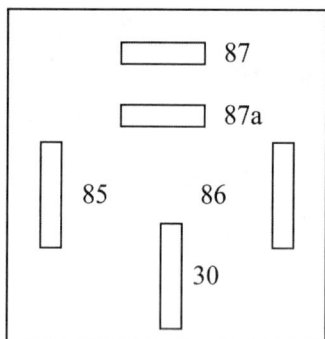

图 13-17　五脚电磁继电器 结构图

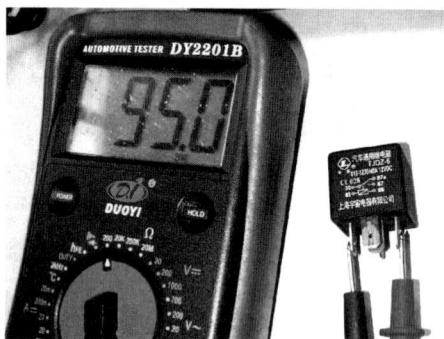

图 13-18　检测插脚 85、86 为正常时的 测量值

②当检测插脚30、87a的电阻值接近0时为正常,如果电阻值偏大,则为异常。

③当继电器端子85、86未与蓄电池正负极相连时,检测插脚30、87的电阻值接近无穷大时为正常,否则为异常;当继电器端子85、86分别与蓄电池正负极相连时,检测插脚30、87的电阻值接近"0"为正常。

◇**特别提示:**

①继电器新件必须符合原厂规格。

②换用继电器新件时,电路必须在不带电的情况下进行。

③要使继电器能正常工作,系统电压须在满足继电器额定工作电压规定的范围内。

3）中央控制盒总成的检测与更换

对于有较严重故障的中央控制盒总成，或者盒体外壳出现严重破裂、损坏，中间壳体破碎的情况，必须进行中央控制盒总成更换。

在对中央控制盒总成进行更换工作前，应先通过汽车维修手册，了解该中央控制盒总成的结构与电气工作原理，进行初步的检测，掌握该中央控制盒总成有无故障，或故障原因所在，确保更换工作高质量完成。

下面以卡罗拉轿车的发动机舱的中央控制盒（继电器盒/发动机舱接线盒）更换为例进行说明。该中央控制盒的位置如图 13-19 所示。

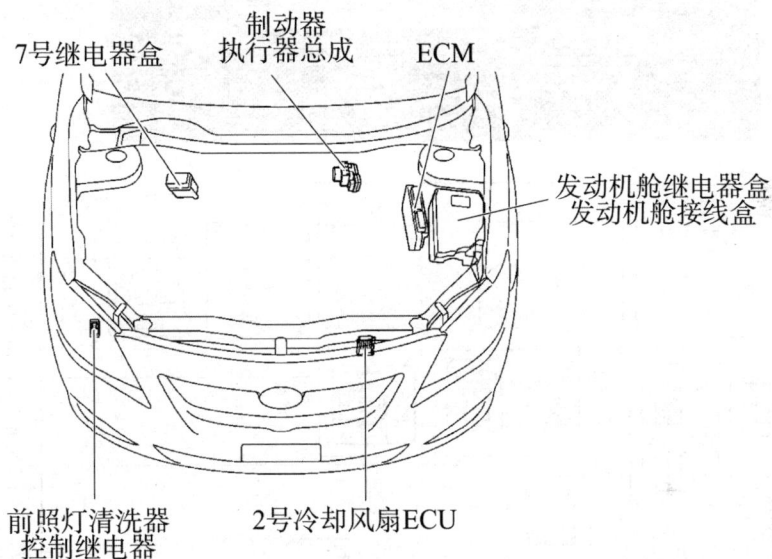

图 13-19　卡罗拉轿车的发动机舱的中央控制盒

该中央控制盒的结构属于布线型中央控制盒，在电器功能结构上分为单元A、单元 B、熔断器和继电器区，如图 13-20 所示。来自发动机舱主线束（线束颜色为白色）标号为 1Q 的导线是连接蓄电池易熔线的主电源线，在它的后面引接出标号为 1F、1G、1L 的三根电源线。在该电路图中的熔断器（图中标注为熔断丝），标记"1"端子为电流注入端子，标记"2"端子为电流流出端子。用线条将"1"号端子连接在一起，表示在控制盒内用汇流条将不同的熔断器电流注入关联连接在一起。

（1）初步检测。在蓄电池电压正常的情况下，将点火开关打开至不同的挡位，按照该控制盒所控制的用电设备顺序，打开相应的用电设备开关，检查这些电气设备是否正常工作。如果这些设备中某些用电设备不能正常工作或发现控制盒有异味，甚至冒烟，应立即切断点火开关，必须检修中央控制盒。

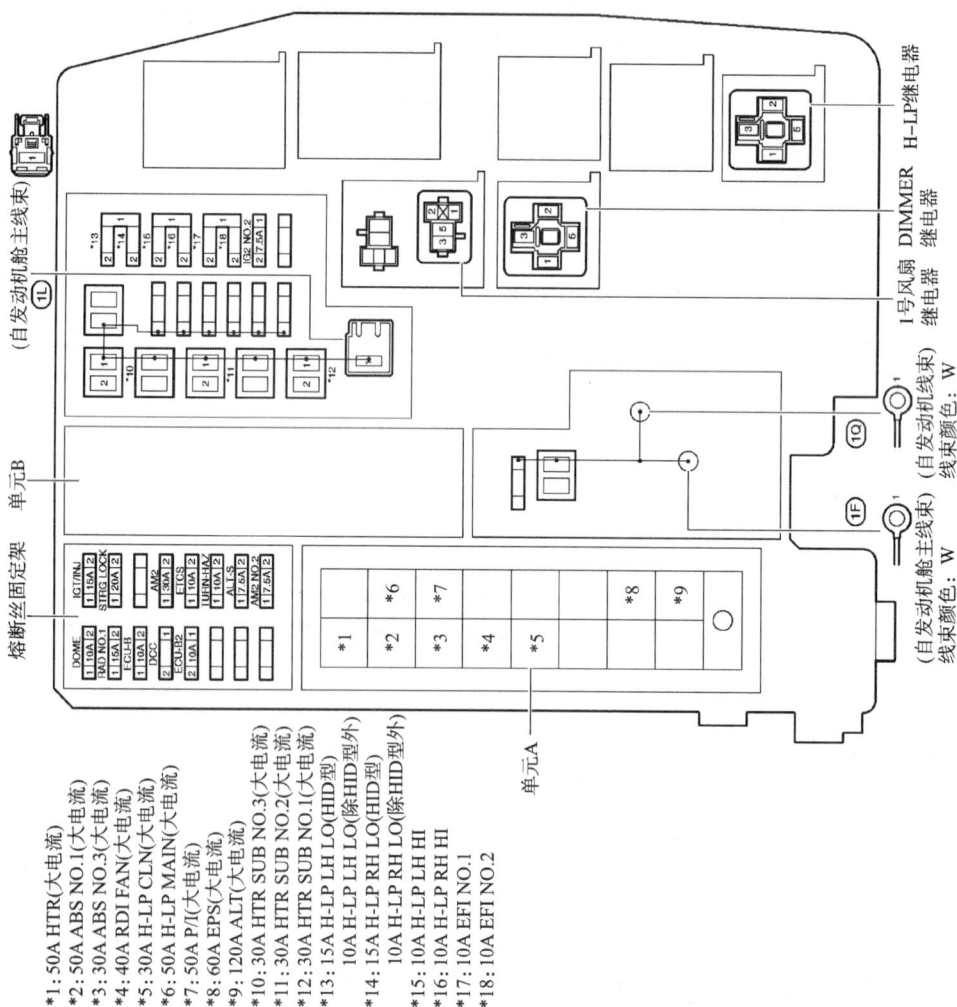

b)丰田卡罗拉轿车的发动机舱的中央控制盒实物图

a)丰田卡罗拉轿车的发动机舱的中央控制盒示意图

图13-20 丰田卡罗拉轿车的发动机舱的中央控制盒

*1: 50A HTR(大电流)
*2: 50A ABS NO.1(大电流)
*3: 30A ABS NO.3(大电流)
*4: 40A RDI FAN(大电流)
*5: 30A H-LP CLN(大电流)
*6: 50A H-LP MAIN(大电流)
*7: 50A P/I(大电流)
*8: 60A EPS(大电流)
*9: 120A ALT(大电流)
*10: 30A HTR SUB NO.3(大电流)
*11: 30A HTR SUB NO.2(大电流)
*12: 30A HTR SUB NO.1(大电流)
*13: 15A H-LP LH LO(HID型)
     10A H-LP LH LO(除HID型外)
*14: 15A H-LP RH LO(HID型)
     10A H-LP RH LO(除HID型外)
*15: 10A H-LP LH HI
*16: 10A H-LP RH HI
*17: 10A EFI NO.1
*18: 10A EFI NO.2

对于中央控制盒的检查顺序,首先是检查导线插座和导线连接件是否松动,其次是检查熔断器是否烧断,再次是检测继电器是否正常工作,然后是电路导通,如汇流条(或印制电路板电路)和其他电子控制模块工作是否异常。

(2)用万用表检测电路导通的汇流条(或印制电路板电路)。汇流条的简单检查,以图 13-21 所示单元 A 电路为例进行说明。检查时,先切断所有的电气设备开关,并将单元 A 上所有的熔断器拨出。

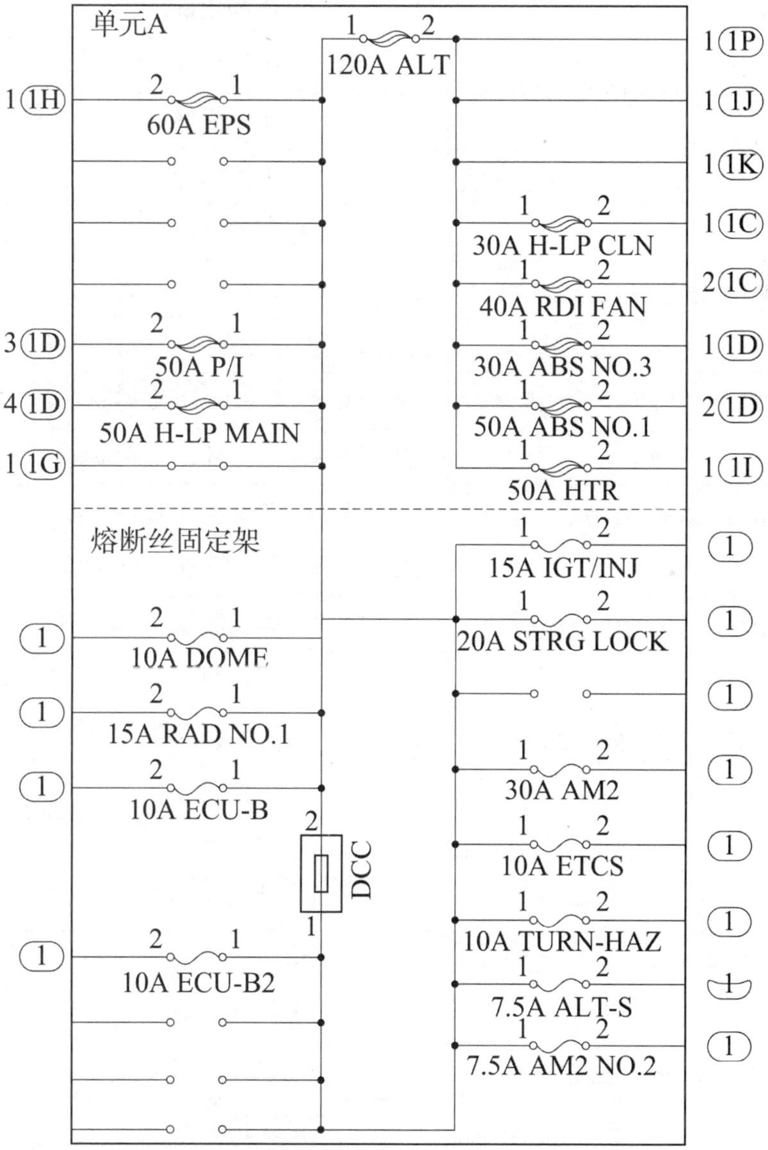

图 13-21　发动机舱继电器盒和发动机舱接线盒内部电路图(单元 A)

用万用表检查中央控制盒内线路导通情况,见表 13-1。

单元 A 电路检查参考值　　　　　　　表 13-1

万用表检测端子	条件:电阻挡测量(数字万用表选用200Ω量程)、电压挡测量(安装好蓄电池负极电缆后,相应的电路开关接通)	规定状态
60A EPS"1"端子—120A ALT"1"端子	电阻挡测量	≈0Ω
	电压挡测量	约12V
50A P/1"1"—120A ALT"1"端子	电阻挡测量	≈0Ω
	电压挡测量	约12V
50A H-LP MAIN"1"端子—120A ALT"1"端子	电阻挡测量	≈0Ω
	电压挡测量	约12V
10A DOME"1"端子—120A ALT"1"端子	电阻挡测量(安装回DCC熔断器)	≈0Ω
	电压挡测量(安装回DCC熔断器)	约12V
15A RAD No.1"1"端子—120A ALT"1"端子	电阻挡测量(安装回DCC熔断器)	≈0Ω
	电压挡测量(安装回DCC熔断器)	约12V
10A ECU-B"1"端子—120A ALT"1"端子	电阻挡测量(安装回DCC熔断器)	≈0Ω
	电压挡测量(安装回DCC熔断器)	约12V
10A ECU-B"1"端子—120A ALT"1"端子	电阻挡测量	≈0Ω
	电压挡测量	约12V
15A IGT/INJ"1"端子—120A ALT"1"端子	电阻挡测量	≈0Ω
	电压挡测量	约12V
20A STRG LOCK"1"端子—120A ALT"1"端子	电阻挡测量	≈0Ω
	电压挡测量	约12V
30A AM2"1"端子—120A ALT"1"端子	电阻挡测量	≈0Ω
	电压挡测量	约12V
10A ETCS"1"端子—120A ALT"1"端子	电阻挡测量	≈0Ω
	电压挡测量	约12V
10A TURN-HAZ"1"端子—120A ALT"1"端子	电阻挡测量	≈0Ω
	电压挡测量	约12V

续上表

万用表检测端子	条件:电阻挡测量(数字万用表选用200Ω量程)、电压挡测量(安装好蓄电池负极电缆后,相应的电路开关接通)	规定状态
7.5A ATL-S"1"端子—120A ALT"1"端子	电阻挡测量	≈0Ω
	电压挡测量	约12V
7.5A AM2-No.2"1"端子—120A ALT"1"端子	电阻挡测量	≈0Ω
	电压挡测量	约12V
30A H-LP CLN"1"端子—120A ALT"2"端子	电阻挡测量	≈0Ω
	电压挡测量(插回120A ALT熔断器后)	约12V
40A RDI FAN"1"端子—120A ALT"2"端子	电阻挡测量	≈0Ω
	电压挡测量(插回120A ALT熔断器后)	约12V
30A ABS No.3"1"端子—120A ALT"2"端子	电阻挡测量	≈0Ω
	电压挡测量(插回120A ALT熔断器后)	约12V
50A ABS No.1"1"端子—120A ALT"2"端子	电阻挡测量	≈0Ω
	电压挡测量(插回120A ALT熔断器后)	约12V
50A HTR"1"端子—120A ALT"2"端子	电阻挡测量	≈0Ω
	电压挡测量(插回120A ALT熔断器后)	约12V

通过检测,不难发现:当蓄电池电压正常(也说明插接器1G端子电压正常)的情况下,如检测到一个或多个熔断器电流输入端子"1"无电压(或熔断器插回位后电流输出端子"2"与其对应输出插接器端子无电压),而作导通检查时电阻为无穷大,均说明汇流条在某些位置有可能断路。

由于中央控制盒体的线路(或电路板)电路修好相对较复杂,如中央控制盒内的电路导通中汇流条、线路(或电路板)电路出现内部疑似断路或不可修复的故障时,通常是要更换1个或多个中央控制盒单元才能排除故障。同时要注意检查熔断器、继电器插座的完好性,所有的插座不能出现有损坏、烧蚀的现象。

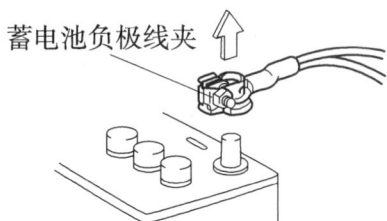

蓄电池负极线夹

图13-22 拆卸蓄电池负极线夹

(3)中央控制盒总成更换的过程。

①更换中央控制盒体前,必须关闭汽车所有电路中电气设备各开关,并将蓄电池的负极电缆拆下,如图13-22所示。

②为了方便拆下中央控制盒,应先拆下发动机空气滤清器纸质滤芯及其外壳,然后拆下进气管道。按压中央控制盒护盖卡扣,如图13-23所示。取出护盖,如图13-24所示。

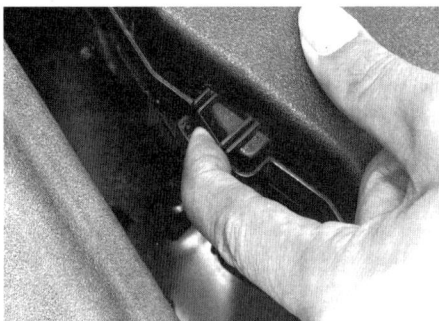

图13-23 拆开中央控制盒护盖卡扣

图13-24 拆下护盖

③拆开标号为1Q主电源线接线,如图13-25所示。

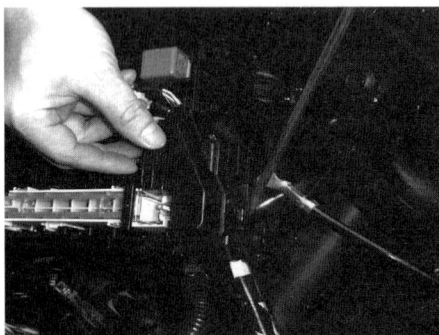

a)拆电源线护罩卡扣

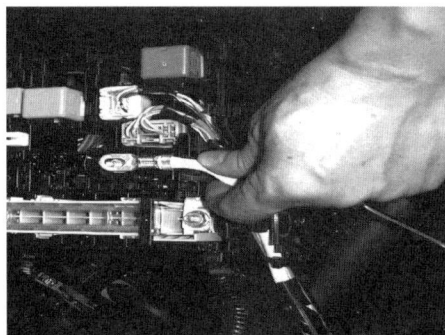

b)拆下电源线

图13-25 拆开主电源线的连接

④按压中央控制盒面上的插接器卡扣,拆去各插接器,如图13-26所示。

⑤拔出前照灯变光(DIMMER)继电器,如图13-27所示。

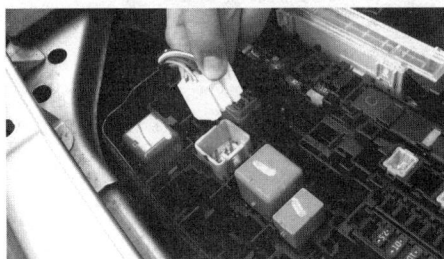

图 13-26 拆插接器

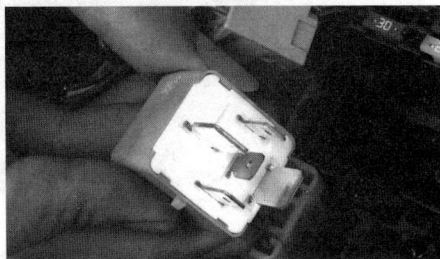

图 13-27 拆下继电器

分别拆下其余 3 个继电器(从左至右分别是:H-LP——前照明灯近光继电器、1 号风扇继电器和 DIMMER——前照灯变光继电器),如图 13-28 所示。

⑥如图 13-29 所示,在拆除中间壳体和底座螺栓之前,应先将电脑支架紧固螺栓拆除,挪开电脑板后,给中间壳体和底座拆卸留出空间操作。拆除中间壳体和底座固定螺栓,拉出中间壳体和底座。

图 13-28 拆下的 3 个继电器

a)中间壳体后侧紧固螺栓

b)中间壳体左侧紧固螺栓

c)用扳手拆下中间壳体后侧紧固螺栓

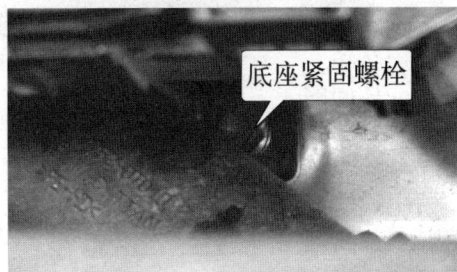

d)底座紧固螺栓

图 13-29 拆除中间壳体和底座固定螺栓

⑦拆开中间壳体和底座之间的所有卡扣,使中间壳体和底座分离,如图 13-30 所示。

a)拆开中间壳体和底座之间的所有卡扣

b)中间壳体与底座分离

c)取出底座

图 13-30　中间壳体与底座分离

⑧拆下电路 A 单元的电源线盒体单元,如图 13-31 所示。

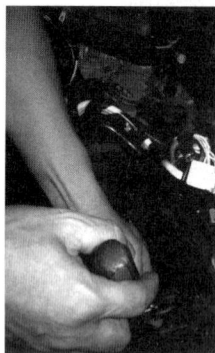

a)拆开的盒体单元
与中间壳体间的
卡扣

b)拆开盒体单元线束卡带

c)折电路A单元电源线的紧固螺母

图 13-31　拆下电路 A 单元电源线的盒体单元

⑨翻转中间壳体到合适位置,拆卸安装在中间壳上的全部控制盒体单元,如图 13-32 所示。

⑩完整拆出中间壳体,如图 13-33 所示。

至此,中央控制盒拆卸完毕。然后,应对中央继电器盒所有的构件进行必要的检查。检查的内容通常有构件外表、结构有无损坏;电器元件、电路是否与原厂规定相一致等。

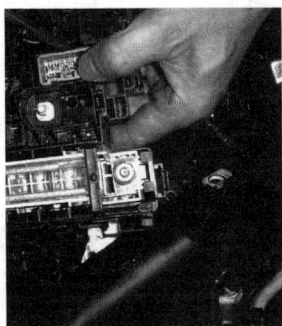

a)拆插接器的盒体单元

b)拆继电器的盒体单元

c)拆电路B单元的盒体单元

d)拆电路B单元的插接器

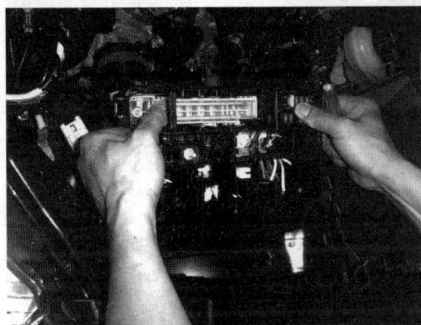

e)拆电路A单元的盒体单元(撬脱卡扣后，将A单元往中间壳体底压出)

图13-32　拆卸安装在中间壳上的全部控制盒体单元

对于待换装新件,也必须要检查新件是否符合原厂规定。

中央控制盒的装复,应按先拆后装的规则来进行,而且要保证安装质量,特别是在插接器连接、盒体单元与塑料中间壳体的卡扣安装必须接触良好,定位准确。

(4)中央控制盒的装复时注意事项。

①对于安装从中间壳体底部插入的盒体

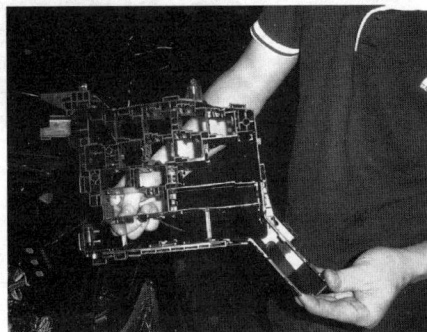

图13-33　拆出中间壳体

单元时,应将中间壳体抬起(以免损伤壳体),用一定的推力压入,直至听到"噼叭"一声为止,如图13-34所示。

②对于从中间壳体底部安装好的盒体单元,应用一定的拉力将线束往外抽,确认抽不动为止,如图13-35所示。

图13-34　从中间壳体底部插入的盒体单元安装

图13-35　用一定的拉力将线束往外抽

③对于安装塑料中间壳体与底座时,要先整理好线束,安装上新的线束固定装置,如线束卡箍,然后对准好所有的卡扣,用力将卡扣压合,如图13-36所示。

④插接器、继电器应按原位安装,用平衡力向下压紧,如图13-37所示。

⑤熔断器安装时,必须按照中央控制盒护盖的标识安装,用手指向下按压到位,如图13-38所示。

图13-36　线束的整理与固定,卡扣压合

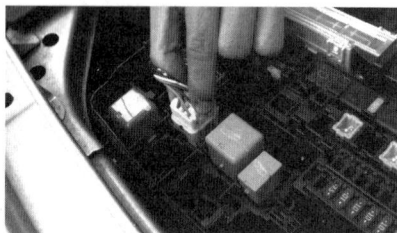

图13-37　插接器、继电器应按原位安装

图13-38　熔断器安装

装复中央控制盒后,应安装好发动机空气滤清器壳体和空气滤清器纸质滤芯、进气管道。并应进一步检查中央控制盒电路的导通情况和工作性能:起动发动机,待发动机冷却液温度正常后,置发动机于不同工况,操作汽车电气系统各

用电设备开关,检查它们工作情况是否正常。

◇特别提示:

a. 不要把刚拆除的中央控制盒构件立即丢掉。

b. 装配新件前,应将新、旧中央控制盒护盖脱开,用比较法进行检验新、旧件间参数有无差异。

c. 新中央控制盒上的熔断器、继电器等电器元件的规格、容量及功率各项指标要与汽车制造厂规定相一致,不能简单地将旧件中的熔断器、继电器等元件直接迁移到新的中央控制盒上。原则上所有的熔断器、继电器应当换用新件。

d. 如果汽车电路某系统存在故障,必须修理好该电路的故障后才安装新中央控制盒,否则即使更换上新中央控制盒,电气系统也不能正常工作。

e. 新换的中央控制盒安装时要注意防水、防潮,线束卡箍必须换用新件,插接器连接可靠。

f. 更换智能型中央控制盒,有必要使用诊断器对新换的智能型中央控制盒进行检测和匹配。

5. 结束工作

装复检验完毕后,将发动机熄火,钥匙开关置切断(OFF)位,装复中央控制盒护盖,清洁护盖,拆除护裙和驾驶室内防护套,关闭发动机舱盖,清理器材,搞好工位的清洁、整理工作。

三、评价与反馈

(1)对本学习项目进行评价,见表13-2。

评分表　　　　　　　　表 13-2

考核项目	评分标准	分数	学生自评	小组互评	教师评价	小计
团队合作	是否协调	5				
活动参与	是否积极主动	5				
安全生产	有无安全隐患	5				
现场7S	是否做到	5				
任务方案	是否正确、合理	10				
操作过程	(1)正确检测熔断器(保险丝)通断情况	10				

续上表

考核项目	评分标准	分数	学生自评	小组互评	教师评价	小计
操作过程	(2)正确检测继电器的工作性能	10				
	(3)正确检测电路的导通性	5				
	(4)正确拔插接插件	5				
	(5)正确地拆卸线束	5				
	(6)按工艺要求能完整地完成中央控制盒体拆卸	5				
	(7)按工艺要求能完整地完成中央控制盒体装复	5				
	(8)按工艺要求能完整地完成中央控制盒体检查	5				
任务完成情况	是否圆满完成	5				
工具和设备使用	是否规范、标准	5				
劳动纪律	是否能严格遵守	5				
工单填写	是否完整、规范	5				
总分		100				
教师签名:			年　　月　　日		得分:	

(2)在实施作业时每一个安全事项都注意到了吗？如没有,找出忽略的地方和原因。

(3)能否向车主解释检查和更换中央控制盒的目的？如不能,分析原因并提出改进措施。

四、学习拓展

手机扫码,查看本项目"学习拓展"内容

项目十四 全车线束的更换

汽车全车线束(又称导线束)是汽车电路网的主体,承担着连接全车电气设备输送电能和信号传递的功能。为了便于安装、维修,确保电气设备能正常可靠的工作,汽车生产厂家通常把汽车各电气设备所用的不同规格、不同颜色的导线通过合理的安排,将其合为一体,并用绝缘材料把导线捆扎成束,这样美观又可靠。

在汽车的使用过程中,随着气候和温度的不断变化线束很容易出现老化、损坏的现象,很容易导致线路故障,甚至会引起导线烧毁,酿成火灾。线束产生损坏的原因主要有以下几个方面。

(1)自然损坏。导线束使用随着时间的增加,电线老化,绝缘层破裂,机械强度显著下降,引起导线之间短路、断路等,造成导线束烧坏。连接线束的端子会出现氧化、变形,造成接触不良等,则会引起电气设备不能正常工作。

(2)由于电气设备的故障造成导线束的损坏。当电气设备发生过载、短路、搭铁不良等故障,都可能引起导线束损坏。

(3)人为故障损坏。在装配或检修汽车零部件时,金属物体将导线束压伤,使线束绝缘层破裂,线束位置不当,电气设备的引线位置接错,蓄电池正负极引线接反,检修电路故障时,连接的导线没有进行挂锡、乱接、随意剪线束导线等都可以引起电气设备的不正常工作,甚至烧坏导线束。

对于已经损坏的线束,不能继续使用,需要换用新件。

学习目标

完成本项目学习后,你应当能:
1. 叙述全车线束的结构组成;
2. 识读汽车线束图;
3. 按要求进行全车线束的更换操作。

一、信息收集

1. 汽车线束单元结构组成

汽车全车线束是由不同的线束单元,通过插接器(又称为连接器或联插件等)连接而成为一个完整的线束网络。而每个线束单元的结构组成形式基本上都是由插接器(与电气设备连接端制成电器插座)、导线、包裹胶带、防护套(管)和固定装置等主要零件组成,如图14-1所示。

1) 导线

汽车线束内的导线又称低压电线,通常是铜质多芯软线,有些软线细如毛发,几条乃至几十条软铜线包裹在塑料绝缘管(聚氯乙烯)内,柔软而不容易折断,如图14-2所示。导线常用的规格有标称截面积,常用的有 $0.5mm^2$、$0.75mm^2$、$1.0mm^2$、$1.5mm^2$、$2.0mm^2$、$2.5mm^2$、$4.0mm^2$、$6.0mm^2$ 等标准,它们各自都有允许负载电流值(容量),配用于不同功率用电设备。

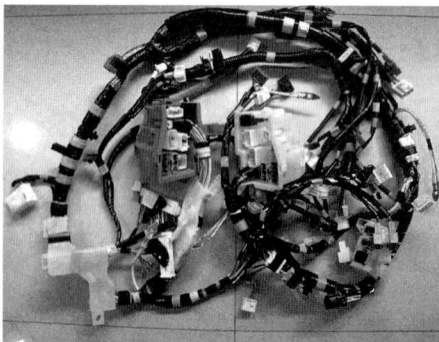

图14-1　线束单元的结构组成　　　　图14-2　铜质多芯导线

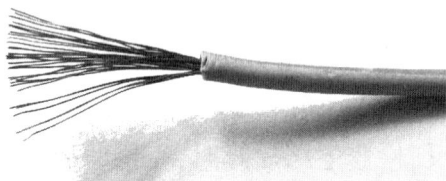

2) 插接器

插接器通常由塑料件、连接端子、二次锁定片、密封件等零件组成。

(1)塑料件。塑料件是一种用塑料制成的零件,是(插接)器的主体部分,有时又称塑料防护套壳。用于线束连接的塑料件通常分阴、阳塑料件,它们通常以配对方式出现的,如图14-3所示;对于仅用于导线连接的塑料件也要以配对方式出现,如图14-4所示。塑料件内有用于安装导线端子的导线插入孔(或槽),它可以保证导线端子在其中能可靠、牢固地连接。

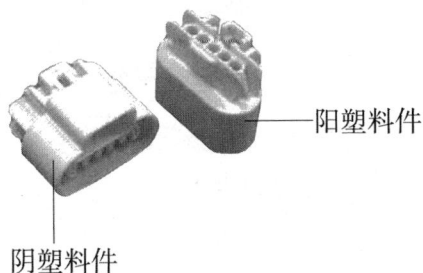

图 14-3　用于线束连接的阴、阳
配对的塑料件

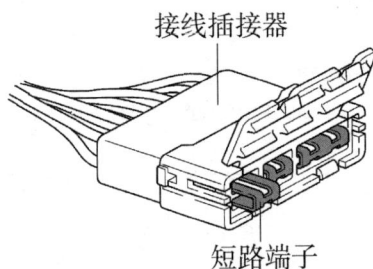

图 14-4　用于导线连接的塑料件

（2）连接端子。连接端子是一种成型的金属零件，是插接器的导电金属组成部分，它与导线之间进行无焊铆接。连接端子的种类多，形状差异大。在插接器中的连接端子，通常分成阴、阳端子，但其断面也有多种形式，图 14-5 所示的是圆形断面的阴、阳端子。

（3）导线、连接端子和塑料件的装配。导线只有与不同种类的连接端子通过按一定要求方式连接，才能正确安装到插接器的塑料件内，保证能与其配对的另一塑料件内的其他导线连接端子相连接。导线与连接端子的连接通常采用无焊铆接，其方法是将导线的端子绝缘部分按工艺要求长度剥开，将铜线束安装在连接端子的铆压栅内铆合，如图 14-6 所示，然后在专用设备上做端子拉力测试，测试合格后才能安装到塑料件内。

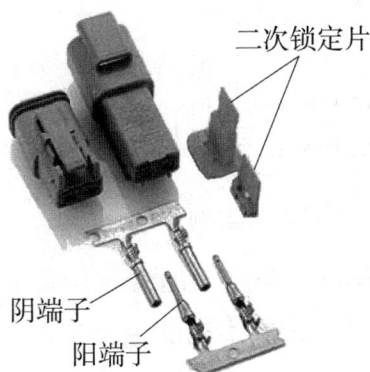

图 14-5　插接器中圆形断面的
阴、阳连接端子

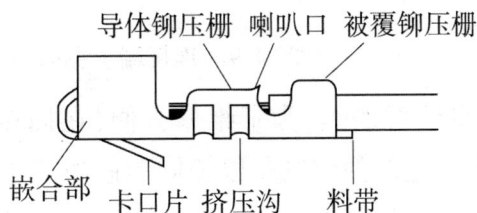

图 14-6　连接端子与导线端子的铆合

拉力测试合格后，从未安装导线连接端子的导线另一端装入密封件，然后将导线连接端子压入塑料件防护套壳内，其要领是将端子平推入塑料防护套壳，当听到"咔嗒"声后,再回拉线材,以确定端子正确卡入,不得有脱落现象,安装过程如图 14-7 所示。

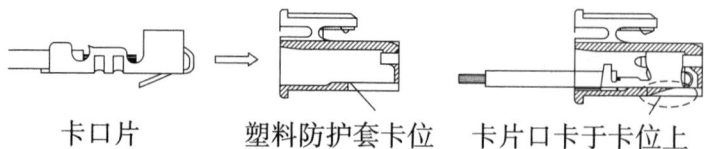

卡口片　　　塑料防护套卡位　　　卡片口卡于卡位上

图 14-7　铆接好的导线端子安装到塑料防护套壳内

对于配对的连接端子插接器,在塑料件中安装导线时必须依据电气工程设计图的要求安装,不要插错位。图 14-8 所示为 6 针配对的插接器编号规则,图 14-9 所示为 11 针脚阴、阳插接器标识实例。只有按照一定的规则,就能保证导线连接的一一对应。

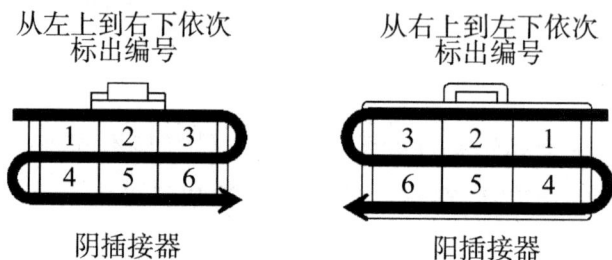

从左上到右下依次标出编号　　　从右上到左下依次标出编号

阴插接器　　　　　　　　阳插接器

图 14-8　连接端子在阴阳塑料件中的编号方法

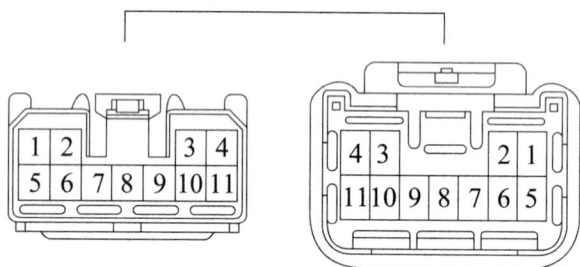

图 14-9　连接端子在阴阳塑料件中的编号实例

值得注意的是,为了维修方便,在插接器内同一个序号的端子所配套的导线,其颜色选配的原则是以相同颜色为首选(也可以选用不同颜色),但不同序号的导线选用的颜色是不能相同的。

当导线的一个端子在某插接器内安装好后,按照设计要求留出适当的加工长度,按同样方法安装导线另一端的连接端子插接器。

在线束组装完成后,还要将线束的每一端的塑料件安装到专用检测试验机的专用电气插座上进行电气测试(图 14-10),以检验各导线电气工作是否正常。

对于不合格的线束,是不能在汽车上进行安装使用的。

（4）二次锁定片。二次锁定片为一种塑胶或尼龙元件,用于将连接有导线的端子进一步固定在插接器上,保证端子和塑料件可靠连接（图14-5）。二次锁定片安装要到位,与塑料件互相扣紧,特别注意部件质量,在工艺上通常有方向性要求。

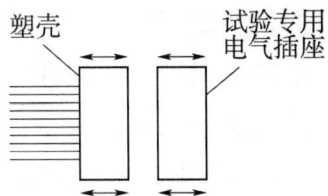

图 14-10 线束在试验机插座上进行电气测试示意图

3）密封件

密封件通常由硅胶制成,它们能将塑料件的槽、端子与外界环境隔开,起到密封、防水等作用,从而可以减少导线端子生锈,避免漏电的产生。不同构件的密封件形式是不一样的,图14-11、图14-12所示分别是一个插接器上的两种不同形式的密封件。

图 14-11 适用于导线端子上的 O 形密封件

图 14-12 适用于塑料件端子上的密封件

4）包裹胶带

包裹胶带用于汽车线束缠绕,它的作用有绝缘、保护、防水、减振隔声、标记点（用红白胶带、红色胶带标识生产产品缺陷）和线束成捆等,如图14-13所示。线束用胶带分为布基胶带、塑基胶带、绒布胶带等,几乎每种线束都会用到这些材料。

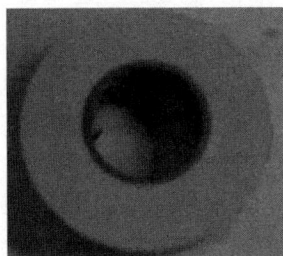

a)包裹胶带

b)标记点胶带

图 14-13 包裹胶带和标记点胶带

5)防护套(管)

防护套(管)是一种用于保护线束的材料(图14-14)。线束防护套(管)类所采用的材料一般有PVC管、波纹管、热缩管、硅胶管、编织网管等,它们在线束外起着保护、防水作用,同时也能起到减振降低噪声的作用。防护套(管)一般被用在汽车湿区,也就是工作环境恶劣的地方,如发动机舱、底盘等。

安装好防护套(管)的线束单元,最后要按设计要求标准粘贴零件名称和编号(或代号)标签,如图14-15所示。

图14-14　车门线束防护套

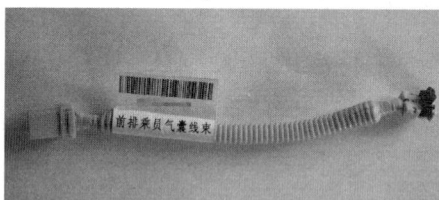

图14-15　线束的名称与编号

6)固定装置

当线束安装到汽车上时,必须要用固定装置来给线束紧固和定位。这些固定装置主要有卡钉(扣)类塑胶元件,通常有扎带卡钉、波纹管锁卡钉和圣诞树卡钉等,如图14-16所示。只要将卡钉头部卡在汽车内的各种板件器材的孔内,就能轻松地将线束固定在合适的位置上,如图14-17所示。

图14-16　不同类型的卡钉元件

图14-17　线束与卡钉

2.全车线束

由于汽车全车电气设备的安装位置和数量上的不同,决定了导线分布和数量的差异。

全车主线束一般可分成发动机控制、仪表、照明、空调、辅助电器等线束。但是,基于线束的长度关系和为了便利于线束的安装与维修,在实际包裹成形的全车主线束中,往往以仪表板为核心部分,向前后延伸。汽车的线束便被分成为车头线束(包括仪表、发动机、前灯光总成、空调、蓄电池)、车尾线束(尾灯总成、牌照灯、行李舱灯）、座椅线束和顶篷线束（车门、顶灯、音响扬声器）等，图 14-18 所示是卡罗拉轿车的全车线束分布图。

a)车头线束

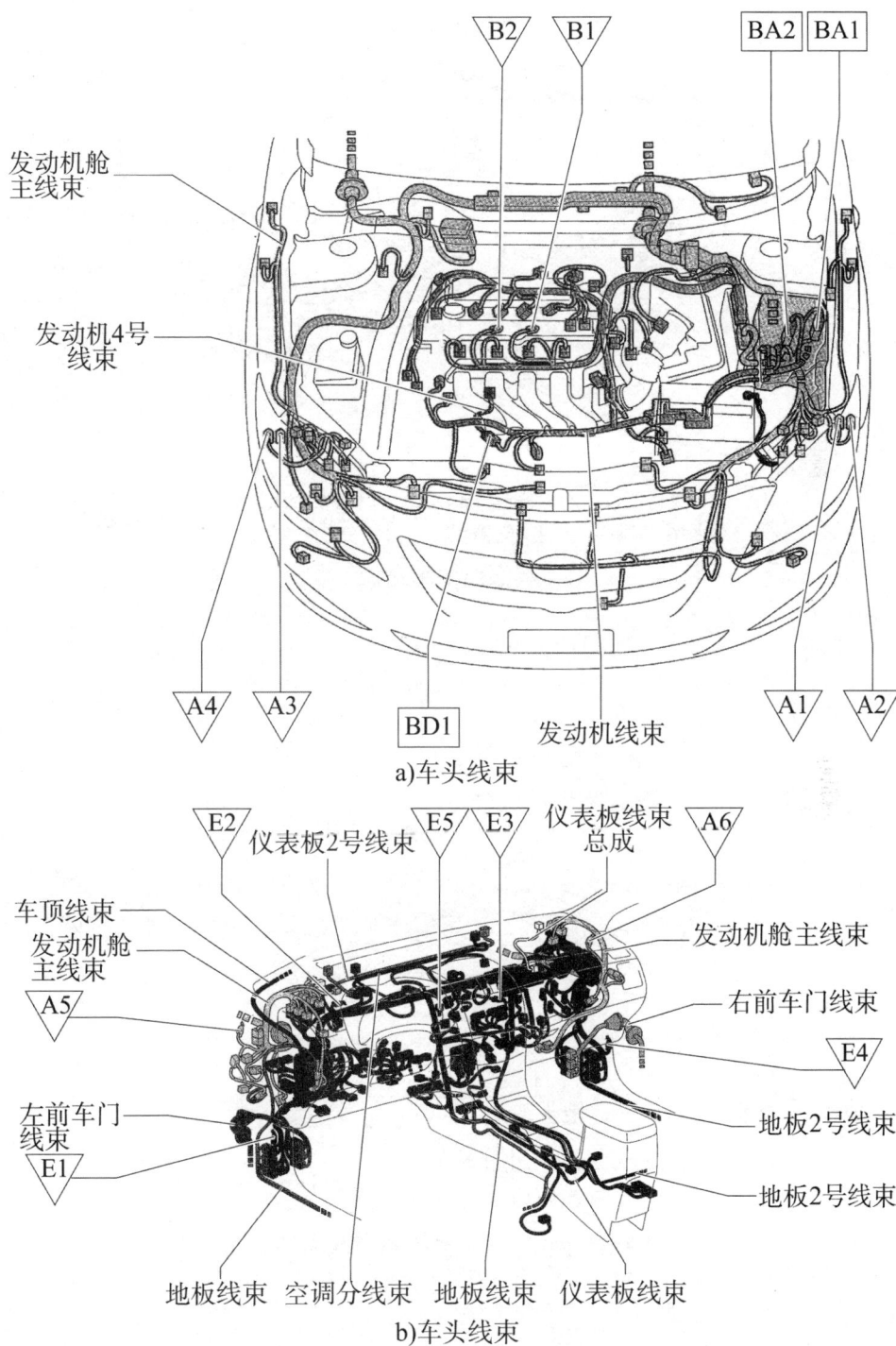

b)车头线束

图　14-18

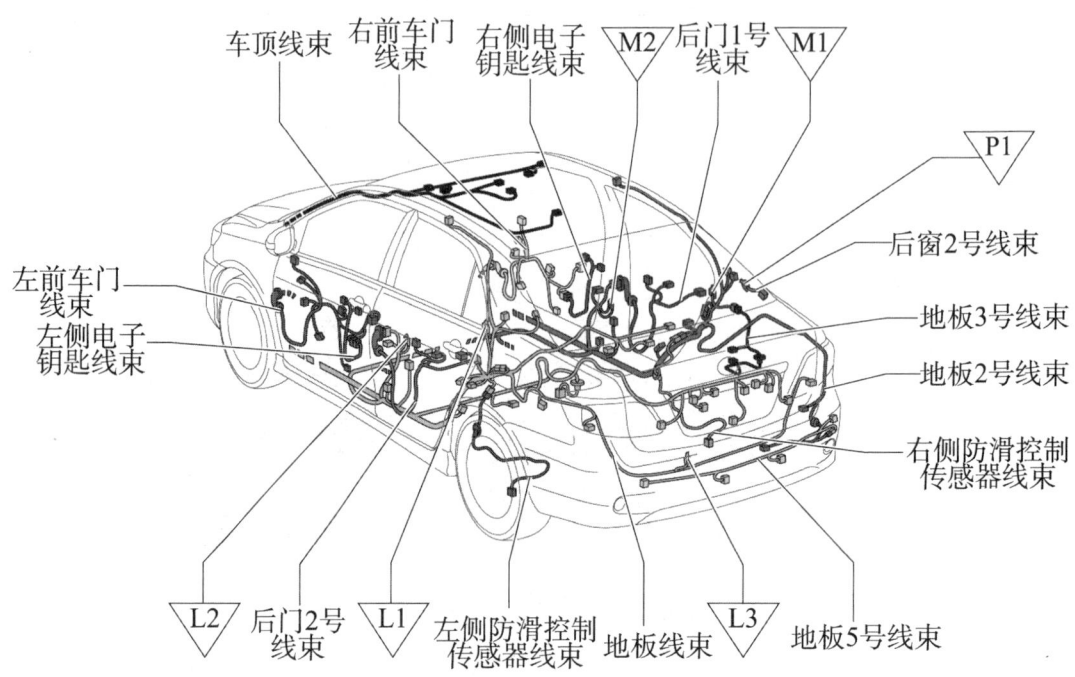

c)车尾和顶篷线束

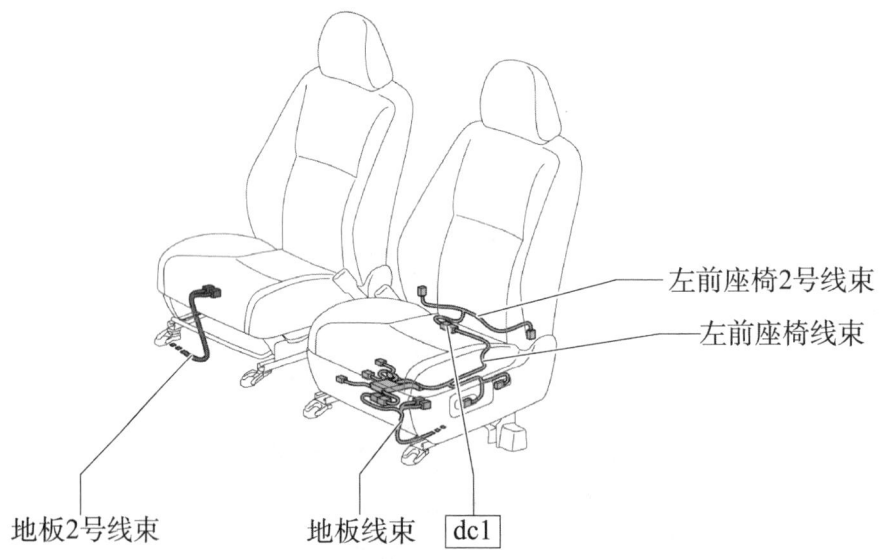

d)座椅线束

□ 线束编号　▽线束搭铁点

图 14-18　丰田卡罗拉轿车全车线束分布图

3. 线束图

线束图(又称为线束安装图)是汽车制造厂把汽车上实际线路排列好后,并将有关导线汇合在一起扎成线束以后画成的树枝图,主要有平面图式(图 14-19,标注见表 14-1)和立体图式(图 14-20,标注见表 14-2)两种。

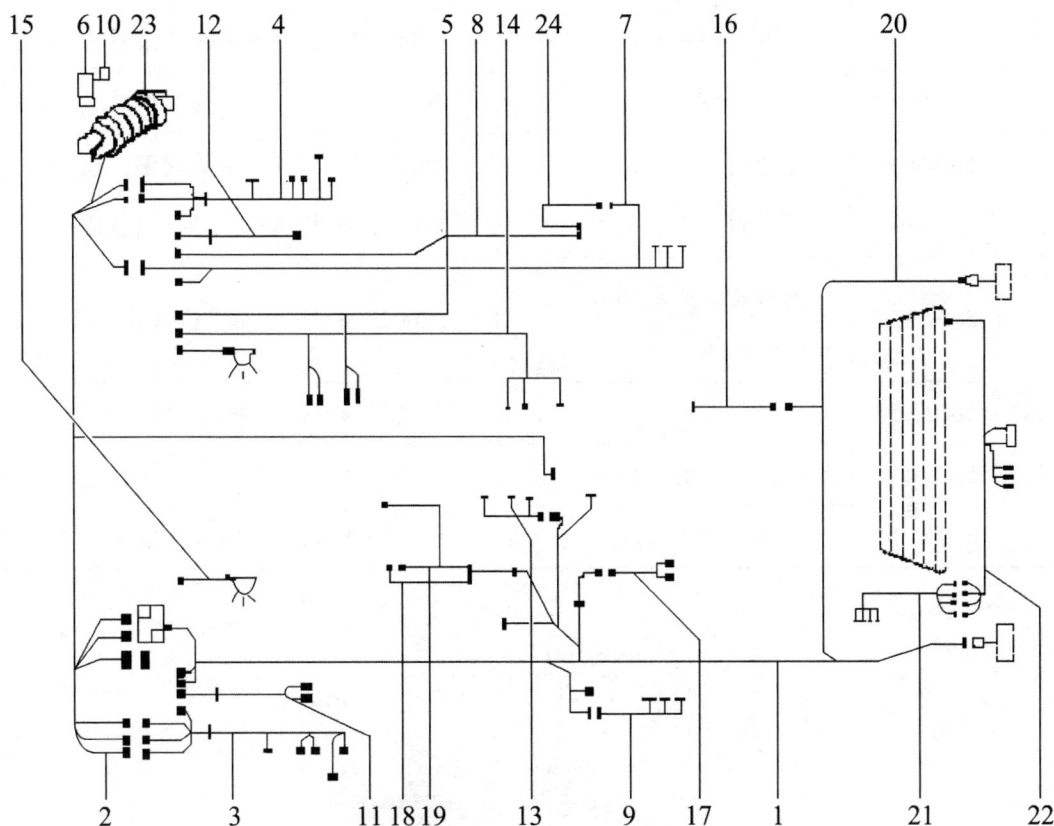

图 14-19　轿车车身线束平面图

轿车车身线束平面图标注　　　　　　　　　　　　　　　　表 14-1

序号	零件编号	零件名称	序号	零件编号	零件名称
1	56002312	车身线束总成	5	56002092	车门灯线束总成
2	56001851 56001858 56002353	前部横向线束总成 前部横向线束总成 前部横向线束总成	6	J0908834	夹紧箍
3	56001850 56002336	扬声器线束总成 车门线束总成	7	56002106 56002105	车门线束总成 车门线束总成
4	56001850 56002338	扬声器线束总成 车门线束总成	8	56000621	迎客灯线束总成

序号	零件编号	零件名称	序号	零件编号	零件名称
9	56002317	车门线束总成	17	56001859	油箱线束总成
10	34201489	螺钉	18	56001229	座椅线束总成
11	56000613	顶灯线束总成	19	56001230	座椅线束总成
12	56000612	顶灯线束总成	20	56002346	车身线束总成
13	56002396	操纵板标牌照明灯线束总成	21	56002370	举升门线束总成
14	56002094	顶灯线束总成	22	56002374	举升门线束总成
15	56000596	迎客灯线束总成	23	55001138	车门线束保护导管
16	56002358	顶灯线束总成	24	56002318	后门开关线束总成

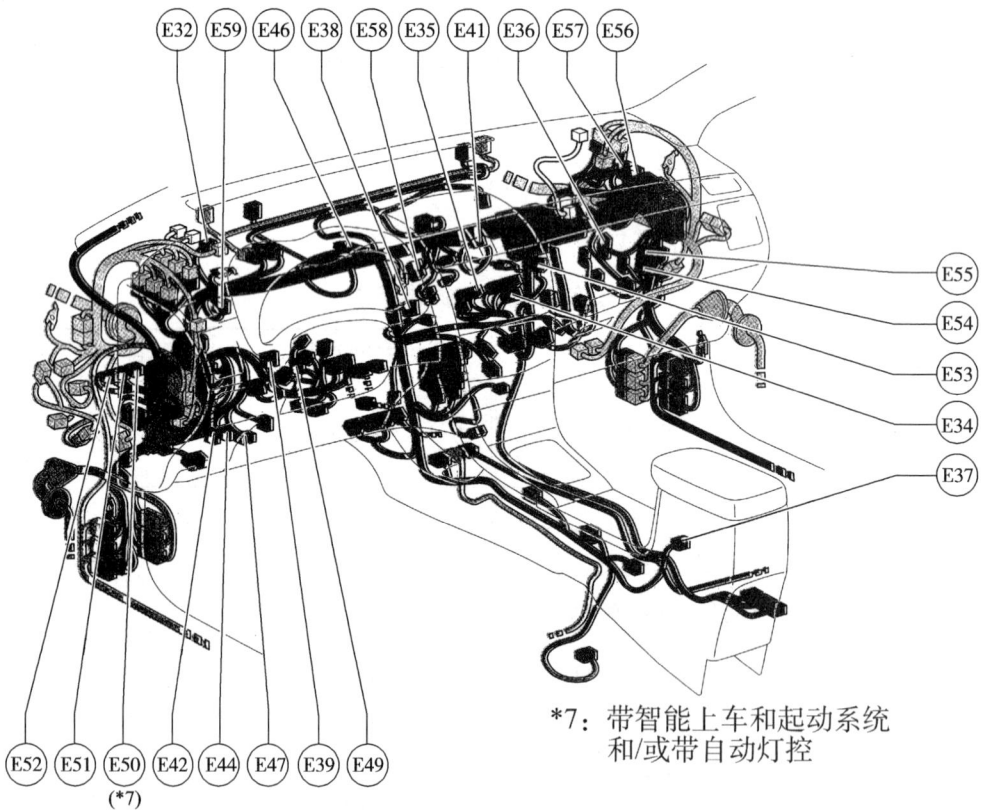

*7：带智能上车和起动系统和/或带自动灯控

图 14-20　丰田卡罗拉轿车仪表台内线束立体图

卡罗拉轿车仪表台内线束立体图标注　　表 14-2

代码	零件名	零件号	代码	零件名	零件号
E32	动力转向 ECU 总成	90980—12614	E46	组合仪表总成	90980—12557
E34	导航接收器总成	90980—12404	E47	VSC Off 开关	90980—12550
E35	导航接收器总成	90980—11909	E49	转向传感器	90980—12366
E36	认证 ECU 总成	90980—12388	E50	主车身 ECU	90980—12561
E37	前电子钥匙振荡器	90980—12695	E51	主车身 ECU	90980—12329
E38	电源开关	90980—12370	E52	主车身 ECU	90980—12458
E39	转向锁执行器总成	90980—12092	E53	接线插接器	90980—10799
E41	危险警告信号开关总成	82824—21030	E54	接线插接器	90980—11661
			E55	接线插接器	
E42	前照灯清洗器开关总成	90980—12551	E56	接线插接器	
			E57	接线插接器	
E44	前照灯光束高度调整开关	90980—11950	E58	接线插接器	90980—11915
			E59	接线插接器	

　　线束图的特点是:在图面上着重标明各导线的序号和连接的电器名称及接线柱的名称、各插接器插头和插座的序号。

　　线束图的识读要点是:

　　(1)认清整车共有几组线束、各线束名称以及各线束在汽车上的实际安装位置。

　　(2)认清每一线束上的分支连接汽车上哪个电气设备、每一分支叉有几根导线、它们的颜色与标号以及它们各连接到电器的哪个接线柱上。

　　(3)认清有哪些插接器,它们应该与哪个电气设备上的插接器相连接。

　　◇**特别提示**:要正确完成更换或装配汽车全车线束,除了必须具备有较好的识读汽车全车线束图的能力以外,还应了解包括汽车电路线路图、原理图等相关知识,对加深线束的认识、进行线束的检修与更换工作会有很大的帮助。

二、实训操作

1.技术标准与要求(以丰田卡罗拉轿车为例)

　　(1)能正确读出卡罗拉轿车线束的标识内容(如产品名称、型号或适用车型、制造厂或商标、制造日期和代码和条形码)。

(2)能识读卡罗拉轿车全车线束图,并能按工艺要求进行安装。

(3)通电试验检测时,确认全车线路的完好情况。

(4)在汽车发动机不同的运行工况下,检验全车电气设备的工作完好率是否达到100%。

2.工具、设备和材料的准备

(1)丰田卡罗拉轿车。

(2)丰田卡罗拉轿车维修手册、电路图等相关的资料。

(3)待换的丰田卡罗拉轿车整车线束。

(4)汽车电工常用的维修工具及智能检测仪。

(5)磁力护裙、转向盘护套、变速杆手柄套、脚垫和座椅套。

3.查询并填写信息

生产年份_____,车牌号码_____,行驶里程_____,发动机型号及排量_____,车辆识别代号(VIN)_____。

4.作业前的准备

在对汽车全车线束更换、装配之前,要彻底熟悉全车电路图和原理图、线束图,熟知汽车电气设备安装位置和车身具体结构,弄清各部分的电气设备的控制方式,然后按照线束图找准线束的连接结构。

5.全车线束更换

1)拆除旧线束

(1)先拆下蓄电池负极桩上的电缆接线,然后拆下正极桩的电缆接线。

(2)拆下汽车转向盘上的线束插接器及转向盘(注意:如转向盘上安装有安全气囊,应小心拆下转向盘下面的黄色线束插接器,对拆下的安全气囊要平放,不允许测试安全气囊端子,以免引爆安全气囊),然后拆下连接钥匙开关、组合开关上的线束插接器(线束插接器拆装的方法参照图14-21所示)。

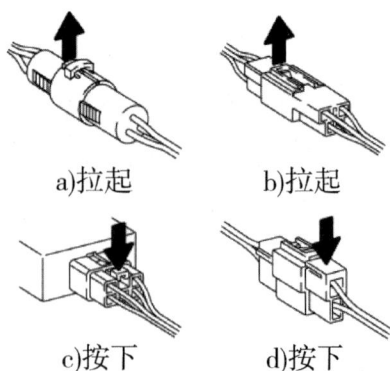

a)拉起   b)拉起

c)按下   d)按下

图14-21 插接器的拆分方法

(3)拆下汽车仪表台,拆下连接仪表的线束插接器。

(4)拆开座椅线束的所有插接器,拆除所有的座椅。拆下换挡手柄装饰套,清除地板胶垫

（包括行李舱内的），直至看到地板上的线束。

（5）拆除车内装饰板，包括门柱、车门、顶篷等的装饰板，直至看到其内部的线束。此时便可拆除车舱内所有线束插接器，拆开线束的固定装置，并移除这些线束。

（6）拆开车头线束的所有插接器、线束搭铁的紧固螺钉和线束固定装置后，移除车头线束驾驶舱内的线束部分。

（7）拆开车尾和顶篷线束的所有插接器、线束搭铁的紧固螺钉和线束固定装置后，取出车尾和顶篷线束。

（8）拆出发动机线束和汽车前围线束。

◇**特别提示：**

①拆除车内装饰件时，一定要注意塑料钉的结构形式，如图 14-22 所示，不同种类的塑料钉拆装的方法有所不同，同时要注意保护汽车构件的表面，不能在拆卸时将其损坏或损伤。

②原则上电气设备装置宜保持原位，不作拆卸。

③对于已经拆除出来的旧线束，不要马上丢掉，要暂时保存以备检查核对之用。

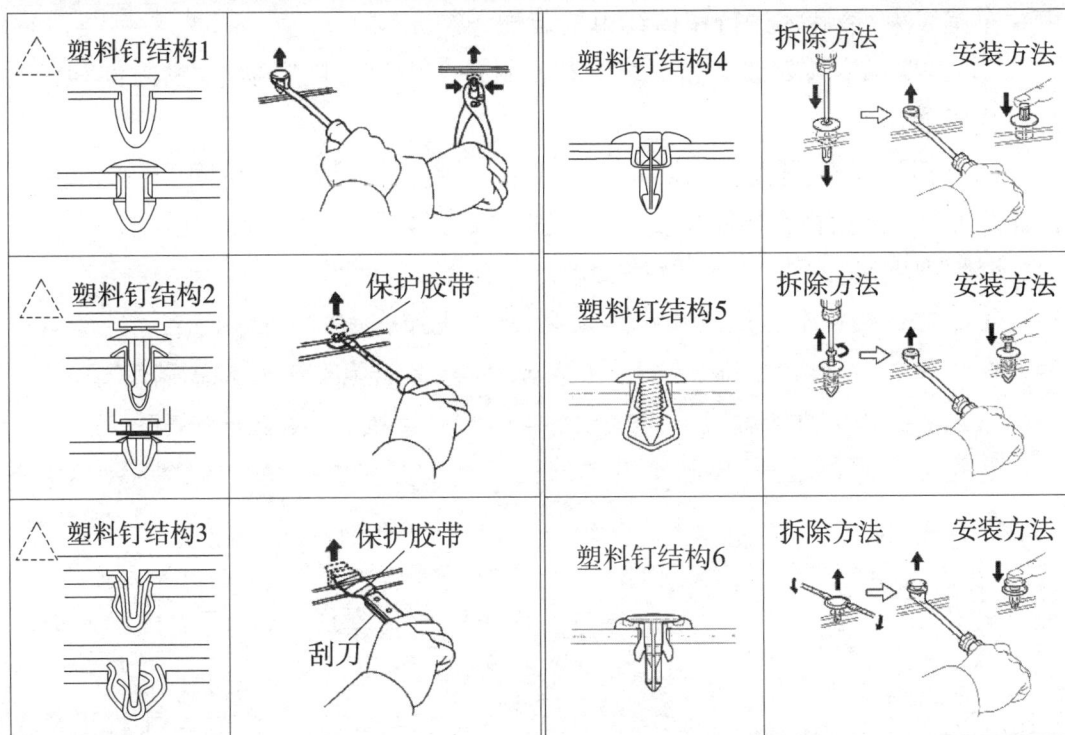

图 14-22　车内装饰件上的塑料钉拆装方法

2)安装新线束

开启待换的全车新线束包裹,首先对每一扎线束单元进行确认和检查。可以通过对照线束安装图,确认每扎线束的名称、编号是否相符。更直接、快捷的方法是将全车的新旧线束相比较,以确定新线束的正确性和完整性。

其次检查线束端子的完好性。

最后要将全车线束单元的插接器进行试验性连接,线束单元与线束单元之间的插接器连接要做到:

(1)确保插接器配对的端子正确无误。

(2)插入端子直到锁止凸耳紧固锁止,往外拉无松动感觉。

按照电路工作原理,用万用表检测试连接好的线束的导通性能。检验合格后,再将已经作试连接的全车线束的插接器拆开,以装备车。

装车的顺序可以按以下的步骤:

(1)检查和准备好各种灯具、仪表、电器、刮水器、洗涤器等用电设备及装配工具,对于已经损坏的用电设备,应及时更换新件。

(2)放置整车线束,按照生产厂家规定的线束安装图进行安装。安装顺序为:车头线束中仪表台线束→发动机线束、汽车前围线束→车门柱、车门、顶篷线束→车尾线束,最后才进行座椅线束的装配。

(3)按要求安装好线束紧固装置和密封件。卡钉等固定物件、密封件和密封材料均要更新。

(4)灯具、仪表、开关等电器元件与线束插接件的连接必须牢固可靠、无漏插、错插等现象。线束搭铁要原位安装且牢固可靠,最好用万用表检测其导电性。

◇**特别提示:**

①线束装配时不要把线束拉得太紧(尤其在横向布置线束),避免行驶车辆在颠簸状态下,引起线束固定点位置错动,导致两固定点之间距离瞬间增大,从而拉长线束造成线束内部接点拉脱/虚接、导线参数变化,甚至拉断导线。

②汽车线束装配后,周围要有足够的间隙通过,保证不被其他部件压到、不被其他部件及其紧固件绊到,如图14-23所示。避免线束绝缘层被夹断、磨损或破裂引起搭铁等故障。

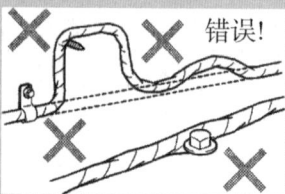

错误!

图14-23 线束的不正确布置

③插接器布置在容易发现的位置、布置在手和工具容易操作的位置。

④发动机装配后插接器应很方便连接,在此主要是指发动机线束和发动机舱线束、发动机控制器(ECU)

的连接。由于发动机在工作状态下处于振动状态,为了使发动机线束和机舱线束、ECU 连接可靠,需要在发动机线束端的插接器前 100mm 左右增加一个固定点,将其固定在车身上以避免发动机振动的传递,导致插接器松动、端子虚接。

⑤线束如从驾驶室内向室外通过钣金孔,外部线束必须低于过线孔,避免在线束上滴、洒液体后,有进入室内的可能;同时注意新密封件的安装是否良好。

⑥四门线束和座舱线束连接时,车门上过线孔低于车身侧围上过线孔。如门线束胶套上有液体,只有可能进入车门而不能进入驾驶室。

⑦搭铁良好时,万用表检测搭铁线与车架间的电阻值约为 0。

3)当全车线路连接好后,必须要进行通电前的线路检查与通电试验

(1)通电前的线路检查:导线束更换完毕后,再次检查导线束插接器与电气设备的连接是否正确,蓄电池正、负极是否连接正确。

(2)通电试验:先安装好蓄电池的正极电缆,蓄电池负极电缆线可暂时不接。用一只 12V/20W 左右的灯泡做试灯,将试灯串接在蓄电池负极与车架搭铁端之间,关闭车上所有用电设备开关。正常时试灯应不亮,否则表明电路有故障。

当电路正常后,取下灯泡,用一只容量为 30A 的易熔线,串接在蓄电池负极与车架搭铁端之间,不起动发动机,逐个接通车上各用电设备电源,对电气设备及线路检查,在确认电气设备及线路无故障后,取下易熔线。

最后,安装好蓄电池负极电缆线。

4)实训举例

下面仅以卡罗拉汽车左前车门线束拆装为例说明线束更换方法。

(1)线束的拆卸过程。

①拆下左前车门在前门柱下侧的装饰板,露出左前车门线束的插接器,如图 14-24 所示。

a)拆开装饰板　　　　b)暴露出左前车门线束的插接器

图 14-24　左前车门线束的插接器位置

②如图 14-25 所示,拆下左前车门线束插接器。

③如图 14-26 所示,拆下车门装饰板,拆开在装饰板内侧的玻璃升降器和车门锁闭锁总开关的集成插接器,移除车门装饰板。

图 14-25　被拆出来的线束插接器

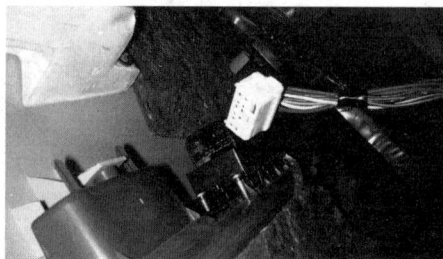

图 14-26　拆开玻璃升降器和车门锁闭锁总开关的集成插接器

④如图 14-27 所示,拆下车门内侧开门扶手支架。

⑤如图 14-28 所示,露出完整的防水塑料薄膜。

图 14-27　拆下车门内侧开门扶手支架

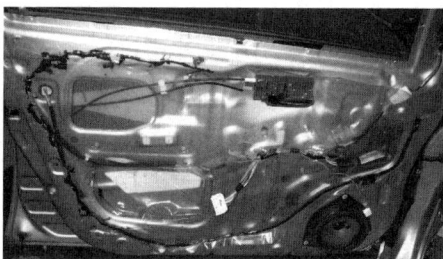

图 14-28　车门上的防水塑料薄膜

⑥如图 14-29 所示,拆下车门右下角的扬声器线束插接器。

⑦如图 14-30 所示,揭开车门左上角的防水塑料薄膜,拆下门锁电动机线束的插接器。

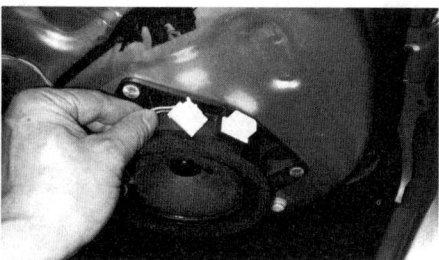

图 14-29　拆下的扬声器线束插接器

图 14-30　拆下门锁电动机线束的插接器

⑧如图 14-31 所示,拆下门锁电动机线束的定位卡钉。

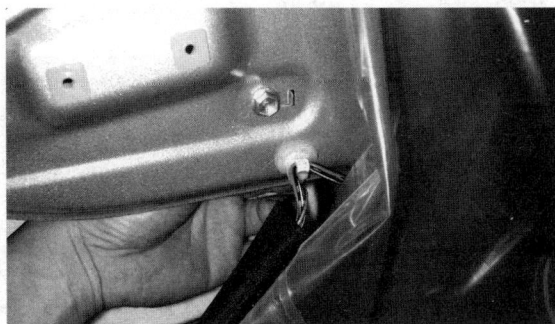

图 14-31 拆下门锁电动机线束的定位卡钉

⑨如图 14-32 所示,揭开右上角的防水塑料薄膜,拆下后视镜线束的插接器及卡钉。

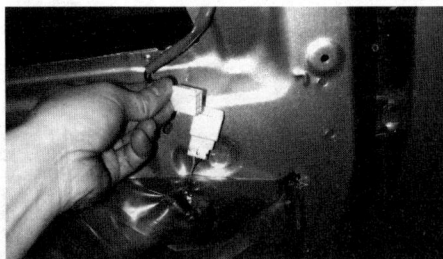

a)拆下后视镜线束的插接器　　　　　　b)取下插接器定位卡钉

图 14-32 拆下后视镜线束的插接器及卡钉

⑩如图 14-33 所示,将防水塑料薄膜往下拉,拆下电动玻璃升降器电动机线束的插接器。

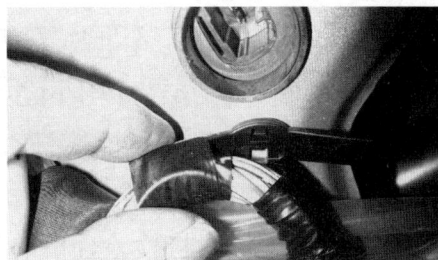

⑪如图 14-34 所示,拆下电动玻璃升降器电动机线束插接器位置附近的线束定位绑紧胶布。

图14-33 拆下电动玻璃升降器电动机　　图 14-34 拆下线束定位绑紧胶布
　　　　　线束的插接器

⑫如图 14-35 所示,从防水塑料薄膜中取出车门线束。

⑬如图 14-36 所示,从车门内腔的右下角取出线束白色塑料定位件,脱开绑

紧胶布,取下塑料定位件。

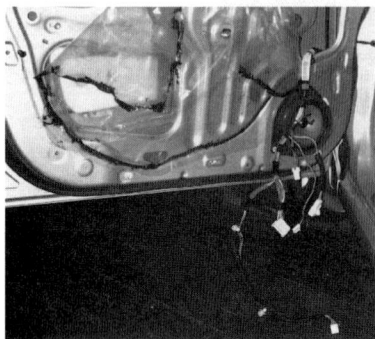

图 14-35　从防水塑料薄膜中
　　　　　取出车门线束

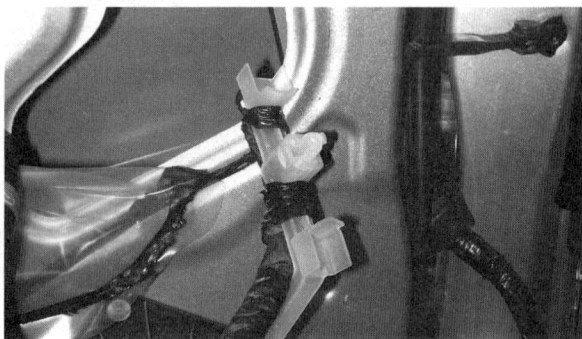

图 14-36　拆开线束白色塑料定位件

⑭如图 14-37 所示,将车门线束两端均往车门铰销方向拉出线束。

⑮如图 14-38 所示,被拆出来的左前车门完整的线束。

图 14-37　拉出线束

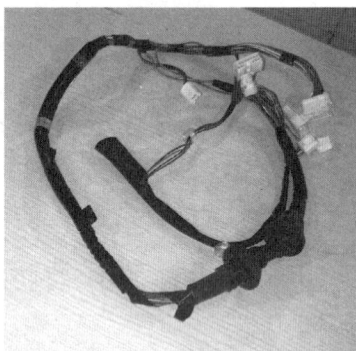

图 14-38　拆出来的左前
　　　　　车门的线束

(2)线束的安装过程。在进行线束安装之前,应对待装线束进行检查。检查的内容主要有线束名称、编号(图 14-39)和技术指标是否符合原厂规定;线束的外观完整性,定位卡钉和密封件等是否齐全,原则上要求将定位卡钉、密封件等更换新件。安装的顺序是按先拆后装的原则进行。

①如图 14-40 所示,将检验合格的车门线束从车门铰销分别装入门柱安装孔和车门安装孔内。

②如图 14-41 所示,密封件安装要到位:将密封件全部安装到座孔上后,用一定的拉力将线束往外拉,直至拉不动时,便确认密封件安装正确。

③用一定的拉力,将车门线束往左前门柱安装孔的内侧拉出,并确保确定线

束的密封件正确安装,然后安装好线束的插接器,如图 14-42 所示。

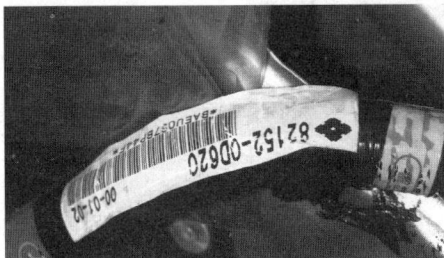

图 14-39 车门线束的编号

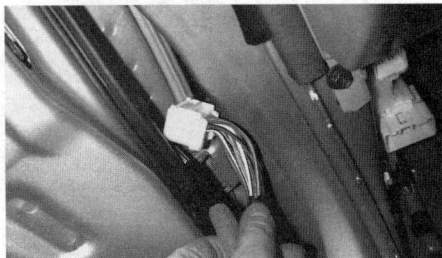

图 14-40 将线束从车门铰销处装入车门安装孔内

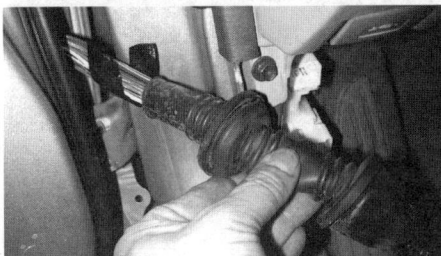

图 14-41 密封件安装

图 14-42 安装好线束在前门柱内侧的插接器

④用胶布绑好塑料定位架和线束(图 14-43),然后安装车门内腔线束的塑料定位架。

⑤如图 14-44 所示,用胶布绑好线束,安装好后视镜线束插接器及定位卡钉,安装好电动玻璃升降器电动机线束插接器。

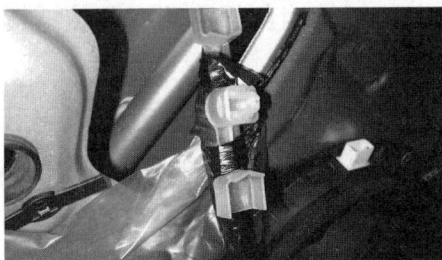

图 14-43 用胶布绑好塑料定位架和线束

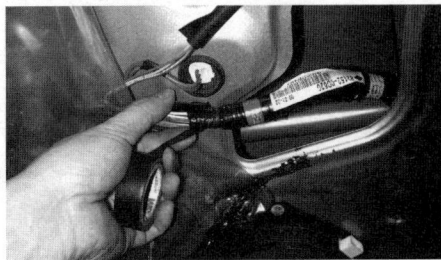

图 14-44 用胶布绑好线束与定位卡钉

⑥从防水塑料薄膜内侧穿过门锁线束,将玻璃升降器和车门锁闭锁总开关的集成插接器从防水塑料薄膜内拉出。安装扬声器线束插接器,如图 14-45 所示。

⑦安装门锁线束及插接器,如图 14-46 所示。

图 14-45　安装扬声器线束插接器

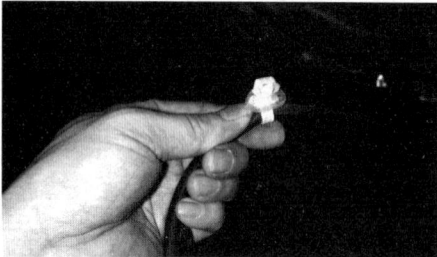

a)安装新的定位卡钉

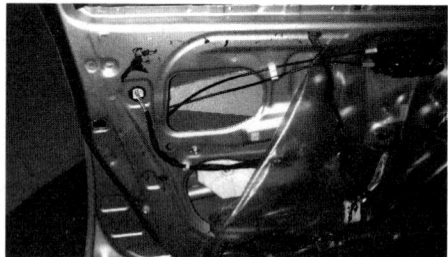

b)安装好的门锁线束

图 14-46　安装门锁线束及插接器

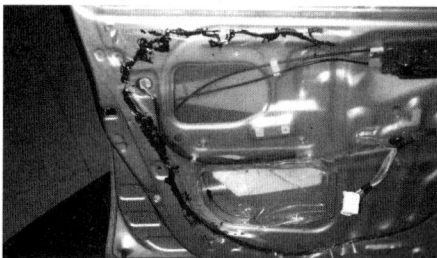

图 14-47　粘贴车门左上角的防水
塑料薄膜

⑧如图 14-47 所示,将车门左上角的防水塑料薄膜粘贴好。

⑨安装好车门内侧开门扶手支架。

⑩连接好车门内装饰板上玻璃升降器和车门锁闭锁总开关的集成插接器。

⑪在车门上安装好车门内装饰板,拧紧其固定卡钉及螺钉。

⑫安装好玻璃角的内侧三角装饰板。

⑬安装好门柱下内侧的装饰板。

⑭将汽车钥匙插入转向盘下的钥匙孔内,转到 ON 位,分别操作玻璃升降器和车门锁闭锁总开关,观察全车车门玻璃升降器和门锁的工作性能是否正常,如果工作正常,表明车门线束更换工作任务可以结束。

(3)安装后的检查。为了检查电气线路的工作性能是否正常,还要启动发动机,在发动机冷却液温度正常后,根据发动机不同的工况,检查仪表显示情况;同时试验全车各电气系统,检查其工作情况是否正常,填写竣工检验单。

5)结束工作

全车线束经过检验合格后,覆盖安装好车内的地板胶,恢复安装好已经拆开的车内装饰板、仪表板、转向盘、换挡手柄装饰套和座椅等。

全车线束更换工作完毕后,清理器材,清洁地面,搞好工位的整理工作。

三、评价与反馈

对本学习项目进行评价,见表14-3。

评分表

表14-3

考核项目	评分标准	分数	学生自评	小组互评	教师评价	小计
团队合作	是否协调	5				
活动参与	是否积极主动	5				
安全生产	有无安全隐患	5				
现场5S	是否做到	5				
任务方案	是否正确、合理	10				
操作过程	(1)正确判断全车新线束各插接器端子的作用	10				
	(2)能按线束安装工艺要求,准确、完整连接线束	10				
	(3)能进行全车线束通电前试验及全车电器工作性能检验	10				
	(4)能知道线束的功能及作用	10				
	(5)能准确地安装线束	5				
	(6)能在通电后检查功能的情况	5				
任务完成情况	是否圆满完成	5				
工具和设备使用	是否规范、标准	5				
劳动纪律	是否能严格遵守	5				
工单填写	是否完整、规范	5				
总分		100				
教师签名:		年　　月　　日			得分:	

四、学习拓展

手机扫码,查看本项目"学习拓展"内容

项目十五 空调制冷剂的加注与检查

汽车空调系统是人为地调节车内空气状况的设备,包括暖风和冷风两部分。空调系统的正确使用,可以起到通风、除湿、加热和制冷作用;同时可预防或除附在风窗玻璃上的雾、霜或冰雪,确保驾驶人的视线清晰与行车安全。空调系统可以使车内有足够的新鲜空气,以减轻乘员出现疲劳、头痛和恶心等症状。

制冷剂是汽车空调系统中的传热载体,通过状态的变化吸热或释放热量,达到调节车内空气的目的。目前汽车广泛使用 R134a 制冷剂,R134a 制冷剂在标准大气压下的沸点约为 −26.9℃,在空气中不可燃,毒性非常低,不会对大气环境造成破坏,是一种比较安全的制冷剂。

在汽车空调系统使用过程中,由于部件损坏或管路泄漏等原因,使系统内的制冷剂排空或存量不足,需要重新加注或补充制冷剂,以恢复汽车空调系统正常工作性能。下面以卡罗拉轿车手动空调为例,来说明空调制冷剂检查与加注操作步骤和技术规范。

学习目标

完成本项目学习后,你应当能:
1. 叙述汽车空调的组成、功用及分类;
2. 理解汽车空调制冷循环原理;
3. 正确操作汽车空调面板各个按键;
4. 正确回收、加注及检查汽车空调制冷剂及冷冻机油;
5. 建立规范、安全和质量意识。

建议学时

10 学时。

一、信息收集

(一)汽车空调的功能

汽车空调是汽车内空气调节系统的简称,它可以在汽车封闭的空间内,对温度、湿度及空气的清洁度进行调节控制。

(1)温度调节:这是汽车空调的主要功用。夏季由制冷系统产生冷气对车厢内降温;冬季除大型商用车采用独立燃烧式加热器采暖外,其他车辆基本上采用汽车发动机余热进行采暖。

(2)湿度调节:湿度对车内的乘员的热舒适感觉有很大影响。车厢内的湿度一般应保持在30% ~ 70%,普通汽车空调不具备调节车内湿度的功能,只有通过使用通风装置或打开车窗靠车外空气来调节。高级豪华汽车采用的冷暖一体化空调器,通过制冷和采暖的共同使用才能对车内的湿度进行适当的调节。

(3)气流调节:气流的流速和方向对人的舒适性影响很大。如果直吹,在温度合适时,流速应限制在一定的范围内,根据乘客的生活环境、年龄、健康状况、冷热习惯等可以适当改变流速的大小。

(4)空气净化:车厢内空气的质量是舒适的重要保证。车厢内的空气时刻受到乘客呼出的 CO_2、乘员身体的各种异味、烟味、化妆品味、非金属材料味、大气中的悬浮物的污染及环境异味的影响,因而有的汽车在空调的进风口装有空气过滤装置和空气净化装置。

(二)汽车空调的组成

汽车安装空调系统的目的是为了调节车内空气的温度、湿度,改善车内空气的流动,并且提高空气的清洁度,因此汽车空调系统主要由以下几部分组成,其总体布置如图15-1 所示。

(1)制冷装置(图15-2):对车内空气或由外部进入车内的新鲜空气进行冷却或除湿,使车内空气变得凉爽舒适。制冷装置由压缩机、冷凝器、储液干燥器、膨胀阀、蒸发器、散热风扇、管道、制冷剂等组成。

(2)暖风装置(图15-3):主要利用发动机冷却液给车内空气或由外部进入车内的新鲜空气加热,以达到取暖、除湿的目的。在冬天还可以给前、后风窗玻璃除霜、除雾。暖风系统由加热器、热水控制阀、水管、发动机冷却液等组成。

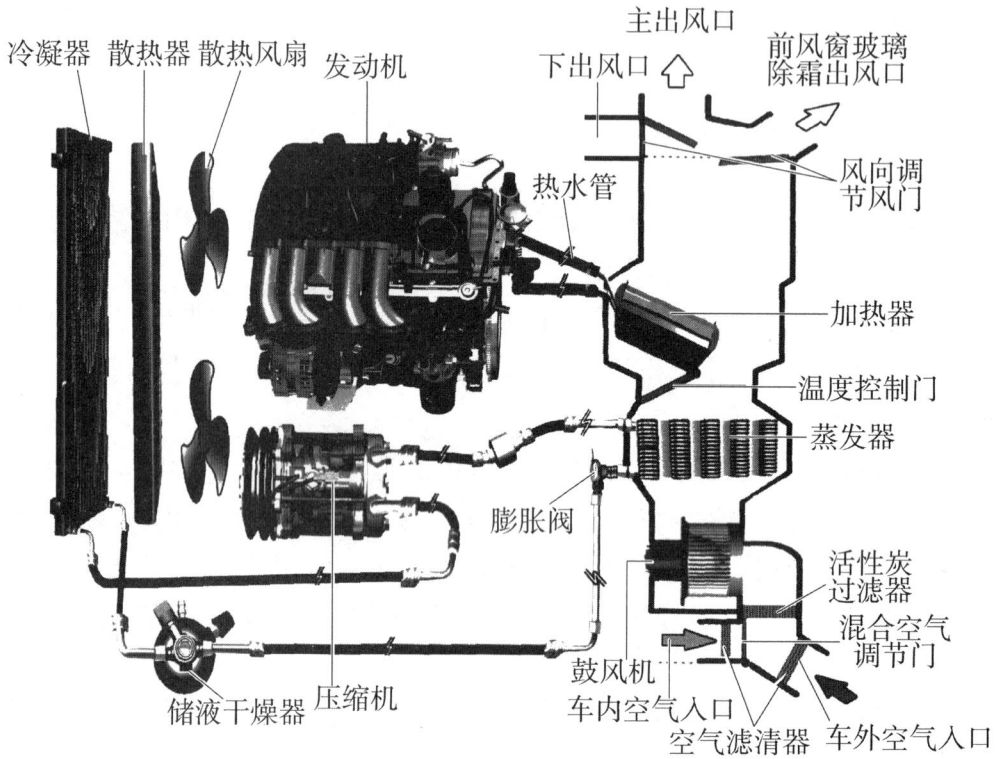

图 15-1　汽车空调的总体布置图

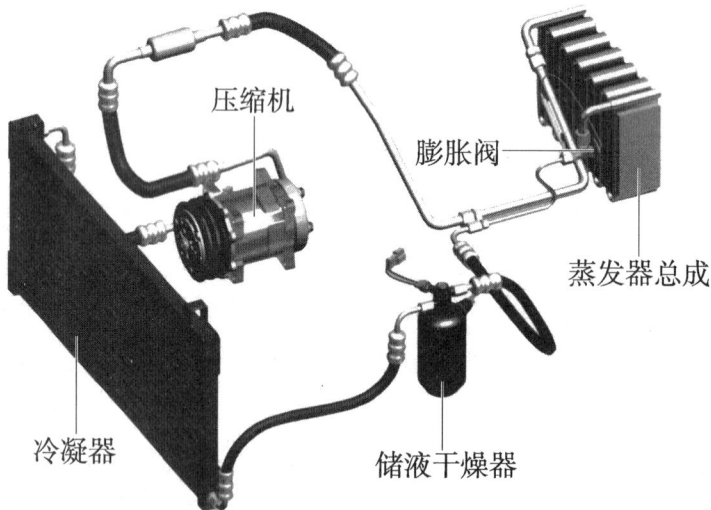

图 15-2　制冷装置的组成

(3)通风、净化装置(图 15-4):通风、净化系统主要是控制汽车内空气的循环、流向,并净化车内空气。

驾驶人可根据需要,使空气进行内循环或外循环,对车内空气进行置换,同时,控制气流的流向,以达到制冷、加热及通风的功效。通风系统由鼓风机、空气滤清器、进风口、风门、风道及出风口等组成。

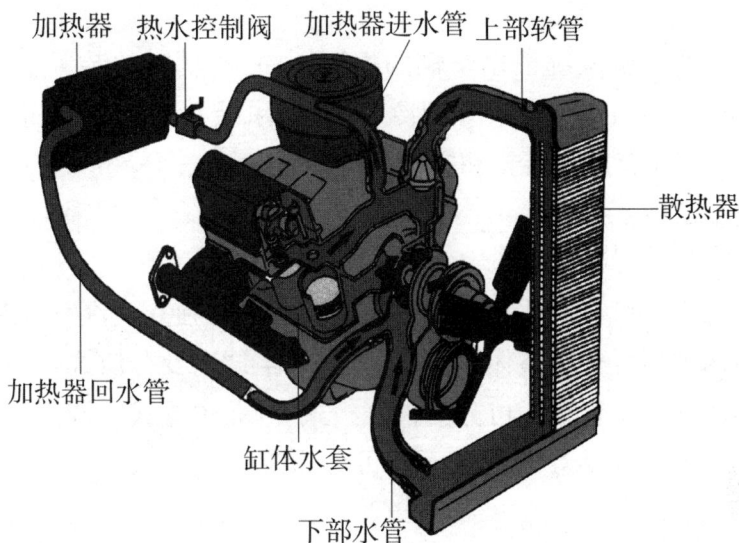

图 15-3　暖风装置的组成

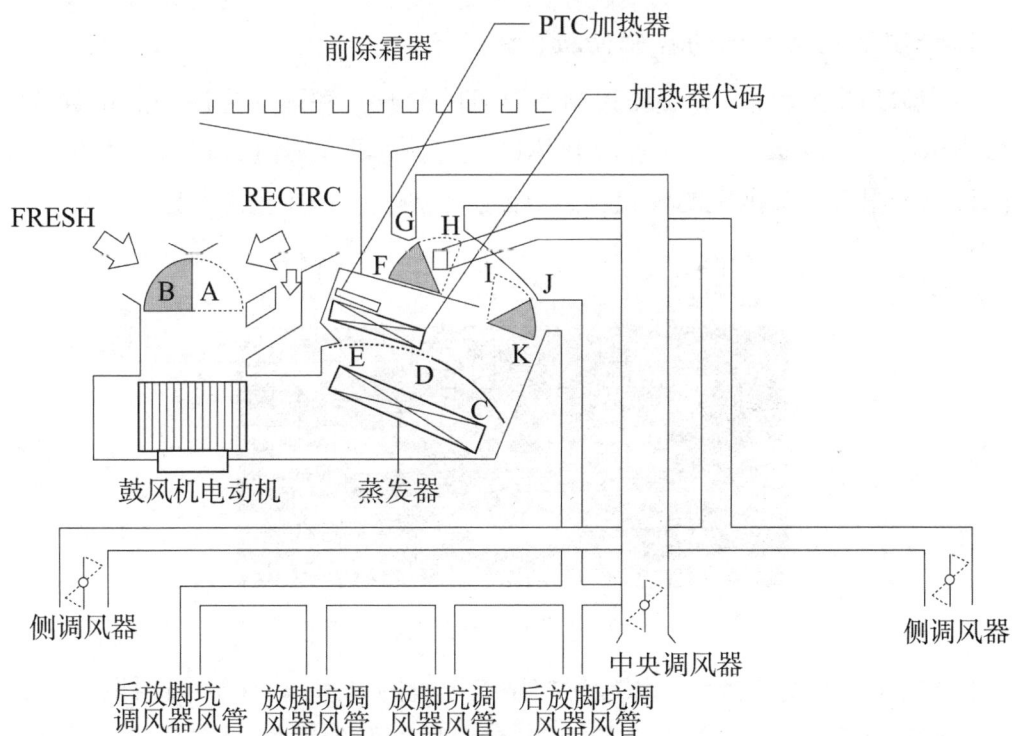

图 15-4　通风、净化装置的组成

空气净化系统的作用原理是在通风口处加装灰尘滤清器或活性炭过滤器,

除去车内空气中的尘埃、臭味。

(4)加湿装置:在空气湿度较低的时候,对车内空气加湿,以提高车内空气的相对湿度。

目前,汽车的空调系统根据车辆的配置不同,所具备的装置也有所不同,在一般的轿车和客货车上,通常只有制冷装置、暖风装置和通风装置,在高级轿车和高级大客车上,才有加湿装置和空气净化装置。

(三)汽车空调的分类

(1)按驱动方式可分为非独立式汽车空调系统和独立式汽车空调系统。

(2)按结构类型可分为整体式空调、分体式空调以及分散式空调。

(3)按蒸发器的布置形式可分为仪表板式空调、顶置式空调。

(4)按蒸发器和冷凝器的数量不同可分为单蒸单冷式、单蒸双冷式、双蒸单冷式和双蒸双冷式。

(四)汽车空调的操控

1. 旋钮型手动空调的控制面板(图 15-5)

(1)温度调节旋钮。该旋钮控制调温风门的开关和热水控制阀的位置,蓝色区域表示制冷区域,红色区域表示制热区域,温度调节旋钮每转动一个位置,相应的调温风门有一个确定的位置,热水控制阀也有一个相应的开度。

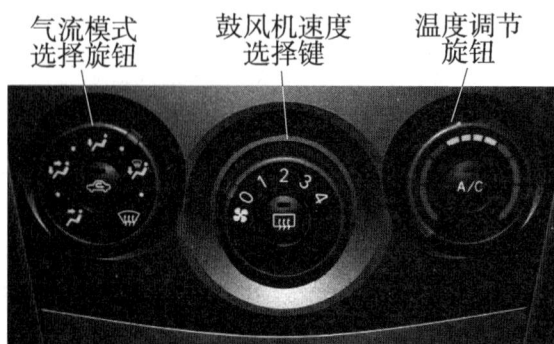

图 15-5 旋钮型手动空调的控制面板

(2)鼓风机速度选择键。该旋钮控制鼓风机的风速,共有 4 个速挡。

(3)气流模式选择开关。该旋钮选择空调送风的模式,旋钮顺时针转动,分别表示空调风吹向面部、脚部和面部、脚部、脚部和除霜、前风窗玻璃除霜等位置,如图 15-6 所示。

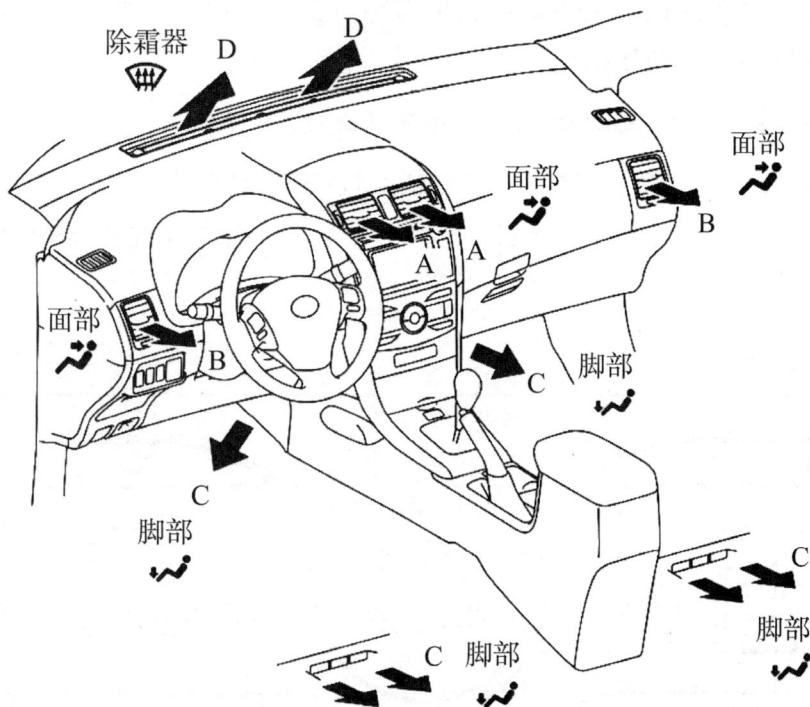

图 15-6　空调出风口

2. 拨杆型手动空调的控制面板(图 15-7)

(1)出风气流选择钮。该钮用于控制空调风吹向面部、脚部和面部、脚部、脚部和除霜、前风窗玻璃除霜等位置。

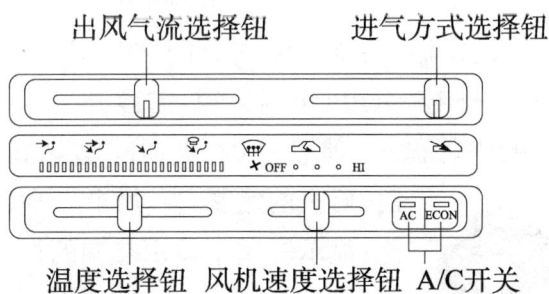

图 15-7　拨杆型手动空调的控制面板

(2)进气方式选择钮。该钮用于控制空调进风为内循环、外循环位置的控制。

(3)温度选择钮。该钮控制调温风门的开关和热水控制阀的位置,从而来调节汽车驾驶室内的温度。

(4)风机速度选择钮。该钮控制鼓风机风速的高低。

（5）A/C 开关。该开关用来控制是否制冷,按下 A/C 按钮压缩机工作,按下 ECON(经济模式)按钮压缩机停止工作,节省能源。

3. 自动空调的控制面板(图 15-8)

驾驶人可根据需要,操纵空调的控制面板按钮,对车内空气的温度、风量、流向进行控制,使空气进行内循环或外循环,对车内空气进行置换,以达到制冷、加热、过滤及通风的功效,实现空调系统的正常工作。

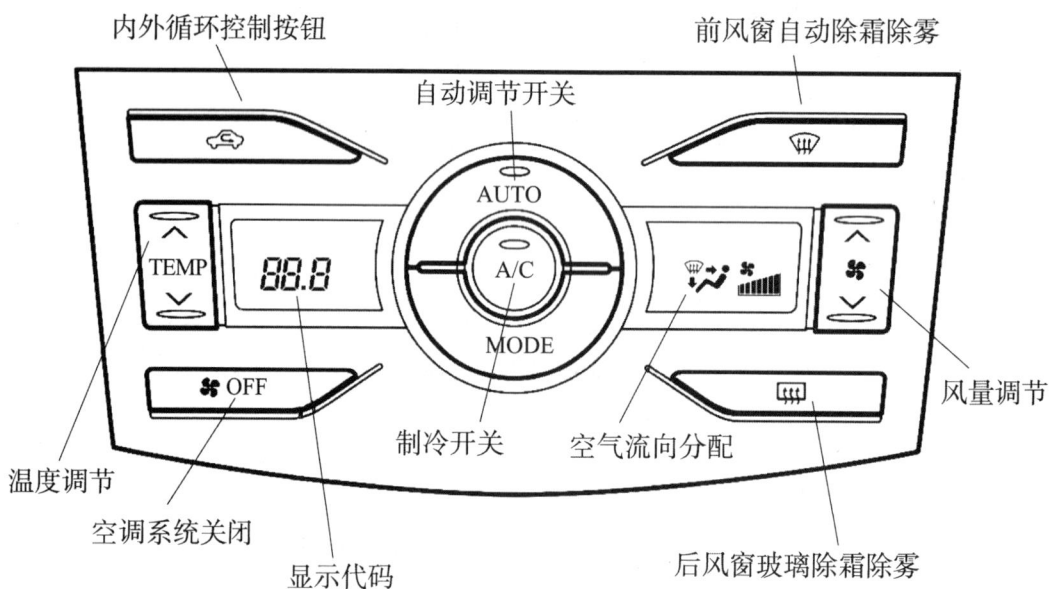

图 15-8　自动空调的控制面板

温度调节按钮用于设定温度;空气流向分配按钮用于控制空调送风的模式(流向);风量调节按钮用于控制鼓风机的风速;制冷开关用于控制制冷;内外循环开关用于控制空气的内外循环;前、后风窗自动除霜除雾按钮用于控制清除前、后窗的霜雾;自动调节开关用于空调的自动控制;显示屏用于显示空调的控制内容。

(五)制冷剂

R134a制冷剂　　R12制冷剂

图 15-9　空调制冷剂

制冷剂俗称冷媒,是制冷系统中用于转换热量、完成制冷循环的工作介质(即作为热量交换的介质)。如图 15-9 所示,汽车目前使用的制冷剂是 R134a(四氟乙烷),2000 年以前生产的汽车空调系统大多采用 R12 作为制冷剂,但由于泄漏的 R12

会破坏地球的臭氧层,危害人类的健康,因此这种制冷剂已列为淘汰产品。国家规定:2000年以后生产的新车,不准使用R12作为汽车空调的制冷剂,它被更环保的R134a替代。

R134a是目前一种比较理想的绿色环保制冷剂,它不会破坏地球的臭氧层。其沸点约为－26.9℃;其安全性高、不易燃、不爆炸、无毒,无刺激性和腐蚀性;蒸发潜热高,比定压热容大,流动性好,热传导效果好,具有较好的制冷能力。R134a和R12不能互换,否则会损坏空调系统。

(六)空调制冷原理(以膨胀阀式为例)

空调制冷系统制冷是利用液态制冷剂汽化吸热产生冷效应。其工作原理如图15-10所示。制冷循环是由压缩、放热、节流和吸热四个过程组成。

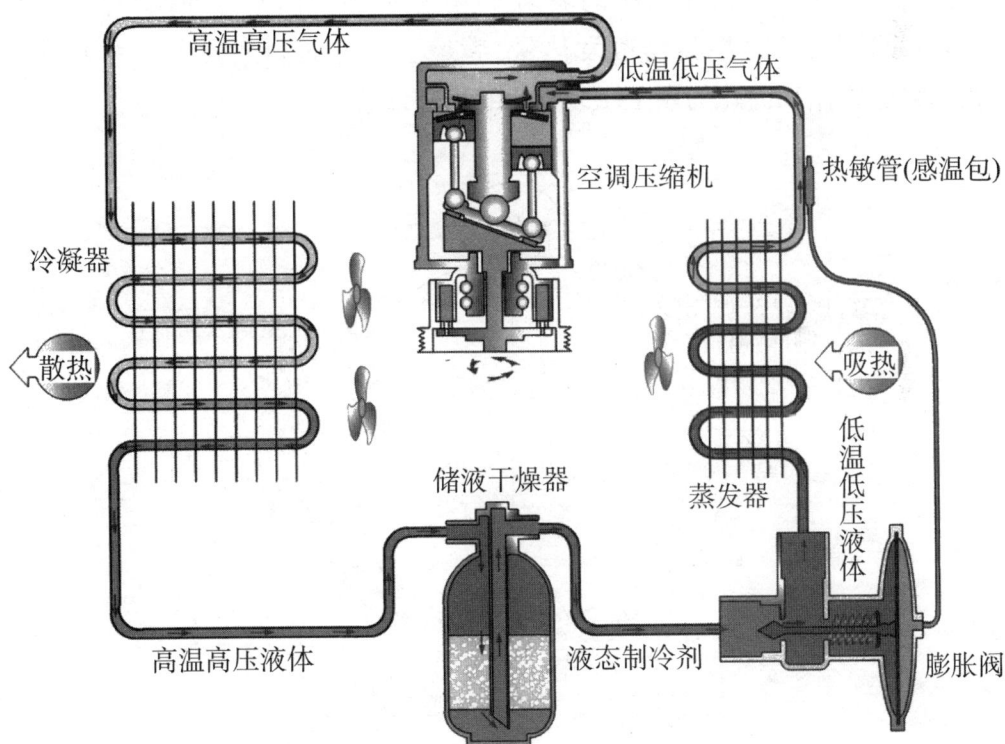

图15-10　空调制冷原理

压缩过程:压缩机吸入蒸发器出口处的低温低压的制冷剂气体,把它压缩成高温高压的气体,然后送入冷凝器。压缩过程中,制冷剂状态不发生变化,而温度、压力不断升高,形成高温、高压气体。

放热过程:高温高压的过热制冷剂气体进入冷凝器(散热器)与大气进行热

交换。由于温度的降低,制冷剂气体冷凝成液体,并放出大量的热。冷凝过程中,制冷剂状态由气态变为液态,温度降低,压力不变。

节流过程:制冷剂液体经膨胀阀节流降温降压,以雾状(细小液滴)排出膨胀装置。该过程的作用是使制冷剂迅速地变成低温低压液体,以利于吸热、控制制冷能力以及维持制冷系统正常运行。

吸热过程:经膨胀阀降温降压后的雾状制冷剂液体进入蒸发器,因此时制冷剂沸点远低于蒸发器内温度,故制冷剂液体在蒸发器内蒸发、沸腾成气体。在蒸发过程中大量吸收周围的热量,降低车内温度。而后低温低压的制冷剂气体流出蒸发器等待压缩机再次吸入。吸热过程的特点是制冷剂状态由液态变化到气态,此时压力不变,即在定压过程中进行这一状态的变化。

这样,制冷剂在空调压缩机的驱动下,在空调系统内不停地循环流动,流经蒸发器吸收热量,流经冷凝器散发热量,满足了汽车的制冷要求。为了便于记忆,我们将制冷循环简化为图15-11所示的循环流程。

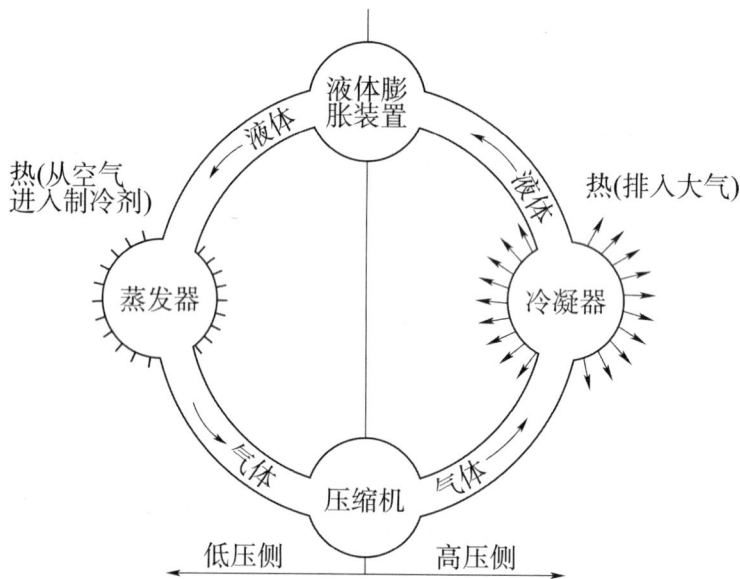

图15-11　空调系统的制冷循环流程

(七)空调系统重要组件

1.空调压缩机

在内燃机中,压缩机由发动机皮带驱动,在电动汽车中,压缩机由一个电动机驱动。制冷剂从蒸发器中以气体状态流出,进入压缩机中被加压。制冷剂不能以液体状态进入压缩机,因为液体不能被压缩,否则会产生液击而损坏压缩机。压缩机有叶片式、涡轮式和斜盘式等常见类型。丰田卡罗拉采用的压缩机是连续可变排量斜盘式,它的特点是排量可以根据空调的制冷负荷进行调节。

2. 冷凝器

由于空间有限,汽车空调冷凝器和发动机冷却液散热器前后并列布置在车辆前部,共享风扇。制冷剂流经蒸发器和压缩机后温度升高,流经冷凝器后重新变为液态,并将温度升高所吸收的热量散发到车外大气中。

3. 膨胀阀

膨胀阀位于车辆驾驶舱隔板后面。从冷凝器流出的制冷剂经过储液干燥器,到达膨胀阀,随后流入蒸发器。当制冷剂从蒸发器输出时,它会经过膨胀阀的测量元件流入压缩机中。膨胀阀的功能是确保制冷剂以正确的状态到达蒸发器。由于膨胀阀里面的节流阀功能,不仅可以调节制冷剂的状态,而且可以调节制冷剂的温度。当制冷剂流经膨胀阀时,制冷剂的压力、温度以及沸点都会降低。

4. 蒸发器

蒸发器位于驾驶舱内隔板后面。在空气流进驾驶舱前,蒸发器会对空气进行冷却。流经冷的蒸发器的热气流被冷却,结果会使车辆内部温度下降。由于温度较低,空气中的水分会在蒸发器中凝结。

5. PTC 加热器

PTC 加热器由一个 PTC 元件、一个铝散热片和铜片组成,如图 15-12 所示。当电流施加在 PTC 元件上时,它会产生大量热量来加热通过装置的空气,驾驶舱会产生暖风。PTC 加热器工作条件由空调放大器根据冷却液温度、环境温度、发动机转速、空气混合设置和电气负载(交流发电机电源比)来控制。PTC 加热器安装在加热器装置的散热器内,它在冷却液的温度很低且正常加热器效率不足时工作。空调控制总成切换 PTC 继电器内电路的通断,并且在工作条件满足(冷却液的温度低于 65℃(149℉)、设置温度为 MAX. HOT、环境温度低于 10℃(50℉)且鼓风机开关没有置于 OFF 位置)时操作 PTC 加热器。PTC 加热器根据电气负载或交流发电机的输出量控制 PTC 加热器线路。

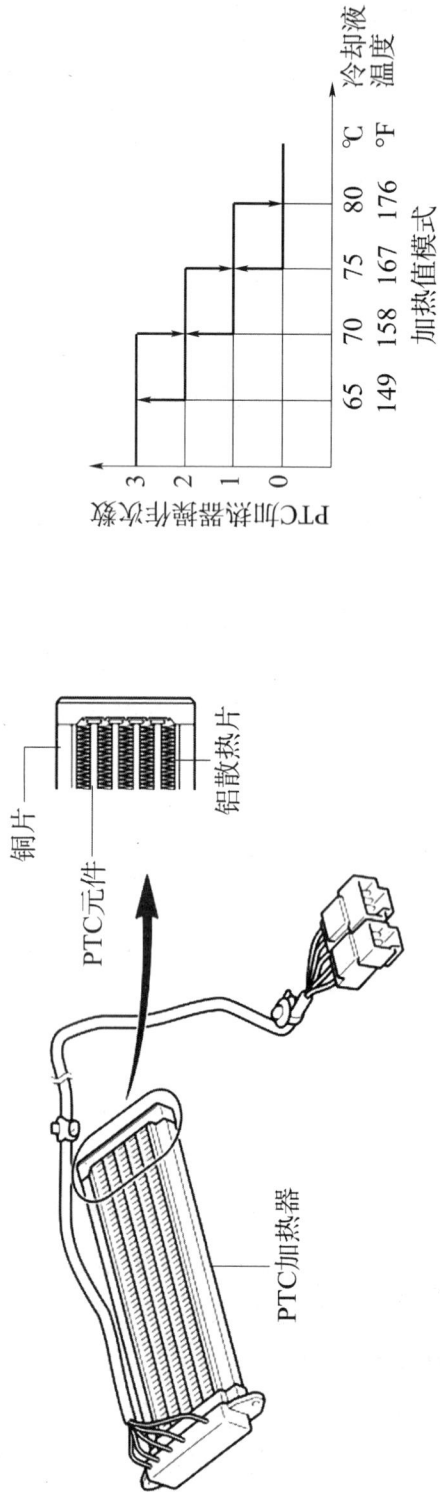

图 15-12　PTC加热器

6. 蒸发器温度传感器

蒸发器温度传感器(空调热敏电阻)安装在空调装置的蒸发器上。该传感器检测流过蒸发器的冷却空气的温度,并向空调放大器发送信号。蒸发器温度传感器(空调热敏电阻)电阻随着流过蒸发器的冷却空气温度的变化而变化。当温度下降时,电阻增大。当温度上升时,电阻减小,如图 15-13 所示。空调放大器将电压(5V)施加到蒸发器温度传感器(空调热敏电阻)上,并且在蒸发器温度传感器(空调热敏电阻)的电阻改变时读取它的电压变化值。该传感器可起到防止蒸发器冻结的作用。

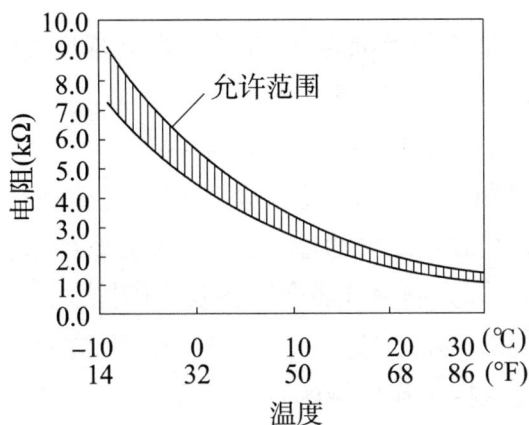

图 15-13　蒸发器温度传感器特性

7. 空调压力传感器

空调压力传感器检测到制冷剂压力,并将其以电压变化的形式输出到空调放大器中。当高压侧制冷剂压力过低(0.19MPa(2.0kgf/cm², 28psi)或更低)或过高(3.14MPa(32.0kgf/cm², 455psi)或更高)时,输出故障码 DTC。安装在高压侧管上的压力传感器检测制冷剂压力,并将制冷剂压力信号输出至空调放大器,空调放大器根据传感器特性将该信号转换为压力,以控制压缩机。

二、实训操作

1. 技术标准与要求(以卡罗拉 1.6GL 自动型轿车为例)

(1)空调制冷系统中加注 R134a 制冷剂。

(2)加注制冷剂时,应佩戴防护眼镜和手套,以免制冷剂进入眼睛和溅到皮肤上,如制冷剂不慎进入眼睛或溅到皮肤上,应立即用清水冲洗,严重者送医院进行专业处理。

(3)禁止对制冷剂容器进行加热,否则会有发生爆炸的危险。

(4)制冷剂加注应适量,否则会使制冷效果不良。

(5)从低压管路加注制冷剂时,禁止将制冷剂容器倒置,防止压缩机液击而损坏。

(6)空调低压管和高压管中的真空度不低于 750mmHg(1mmHg = 133.322Pa),并保持 5min 不下降。

(7)空调运行时,低压管压力为 0.15 ~ 0.25MPa 为正常;高压管压力为 1.37 ~ 1.57MPa 为正常。

(8)通过高压管路加注制冷剂时,严禁压缩机运行且关闭低压侧阀门。

(9)制冷剂加注后,应进行泄漏检查。

(10)卡罗拉轿车制冷剂加注量为 410 ~ 470g。

(11)处理制冷剂罐时,应小心注意。不得用力碰撞制冷剂罐;不准将制冷剂罐置于高温处,应将其存放在凉爽的地方;避免将制冷剂罐存放在有腐蚀物的地方,如蓄电池酸液附近,因为制冷剂罐会因此发生腐蚀。

(12)当制冷剂暴露于明火,吸入发动机或用卤素检漏灯进行检漏时,都会生成有毒的光气,所以要保持工作区域的良好通风。

(13)制冷剂系统内的制冷剂不足时,不要运行压缩机,如果空调系统中制冷剂不足,则会缺少机油润滑,并且可能损坏压缩机。

(14)压缩机工作期间,不得打开高压阀,仅打开和关闭低压阀,如果高压阀打开,制冷剂反向流动,会导致加注罐破裂。

(15)禁止在没有制冷剂的情况下操作发动机和压缩机,否则会损坏压缩机内部,因为不论空调系统打开或关闭,压缩机部件始终在运转。

2. 工具、设备和材料的准备

(1)举升机。

(2)卡罗拉 1.6GL 自动型轿车及维修手册。

(3)磁力护裙、转向盘护套、变速杆手柄套、脚垫和座椅套。

(4)制冷剂加注回收一体机 AC350C(图 15-14)。

图 15-14　制冷剂加注回收
一体机 AC350C

（5）防护眼镜（图15-15）和手套。

（6）检漏仪（图15-16）。

图15-15　防护眼镜

图15-16　检漏仪

3.查询并填写信息

生产年份＿＿＿＿＿，车牌号码＿＿＿＿＿，行驶里程＿＿＿＿＿，发动机型号及排量＿＿＿＿＿，车辆识别代号（VIN）＿＿＿＿＿。

4.作业前的准备（以丰田卡罗拉1.6GL自动型轿车为例）

（1）汽车进入工位前，将工位清理干净，准备好相关的器材。

（2）将汽车停驻在举升机中央位置。

（3）拉紧驻车制动器操纵杆，并将变速杆置于空挡或驻车挡（P位）位置。

（4）套上转向盘护套、变速杆手柄套和座椅套，铺设脚垫。

（5）在车内拉动发动机舱盖手柄，在车外打开并支撑发动机舱盖。

（6）粘贴翼子板和前磁力护裙。

5.制冷剂的回收、再生、充注

根据中华人民共和国交通行业标准JT/T 774—2010《汽车空调制冷剂回收、净化、加注工艺规范》，汽车空调制冷剂回收作业、制冷剂净化作业和制冷剂加注作业应按图15-17所示的工艺流程进行。可根据作业的需要，按作业项目独立操作或连续操作。下面以AC350C制冷剂回收、再生、加注为例加以说明。

制冷剂回收操作：对于符合规定的制冷剂，使用制冷剂回收加注机（AC350C）进行回收，如图15-18所示。

制冷剂回收作业：
- 回收作业准备及开始
- 制冷剂回收原则判定
  - 不符合 → 进行其他维修操作
  - 符合
    - 制冷剂类型鉴别
      - 未知制冷剂或两种以上制冷剂 → 使用另外的回收设备进行回收或请专业机构进行回收和处理
      - 单一制冷剂
    - 制冷剂纯度检测
      - 符合要求
      - 不符合要求
    - 回收操作
    - 完成回收作业

制冷剂净化作业：
- 净化作业准备及开始
- 纯度指标检测
  - 符合要求
  - 不符合要求
    - 净化操作
- 完成净化作业

制冷剂加注作业：
- 加注作业准备及开始
- 检漏
- 视情清洗
- 抽真空
- 补充冷冻机油
- 加注制冷剂
- 检验
- 完成加注作业

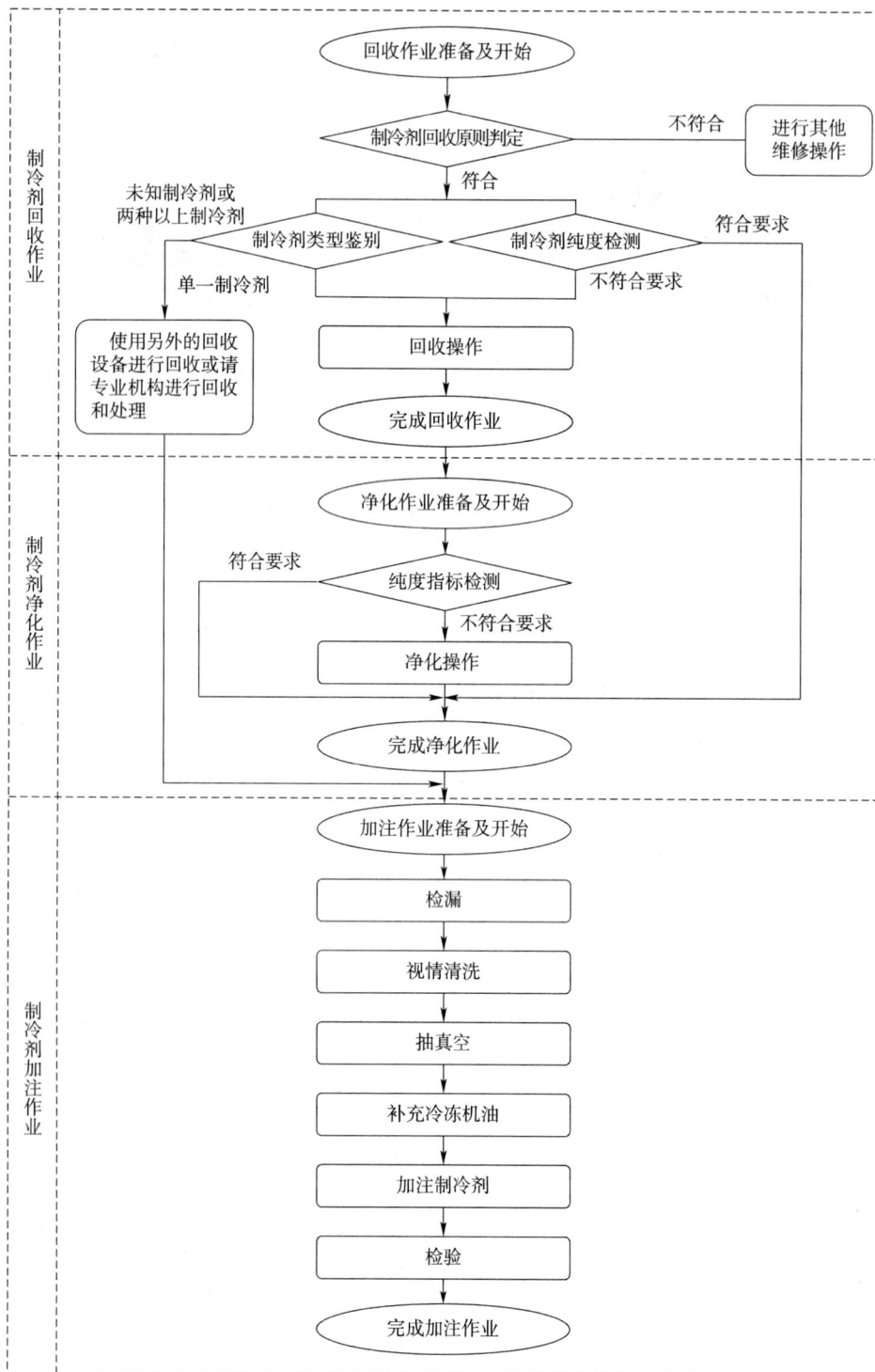

图 15-17　制冷剂回收、净化、加注作业工艺流程

图 15-18　AC350C 操作面板

1-排气:运行排气功能的快捷键;2-回收:回收空调系统的制冷剂;3-抽真空:将空调系统进行抽真空;4-充注:向空调系统充注制冷剂;5-菜单:进入菜单程序的快捷键;6-显示屏:显示操作信息;7-开始/确认:开始/确认程序的进行;8-停止/取消:停止/取消程序的进行;9-键盘:输入数据键;10-数据库*:进入数据库的快捷键;11-上下键:上下选择键;12-电源开关:开机或关机;13-多语言对照表:多种语言表达对照表;14-高压表:显示空调系统高压端压力表;15-低压表:显示空调系统低压端压力表;16-低压阀:控制空调系统低压端与设备的通断;17-高压阀:控制空调系统高压端与设备的通断;18-工作罐压力:显示工作罐的压力的压力表

1)开机准备

将 AC350C 的电源插头接在 220V 电源上,转动电源开关,操作界面显示主菜单,包括储罐质量和储罐内部的制冷剂质量。

2)排气

此步骤是对 AC350C 自身进行排气、清理,应在 30s 内完成。操作方法如下。

(1)按下"排气"键,设备进行排气,显示屏显示,如图 15-19 所示。

(2)2s 完成后,显示屏显示如图 15-20 所示。

(3)按"确认"键继续排气,按"取消"键退出排气。

排气	回收	抽真空	充注	菜单

正在排气2s...

0:01

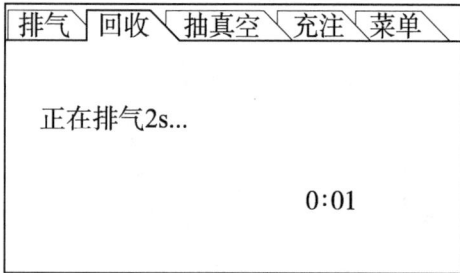

图 15-19　排气界面

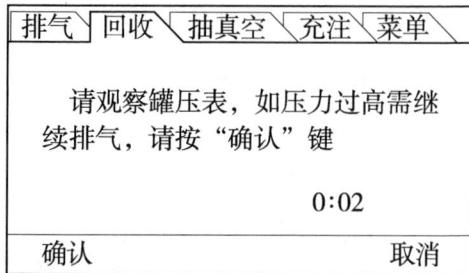

排气	回收	抽真空	充注	菜单

请观察罐压表,如压力过高需继续排气,请按"确认"键

0:02

确认　　　　　　　　取消

图 15-20　排气2s后显示

3)回收

此步骤是将车辆空调系统的制冷剂回收到 AC350C 中。操作方法如下。

(1)将红、蓝色软管上的快速接头连接到汽车空调对应的接口上。

◇**注意:**红色软管连接空调系统的高压接口,蓝色软管连接空调系统的低压接口。

(2)打开控制面板上红、蓝色高低压两个阀门(手柄箭头指向左边为开)。

(3)按"回收"键直到显示屏上如图 15-21 所示,可以通过数字键盘设定所需的回收质量。回收前清理管路1min。

(4)按"确认"键,压缩机启动,系统将进行清理管路,时间为1min(在此过程中按"停止/取消"键,系统将退回主界面)。清理管路完成后,开始回收,如图 15-22 所示。

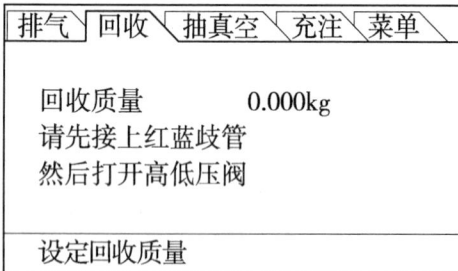

排气	回收	抽真空	充注	菜单

回收质量　　　　0.000kg
请先接上红蓝歧管
然后打开高低压阀

设定回收质量

图 15-21　按"回收"键显示屏显示

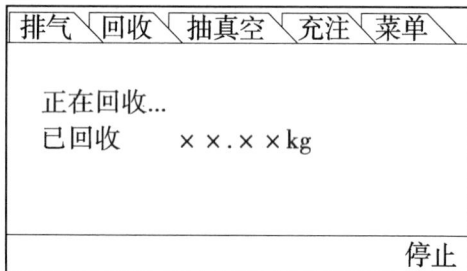

排气	回收	抽真空	充注	菜单

正在回收...
已回收　　××.××kg

停止

图 15-22　开始回收

回收完成后,显示屏如图 15-23 所示。

(5)按"确认"键,进行排油程序,如图 15-24 所示;排油完成后,显示屏如图 15-25 所示。

◇**特别提示:**通过比较空调系统内制冷剂的质量和显示屏上显示的可利用空间质量来确保工作罐有没充足空间;如果回收空间不够,请从工作罐清除一定制冷剂到其他存储罐中。压缩机只能使空调系统达到部分真空。必须使用设备的真空(排出)循环清除系统中的残余杂质。注意在真空状态下超时使用压缩机会损坏压缩机。

```
┌──────────────────────────────────────┐
│ ╲排气╲回收╲抽真空╲充注╲菜单╲        │
│                                      │
│                                      │
│   回收完成                           │
│   已回收      ××.××kg               │
│                                      │
│                                      │
│                                      │
│   下一步,排油?                       │
└──────────────────────────────────────┘
```

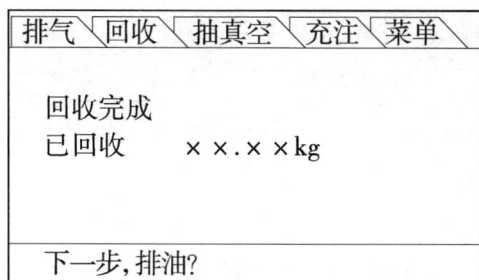

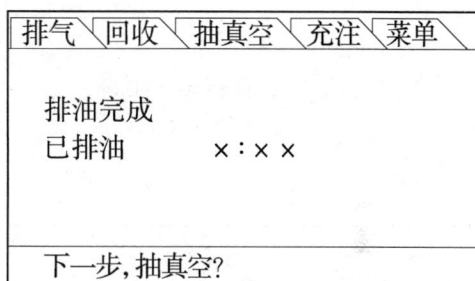

图 15-23　回收完成后显示屏

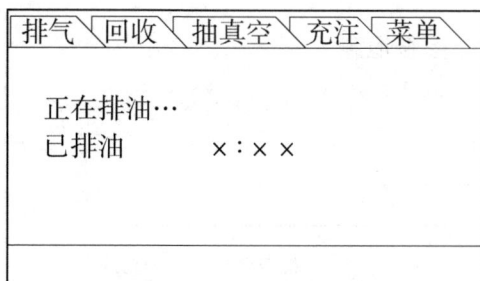

```
┌──────────────────────────────┐
│ ╲排气╲回收╲抽真空╲充注╲菜单╲ │
│                              │
│   正在排油…                  │
│   已排油      ×:××           │
│                              │
│                              │
│                              │
└──────────────────────────────┘
```

```
┌──────────────────────────────┐
│ ╲排气╲回收╲抽真空╲充注╲菜单╲ │
│                              │
│   排油完成                   │
│   已排油      ×:××           │
│                              │
│                              │
│   下一步,抽真空?             │
└──────────────────────────────┘
```

图 15-24　按"确认"键进行排油　　　　　　图 15-25　排油完成后显示屏

4)抽真空

回收完空调系统的制冷剂,维修好空调系统后,需按照以下步骤完成抽真空作业。

(1)将设备的红、蓝色软管和汽车空调系统的高、低压接口连接。

(2)在控制面板上,打开设备电源开关,打开红、蓝两个阀门。

(3)按"抽真空"键,直到显示屏上出现抽真空状态(图 15-26),可以通过数字键盘设定所需的抽真空时间,当光标在"15:00"字符处闪动时,选择数字键,程序将切换到抽真空时间设置界面。

(4)按"确认"键开始抽真空操作。显示屏上原显示的 mm:ss 值开始计时。抽真空完成后,显示屏如图 15-27 所示。

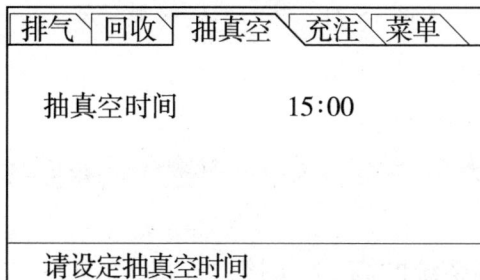

```
┌──────────────────────────────┐
│ ╲排气╲回收╲抽真空╲充注╲菜单╲ │
│                              │
│   抽真空时间      15:00      │
│                              │
│                              │
│                              │
│   请设定抽真空时间           │
└──────────────────────────────┘
```

```
┌──────────────────────────────┐
│ ╲排气╲回收╲抽真空╲充注╲菜单╲ │
│                              │
│   抽真空时间完成             │
│   已抽真空      ×:××         │
│                              │
│                              │
│   下一步,保压?               │
└──────────────────────────────┘
```

图 15-26　按"抽真空"键显示屏　　　　　　图 15-27　抽真空完成后显示屏

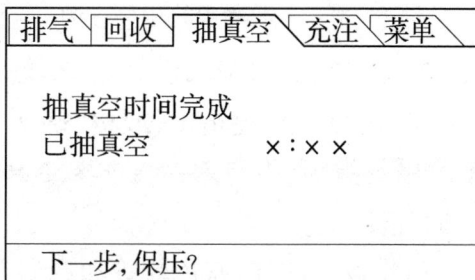

◎**小提示**:运行抽真空之前,必须检查压力表。只有在低压小于0kPa时才可进行抽真空操作,否则将会损坏真空泵。如果压力大于0kPa,请先运行回收功能。

(5)按"确认"键,保压如图15-28所示。

(6)3min保压完成后,如图15-29所示用户观察压力表的变化是否泄漏,如果泄漏,请查明泄漏原因并解决,如不泄漏,用户选择下一步操作。

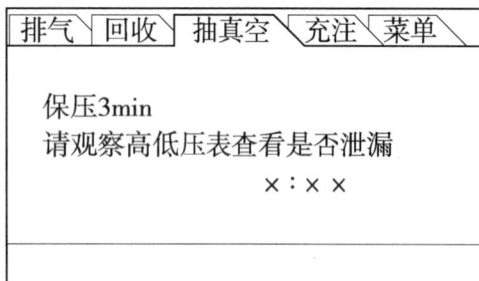

排气 \ 回收 \ 抽真空 \ 充注 \ 菜单
保压3min 请观察高低压表查看是否泄漏 ×:××

排气 \ 回收 \ 抽真空 \ 充注 \ 菜单
系统泄漏 保压完成　　　×:×× 停止

图15-28　按"确认"保压　　　　　图15-29　保压完成后泄漏检查

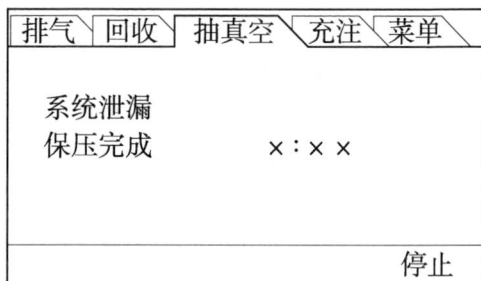

(7)保压完成观察压力表不泄漏情况后,按"确认"键,如图15-30所示,具体根据当时的情况来定,或者进入数据库进行查询,或者向零部件生产商咨询。进入数据库的具体操作参考操作里的数据库项。当空调零部件更改后需多加注一定量的冷冻机油。

(8)按"确认"键显示屏如图15-31所示。

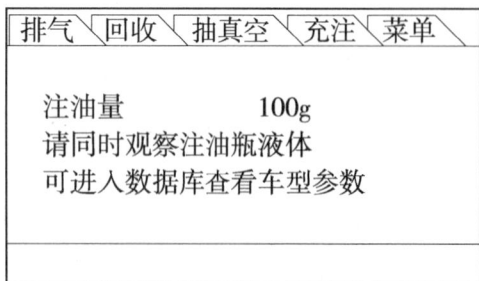

排气 \ 回收 \ 抽真空 \ 充注 \ 菜单
注油量　　　　　100g 请同时观察注油瓶液体 可进入数据库查看车型参数

排气 \ 回收 \ 抽真空 \ 充注 \ 菜单
正在注油… 请同时观察注油瓶液体 按"确认"键可暂停 按"取消"键退出 暂停　　　　　　　　退出

图15-30　不泄漏后的相关查询　　　图15-31　按"确认"键显示屏

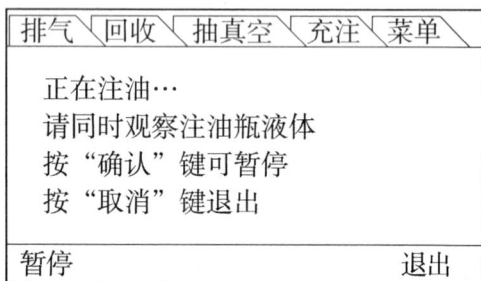

(9)按"确认"键显示屏如图15-32所示。

(10)按"结束"键退出,或按"确认"键注油继续。

◎**特别提示**:为避免空气进入空调系统,不要去除注油瓶中所有的油液。

5)充注

(1)将设备的红、蓝色软管和汽车空调系统的高、低压接口连接。

(2)把低压阀关闭,进行单管充注。

◎**特别提示**:为最大限度地提高在充注过程中的性能,请确认在工作中的制冷剂数量至少是所需制冷剂量的 3 倍以上。

(3)打开控制面板上的电源开关键。按"充注"键,直到显示屏上如图 15-33 所示。

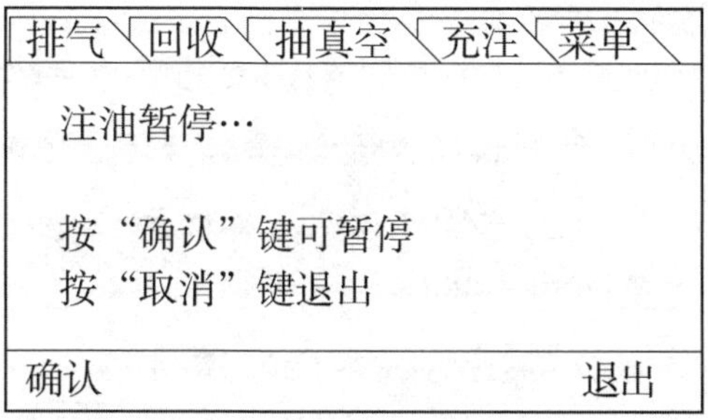

排气	回收	抽真空	充注	菜单

注油暂停…

按"确认"键可暂停
按"取消"键退出

确认　　　　　　　　　　　退出

排气	回收	抽真空	充注	菜单

充注质量　　　　0.500kg
请关闭低压阀进行单管充注
可进入数据库查看车型参数

请设定充注质量

图 15-32　按"确认"键显示屏 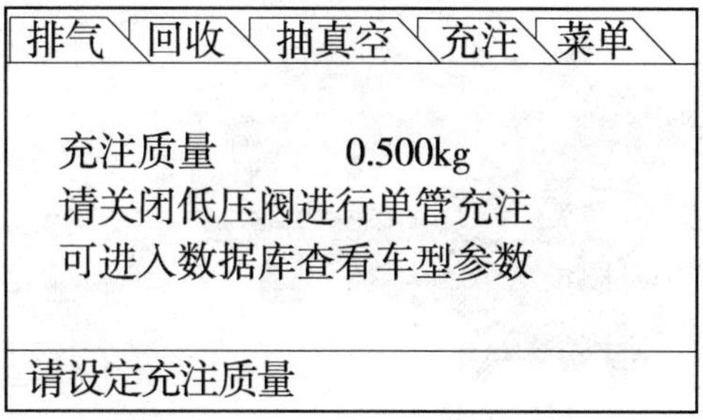　　　　　图 15-33　按"充注"显示屏

在默认情况下,充注程序可以自动判断工作状态,也可以通过数字键盘设定所需的充注质量。设置新充注质量请参考车辆制造商的详细说明或设备的数据库。

(4)按"确认"键,充注开始。显示屏上如图 15-34 所示已充注制冷剂的质量。

6)清理

(1)充注完成后,从车辆上断开高低压快速接头。

(2)打开红、蓝色接头。

(3)根据程序操作进行清理管路流程,如图 15-35 所示。

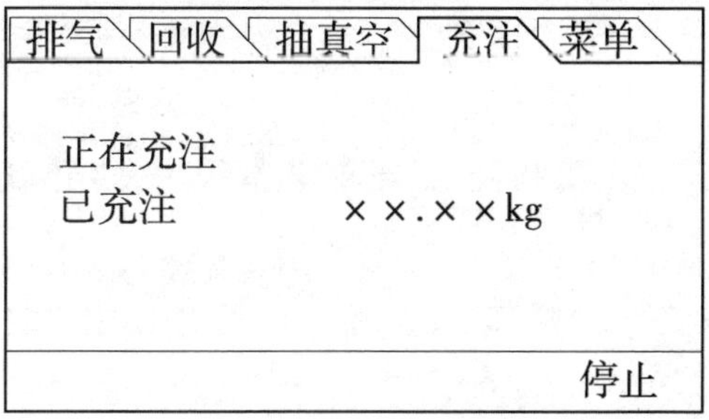

排气	回收	抽真空	充注	菜单

正在充注
已充注　　　××.××kg

停止

排气	回收	抽真空	充注	菜单

充注完成,请取下红蓝管
并按"确认"键进行管路清理
　　　　　　　　　0.000kg

下一步,管路清理?

图 15-34　屏幕显示充注制冷剂的重量 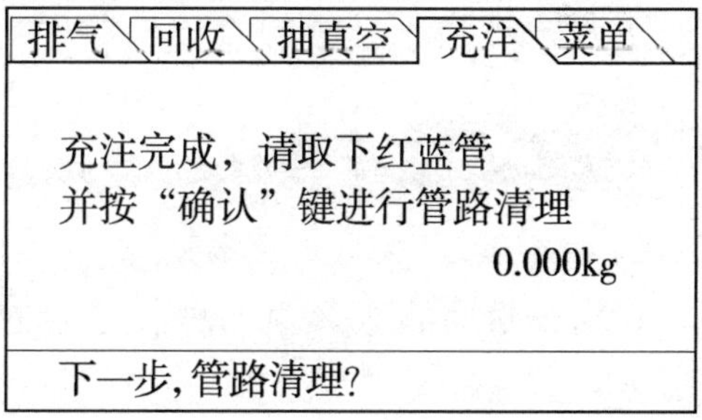　　　图 15-35　进行管路清理

(4)程序结束后按"开始/确认"键退出。

◎**特别提示**:

(1)冷冻机油的功用:润滑、密封、冷却和降低噪声。在制冷循环中,润滑油始终与制冷剂接触或混合,并随制冷剂一起循环于制冷系统中各部分,除对压缩机进行润滑外还对制冷系统阀件的运动进行润滑。

(2)冷冻机油应是专用的,不可随便乱用其他种类的润滑油来代替,也不应混用不同牌号的冷冻机油,否则会造成冷冻油的黏度降低,甚至破坏油膜的形成。对于使用 R134a 的汽车空调系统,冷冻机油一般用进口冷冻机油,牌号为 PAG、ESTER(POE)。

图 15-36　直接加机油到压缩机

（3）冷冻机油也可直接向压缩机内加注（图 15-36）。

①将需更换的压缩机内的润滑油排出并测量润滑油量,将新的压缩机内的润滑油排尽,重新对新的压缩机定量充注润滑油时,油量为更换压缩机排出并测量的润滑油量,再增加 10～15mL。

②将需修理的压缩机内的润滑油排出并测量润滑油量,重新装配压缩机后,将等量的新的润滑油注入压缩机内。

◎特别提示:

①制冷剂按规定量加注即可,并非越多越好,否则将导致制冷不足。

②当环境温度较低,在充注时用热水加热制冷剂罐(最高温度40℃以下),可加快注入速度。

③在加注制冷剂之前必须确认原系统中是何种制冷剂,同时确认加注量。若事先无法了解系统中应该加注多少制冷剂,则只能依靠视液镜和压力表来判断。

④低压侧加注制冷剂时,如果制冷剂罐倒置会使制冷剂以液态进入压缩机,损坏压缩机。

⑤更换加注罐时,关闭高低压两侧的阀门,更换后打开驱气阀从中部的软管(绿色)和歧管压力表中放出空气。

⑥发动机工作时不要打开高压侧的阀门,这将导致高压气回流至加注罐,造成破裂。

6. 制冷剂加注后的检验

1）通过视镜检查制冷剂量

视镜大多安放在储液干燥器上,个别也安放在从储液干燥器到膨胀阀之间或冷凝器到储液干燥器之间的管路上。将发动机转速稳定在 1500～2000r/min,把空调功能键置于最大制冷状态,风机置于最高转速,开动空调后通过视镜进行观察,从视镜中看到的制冷剂情况如图 15-37 所示,将观察孔中所看见的情况与表 15-1 进行比较。

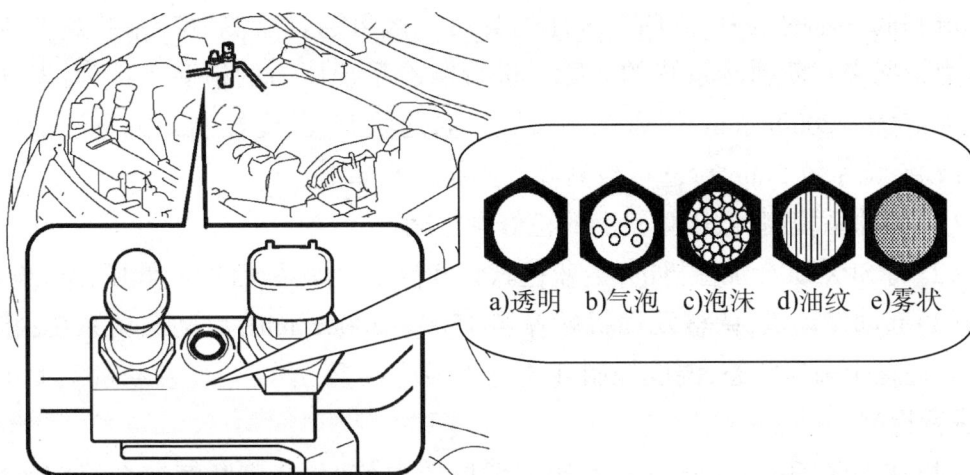

a)透明　b)气泡　c)泡沫　d)油纹　e)雾状

图 15-37　丰田卡罗拉视镜位置及迹象

制冷剂加注后检查　　　　　　　　　　　　　　　表 15-1

序号	症状	制冷剂量	纠正措施
1	有气泡	不足(注:当车内温度高于35℃时,如果冷却充分,则观察孔中有气泡可视为正常)	(1)检查有无漏气,必要时进行维修; (2)重新加注适量制冷剂
2	不存在气泡	空、不足或过量	参见3和4
3	压缩机的进气口和出气口没有温差	空或很少	(1)检查有无漏气,必要时进行维修; (2)排空空调系统,重新加入适量的制冷剂
4	压缩机进气口和出气口有明显温差	适量或过量	参见5和6
5	空调关闭后,制冷剂立即变清澈	过量	(1)重新加注冷却液; (2)排空空调系统,重新加入适量的制冷剂
6	空调关闭后,制冷剂立即起泡,然后变得清澈	适量	

2)用 SPX350C 检查制冷剂压力

要了解汽车空调制冷系统工作循环进行的情况,必须测量制冷系统工作时高压侧和低压侧的压力,空调系统压力异常一般可通过检测制冷系统高低压侧的压力情况来判断制冷系统的故障。进行制冷系统压力的检测条件为:发动机转速为1500~2000r/min,鼓风机开关置于高速状态,温度控制开关置于最冷位置,开动空调系统5min后进行检测等。操作步骤如下:

(1)卸掉系统高、低压管路上的检修阀护帽。

(2)将SPX350C加注机的红、蓝色软管和汽车空调系统的高、低压接口连接。

(3)起动发动机,调整发动机转速至1500~2000r/min,启动空调系统,将鼓风机开关置于高速状态,温度控制开关置于最冷位置,按需要使发动机温度正常后,进行检测。

(4)从SPX350C加注机高、低压表读取压力数值,并判断制冷系统的故障。制冷系统高压表的压力一般为1103~1517kPa,低压表压力一般为103~241kPa,其压力会因车型和环境温度不同而有所不同。

(5)检测完后,关闭发动机,断开高低压管路,把检修阀的护帽旋回。

3)检查制冷剂是否泄漏

重新加注制冷剂后,用卤素泄漏检测器检查是否有制冷剂泄漏。操作步骤如下。

(1)测试条件。

①点火开关处于OFF。

②确保通风良好(漏气检测器可能对不是制冷剂的挥发性气体作出反应,如汽油蒸气和废气)。

③重复测试2~3次。

④确保制冷系统中仍留有一些制冷剂。压缩机关闭时:392~588kPa。

(2)用漏气检测器检查制冷剂是否从制冷剂管路中泄漏,如图15-38所示。

(3)关闭漏气检测器电源,将它靠近排放软管,然后打开检测器测试,如图15-39所示。

图15-38　检测制冷剂是否泄漏

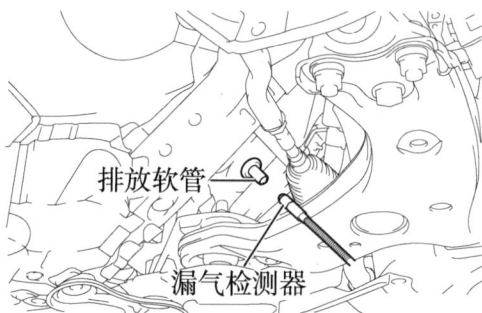

图15-39　检测器测试漏气

◇**特别提示：**

①鼓风机电动机停止后，应空置冷却装置15min以上。

②将漏气检测器传感器置于排放软管下。

③当漏气检测器接近排放软管时，确保漏气检测器对挥发性气体不作出反应。

④如果不能避免挥发性气体的干扰，则应将车辆举升以进行测试。

（4）如果在排放软管处未检测到漏气，将鼓风机电动机控制器从冷却单元上拆下。将漏气检测器传感器插入冷却装置中，并进行测试。

（5）断开压力开关插接器，放置约20min。将漏气检测器靠近压力开关，并进行测试。

4）空调出风口温度检测

空调出风口温度检测应根据汽车制造厂商的要求进行。可参照以下方法。

（1）车辆停放在阴凉处，将干湿球温度计放置在空调进风口位置。

（2）打开车窗、车门。

（3）打开发动机舱盖。

（4）打开所有空调出风口，调节到全开。

（5）设置空调控制器：

①外循环位置；

②强冷；

③A/C开；

④风机转速最高（HI）；

⑤若是自动空调应设为手动并将温度设定为最低值。

（6）将温度计探头放置在空调出风口内50mm处。

（7）起动发动机，将发动机转速控制在1500～2000r/min，使压力表指针稳定。

（8）待温度计显示数值趋于稳定后，读取压力表和温度计的显示值，将所测得的高、低侧压力、相对湿度、空调进风温度、出风温度与汽车制造商提供的空调性能参数或图表上的参数比较（图15-40、图15-41），如压力表、温度计显示的高、低侧压力和空调出风温度不在规定的范围内，应对制冷装置做进一步的诊断和检修。

7.结束工作

作业项目完成后，关闭发动机，正确拆下歧管压力表及制冷剂罐，拆除护裙和驾驶室内防护套，关闭发动机舱盖，清理器材，清洁地面卫生。搞好工位的清洁、整理工作。

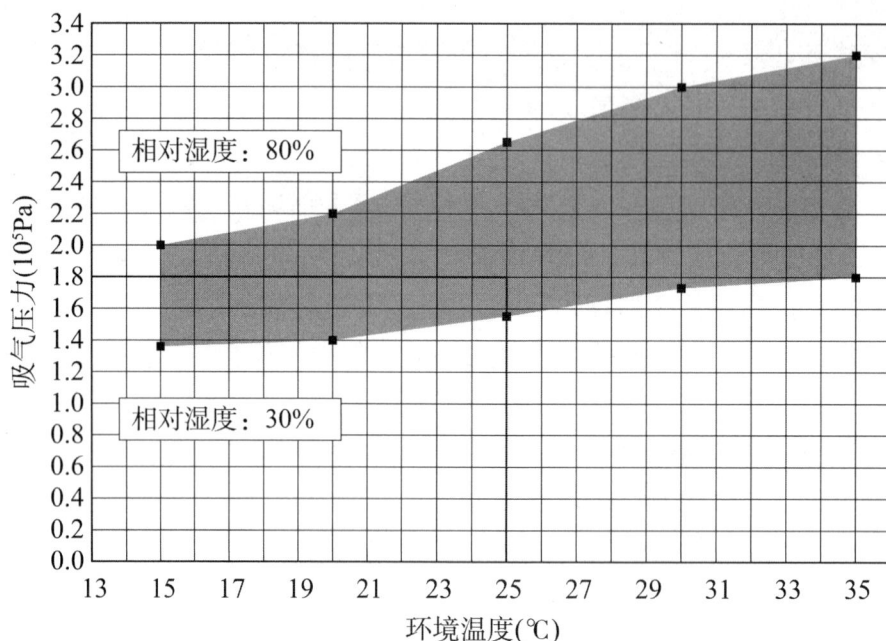

图 15-40 吸气压力与环境温度

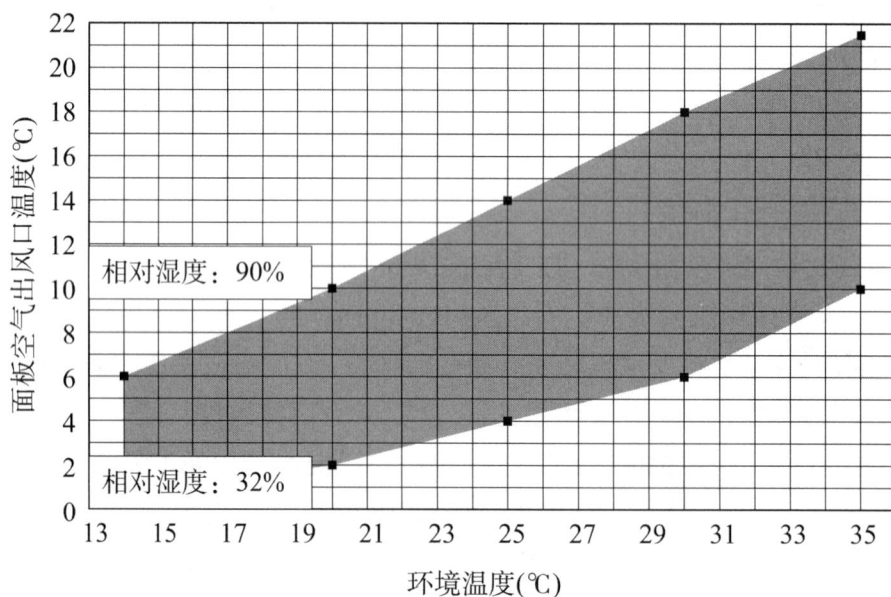

图 15-41 空调出风温度与环境温度

三、评价与反馈

(1)对本学习项目进行评价,见表 15-2。

评分表　　　　　　　　　　表 15-2

考核项目	评分标准	分数	学生自评	小组互评	教师评价	小计
团队合作	是否协调	5				
活动参与	是否积极主动	5				
安全生产	有无安全隐患	5				
现场 5S	是否做到	5				
任务方案	是否正确、合理	5				
操作过程	（1）AC350C 加注机外观、仪表、管路等检查,开机准备	5				
	（2）AC350C 加注机排气、清理	5				
	（3）制冷剂回收	5				
	（4）冷冻机油回收	5				
	（5）抽真空 15min	5				
	（6）真空保压 3min	5				
	（7）加注冷冻机油	5				
	（8）加注制冷剂	5				
	（9）通过视镜检查制冷剂	5				
	（10）检查制冷剂压力	5				
	（11）空调出风口温度检测	5				
任务完成情况	是否圆满完成	5				
工具和设备使用	是否规范、标准	5				
劳动纪律	是否能严格遵守	5				
工单填写	是否完整、规范	5				
总分		100				
教师签名：			年　　月　　日		得分：	

(2)在实施作业时,每一个安全事项都注意到了吗？如没有,找出忽略的地方和原因。

(3)能否向车主解释制冷剂加注多少量才算合适？如不能,分析原因并找出答案。

四、学习拓展

手机扫码,查看本项目"学习拓展"内容

项目十六 空调鼓风机不转的检修

为了使汽车空调系统能正常工作,车内能维持所需要的舒适温度和送风条件,空调系统中有一系列的控制元件和执行元件。鼓风机就是其中一个重要的执行元件,它受控于鼓风机开关,调节出风口的风量满足驾驶人及乘客的需求。

鼓风机运转是否正常直接关系汽车空调的制冷及通风。因此,应懂得对汽车空调鼓风机的检查及其控制电路分析与检修。

一、信息收集

1. 汽车鼓风机的作用

汽车空调鼓风机一般安装在蒸发器、加热器前面,根据驾驶人及乘客的需求来调节出风口的风量。

2. 鼓风机控制电路的组成及电路分析(以丰田卡罗拉轿车为例)

如图 16-1 所示,鼓风机控制电路主要包括鼓风机电动机、HTR 继电器、鼓风机开关、鼓风机电阻器等。

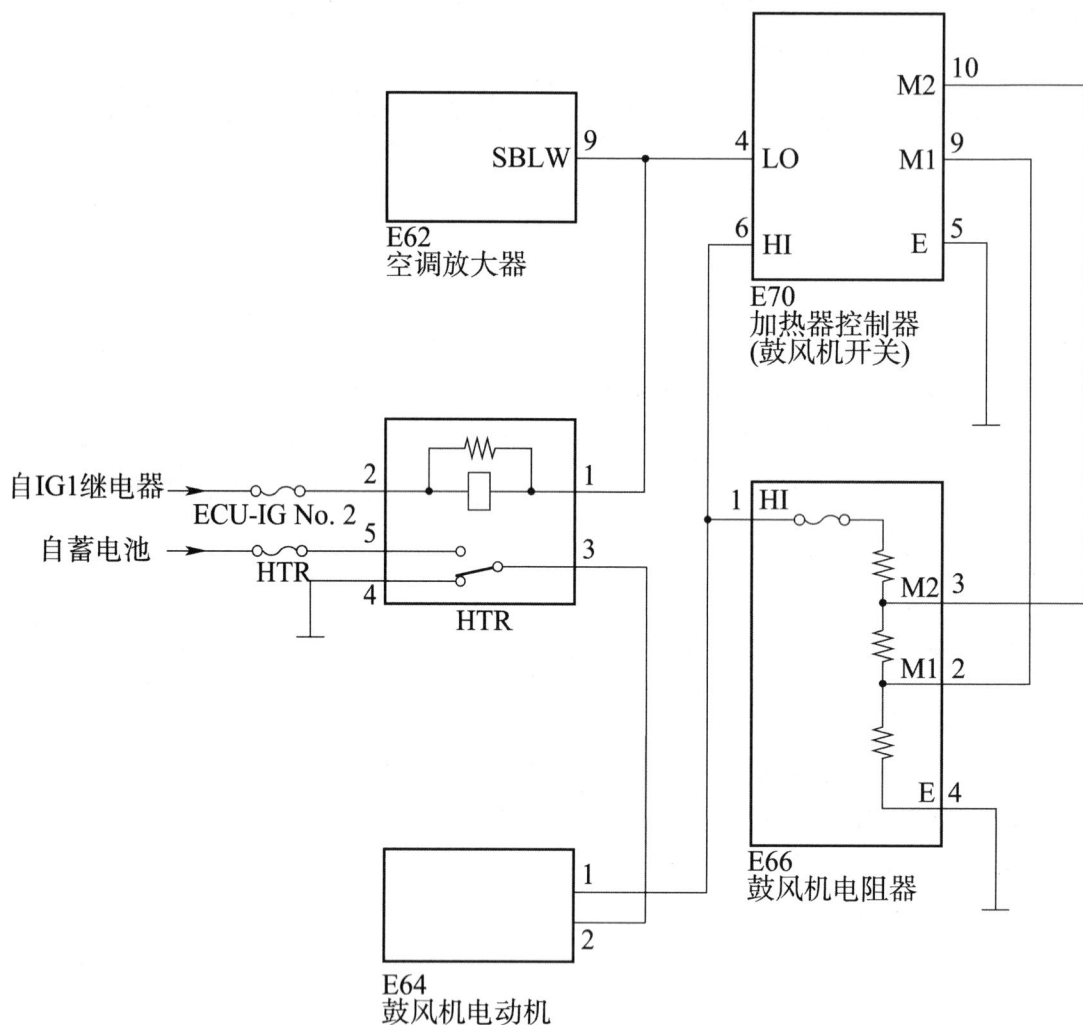

图 16-1　丰田卡罗拉鼓风机控制电路

当鼓风机开关 E70 位于 LO 挡时,E70 的 4 脚与 5 脚导通,此时蓄电池电压→50A HTR 熔断丝→HTR 继电器动合触点→E64 带风扇的鼓风机电动机→E66 鼓风机电阻器的 1 脚→E66 鼓风机电阻器的 4 脚→E1 搭铁。此时,鼓风机低速运转。

当鼓风机开关 E70 位于 M1 挡时,E70 的 9 脚与 5 脚导通,此时蓄电池电压→50A HTR 熔断丝→HTR 继电器动合触点→E64 带风扇的鼓风机电动机→E66 鼓风机电阻器的 1 脚→E66 鼓风机电阻器的 2 脚→鼓风机开关 E70 的 9 脚→鼓风机开关 E70 的 5 脚→E1 搭铁。此时,鼓风机以中 1 速运转。

当鼓风机开关 E70 位于 M2 挡时,E70 的 10 脚与 5 脚导通,此时蓄电池电压→50A HTR 熔断丝→HTR 继电器动合触点→E64 带风扇的鼓风机电动机→E66 鼓风机电阻器的 1 脚→E66 鼓风机电阻器的 3 脚→鼓风机开关 E70 的 10 脚→鼓风机开关 E70 的 5 脚→E1 搭铁。此时,鼓风机以中 2 速运转。

当鼓风机开关 E70 位于 HI 挡时,E70 的 6 脚与 5 脚导通,此时蓄电池电压→50A HTR 熔断丝→HTR 继电器动合触点→E64 带风扇的鼓风机电动机→鼓风机开关 E70R 的 6 脚→鼓风机开关 E70 的 5 脚→E1 搭铁。此时,鼓风机高速运转。

3. 鼓风机不转故障原因

(1)相关熔断丝烧断。

(2)HTR 继电器故障。

(3)鼓风机开关故障。

(4)鼓风机附加电阻故障。

(5)线路断路。

(6)鼓风机故障。

二、实训操作

1. 技术标准与要求(以丰田卡罗拉 ZRE151 轿车为例)

(1)鼓风机的电阻为 $145.8 \sim 155.8\Omega$。

(2)拆仪表板时,一定要先断开蓄电池 2min 后方可工作,以防 SRS 爆破。

(3)拔插熔断丝及继电器等一定要在关闭点火开关的状态下进行。

(4)本车装备有 SRS(辅助安全气囊、前排乘客安全气囊、侧气囊和窗帘式安全气囊)。若不按正确顺序执行维修操作,会导致 SRS 在维修过程中意外展开,并可能引起严重事故。

(5)在检测过程中使用蓄电池时,不要将检测仪的正极和负极探针离得太近,以免发生短路。

2. 工具、设备和材料的准备

(1)汽车专用万用表。

(2)磁力护裙、转向盘护套、变速杆手柄套、脚垫和座椅套。

(3)举升机。

（4）丰田卡罗拉轿车及维修手册。

（5）试电笔。

（6）常用工具及抹布。

3. 查询并填写信息

生产年份_____,车牌号码_____,行驶里程_____,发动机型号及排量_____,车辆识别代号(VIN)_____。

4. 作业前的准备

（1）汽车进入工位前,将工位清理干净,准备好相关的器材。

（2）将汽车停驻在举升机中央位置。

（3）拉紧驻车制动器操纵杆,并将变速杆置于空挡或驻车挡(P位)位置。

（4）套上转向盘护套、变速杆手柄套和座椅套,铺设脚垫。

（5）在车内拉动发动机舱盖手柄,在车外打开并支撑发动机舱盖。

（6）粘贴翼子板和前磁力护裙。

5. 鼓风机不转故障检查

（1）检查熔断丝(HTR,ECU-IG No.2)。

①将HTR熔断丝从发动机舱继电器盒和接线盒上拆下,如图16-2所示。

②将ECU-IG No.2熔断丝从仪表板接线盒上拆下,如图16-3所示。

③测其电阻应始终小于1Ω,否则更换。

（2）检查继电器(HTR)。

①将HTR继电器从仪表板接线盒上拆下,如图16-4所示。

②根据表16-1中的值测量HTR继电器电阻,如结果不符合规定,则需更换HTR继电器。

（3）检查鼓风机电动机。

①脱开3个卡爪。

②如图16-5所示,脱开导销,并拆下仪表板2号底罩分总成。

③拆下快速加热器插接器螺钉。

④断开插接器。

⑤如图16-6所示,拆下4个螺钉和鼓风机电动机分总成。

⑥如图16-7所示,将蓄电池的正极(+)引线与端子2相连,负极(-)引线与端子1相连,检查并确认电动机工作。鼓风机电动机应运转平稳,否则更换鼓风机。

熔断丝固定架　　　单元B　　　(自发动机舱主线束)

(1L)

DOME			DOME		
1	10A	2	1	10A	2
RAD No.1			STRG LOCK		
1	15A	2	1	20A	2
ECU–B					
1	10A	2			
DCC			AM2		
2		1	1	30A	2
ECU–B2			ETCS		
2	10A	1	1	10A	2
			TURN–HAZ		
			1	10A	2
			ALT–S		
			1	7.5A	2
			AM2 No.2		
			1	7.5A	2

*13

*14 1

*15

*16 1

*17

*18 1

IG2 No.2
2 | 7.5A | 1

*10

*11

*12

HTR50A

*1

*2	*6
*3	*7
*4	
*5	

单元A

| | *8 |
| | *9 |

单元A

1号风扇继电器　　　DIMMER继电器　　　H–LP继电器

(1F)　　　(1Q)

1　　　1

(自发动机舱主线束)　　　(自发动机舱线束)
线束颜色：W　　　线束颜色：W

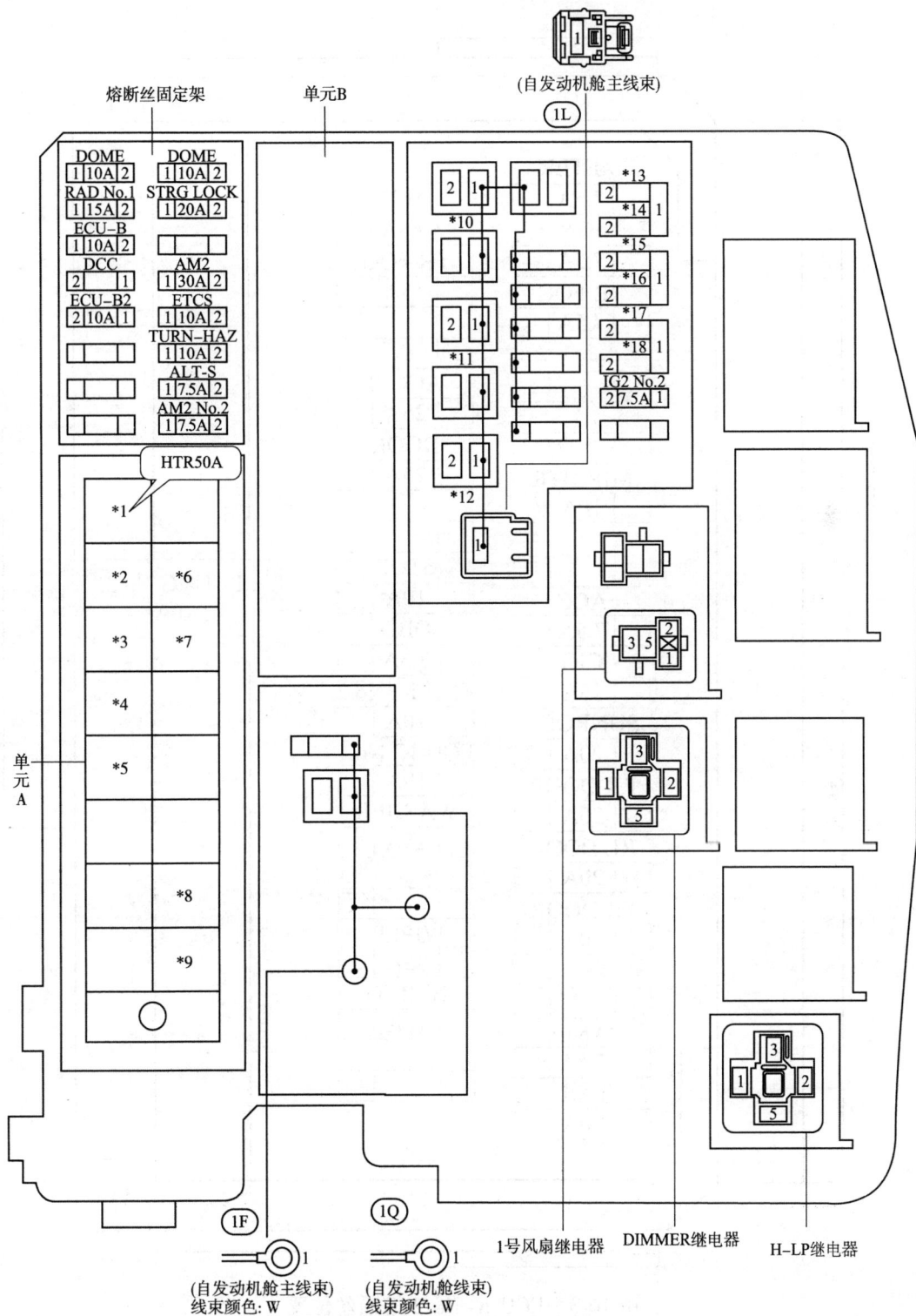

图 16-2　HTR 熔断丝位置

METER
| | 7.5A | |

IGN
| | 7.5A | |

RR FOG
| | 7.5A | |

| | | |

| | | |

MIR HTR
| | 10A | |

| | | |

ACC
| | 7.5A | |

CIG
| | 15A | |

SUNROOF
| | 20A | |

RR DOOR
| | 20A | |

RL DOOR
| | 20A | |

FR DOOR
| | 20A | |

| | | |

PANEL
| | 7.5A | |

TAIL
| | 10A | |

AM1
| | 7.5A | |

FR FOG
| | 15A | |

| | | |

ACC-B
| | 25A | |

DOOR
| | 25A | |

| | | |

STOP
| | 10A | |

OBD
| | 7.5A | |

ECU-IG No.2
| | 10A | |

ECU-IG No.1
| | 10A | |

WASHER
| | 15A | |

| | | |

WIPER
| | 25A | |

HTR-IG
| | 10A | |

| | | |

ECU-IG No.2
10A

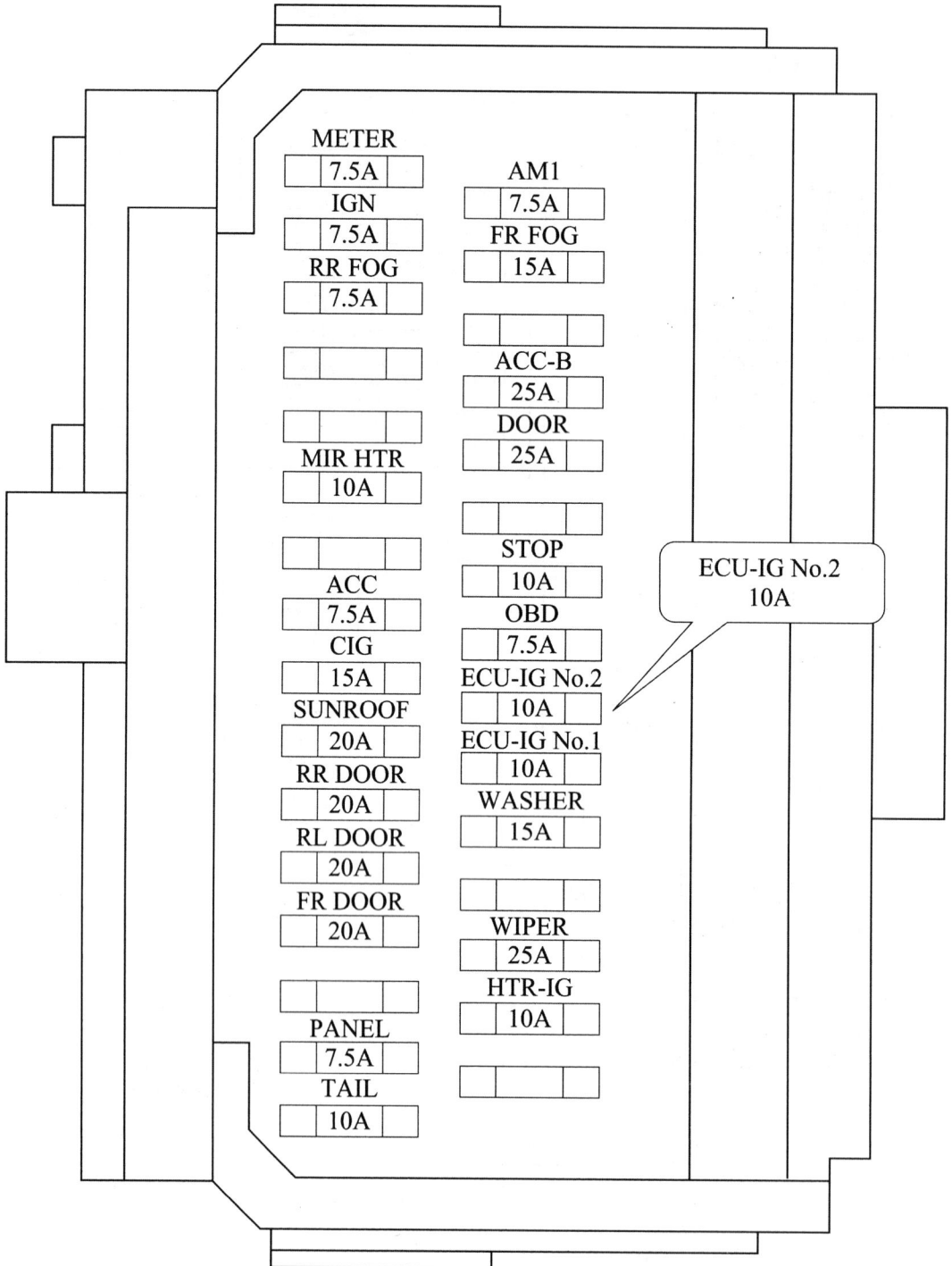

图 16-3　ECU-IG No. 2 熔断丝位置

286

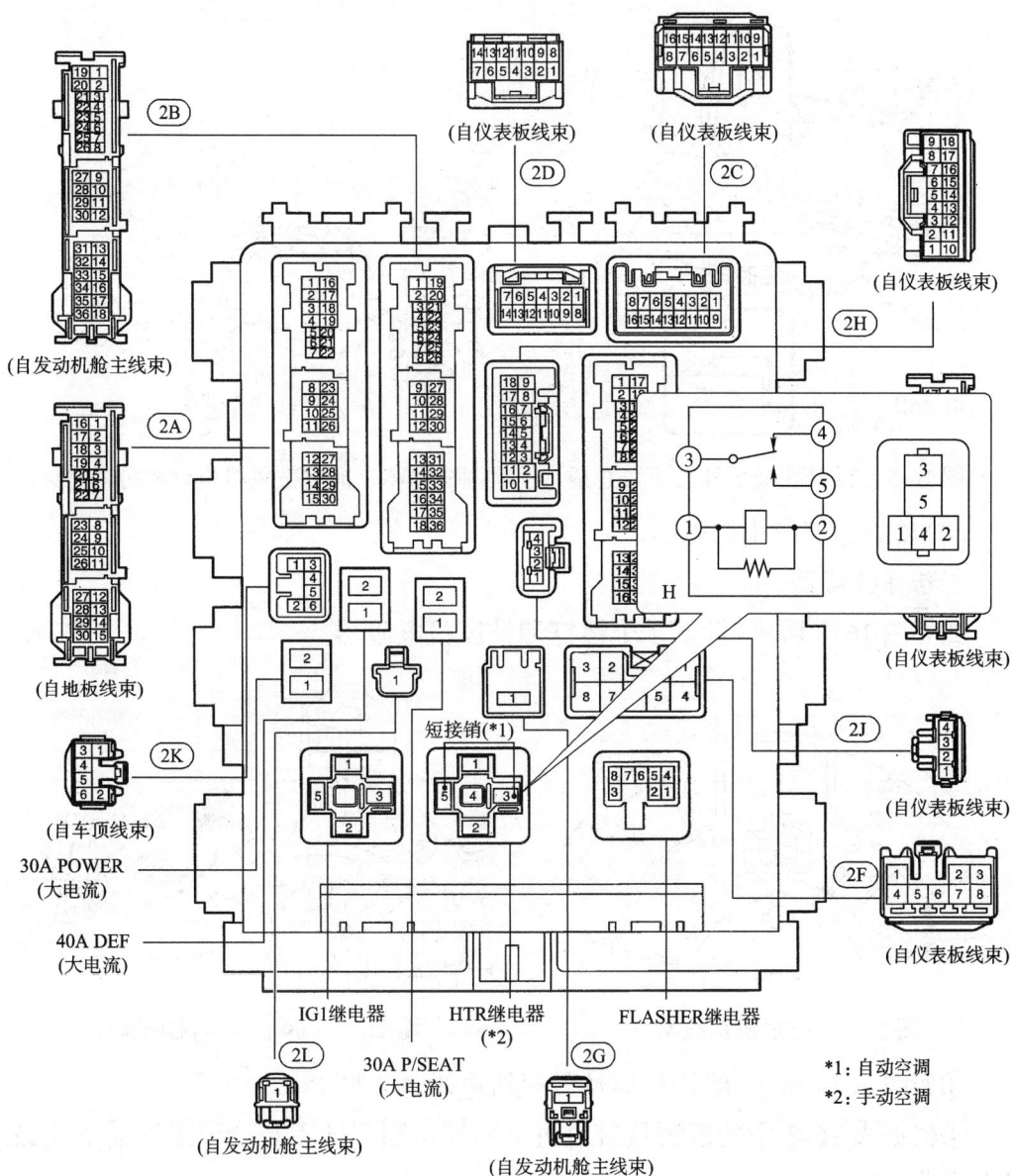

图 16-4　HTR 继电器位置

HTR 继电器电阻　　　　　　　　　　　　表 16-1

检测仪连接	规定状态
3—4	小于 1Ω
3—4	10kΩ 或更大（在端子 1 和 2 间施加蓄电池电压时）
3—5	10kΩ 或更大
3—5	小于 1Ω（在端子 1 和 2 间施加蓄电池电压时）

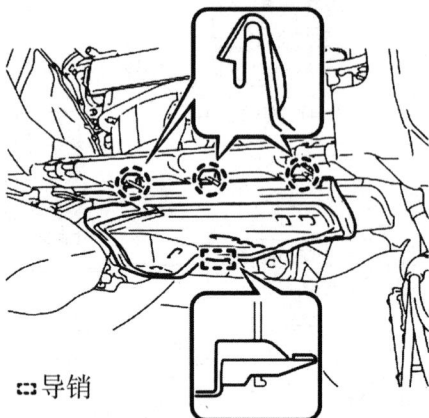

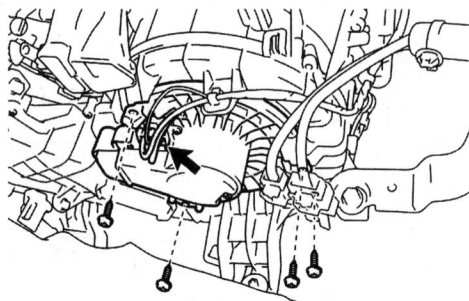

图 16-5　拆仪表板 2 号底罩分总成　　图 16-6　拆下鼓风机电动机分总成

（4）检查鼓风机电阻器。

①断开插接器。

②如图 16-8 所示，拆下 2 个螺钉和鼓风机电阻器。

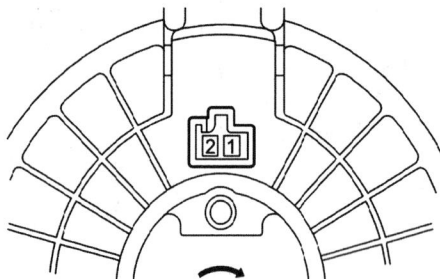

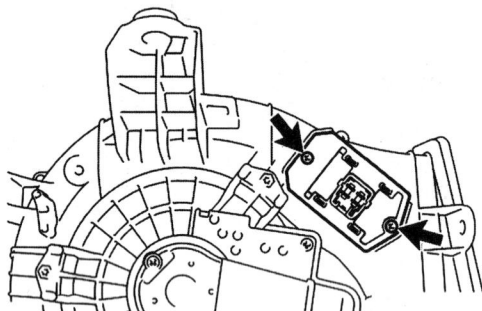

图 16-7　鼓风机接线端子　　　　图 16-8　拆下鼓风机电阻器

③如图 16-9 所示，将插接器从鼓风机电阻器上断开。

④根据表 16-2 中的值测量鼓风机电阻器电阻。如不符合要求则需更换鼓风机电阻器。

没有线束连接的零部件：
(鼓风机电阻器)

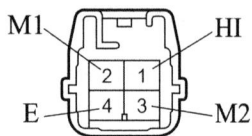

图16-9　鼓风机电阻器
　　　　接线端子

鼓风机电阻值　　表 16-2

检测仪连接	条件	规定状态
1（HI）—4（E）	始终	3.12～3.60Ω
3（M2）—4（E）	始终	2.60～3.00Ω
2（M1）—4（E）	始终	1.67～1.93Ω

（5）检查加热器控制器（鼓风机开关）。

①从蓄电池负极端子断开电缆，断开电缆后等待90s，以防止气囊展开。

◇**特别提示**：断开蓄电池电缆后重新连接时，某些系统需要初始化。

②如图16-10所示，脱开3个卡爪和卡子，并拆下仪表板左下装饰板。

③用相同方法拆下仪表板右下装饰板。

④在图16-11所示位置粘贴保护性胶带，插入车顶防护条拆卸工具并向卡子滑动拆卸工具。

⑤如图16-12所示，用双手拉动拆卸工具以将卡子脱开。

⑥如图16-13所示，脱开2个卡爪和卡子，拆下仪表板左端装饰板。采用同样的方法拆下右端装饰板。

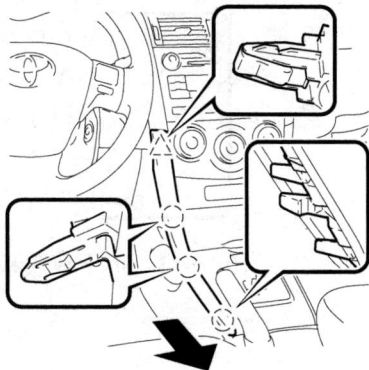

图16-10　拆下仪表板左下装饰板

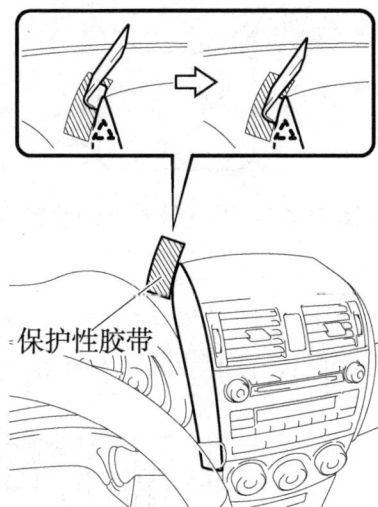

保护性胶带

图16-11　粘贴保护性胶带的位置　　图16-12　脱开卡子的方法

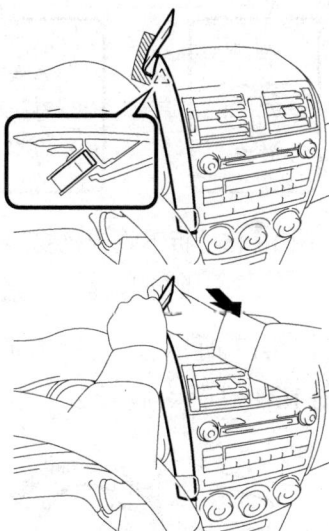

⑦如图16-14所示，脱开2个卡爪、4个卡子和2个导销。断开插接器，拆下中央仪表板调风器总成。

⑧拆下带支架的收音机。

a.如图16-15所示，拆下4个螺栓。

b.如图16-16所示，将带支架的收音机向车后方向拉，脱开4个卡子，断开各个插接器并拆下带支架的收音机。

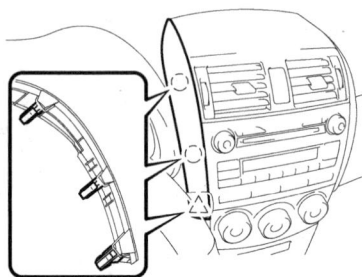

图 16-13　拆下仪表板左端装饰板

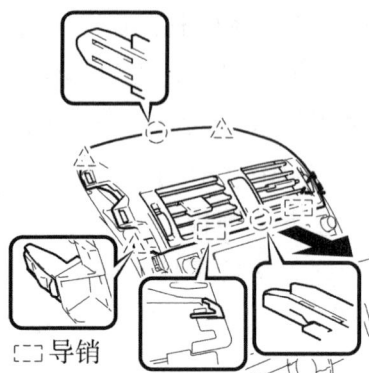

□ 导销

图 16-14　拆下中央仪表板
　　　　　调风器总成

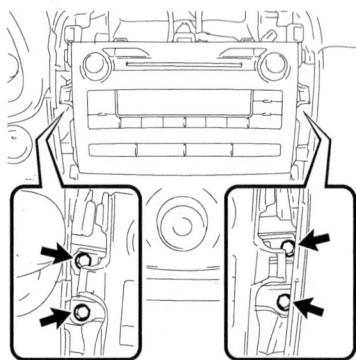

图 16-15　拆下收音机支架的
　　　　　四个螺栓

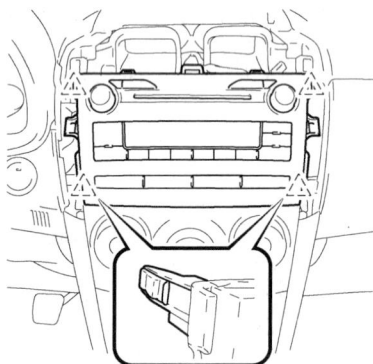

图 16-16　拆下带支架的收音机

⑨如图 16-17 所示,逆时针方向转动变速杆手柄并拆下变速杆手柄分总成。

⑩如图 16-18 所示,脱开 2 个卡爪和 2 个卡子,并拆下中央仪表组装饰板总成。

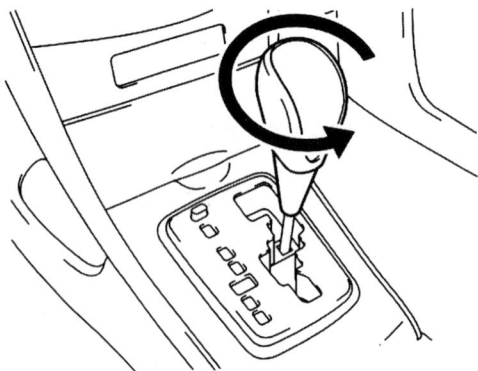

图 16-17　拆下变速杆手柄分总成

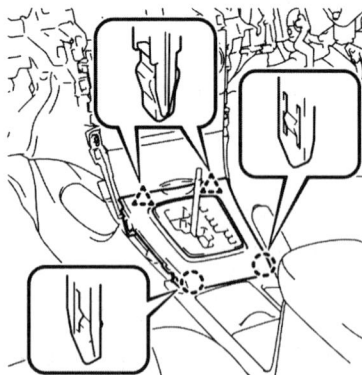

图 16-18　拆下中央仪表组
　　　　　装饰板总成

⑪如图 16-19 所示,拆下 2 个螺钉,脱开 2 个卡爪,断开插接器,拆下仪表盒总成。

⑫如图 16-20 所示,脱开 4 个卡爪,断开每个插接器,拆下仪表板孔盖。

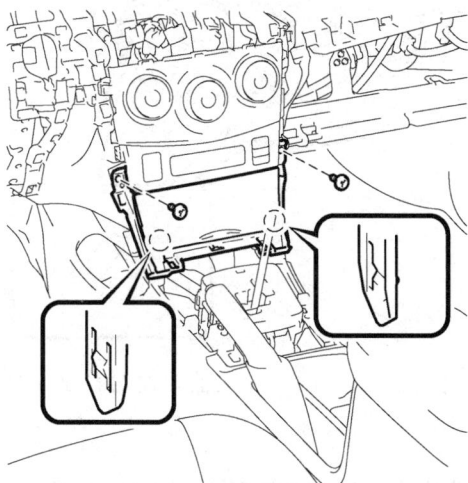

图 16-19　拆下仪表盒总成

图 16-20　拆下仪表板孔盖

⑬如图 16-21 所示,脱开 4 个卡子并拆下空调面板总成,断开各插接器。

⑭如图 16-22 所示,脱开 2 个卡爪和 2 号加热器控制拉索分总成。

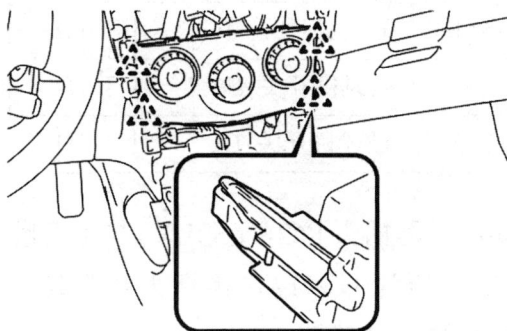

图 16-21　拆下空调面板总成

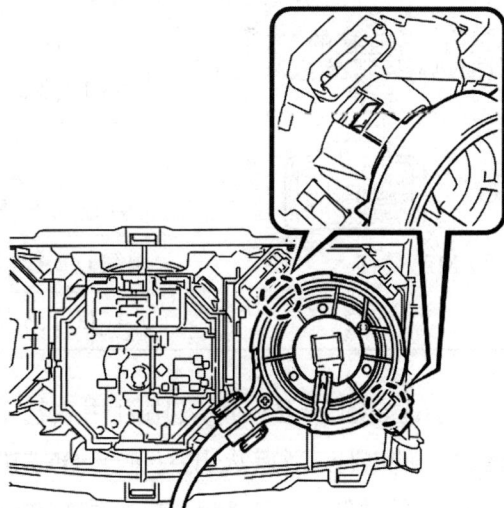

图 16-22　脱开 2 号加热器控制
拉索分总成

⑮如图 16-23 所示,脱开 2 个卡爪和空气混合风门控制拉索分总成。

⑯如图 16-24 所示,脱开 2 个卡爪,拆下加热器控制分总成。

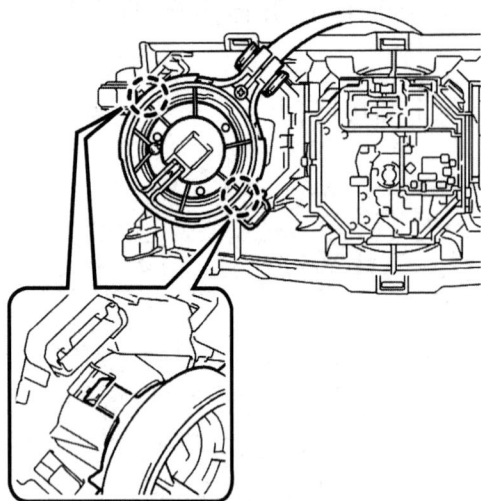

图 16-23　脱开空气混合风门控制
拉索分总成

图 16-24　拆下加热器控制分总成

⑰将插接器从加热器控制器上断开(鼓风机开关),测量各端子间的电阻值,
如不符合表 16-3 要求则更换加热器控制器(鼓风机开关)。

鼓风机开关端子及相互间电阻值　　　　　　表 16-3

没有线束连接的零部件: [加热器控制器(鼓风机开关)] 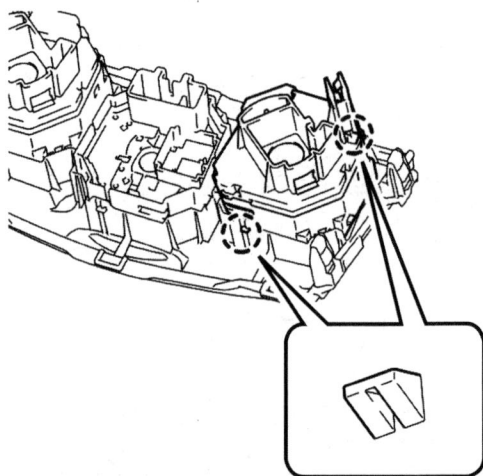	检测仪连接(符号)	开关状态	规定状态
	4(LO),9(M1), 10(M2)—5(E)	鼓风机开关:OFF	10kΩ 或更大
	4(LO)—5(E)	鼓风机开关:LO	小于 1Ω
	4(LO),9(M1)—5(E)	鼓风机开关:M1	小于 1Ω
	4(LO),10(M2)—5(E)	鼓风机开关:M2	小于 1Ω
	4(LO),6(HI)—5(E)	鼓风机开关:HI	小于 1Ω

(6)如图 16-25 所示,用万用表检测空调放大器插头 E62-9(SBLW)与车身搭
铁之间的电压,当点火开关置于 ON(IG)位时电压为 11 ~ 14V,当点火开关置于
OFF 位置时低于 1V 为正常,否则维修或更换线束或插接器。

(7)如图 16-26 所示,用万用表检测空调鼓风机开关插头 E70-4(LO)
与车身搭铁之间的电压,当点火开关置于 ON(IG)位时电压为 11 ~ 14V,
当点火开关置于 OFF 位置时低于 1V 为正常,否则维修或更换线束或插
接器。

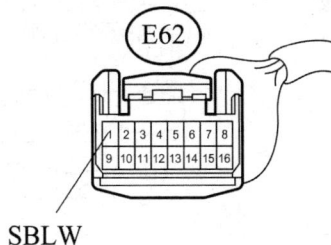

图 16-25　空调放大器线束插头　　　图16-26　鼓风机开关线束插头

（8）用万用表检查线束与插接器［鼓风机电阻器、加热器控制器（鼓风机开关）］，应满足表 16-4，否则维修或更换线束或插接器。

鼓风机电阻器与开关线束插头　　　　　　　　表 16-4

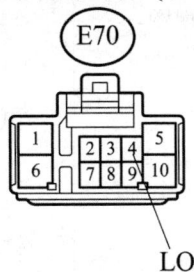

检测仪连接	条件	规定状态
E66-1（HI）—E70-6（HI）	始终	小于 1Ω
E66-3（M2）—E70-10（M2）	始终	小于 1Ω
E66-2（M1）—E70-9（M1）	始终	小于 1Ω
E66-4（E）—车身搭铁	始终	小于 1Ω
E70-5（E）—车身搭铁	始终	小于 1Ω
E66-1（HI）—车身搭铁	始终	10kΩ 或更大
E66-3（M2）—车身搭铁	始终	10kΩ 或更大
E66-2（M1）—车身搭铁	始终	10kΩ 或更大

（9）用万用表检查线束与插接器（鼓风机电动机、鼓风机电阻器、加热器控制器），应满足表 16-5 要求，否则维修或更换线束或插接器。

鼓风机电动机、电阻器、加热器控制器线束端子及相关端子电阻　表 16-5

线束插接器前视图: (至鼓风机电动机) E64	线束插接器前视图: (至鼓风机电阻器) E66 HI	线束插接器前视图: (至加热器控制器(鼓风机开关)) E70 HI
检测仪连接	条件	规定状态
E64-1—E66-1(HI)	始终	小于 1Ω
E64-1—E70-6(HI)	始终	小于 1Ω
E66-1—车身搭铁	始终	10kΩ 或更大

（10）用万用表检查线束与插接器(鼓风机电动机、蓄电池、车身搭铁)，应满足表 16-6 要求，否则维修或更换线束或插接器。

鼓风机线束插头及相关端子检测值　表 16-6

线束插接器前视图: (至鼓风机电动机) E64	检测仪连接	条件	规定状态
	E64-2— 车身搭铁	点火开关置于 ON(IG)位置 鼓风机开关:OFF	低于 1V
		点火开关置于 ON(IG)位置 鼓风机开关:ON	11~14V
		点火开关置于 OFF 位置 鼓风机开关:OFF	小于 1Ω

（11）故障原因查到并排除后，按照拆卸的相反过程安装各部件。

（12）结束工作。

作业项目完成后，拆除护裙和驾驶室内防护套，关闭发动机舱盖，清理器材，清洁地面卫生。搞好工位的清洁、整理工作。

三、评价与反馈

对本学习项目进行评价，见表 16-7。

评分表 表16-7

考核项目	评分标准	分数	学生自评	小组互评	教师评价	小计
团队合作	是否协调	5				
活动参与	是否积极主动	5				
安全生产	有无安全隐患	5				
现场5S	是否做到	5				
任务方案	是否正确、合理	10				
操作过程	(1)是否及时查阅维修手册	5				
	(2)是否选用、使用合适工具	5				
	(3)万用表使用前是否校准	5				
	(4)是否完成各相关零部件的拆装	15				
	(5)是否完成鼓风机不转故障排除	20				
任务完成情况	是否圆满完成	5				
工具和设备使用	是否规范、标准	5				
劳动纪律	是否能严格遵守	5				
工单填写	是否完整、规范	5				
总分		100				
教师签名：			年　　月　　日			得分：

四、学习拓展

手机扫码,查看本项目"学习拓展"内容

项目十七　空调压缩机的更换

汽车空调压缩机及电磁离合器是汽车空调系统的重要组成部件。若空调压缩机出现电磁离合器从动盘打滑、电磁线圈烧坏、排气阀破裂、压缩机卡死、泄漏、异响等故障,将导致汽车空调不制冷或工作不良。如有上述故障发生,应当及时拆装并检修电磁离合器或者更换压缩机。

> 📚 **学习目标**
>
> 完成本项目学习后,你应当能:
> 1. 叙述汽车空调压缩机功用、分类、原理及结构组成;
> 2. 正确拆卸与安装空调压缩机皮带;
> 3. 正确拆卸与安装空调压缩机;
> 4. 正确拆卸、安装与检修电磁离合器。
>
> 💿 **建议学时**
>
> 6 学时。

一、信息收集

1. 空调压缩机的作用

如图 17-1 所示,汽车空调压缩机是汽车制冷系统的主要部件之一,安装在蒸发器与冷凝器之间,由曲轴皮带带动,将从蒸发器出来的低温、低压的气态制冷剂通过压缩转变为高温、高压的气态制冷剂,并将其送入冷凝器。压缩机是推动制冷剂在制冷系统中不断循环的动力源,起着输送制冷剂、保证制冷系统正常工作的作用。

2. 空调压缩机的类型

目前在汽车空调系统中所采用的压缩机有多种类型,有摇板式压缩机、斜盘式压缩机、叶片式压缩机、涡旋式压缩机、曲轴连杆式压缩机、变排量压缩机、三角转子式压缩机等。目前大多数轿车采用的是摇板式和斜盘式压缩机,下面就以摇板式压缩机为例讲解压缩机的结构及工作原理。

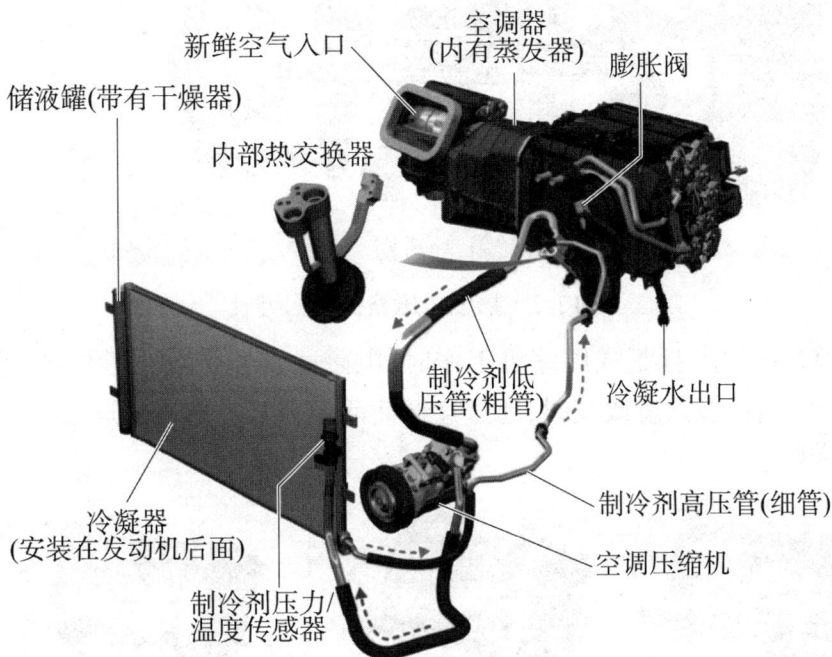

图 17-1　压缩机的安装位置

3. 摇板式压缩机结构组成

摇板式压缩机是往复式单向活塞结构(图 17-2),又称单向斜盘式压缩机,摇板式压缩机是将五个(或七个)气缸均匀分布在压缩机缸体内。摇板(又称行星盘)上均匀安装有五个或七个球窝,每个球窝连接座里的连杆都与一个活塞相连。主轴穿过摇板支撑在缸体两端的径向轴承上。主轴上用销子固定一个传动板(又称斜盘),摇板(行星盘)紧靠着传动板的斜面(由弹簧压紧,压紧力可由调节螺钉调节),中间有平面轴承隔开,靠防旋齿轮或导向销限制摇板,使之不能作圆周方向的位移,只能靠传动板的推动作轴向往复摆动(当主轴转动时),从而带动活塞作轴向往复运动,吸入低压的制冷剂气体再压缩,并排出高压制冷剂气体。

4. 摇板式压缩机工作原理

汽车空调压缩机一般都是开式容积式结构,除部分由辅助发动机直接带动外,大多靠电磁离合器由发动机通过皮带带动。

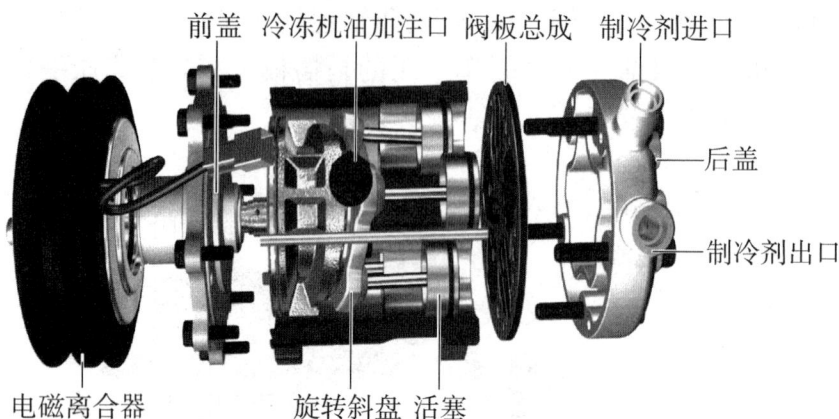

图 17-2　摇板式压缩机结构组成

如图 17-3 所示,摇板式压缩机工作时,电磁联合器带动主轴转动,驱动摇板作圆周翘动,当摇板角度改变时,通过连杆使活塞在缸内作往复运动。

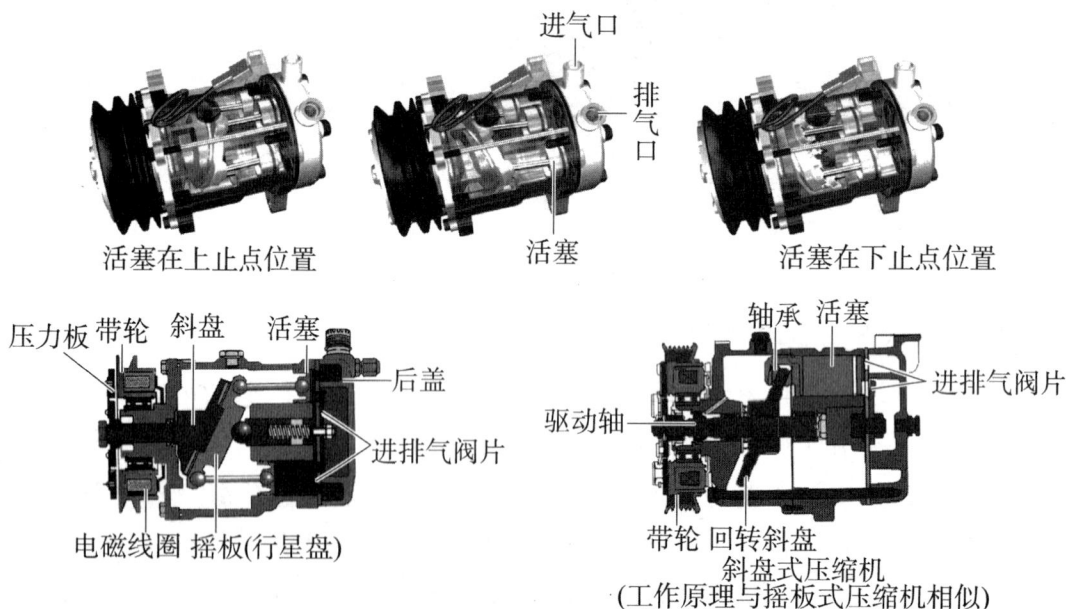

图 17-3　摇板式压缩机工作原理

(1)低压吸气:缸内容积由小变大,缸内压力变小,真空度增大,使压缩机进口处的制冷剂处在低压状态,制冷剂被吸入缸内。

(2)压缩排气:缸内容积由大变小,缸内压力变大,低温低压的制冷剂被压缩成高温高压制冷剂后排出缸外,为制冷剂在冷凝器放热提供必要的条件。

5.变排量压缩机结构组成

由于变排量压缩机工作时是由控制阀控制排量的改变,没有固定排量压缩机频繁切断离合器现象,所以对汽车发动机没有冲击,发动机可以平稳地工作,改善了发动机工作条件。同时能够节省燃油等诸多的优越性能,变排量压缩机必将成为汽车空调的首选压缩机。如丰田卡罗拉轿车采用的就是连续可变排量型压缩机,它的排量可以根据空调的制冷负荷进行调节。该压缩机结构如图 17-4 所示,由轴、接线板、活塞、滑蹄、曲柄室、气缸和电磁控制阀组成。电磁控制阀调整吸气压力以使吸气压力可以根据需要进行调节。使用塑料 DL(风门限制器)类型的空调带轮。使用旋转阀将制冷剂气体吸入气缸。

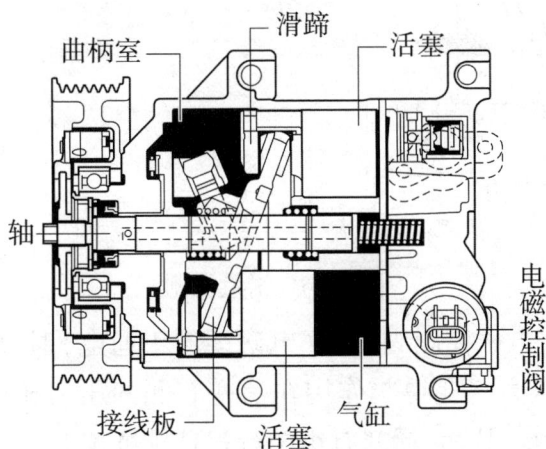

图 17-4　变排量压缩机结构组成

6. 变排量压缩机工作原理

该变排量压缩机曲柄室与吸气通道相连(图 17-5)。电磁控制阀安装在吸气通道(低压)和排放通道(高压)之间。根据空调放大器的信号,电磁控制阀以占空比控制的方式进行工作。

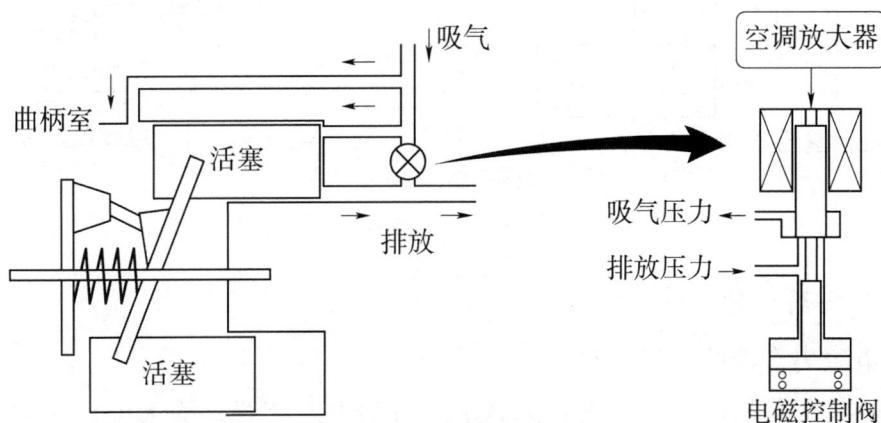

图 17-5　电磁阀的位置

如图 17-6 所示,电磁控制阀闭合的时候(电磁线圈通电),会产生一个压差,曲柄室内的压力降低。然后,作用在活塞右侧的压力将高于作用在活塞左侧的压力。这样就会压缩弹簧并倾斜接线板。因此,活塞行程增加且排量增加。

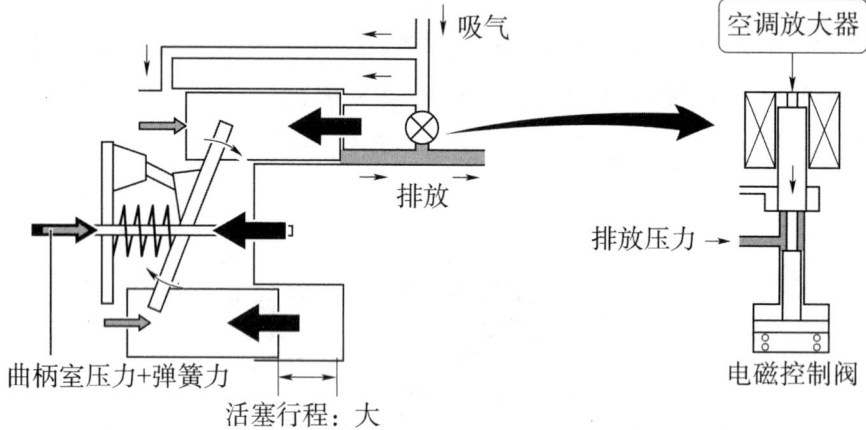

图 17-6　增量控制

如图 17-7 所示,电磁控制阀打开(电磁线圈不通电)时,压力差消失。然后,作用在活塞左侧的压力将变得与作用在活塞右侧的压力相同。因此,弹簧伸长且消除接线板的倾斜。从而,活塞有小的行程且排量减少。

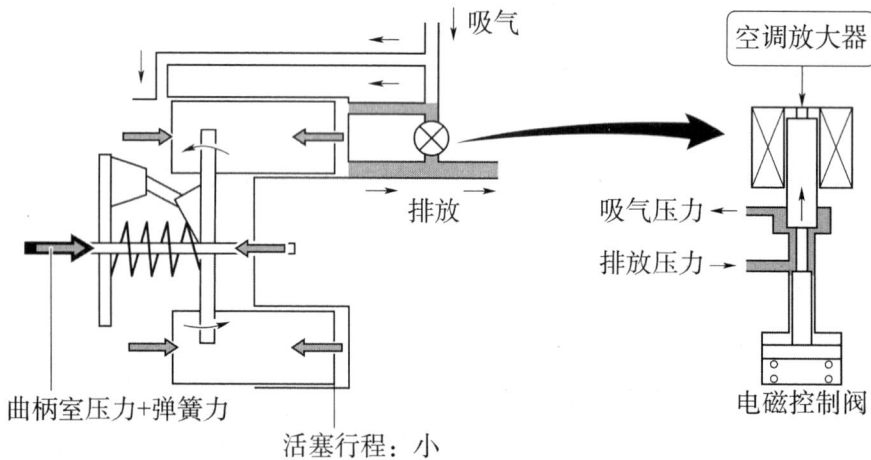

图 17-7　减量控制

7. 电磁离合器

1)电磁离合器的作用

电磁离合器是用来断开或者接通压缩机动力的装置。除大型独立式空调机组外,一般汽车空调压缩机都是通过其前端的皮带盘与发动机曲轴带轮进行连接的,压缩机的停、开是由电磁离合器的释放或吸合决定的。

2)电磁离合器的结构

电磁离合器主要由前板、皮带盘(转子)组件及电磁线圈组成,如图17-8a)所示。

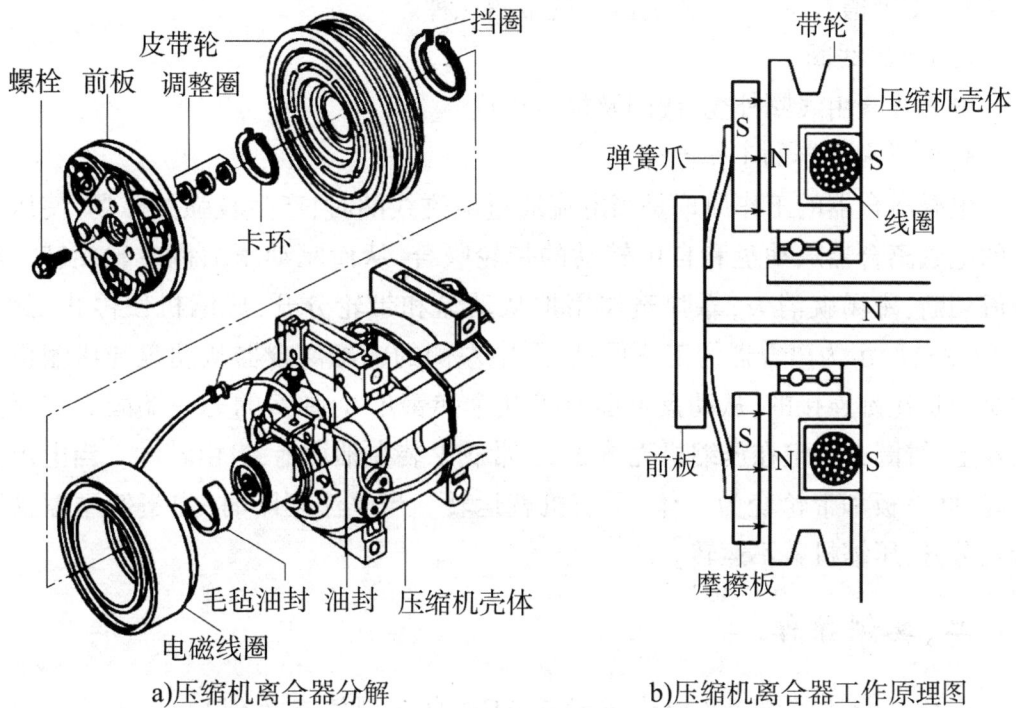

a)压缩机离合器分解　　　　　　b)压缩机离合器工作原理图

图17-8　压缩机离合器分解及工作原理图

(1)前板。

前板主要由吸铁(离合器从动盘)、复位弹簧、轴套(带键槽)、平衡板等元件组成。电磁离合器是通过吸铁与电磁线圈共同来工作的,根据电磁线圈的通电与否产生吸合、释放两种状态。电磁线圈有电流通过,产生电磁力,吸铁与皮带盘吸合时,压缩机主轴与皮带盘一起转动,获得发动机的动力;电磁线圈没有电流通过时,电磁力消失,吸铁与皮带盘断开,压缩机主轴断开了动力。

复位弹簧有两类,一类是橡胶件,另一类是片簧,它们的作用是当电磁线圈不通电、电磁力消失时,让吸铁与皮带盘迅速分开,以免两个贴合平面因分离不及时造成摩擦烧坏。

轴套上有键槽与压缩机主轴相连,轴套铆合在平衡板上,又与吸铁通过铆钉连接成一体。

平衡板用以平衡压缩机内部产生的不平衡力,同时也作为复位弹簧的一个支撑点。

(2)皮带盘组件。

皮带盘组件由带轮和轴承组成。皮带盘上有一侧平面是与吸铁相吸合的，冲有许多供磁力线通过的长槽,皮带盘内圈装有平面轴承,皮带盘有冲压件及铸件两种,皮带槽有单槽、双槽及齿形皮带槽三种。

(3)电磁线圈。

电磁线圈由线圈外壳、线圈及接线组成。

3)电磁离合器的工作原理

电磁离合器的工作原理是当电流通过电磁线圈时,产生较强的磁场,使压缩机的电磁离合器从动盘和自由转动的带轮吸合,从而驱动压缩机主轴旋转。当电流切断,磁场就消失,靠弹簧作用把从动盘和带轮分开,压缩机便停止工作。图17-8b)所示为离合器的工作原理,图中左侧的电磁离合器从动盘与压缩机主轴是通过花键连接的,从动盘上固定了几个弹簧爪6,弹簧的另一端固定在摩擦板4上,线圈3固定在压缩机壳体2上,带轮1装在轴承上,自由转动。当电流接通时,摩擦板和带轮变为一体,压缩机就运转。当电流切断时,弹簧使摩擦盘和带轮分开,压缩机就不运转。

二、实训操作

1.技术标准与要求(以卡罗拉1.6GL自动型轿车为例)

(1)正确合理地使用拆装工具。

(2)运用正确的拆装方法与步骤。

(3)拆下压缩机上的空调管后,用聚氯乙烯绝缘带密封断开部件的开口处,以防止湿气和异物进入。

(4)拆卸的零件需清洗干净并用空气吹干,以便检测和发现缺陷。一般用煤油、汽油或清洗剂来清洗有油和油垢的零件,使用时,应特别留意防火,并切忌用汽油、煤油清洗橡胶类零件,以防变形。常用砂布来磨掉零部件表面的硬垢、锈迹,使零件露出金属本色。

(5)拆卸的零件按顺序整齐摆放。

(6)拆卸过程中,只允许用橡胶锤或木锤敲振零件凸缘,严禁用硬物敲击,以防零件变形或破损。

(7)装配过程中,需保持环境与零件的清洁,以防止异物进入压缩机内部。

(8)装配时,在需要润滑的零件上涂抹干净的冷冻油。

(9)装配过程中,严禁采用敲击方式,以防零件变形或损伤。

（10）装配好的压缩机应能灵活转动，无卡滞现象。

（11）皮带张紧力度要求：新皮带为637～735N；用过的皮带为392～588N。

2. 工具、设备和材料的准备

（1）举升机。

（2）卡罗拉1.6GL自动型轿车及维修手册。

（3）磁力护裙、转向盘护套、变速杆手柄套、脚垫和座椅套。

（4）真空泵，如图17-9所示。

（5）歧管压力表，如图17-10所示。

（6）制冷剂注入阀，如图17-11所示。

图17-9　真空泵

图17-10　歧管压力表

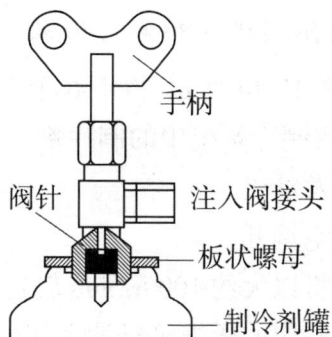

图17-11　制冷剂注入阀

（7）R134a制冷剂。

（8）防护眼镜和手套，如图17-12所示。

（9）检漏仪，如图17-13所示。

图17-12　防护眼镜

图17-13　检漏仪

（10）常用工具及抹布。

3. 查询并填写信息

生产年份_____,车牌号码_____,行驶里程_____,发动机型号及排量_____,车辆识别代号(VIN)_____。

4. 作业前的准备(以丰田卡罗拉1.6GL自动型轿车为例)

(1)汽车进入工位前,将工位清理干净,准备好相关的器材。

(2)将汽车停驻在举升机中央位置。

(3)拉紧驻车制动器操纵杆,并将变速杆置于空挡或驻车挡(P位)位置。

(4)套上转向盘护套、变速杆手柄套和座椅套,铺设脚垫。

(5)在车内拉动发动机舱盖手柄,在车外打开并支撑发动机舱盖。

(6)粘贴翼子板和前磁力护裙。

5. 空调压缩机的拆卸与安装

(1)如图17-14所示,拆下6个卡子和散热器上空气导流板。

(2)回收制冷系统中的制冷剂。

①起动发动机。

②打开空调开关。

③发动机以大约1000r/min转速运行5~6min,使制冷剂循环。这使得空调系统不同部件中的压缩机机油大部分都被收集到空调压缩机中。

④关闭发动机。

⑤使用制冷剂回收装置从空调系统中回收制冷剂。

(3)拆卸发动机后部右侧底罩。

(4)拆卸多楔带,如图17-15所示。

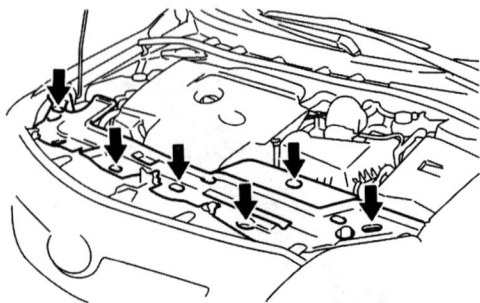

图17-14 拆卸散热器上导空气导流板

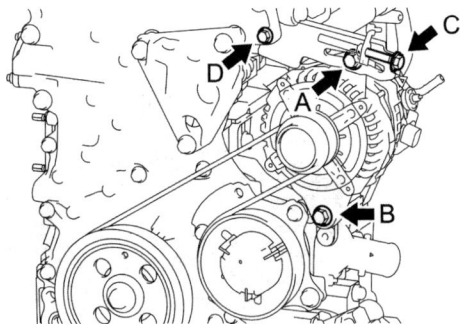

图17-15 拆卸多楔带

①松开螺栓A和B。

②松开螺栓C,然后拆下多楔带。

◇**特别提示**：不要松开螺栓D。

（5）断开吸入软管分总成，如图17-16所示。

①拆下螺栓并将吸入软管分总成从压缩机和带轮上断开。

②将O形圈从冷却器1号制冷剂吸入软管上拆下。

（6）断开排放软管分总成。

①拆下螺栓并将排放软管分总成从压缩机和带轮上断开，如图17-17所示。

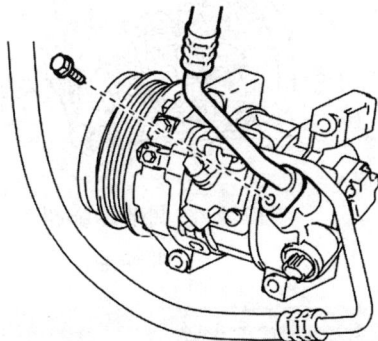

图17-16　断开吸入软管分总成　　图17-17　断开排放软管分总成

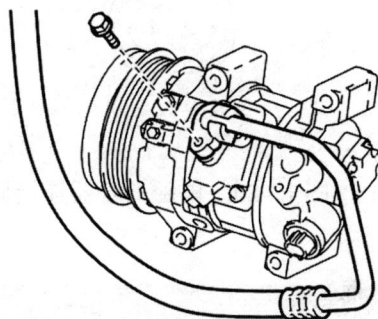

②从排放软管分总成上拆下O形圈。

◇**特别提示**：用聚氯乙烯绝缘带密封断开部件的开口处，防止湿气和异物进入。

（7）拆卸带带轮的压缩机总成，如图17-18所示。

①断开插接器。

②拆下2个螺栓和2个螺母。

③使用"TORX"套筒扳手（E8）拆下2个双头螺柱和带带轮的压缩机总成，如图17-19所示。

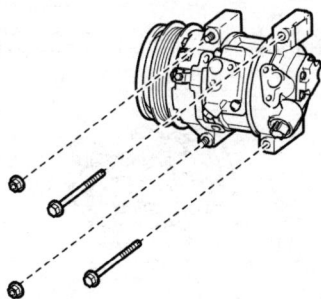

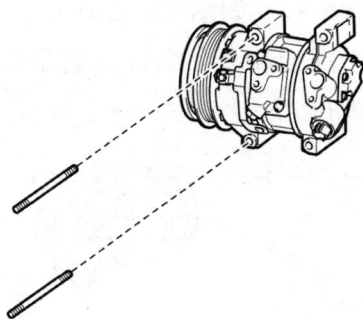

图17-18　拆下2个螺栓　　图17-19　拆下2个双头螺柱和带带轮的
　　　　　　和2个螺母　　　　　　　　　　压缩机总成

（8）如图17-20所示，用万用表检查压缩机电磁阀的电阻应为10～11Ω，如果电阻不符合规定,则更换压缩机和带轮。

(9)调节压缩机机油油位。

如图 17-21 所示,在换用新的冷却器压缩机总成时,将惰性气体(氦)从维修阀中逐渐排出,并在安装前将剩余机油沿箭头指示方向从通风管中排出。

没有线束连接的零部件: (空调压缩机)

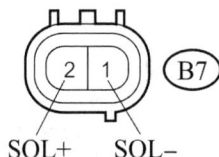

图 17-20　电磁离合器连接插头

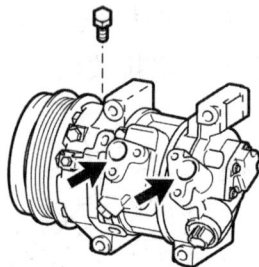

图 17-21　调节压缩机
机油油位

◇特别提示:

①放油螺塞和垫圈能重复使用。

②如果安装新的压缩机时没有排出残留在车辆管路中的一些机油,油量将会过量。这会妨碍制冷剂循环的热交换,导致制冷系统失效。

③如果拆下的压缩机中残余的油量过少,检查是否漏油。

④确保使用 ND-OIL8 或同等产品作为压缩机机油。

⑤标准:(新压缩机的机油容量:$90cm^3 + 15cm^3$) – (拆下的压缩机中的残余机油量) = (更换时需要从新压缩机中排出的机油量)

(10)安装带带轮的压缩机总成。

①使用"TORX"梅花套筒扳手(E8),用2个双头螺柱安装带带轮的压缩机总成。力矩:9.8N·m,如图 17-22 所示。

②用2个螺栓和2个螺母安装带带轮的压缩机总成。按图 17-23 所示顺序拧紧螺栓和螺母,力矩:25N·m。

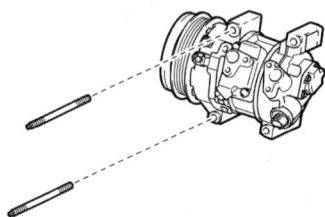

图 17-22　安装带带轮的
压缩机总成

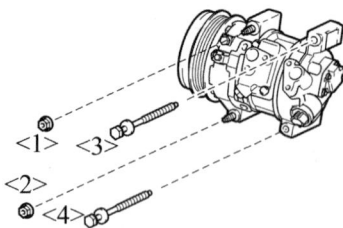

图 17-23　拧紧螺栓和螺母

③连接插接器。

（11）按拆卸相反的顺序连接排放、吸入软管分总成。

①将缠绕的聚氯乙烯绝缘带从软管上拆下。

②在新O形圈以及带带轮的压缩机总成的装配面上充分涂抹压缩机机油。

③将O形圈安装到排放、吸入软管分总成上。

④用螺栓将排放软管分总成安装到带带轮的压缩机总成上，力矩：9.8N·m。

（12）安装多楔带。

（13）调整多楔带，如图17-24所示。

①转动螺栓C，以调节多楔带的张紧力。

②紧固螺栓A和B。螺栓A力矩：19N·m；螺栓B力矩：43N·m。

图17-24　调整多楔带

◇**特别提示**：确认螺栓D没有松动。

（14）安装发动机后部右侧底罩。

（15）安装散热器上空气导流板。

（16）加注制冷剂。

（17）发动机暖机。

（18）检查制冷剂是否泄漏。

（19）结束工作。

作业项目完成后，拆除护裙和驾驶室内防护套，关闭发动机舱盖，清理器材，清洁地面卫生。搞好工位的清洁、整理工作。

三、评价与反馈

（1）对本学习项目进行评价，见表17-1。

评分表　　　　　　　　　　　　　　　　　表17-1

考核项目	评分标准	分数	学生自评	小组互评	教师评价	小计
团队合作	是否协调	5				
活动参与	是否积极主动	5				
安全生产	有无安全隐患	5				
现场5S	是否做到	5				
任务方案	是否正确、合理	10				

续上表

考核项目	评分标准	分数	学生自评	小组互评	教师评价	小计
操作过程	是否及时查阅维修手册	3				
	是否选用使用合适工具	2				
	是否完成空气导流板拆装	2				
	是否完成制冷剂的回收	5				
	是否完成多楔带的拆装与调整	3				
	是否完成拆装排放、吸入软管分总成	5				
	是否完成压缩机拆装	5				
	是否完成抽真空及加注冷冻机油	5				
	是否完成制冷剂的加注	5				
	是否完成制冷剂量的检查	5				
	是否完成制冷系统工作压力的检测	5				
	是否完成检查制冷剂是否泄漏	5				
任务完成情况	是否圆满完成	5				
工具和设备使用	是否规范、标准	5				
劳动纪律	是否能严格遵守	5				
工单填写	是否完整、规范	5				
总分		100				
教师签名:		年　月　日				得分:

(2)在实施作业时,每一个安全事项都注意到了吗? 如没有,找出忽略的地方和原因。

四、学习拓展

手机扫码,查看本项目"学习拓展"内容

项目十八　空调不制冷故障的检修

汽车空调系统的故障大致有以下几类：不制冷故障、制冷不足故障、间歇性制冷故障和异响故障等。其主要表现为制冷系统、电气系统和机械元件出现异常，只有及时诊断和排除，才能保证或维持系统的正常运行。制冷系统的故障，常见为制冷剂泄漏引起；电气系统方面的故障常见为电气元件损坏、熔断丝烧断、接线柱接触不良、过载烧坏等，这些故障使制冷循环停止工作，并且伴有异味、过热等现象；机械元件出现异常一般为压缩机、风机、带轮、压缩机、膨胀阀、轴封、轴承、阀片等出现故障。本项目要求学生掌握汽车空调制冷系统不制冷故障的诊断与排除。

学习目标

完成本项目学习后，你应当能：
1. 叙述汽车空调制冷系统不制冷故障检查的方法和程序；
2. 正确使用智能检测仪进行 DTC 代码检查与清除；
3. 使用万用表进行检测空调系统各电器元件；
4. 正确使用歧管压力表对汽车空调系统进行故障检测；
5. 正确使用检漏仪对汽车空调系统进行测漏。

建议学时

16 学时。

一、资料收集

(一)卡罗拉轿车空调各部件的位置

卡罗拉轿车空调各部件的位置如图 18-1、图 18-2 所示。

空调压力传感器 — ECM

发动机7号继电器盒
*HTR SUB NO.1继电器
*HTR SUB NO.2继电器

冷凝器

环境温度传感器

压缩机和带轮

发动机舱继电器盒和接线盒
*HTR 熔断丝
*HTR SUB No.1熔断丝
*HTR SUB No.2熔断丝

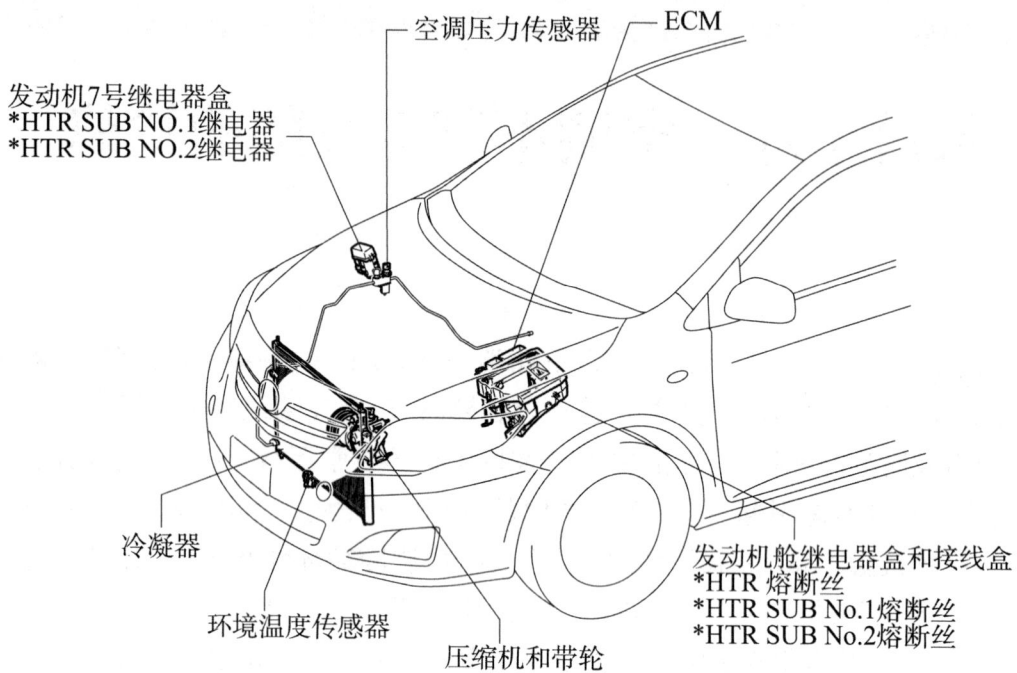

图 18-1　丰田卡罗拉轿车空调各部件的位置

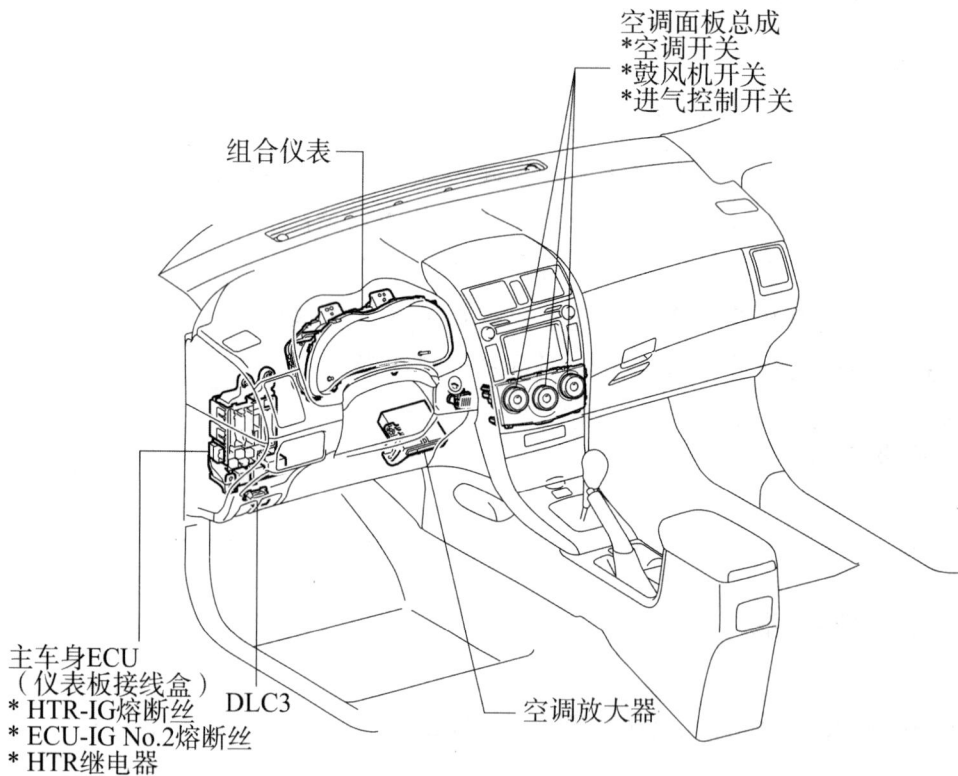

空调面板总成
*空调开关
*鼓风机开关
*进气控制开关

组合仪表

主车身ECU
（仪表板接线盒）
* HTR-IG熔断丝
* ECU-IG No.2熔断丝
* HTR继电器

DLC3

空调放大器

图 18-2　丰田卡罗拉轿车空调各部件的位置

(二)丰田卡罗拉轿车自动空调电路图(图18-3)

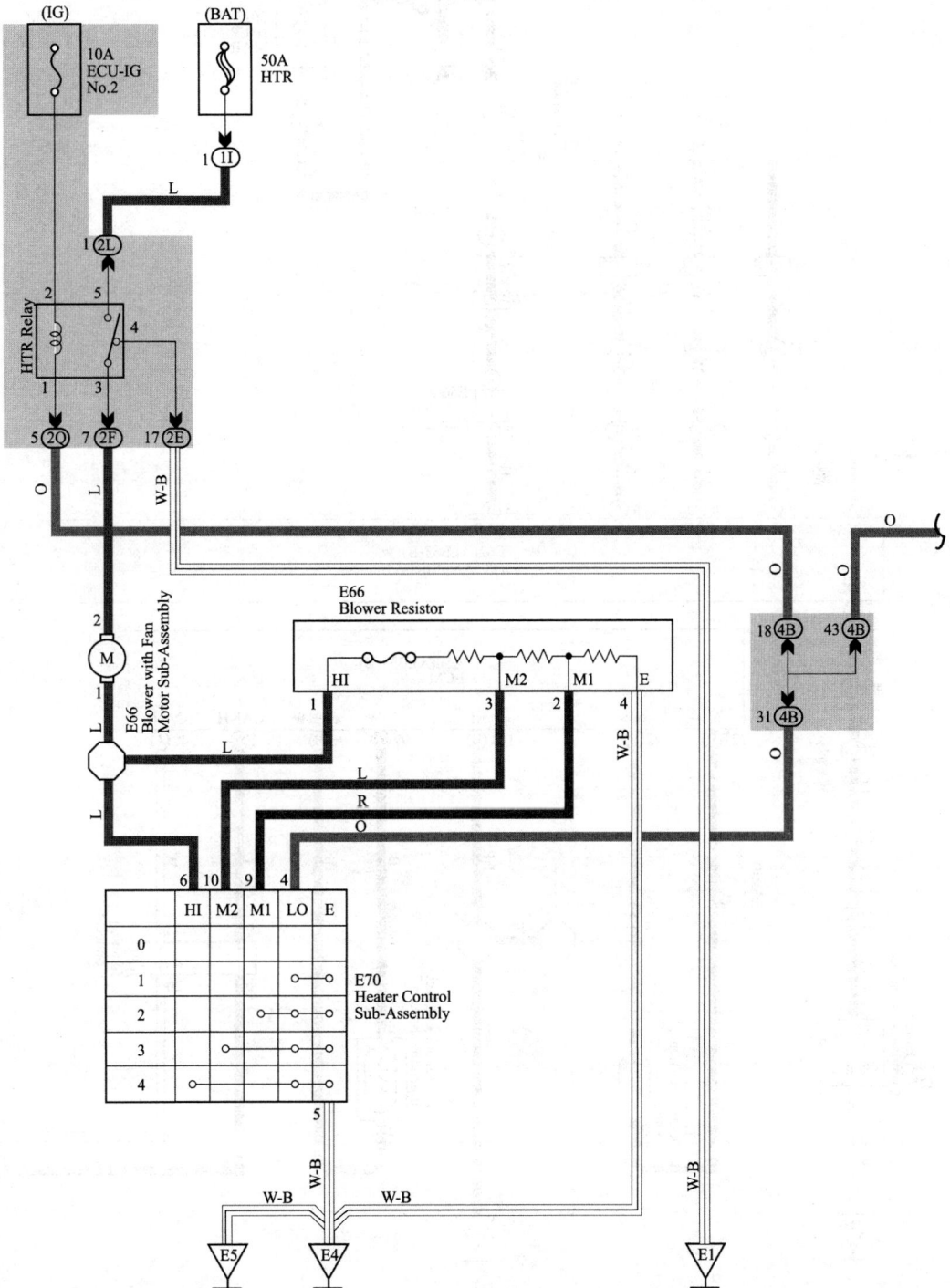

a)

图 18-3

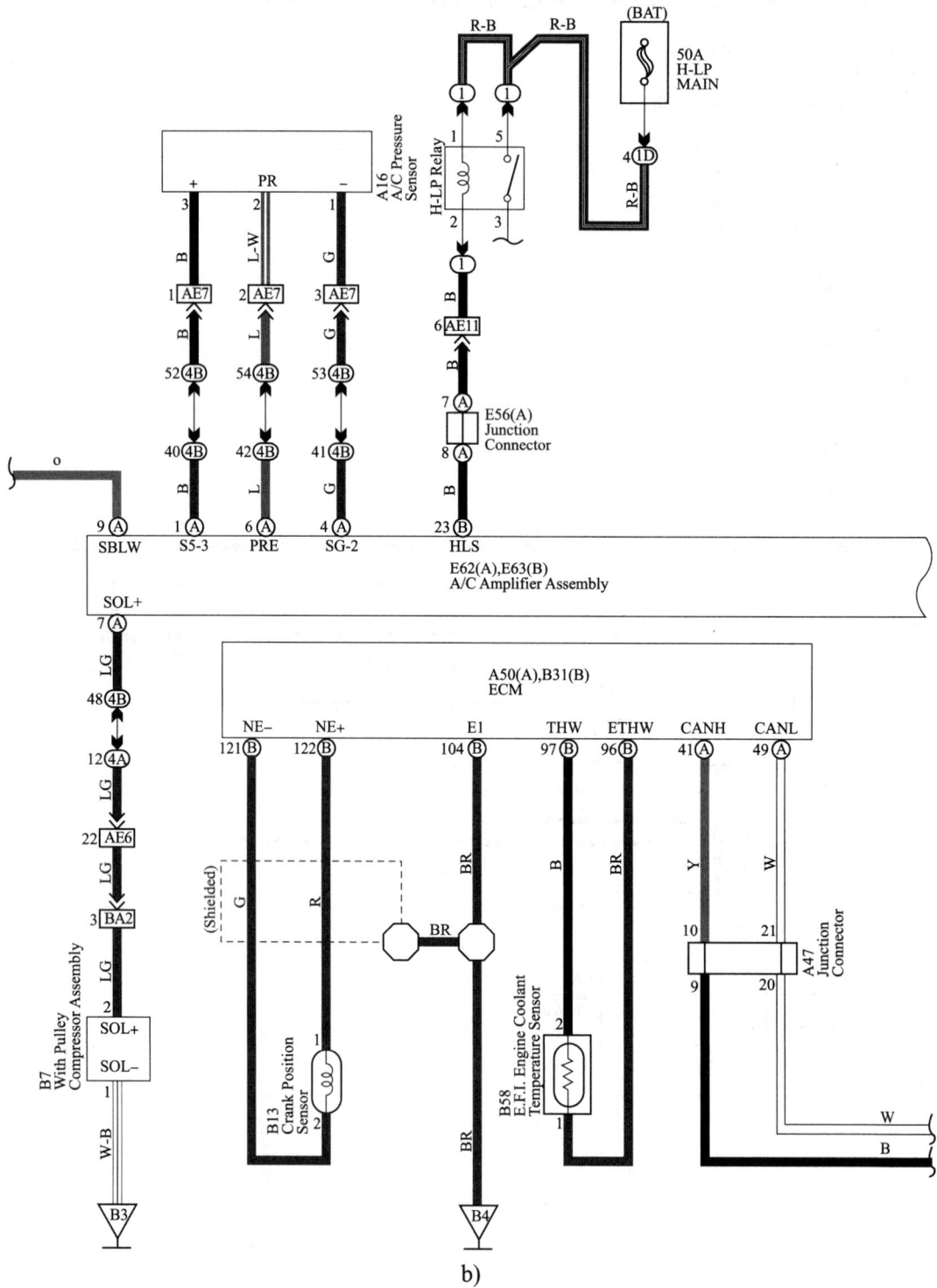

图 18-3

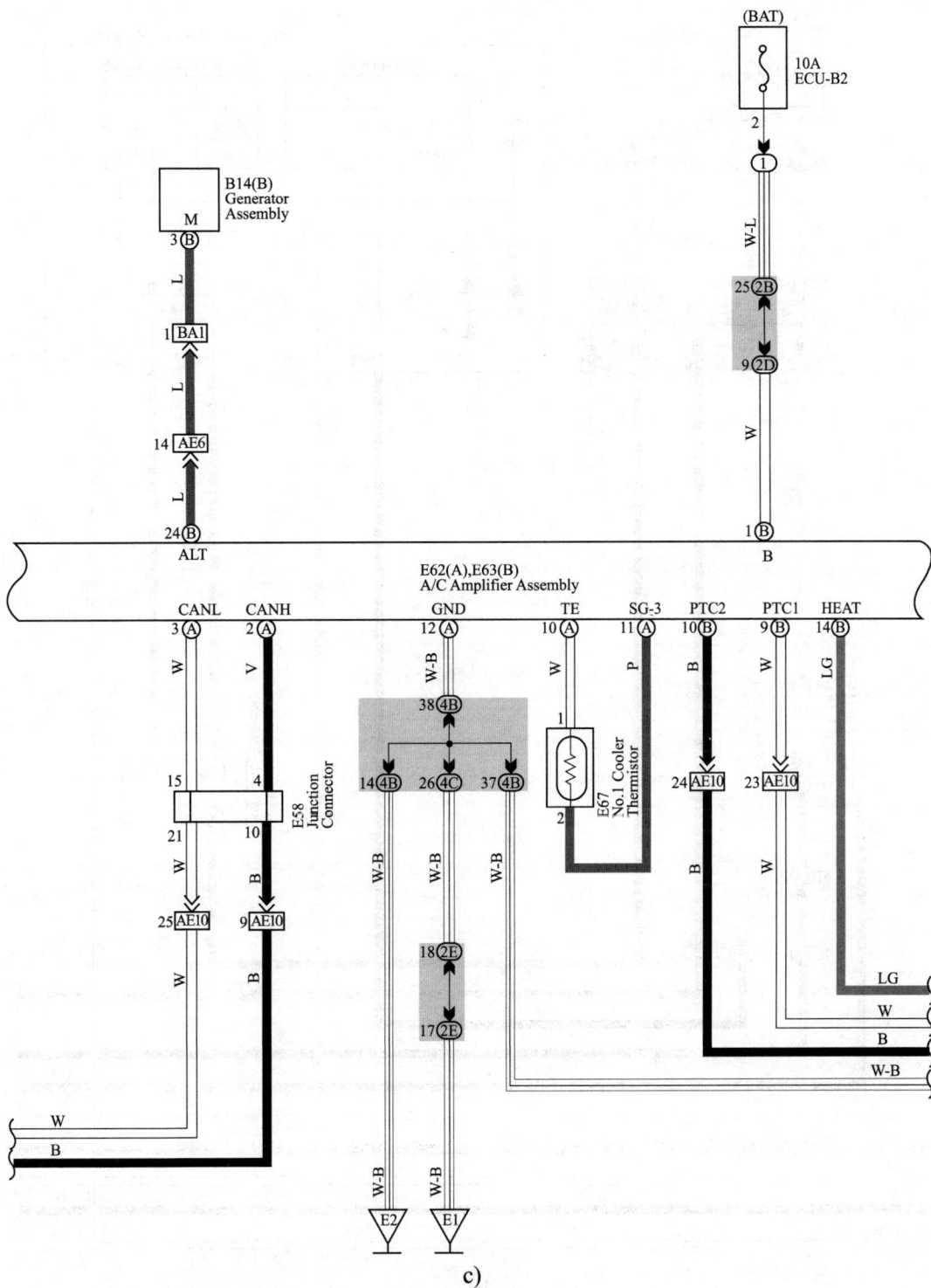

(BAT)

10A
ECU-B2

2

1

W-L

25 2B

9 2D

W

B14(B)
Generator
Assembly

M

3 B

L

1 BA1

L

14 AE6

L

24 B

ALT

1 B

B

E62(A),E63(B)
A/C Amplifier Assembly

CANL   CANH   GND   TE   SG-3   PTC2   PTC1   HEAT

3 A   2 A   12 A   10 A   11 A   10 B   9 B   14 B

W   V   W-B   W   P   B   W   LG

38 4B

15   4   14 4B 26 4C 37 4B   1   24 AE10 23 AE10

E58
Junction
Connector

21   10   W-B   W-B   W-B   B   W

W   B   2

25 AE10 9 AE10   18 2E   E67
                                           No.1 Cooler
W   B   17 2E   Thermistor

                                                                    LG

                                                                    W

                                                                    B

W   W-B

B

                          W-B   W-B

                          E2   E1

c)

图 18-3

313

d)

图 18-3

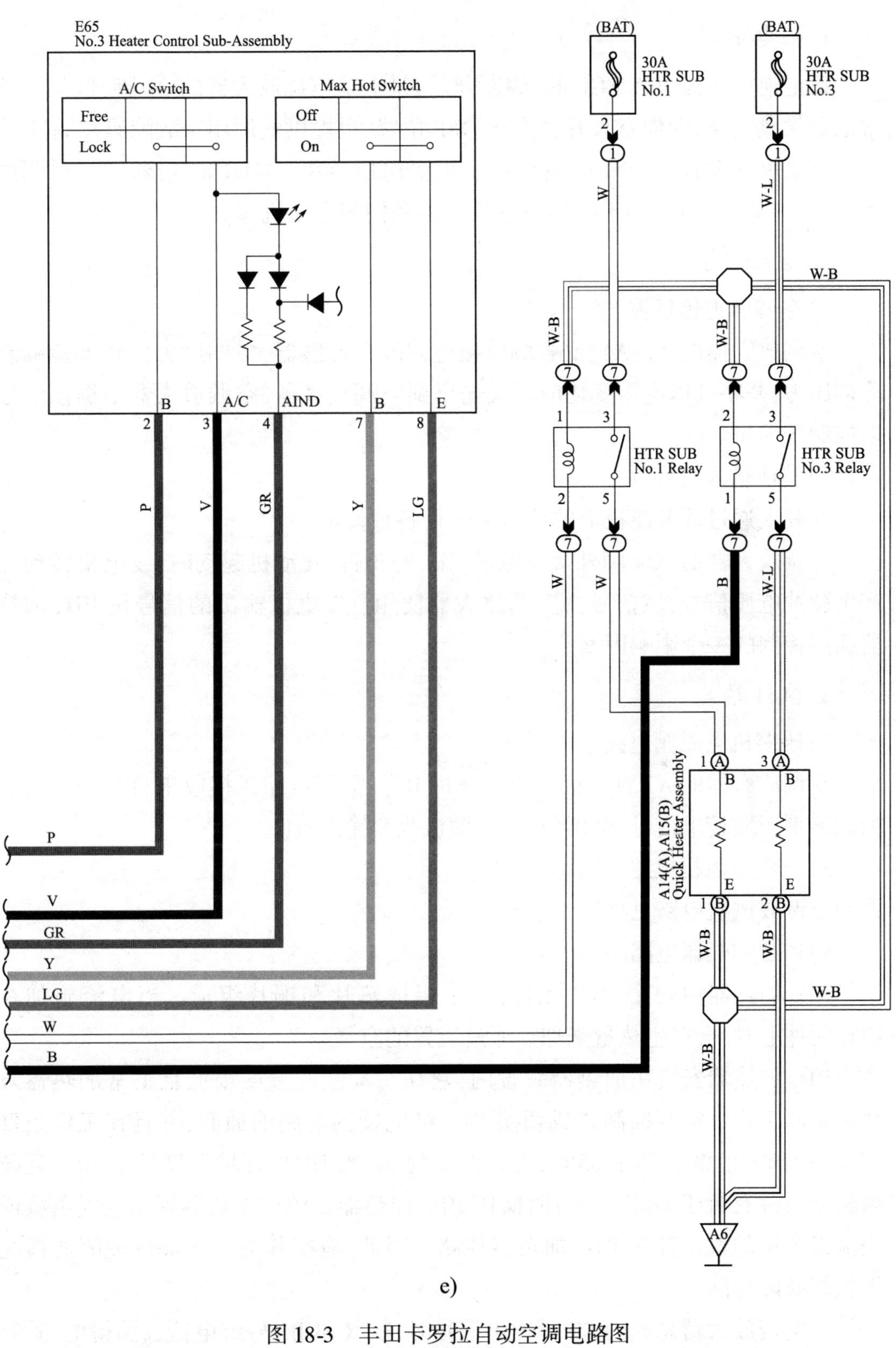

e)

图 18-3　丰田卡罗拉自动空调电路图

1. 供电电路

蓄电池电压经 10A ECU-B2 熔断丝后,供电给空调放大器的 B1 脚,这是一条常电源供电电路,即使点火开关置于 OFF 位置,也提供电源用于故障码存储等。

当点火开关置于 ON(IG)挡时,主电源电压→10A HTR-IG 熔断丝→空调放大器的 A8 脚,此电源用于操纵空调放大器和伺服电动机等。

2. 输入信号

1)空调压力传感器

空调放大器的 A1、A4、A6E 脚外接空调压力传感器,空调压力传感器检测制冷剂压力,并将其以电压变化的形式输出到空调放大器,空调放大器根据该信号以控制压缩机。

2)其他输入信号

驾驶人通过调节面板上的按钮来进行各种设定。

空调放大器的 B24 脚外接发电机 E14 的 3 脚,发动机起动时,发电机转动并产生脉冲电压信号,该信号由空调放大器使用。发电机输出的信号是 PTC 加热器线路控制的一个影响因素。

3. 执行器

1)压缩机电磁阀电路

空调放大器的 A7 脚个接空调压缩机 B7。空调压缩机接收来自空调放大器的制冷剂压缩请求信号,根据信号,压缩机改变输出量。

2)空调鼓风机电路

空调鼓风机电路见项目十七。

3)PTC 加热器电路

PTC 加热器由一个 PTC 元件,一个铝散热片和铜片组成。当电流施加在 PTC 元件上时,会产生热量来加热通过装置的空气。

PTC 加热器安装在加热器装置内,它在冷却液的温度很低且正常加热器效率不足时工作。空调控制总成切换 PTC 继电器内电路的通断,并且在工作条件满足(冷却液的温度低于 65℃,设置温度为 MAX. HOT、环境温度低于 10℃ 且鼓风机开关没有置于 OFF 位置)时操作 PTC 加热器。PTC 加热器根据电气负载或交流发电机的输出控制 PTC 加热器线路。因此,应在其他电气部件关闭的情况下执行故障排除。

当空调放大器总成的 B9 脚输出信号时,HTR SUB1 号继电器线圈得电,其触点闭合。

蓄电池电压→30A HTR SUB1 号熔断丝→HTR SUB1 号继电器触点→快速加热器总成 A14 的 A1→快速加热器总成 A14 的 B1 脚→A6 搭铁。此时,A14 部分电路加热。

同理,当空调放大器总成的 B10 脚输出信号时,快速加热总成 A14 的 A2 脚得电;当空调放大器总成的 B12 脚输出信号时,快速加热总成 A14 的 A3 脚得电。

(三) 丰田卡罗拉轿车不制冷故障原因分析

(1)压缩机电磁阀故障。
(2)压缩机皮带断裂或太松。
(3)膨胀阀冰堵或脏堵。
(4)蒸发器泄漏。
(5)压缩机吸、排气阀损坏。
(6)压缩机轴封损坏。
(7)储液干燥器内过滤器堵塞。
(8)熔断丝烧断。
(9)风机电动机损坏。
(10)风机开关损坏。
(11)配线松脱或断落。
(12)风机控制电阻器损坏。

(四) 丰田卡罗拉轿车不制冷故障原因分析

具体故障诊断与排除流程图如图 18-4 所示。

二、实训操作

1.技术标准与要求(以卡罗拉 1.6GL 自动型轿车为例)

(1)空调制冷系统中加注 R134a 制冷剂。

(2)加注制冷剂时,应佩戴防护眼镜和手套,以免制冷剂进入眼睛和溅到皮肤上,如制冷剂不慎进入眼睛或溅到皮肤上,应立即用清水冲洗,严重者送医院进行专业处理。

(3)禁止对制冷剂容器进行加热,否则会有发生爆炸的危险。

(4)制冷剂加注应适量,否则制冷效果不良。

```
                    ┌──────────┐
                    │ 系统不制冷 │
                    └─────┬────┘
          是             │
     ┌──────────────┌──────────┐────否──────────────────┐
     │              │鼓风机是否旋转│                       │
     │              └──────────┘                       │
┌────┴─────┐  否                              ┌────────┴──┐ 否   ┌────────┐
│压缩机是否旋转│──────────┐                    │熔断器是否良好│──────│检查、排除│
└────┬─────┘           │                    └────┬─────┘      └────────┘
  是  │                │                      是  │
┌─────┴──────┐  ┌──────┴──────┐ 是         ┌────┴──────┐ 否   ┌────────┐
│检查是否有DTC代码│  │皮带是否松    │────┐       │空调开关、鼓风│──────│检修、更换│
└─────┬──────┘  │旷、断裂     │   │       │机是否良好   │      └────────┘
  是  │  否      └──────┬──────┘   │       └────┬──────┘
┌─────┴────┐  ┌────┴─────┐ 否│  ┌───┴───┐   是  │
│          │  │系统中是否  │───┘  │拆检   │  ┌───────┴──┐ 否   ┌────────┐
│排除相关故障│  │有制冷剂   │      │压缩机 │  │变速电阻   │──────│检修、更换│
└──────────┘  └────┬─────┘      └───────┘  │是否良好   │      └────────┘
                是  │     ┌──────────┐      └───┬──────┘
                    │     │系统检漏,   │       是  │
             ┌──────┴───┐ │充注制冷剂  │  ┌───────┴──┐ 否   ┌────────┐
             │管道是否   │ 是└──────────┘  │鼓风机电动机│──────│检查、更换│
             │堵塞      │────┐            │是否良好   │      └────────┘
             └────┬─────┘   │            └───┬──────┘
               否  │     ┌───┴──┐        是  │
             ┌─────┴────┐│ 清理 │  ┌───────┴──┐
             │干燥过滤器 │└──────┘  │线路连接断路│
             │是否堵塞  │是          └───┬──────┘
             └────┬─────┘────┐        ┌───┴────┐
               否  │     ┌───┴────┐   │检查、更换│
             ┌─────┴────┐│清理或更换│   └────────┘
             │膨胀阀    │└────────┘
             │是否堵塞  │是┌──────┐
             └────┬─────┘─│ 清理 │
               否  │      └──────┘
             ┌─────┴────┐
             │膨胀阀性能 │否┌────────┐
             │是否良好  │──│检修、更换│
             └────┬─────┘  └────────┘
               是  │
             ┌─────┴────┐┌────────┐
             │压缩机性   │─│检修、更换│
             │能不良    │ └────────┘
             └──────────┘
```

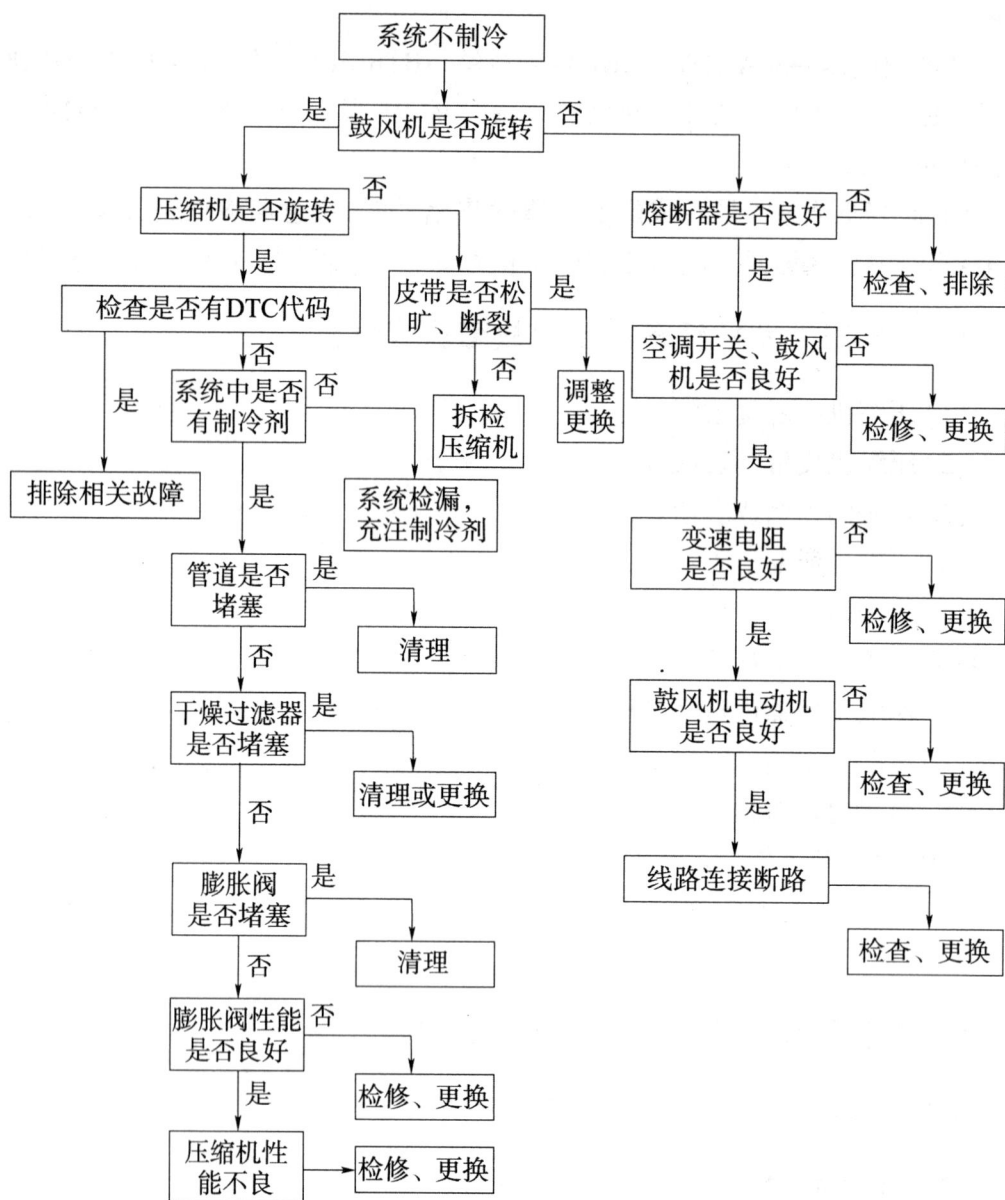

图18-4　丰田卡罗拉轿车空调不制冷故障诊断与排除流程图

(5)从低压管路加注制冷剂时,禁止将制冷剂容器倒置,防止液击压缩机。

(6)空调低压管和高压管中的真空度不低于750mmHg,并保持5min不下降。

(7)空调运行时,低压管压力0.15 ~ 0.25MPa 为正常;高压管压力1.37 ~ 1.57MPa 为正常。

(8)通过高压管路加注制冷剂时,严禁压缩机运行且关闭低压侧阀门。

(9)制冷剂加注后,应进行泄漏检查。

（10）卡罗拉轿车制冷剂加注量为 410 ~ 470g。

（11）处理制冷剂罐时,应小心注意。不得用力碰撞制冷剂罐。不准将制冷剂罐置于高温处,应将其存放在凉爽的地方。避免将制冷剂罐存放在有腐蚀物的地方,如蓄电池酸液附近,因为制冷剂罐会因此发生腐蚀。

（12）当制冷剂暴露于明火,吸入发动机或用卤素检漏灯进行检漏时,都会生成有毒的光气,所以要保持工作区域的通风。

（13）制冷剂系统内的制冷剂不足时,不要运行压缩机,如果空调系统中制冷剂不足,则会缺少机油润滑,并且可能损坏压缩机。

（14）压缩机工作期间,不得打开高压歧管阀,仅打开和关闭低压阀,如果高压阀打开,制冷剂反向流动,会导致加注罐破裂。

（15）禁止在没有制冷剂的情况下操作发动机和压缩机,否则会损坏压缩机内部,因为不论空调系统打开或关闭,压缩机部件始终在运转。

（16）本车装备有 SRS（辅助全气囊、前排乘客安全气囊、侧气囊和窗帘式安全气囊）。若不按正确顺序执行维修操作,会导致 SRS 在维修过程中意外展开,并可能引起严重事故。

（17）不要将制冷剂的罐底对着人,有些制冷剂罐底有紧急放气装置。

（18）如果液体制冷剂进入眼睛或碰到皮肤,不要揉,要立即用大量的冷水冲洗,要立即到医院找医生进行专业处理,不要试图自己进行处理。

（19）在未连接的管路或零件要插上塞子,以免潮气、灰尘进入系统。

（20）对于新的冷凝器、储液干燥器等零件不要拔了塞子放置。

（21）在拔出新压缩机塞子之前要从排放阀放出氮气,否则在拔塞子时,压缩机油将随氮气一起喷出。

（22）滴几滴压缩机油到 O 形密封圈上,可使紧固容易和防止漏气。

2. 工具、设备和材料的准备

（1）举升机。

（2）卡罗拉 1.6GL 自动型轿车及维修手册。

（3）磁力护裙、转向盘护套、变速杆手柄套、脚垫和座椅套。

（4）真空泵（图 18-5）。

（5）歧管压力表（图 18-6）。

（6）制冷剂注入阀（图 18-7）。

（7）R134a 制冷剂。

（8）防护眼镜和手套（图 18-8）。

图 18-5　真空泵

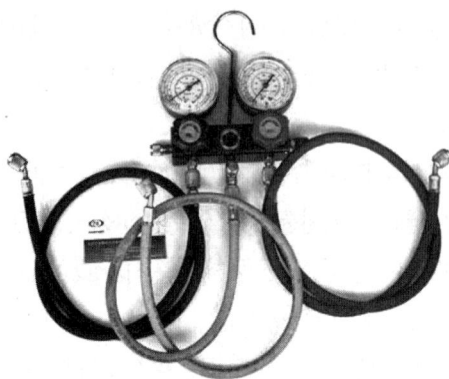

图 18-6　歧管压力表

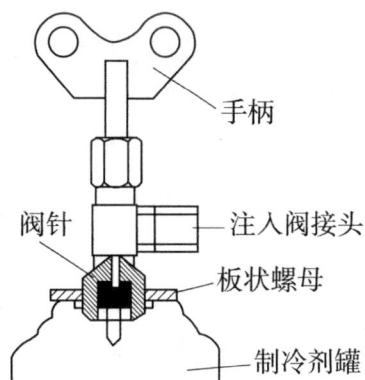

手柄

阀针

注入阀接头

板状螺母

制冷剂罐

图 18-7　制冷剂注入阀

图 18-8　防护眼镜

(9)检漏仪(图 18-9)。

(10)丰田专业智能检测仪(图 18-10)。

图 18-9　检漏仪

图 18-10　丰田专业智能检测仪

(11)常用工具及抹布。

3.查询并填写信息

生产年份_____,车牌号码_____,行驶里程_____,发动机型号及排量＿＿＿＿＿＿＿，车辆识别代号(VIN)＿＿＿＿＿＿＿。

4. 作业前的准备(以丰田卡罗拉1.6GL自动型轿车为例)

(1)汽车进入工位前，将工位清理干净，准备好相关的器材。

(2)将汽车停驻在举升机中央位置。

(3)拉紧驻车制动器操纵杆，并将变速杆置于空挡或驻车挡(P位)位置。

(4)套上转向盘护套、变速杆手柄套和座椅套，铺设脚垫。

(5)在车内拉动发动机舱盖手柄，在车外打开并支撑发动机舱盖。

(6)粘贴翼子板和前磁力护裙。

5. 不制冷故障的诊断与排除

(1)检查鼓风机是否正常旋转。接通点火开关，控制鼓风机开关的不同位置，查看出风是否正常，否则按项目十七鼓风机不转故障诊断与排除。

(2)检查压缩机能否正常旋转。起动发动机，将鼓风机开关开到最大，温控开关调到最冷，反复按下接通A/C开关，观察压缩机能否正常旋转，如能正常旋转，则进行下一步，如不能正常旋转，则关闭发动机，查看皮带是否松旷或断裂，若皮带松旷或断裂，按要求调整或更换皮带，否则压缩机故障，更换压缩机。

◇**特别提示**：如图18-11所示，调节多楔带的张紧力。

①松开螺栓A和B。

②转动螺栓C，以调节多楔带的张紧力。

③紧固螺栓A和B。

④力矩要求：螺栓A为19N·m；螺栓B为43N·m。

⑤确认螺栓D没有松动。

图18-11　调节多楔带的张紧力

(3)检查蓄电池电压。利用万用表检查蓄电池电压，如果电压低于11V，在继续操作前，对蓄电池充电或更换蓄电池。

(4)故障码(DTC)的读取。

①将智能检测仪连接到DLC3。

②将点火开关置于ON(IG)位置。

③打开检测仪。

④进入以下菜单项：Body/Air Conditioner/DTC。

⑤显示B1423代码。

◇**特别提示**:诊断故障码见表18-1。

诊断故障码 表18-1

DTC 代码	检测项目	故障部位
B1412(*1)	环境温度传感器电路	(1)环境温度传感器; (2)环境温度传感器和组合仪表之间的线束或插接器(8.5min 或更长时间)*2; (3)组合仪表; (4)空调放大器; (5)CAN 通信系统
B1413	蒸发器温度传感器电路	(1)蒸发器温度传感器; (2)蒸发器温度传感器与空调放大器之间的线束或插接器(8.5min 或更长时间)*2; (3)空调放大器
B1423	压力传感器电路	(1)压力传感器; (2)压力传感器和空调放大器之间的线束或插接器; (3)空调放大器; (4)膨胀阀(堵塞、卡滞); (5)冷凝器(由于污垢而引起的制冷功能堵塞或失效); (6)冷却器干燥器(制冷剂循环的水分无法吸收); (7)冷却风扇系统(冷凝器无法冷却); (8)空调系统(泄漏、堵塞)
B1451	压缩机电磁阀电路	(1)空调压缩机(压缩机电磁阀); (2)空调压缩机(压缩机电磁阀)和空调放大器或车身搭铁之间的线束或插接器; (3)空调放大器
B1499	多路通信电路	CAN、通信系统、存储

注:(1) *1:如果环境温度大约为 −52.9℃(−63.22℉)或更低,即使系统正常也可能输出 DTC B1412/12。

　　(2) *2:如果在括号中指出的时间内出现故障,空调放大器存储各故障的 DTC。

（5）压缩机电磁阀电路（DTC 代码为 B1451）的检测。

①检查空调压缩机（压缩机电磁阀）。断开空调压缩机（压缩机电磁阀）插接器。如图 18-12 所示检测压缩机电磁阀 B7-1（SOL－）与 B7-2（SOL＋）端子间的电阻应为 10～11Ω，否则更换空调压缩机。

②检查线束和插接器（空调压缩机与车身搭铁）。断开空调压缩机（压缩机电磁阀）插接器。如图 18-13 所示检测压缩机电磁阀线束插头 B7-1（SOL－）与车身搭铁，应始终小于 1Ω，否则维修或更换线束或插接器。

没有线束连接的零部件：
（空调压缩机（压缩机电磁阀））

线束插接器前视图：
（至空调压缩机（压缩机电磁阀））

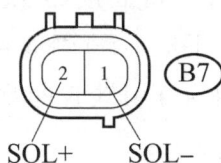

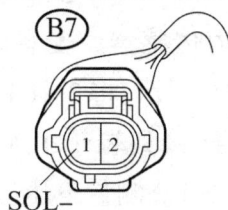

图 18-12　压缩机电磁阀接头　　　图 18-13　压缩机电磁阀线束
　　　　　　　　　　　　　　　　　　　　　　插接器前视图

③检查线束和插接器（空调压缩机与空调放大器）。如图 18-14 所示，断开空调压缩机（压缩机电磁阀）插接器，断开空调放大器插接器，测量 E62-7（SOL＋）与车身搭铁之间的电阻应始终大于 10kΩ 或更大，测量 E62-7（SOL＋）与 B7-2（SOL＋）之间的电阻应始终小于 1Ω，如能满足上述条件说明空调放大器故障，需更换空调放人器。

线束插接器前视图：
（至空调压缩机（压缩机电磁阀））

线束插接器前视图：
（至空调放大器）

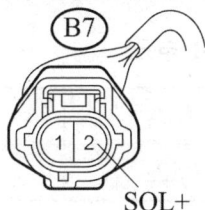

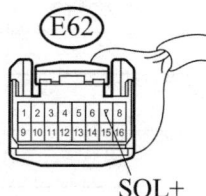

图 18-14　空调电磁阀及放大器线束接头前视图

④清除故障码（DTC）。

◇**特别提示**：故障排除后，应清除 DTC。

a. 将智能检测仪连接到 DLC3。

b. 将点火开关置于 ON（IG）位置。

线束插接器前视图：
（至空调压力传感器）

图 18-15　空调压力传感器线束
插接器前视图

c. 进入以下菜单项：Body/Air Conditioner/DTC/Clear。

d. 按下"YES"按钮。

（6）压力传感器电路（DTC 代码为 B1423）的检查。

①检查线束和插接器电路。将插接器从空调压力传感器上断开，点火开关置于 ON(IG) 位置，如图 18-15 所示测量 A16-3(+)与车身搭铁电压应为 5V。测量 A16-1(−)与车身搭铁电阻应小于 1Ω。

②检查空调压力传感器。安装歧管压力表组件，将插接器从空调压力传感器上断开，如图 18-16 所示，将 3 节 1.5V 干电池的正极(+)引线连接到端子 3，并将负极(−)引线连接到端子 1，将电压表正极(+)引线连接到端子 2，负极(−)引线连接到端子 1。测量电压应满足表 18-2。

没有线束连接的零部件：
(空调压力传感器)

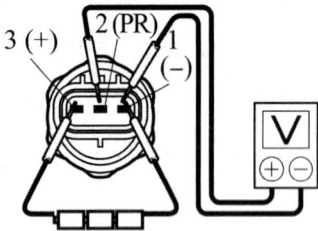

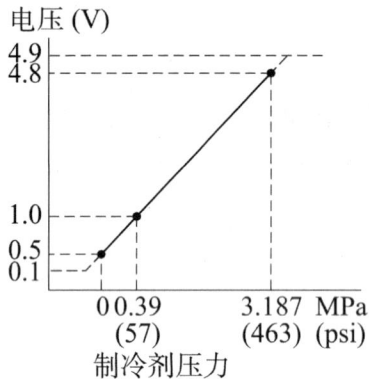

图 18-16　空调压力传感器检测

测量端子 2—1 电压　　　　　　　　　　　　　　　　表 18-2

测量端子	制冷剂压力	标准电压
2—1	0.39～3.187MPa	1.0～4.8V

③清除 DTC 代码。

a. 将智能检测仪连接到 DLC3。

b. 将点火开关置于 ON(IG) 位置。

c. 进入以下菜单项：Body/Air Conditioner/DTC/Clear。

d. 按下"YES"按钮。

（7）检查系统中的制冷剂量。起动发动机，打开所有车门，将鼓风机开关开到最大，温控开关调到最冷，接通 A/C 开关，检查空调管路和附件上的观察孔，如图 18-17 所示。

◎**特别提示**：通过观察孔可能会看到下列几种现象，见表 18-3。

检查制冷剂量　　　　　　　　　　　　　　　　　　　表 18-3

项目	症状	制冷剂量	纠正措施
1	有气泡	不足	（1）检查有无漏气，必要时进行维修； （2）重新加注适量制冷剂
2	不存在气泡	空、不足或过量	参见 3 和 4
3	压缩机的进气口和出气口没有温差	空或很少	（1）有无漏气，必要时进行维修； （2）排空空调系统，重新加入适量制冷剂
4	压缩机的进气口和出气口没有温差	适量或过量	参见 5 和 6
5	空调关闭后立即变清澈	过量	（1）重新加注冷却液； （2）排空空调系统，重新加入适量制冷剂
6	空调关闭后立即起泡，然后变清澈	适量	

注：车内温度高于 35℃（95 ℉）时，如果冷却充分，则观察孔中有气泡可视为正常。

（8）用歧管压力表组件检查制冷剂压力。按图 18-18 方法连接歧管压力表。

为了保证歧管压力表能够正确显示汽车空调系统的内部压力，为故障诊断提供准确的依据，在进行检测前，被检查的汽车应满足以下条件：

①将开关置于 RECIRC 位置时，进气口的温度为 30～35℃。

②鼓风机转速控制开关置于"HI"位置。

③温度调节旋钮置于"COOL"位置。

④空调开关打开。

⑤车门全开。

⑥点火开关置于可使空调压缩机运转的位置。

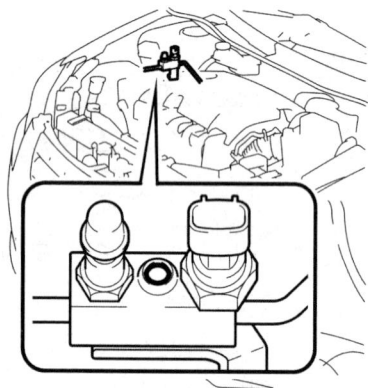

低压侧检测、充注接口

高压侧检测、充注接口

图 18-17　丰田卡罗拉轿车观察孔　　　　图 18-18　连接歧管压力表
　　　　　位置

当空调系统功能正常时,歧管压力表的正常读数如下:

R134a 空调系统:低压侧压力指示 0.15 ~ 0.25MPa,高压侧压力指示 1.37 ~ 1.57MPa。

◇**特别提示:**压力指示值随气温、散热条件、转速等因素略有浮动。各种类型的压缩机高、低压压力值有所不同,以生产商技术资料为准。

当空调系统功能不正常时,见表 18-4。

空调系统功能不正常时的故障现象及解决措施　　　　　表 18-4

歧管压力表读数		故障现象、原因及解决措施	
工作期间,低压侧的压力在正常和真空之间循环	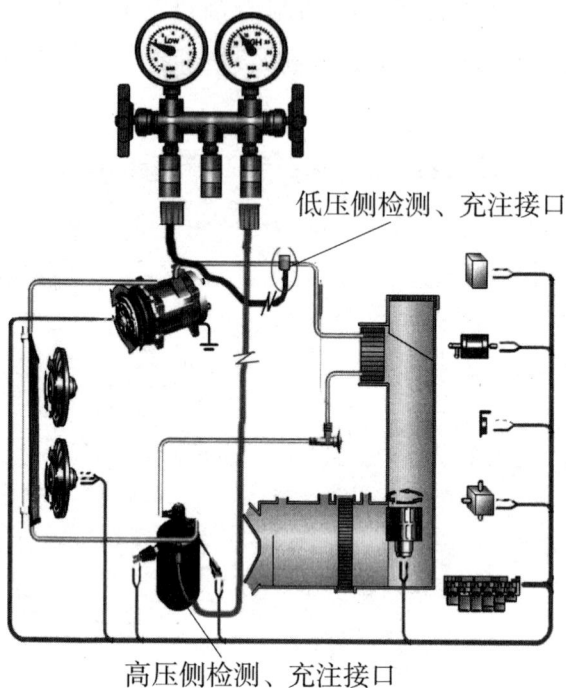 LO　　HI *a　　*b	故障症状	空调系统间歇性制冷,最终无法制冷
		可能原因	空调系统中的湿气在膨胀阀节流孔处冻结,导致制冷剂循环暂时停止; 系统停止后重新暖机,冰融化且暂时恢复正常工作

续上表

歧管压力表读数		故障现象、原因及解决措施	
工作期间，低压侧的压力在正常和真空之间循环		诊断	冷却器干燥器(集成在冷凝器罐内)浸透湿气；空调系统内的湿气会在膨胀阀节流孔冻结，阻碍制冷剂的循环
		解决措施	更换冷却器干燥器；通过反复抽出空气将空调系统中的湿气排出；向空调系统重新加注适量新的或净化过的制冷剂
低压侧和高压侧的压力均低，通过观察孔可不断地看到气泡，判断为制冷性能不足		故障症状	空调系统无法有效制冷；冷却性能不足
		可能原因	空调系统制冷剂泄漏
		诊断	制冷剂不足；制冷剂泄漏
		解决措施	检查制冷剂是否泄漏，必要时进行维修；向空调系统重新加注适量新的或净化过的制冷剂；如果表指示压力接近于0，则在维修泄漏部位后，有必要排空空调系统
低压侧和高压侧的压力均低	*a　　*b	故障症状	空调系统无法有效制冷；冷凝器至蒸发器单元的管路结霜
		可能原因	冷凝器芯管路内的污垢阻碍制冷剂流动
		诊断	冷凝器阻塞
		解决措施	更换冷凝器

续上表

歧管压力表读数		故障现象、原因及解决措施	
低压侧显示真空,高压侧显示压力非常低	*a *b	故障症状	空调系统无法有效制冷(系统可能偶尔制冷); 在储液罐/干燥器或膨胀阀的两侧管路上均能看到结霜或冷凝现象
		可能原因	空调系统中的湿气或污垢阻碍制冷剂流动; 膨胀阀卡在关闭位置
		诊断	制冷剂不循环
		解决措施	更换膨胀阀; 更换冷凝器; 排空空调系统并重新加注适量新的或净化过的制冷剂
低压侧和高压侧的压力均过高	*a *b	故障症状	空调系统无法有效制冷
		可能原因	制冷剂过量导致性能不能充分发挥; 冷凝器的冷却效果不良
		诊断	由于重新加注期间制冷剂添加过量,空调系统中制冷剂过量; 由于冷凝器散热片阻塞或冷却风扇故障,冷凝器冷却性能不足
		解决措施	清洁冷凝器; 检查冷凝器冷却风扇的工作情况; 如果冷凝器干净且风扇工作正常,则检查制冷剂量,并重新向空调系统加注适量新的或净化过的制冷剂

续上表

歧管压力表读数		故障现象、原因及解决措施	
低压侧和高压侧的压力均过高	*a　*b	故障症状	空调系统无法制冷； 低压管路过热，不能触摸
		可能原因	空调系统中有空气
		诊断	空调系统中有空气； 排空空调系统时真空净化不充分
		解决措施	更换冷却器干燥器； 检查压缩机机油是否脏污或不足； 排空空调系统并重新加注新的或净化过的制冷剂
低压侧和高压侧的压力均过高	*a　*b	故障症状	空调系统无法有效制冷； 低压侧管路有霜或大量冷凝
		可能原因	膨胀阀可能卡在打开位置或测量制冷剂不当
		诊断	在低压管路内存在过量制冷剂； 膨胀阀打开过大
		解决措施	更换膨胀阀
低压侧和高压侧压力过高或高压侧压力过低	*a　*b	故障症状	空调系统无法有效制冷
		可能原因	压缩机内部泄漏
		诊断	压缩能力低； 损坏的阀或其他压缩机部件出现泄漏
		解决措施	更换压缩机

(9)通过观察孔及歧管压力表的检测，判定空调系统中是否有制冷剂，如没有制冷剂再按照项目十六进行抽真空、检漏、加制冷剂，如有制冷剂进行下一步。

(10)使用4mm六角扳手，拆下2个六角头螺栓，从而拆卸冷却器膨胀阀，如

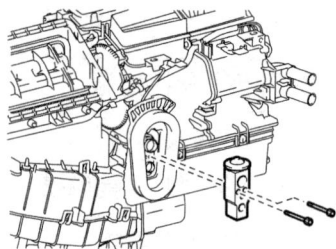

图 18-19　拆卸冷却器膨胀阀

图 18-19 所示。

　　(11)利用高压气清理管路,确保畅通,更换冷却器膨胀阀。

　　①拆下散热器上空气导流板。

　　②回收制冷系统中的制冷剂。

　　③更换空调冷却器膨胀阀。

　　④加注制冷剂。

　　⑤发动机暖机。

　　⑥检查制冷剂是否泄漏。

　　⑦安装散热器上空气导流板。

　　(12)结束工作。

作业项目完成后,拆除护裙和驾驶室内防护套,关闭发动机舱盖,清理器材,清洁地面卫生。搞好工位的清洁、整理工作。

三、评价与反馈

(1)对本学习项目进行评价,见表18-5。

评分表　　　　　　　　　　　　　　　　　　　　　　表 18-5

考核项目	评分标准	分数	学生自评	小组互评	教师评价	小计
团队合作	是否协调	5				
活动参与	是否积极主动	5				
安全生产	有无安全隐患	10				
现场5S	是否做到	10				
任务方案	是否正确、合理	15				
操作过程	是否及时查阅维修手册	3				
	是否选用使用合适工具	2				
	故障诊断过程是否正确	4				
	是否完成抽真空及加注冷冻机油	4				
	是否完成制冷剂的加注	4				
	是否完成制冷剂量的检查	4				

续上表

考核项目	评分标准	分数	学生自评	小组互评	教师评价	小计
操作过程	是否完成制冷系统工作压力的检测	4				
	万用表的使用是否正确	2				
	智能检测仪的使用是否正确	3				
任务完成情况	是否圆满完成	5				
工具和设备使用	是否规范、标准	10				
劳动纪律	是否能严格遵守	5				
工单填写	是否完整、规范	5				
总分		100				
教师签名：		年　月　日			得分：	

（2）在实施作业时,每一个安全事项都注意到了吗？如没有,找出忽略的地方和原因。

（3）能否向车主解释汽车空调不制冷的原因,如不能,分析原因并找出答案。

四、学习拓展

手机扫码,查看本项目"学习拓展"内容

参 考 文 献

[1] 雷小勇,袁永东.汽车电气设备与维修[M].北京:人民交通出版社,2011.

[2] 林程,韩冰.北京市纯电动汽车技术培训教程[M].北京:北京理工大学出版社,2012.

[3] 文恺.新型丰田汽车维修技师手册[M].北京:化学工业出版社,2016.

[4] 潘承炜.汽车电气设备构造与维修[M].杭州:浙江科学技术出版社,2014.